KB122310

# 미국의 정책결정과 로비

성 영 화

法 文 社

Inside Washington! 과연 미국은 누구에 의해 어떻게 움직이는가?

이 문제에 본격적으로 관심을 갖게 된 것은 지난 2003년부터 1년간 브루킹스연구소 방문연구원으로 있을 때부터이다. 당시 디온(E.J. Dionne) 선임연구원은 NYT, WP 등을 거친 유명 언론인 출신이란 배경을 활용해 매월 각계 주요 인사 30~40여명이 참여하는 비공개 모임을 가졌다. 이곳에서는 주요 이슈나 현안 관련 전문가가 먼저 현안을 브리핑하고 참석자들은 자유롭게 토론하지만 비공개(off-the-record) 또는 채트햄 하우스(chatham house) 방식으로 진행되었기 때문에 일반인이 쉽게 접할 수 없는 고급 정보들이 많았다. 필자로서는 미국의 속내를 들여다 볼 수 있는 소중한 기회였다. 워싱턴을 움직이는 숨은 실세들과 인맥, 아직 공개되지 않은 정보들, 로비, 연방의회, 선거 등에 관한 것이었다. 이 시기 여러 명의 현직 로비스트를 만날 수 있었던 것은 미국 로비의 중요성을 이해하는 데 큰 도움이 되었다.

무엇보다 미국의 로비를 제대로 이해하지 않고는 미국의 작동방식을 알 수 없다는 생각이 들었다. 이런 생각을 더욱 확고히 갖게 된 것은 미국과의 자유무역협정(FTA) 협상이 한창이던 2006~2007년 협상 지원을 위해 대통령 직속으로 설치된 한미FTA체결지원위원회 수석전문관으로 일할 때였다.

당시 한국 정부는 BRICs 등 후발개도국의 추격과 중화경제권의 부상, WTO 도하개발의제(DDA) 등 세계 교역환경의 지속적인 개방화로 새로운 국가전략과 패러다임의 전환이 요구됨에 따라 2003년 개방형 선진통상국가 전략을 수립·추진하면서 일본·미국·EU 등 주요 교역상대국들과 동시다발적인 FTA 체결을 모색하였다. 결국 미국과는 2006년 2월 FTA 협상개시 선언 이후 8차례 공식협상과 2차례 고위급 협상 등 1년여의 협상 끝에 2007년 4월 2일 거대경제권으로는 처음으로 FTA 체결에 성공하였다. 그러나 한국은 미국과의 FTA 협상에서 당초 통상현안이던 농업, 무역구제, 서비스, 투자, 지적재산권이 쟁점이 될 것으로 예상하였지만 끝까지 애를 먹인 분야는 의외로 섬유분과 협상이었다. 미국은 대부분 섬유제품을 수입에 의존하고 있는 데다 고용창출 효과도 크지 않아 쉽게 합의할 것으로 예상했던 당초 예상은 보기 좋게 빗나갔다. 막상 협상이 시작되자 개방범위와 원산지기준에 대한 미국의 입장이 매우 강경했다. 섬유분야 협상은 결국 미국의 요구대로 대부분 마무리되었다. 이런 일련의 과정을 지켜보면서 '이건 뭐지?'라는 강한 의문이 들었다. 이러한 의문은 양파껍질 벗기듯 미국의 로비를 하나씩 알아가면서 조금씩 풀리기 시작하였다. 미국에서 섬유원료인 면화는 전통적 농업의 하나로 역사적으로나 정치적으로 뿌리가 매우 깊다. 결국 이러한 미국 연구는 박사논문의 주제가 되었고, 미국의 로비산업을 이해하는 중요한 단초를 제공해 주었다.

미국은 세계 정치·경제의 중심이자 세계질서를 주도하는 최대 강대국이다. 좋든 싫든 미국의 정책들은 세계질서를 결정하고, 미국의 기준은 대부분 세계기준이 된다. 한국과는 떼려야 뗄 수 없는 동맹국이자 주요 교역·투자국이다. 그래서 미국을 제대로 알지 못하고 국가나 기업전략을 고민하는 것은 헛수고에 가깝다. 북핵(北核)이나 사드(THAAD) 문제에서 보듯, 한국은 한반도를 중심으로 복잡하게 얽혀있는 동북아지역 이해관계를 미국과 함께 풀어가야 하고, 기업들은 안팎의 치열한 경쟁 속에서 살아남을 생존전략을 찾아야 한다. 나를 알고, 상대방을 아는 지피지기(知彼知己)는 전략의 기본이자 핵심이다.

미국에서 공부하고 살아봤던 사람은 많겠지만, 미국의 속내를 깊이 들여다 본 사람은 의외로 많지 않은 것 같다. 연방제, 의회, FRB 등 미국을 이해할 수 있는 키워드는 많지만, 필자는 단연 '로비(lobbying)'를 가장 먼저 꼽고 싶다. 미국에서 로비는 헌법이 보장하는 국민 청원권의 일종이다. 로비의 범위나 형태, 그 역할은 너무나 광범위하고 다양하다. 과연 미국의 로비를 이해하지 못하고 미국을 안다고 할 수 있을까? 자치권을 가진 50개 주로 구성된 연방제 국가인 미국은 세계 인종의 용광로(melting pot)인 동시에 국내외 이해관계가 가장 복잡하게 얽혀 있는 곳이다. 미국 로비는 이러한 여건 속에서 성장하고 발전해 왔다. 하지만 한국에서 '로비'는 은밀한 뒷거래나 범죄행위를 떠올리는 어둡고 칙칙한 단어에 불과하다. 안타깝게도 이러한 인식은 로비가 제도화되어 있는 미국이나 EU 로비를 이해하고 활용하는 데 걸림돌이 되고 있다. 이것은 이 책을 집필하기로 마음먹은 이유이기도 하다.

미국에서 근무하고 생활하면서 만났던 많은 전·현직 의원, 지방정부 공무원, 기업인, 로비스트, 싱크탱크 연구원, 업·단체 관계자(로비스트), 외교관, 컨설턴트들은 나의 스승이자 멘토였다. 2013년 12월 4일 미국의 수도이자 국제정치 중심지인 워싱턴

D.C. 미국 연방의회에서 민간으로는 처음으로 의원 등 미 의회 인사들을 초청해 한국 기업인들과 네트워킹 행사(KITA Congressional Networking Reception)를 갖기로 마음먹은 것도 이러한 믿음 때문이었다. 실패 위험을 무릅쓰고 시작한 한국기업과 미 의회 간의 '오작교 프로젝트'는 올해로 벌써 5회째를 맞았다. 그동안 에드 로이스 하원 외교위원장, 찰스 랭클 한국전 참전용사 겸 원로의원, 마이크 혼다 의원 등 거물급 의원들이 대거 다녀갔다. 매년 이 행사를 통해 한국기업인들이 200~300명의 미 의회 인사들과 직접적인 교류가 이어지고 있는 것은 큰 보람이다. 특히 선거자금 모금행사 등 10여 차례 만나며 가깝게 지냈던 마이크 혼다 의원이 2016년 3월 23일 본회의 추가발언을 통해 이례적으로 미국이 아닌 한국 경제단체(한국무역협회)를 미 의회에 상세히 소개해 주신 것에 대해 개인적으로 깊이 감사드린다. 아울러 워싱턴에서 로비스트인 외국대리인(foreign agent)으로 활동하면서 미국에 대해 많은 것을 느끼고 배울 수 있는 소중한 기회를 준 한국무역협회에도 감사드린다. 아무쪼록 이 졸고(拙稿)가 국제관계나 협상을 다루는 공무원, 외교관, 정치인뿐만 아니라 치열한 글로벌 경쟁을 벌이고 있는 기업들, 그리고 국제통상·국제관계·협상 등 국제업무를 하거나 관심이 있는 분들에게 조금이나마 도움이 되기를 기대해 본다.

2017년 10월
저자

# 제 3 장　결　　론

## 표 목차

## 제2부    미국의 면화산업 로비와 협상태도 연구

## 그림 목차

# 제1부

# 미국의 정책결정과 로비

# 제 1 장

# 미국의 로비 제도

## 1. 로비의 개념 및 정의

로비(lobbying)란 공공정책에 영향을 미치기 위해 정부에 청원(petition)하는 과정이다. 이 용어는 원래 그랜트 대통령(Ulysses S. Grant)이 1869년부터 1877년까지 8년 간 술 마시는 것을 싫어한 영부인을 피하여 브랜디를 마시거나 시가를 피우기 위해 미국 백악관에 인접한 윌라드 호텔(Willard Hotel)을 자주 찾았고, 이를 안 사람들이 청(請)을 넣으려고 접근한 데서 유래한다는 주장(Kansas Journal of Law and Public Policy, 1997)이 있다. 하지만 "로비하다"(to lobby)라는 동사는 이보다 수십 년 전에 등장하였으며, 원래 미국 정치(Washington politics)를 언급하는 것은 아니었다.

"로비"(lobby)는 중세 라틴어 'laubia, lobia'에서 유래된 말로, 이 단어가 '입법 과정에 영향을 미치려는 사람'이란 정치적 의미로 미국식 영어에 등장한 것은 1790년대부터[1]로서 입법행위가 이루어지는 회의실 밖 대형 홀에 모인 영향력을 미치려는 사람들을 지칭하였다. 한국에서는 로비가 합법화되어 있지 않은데다 여러 가지 비리사건으로 얼룩진 '옷 로비', '돈 로비', 심지어 '몸 로비' 등 은밀한 장막 뒤나 테이블 밑에서 이루어지는 부정적인 거래라는 의미로 주로 사용되고 있지만, 이와는 전혀 다른 것이다.

미국에서 로비는 제1 수정헌법(the 1st Amendment)에서 불만(고충)을 시정하기

---

1) http://www.dictionary.com/browse/lobby.

위한 청원권("to petition the Government for a redress of grievances")에 근거하고 있다. 즉, 로비는 미국 헌법상 국민이 행사할 수 있는 청원권의 일환으로, 참여 민주주의의 한 표현이다. 헌법상 로비(lobby)라는 용어를 사용하고 있지 않지만, 미국에서 로비는 불법인 뇌물과 구분되는 합법적인 활동이다. 미국의 로비공개법(Lobbying Disclosure Act of 1995: 이하 "LDA"로 약술)에서는 로비를 "대가를 받은 로비스트가 연방 정부 내 입법부나 행정부의 공공정책 결정과정에 영향을 미치려는 노력"[2]이라고 보다 좁게 정의한다.

미국 국세청(IRS) 규정에서는 로비란 입법 활동에 영향을 미치려는 모든 행위로 정의하고 있다. 즉, 로비는 입법 활동을 제안, 지지, 반대할 목적으로 정책결정자들을 접촉하거나 일반인들로 하여금 만나도록 하는 행위와 어떤 법안을 채택 또는 거절하도록 하는 권익옹호 활동을 모두 포괄한다. 따라서 로비는 (1) 특정 계류 중인 법안, (2) 이와 관련된 정책결정자, (3) 정책결정자와의 커뮤니케이션 이 3가지 요소로 구성된다. 미 국세청은 로비를 직접 로비(Direct Lobbying)와 풀뿌리 로비(Grassroots Lobbying) 2가지로 구분하고 있다.

직접 로비는 "입법기관의 의원이나 직원, 정부 관료 또는 입법 활동 참여자와의 커뮤니케이션을 통해 입법에 영향을 주려는 모든 행위"로 규정하고 있다. 반면 풀뿌리 로비는 일반대중이나 특정 계층의 의견에 영향을 줌으로써 "입법에 영향을 주려는 모든 행위"로 정의한다. 풀뿌리 로비는 어떤 조직의 일원이나 입법자를 대상으로 하지 않고, 일반인을 대상으로 하는 활동을 말한다. 즉, 일반 여론을 움직여 입법 활동에 영향을 주려는 모든 활동이 풀뿌리 로비이다. 이 경우 주요 기관이나 조직들은 일반인들을 움직여 직접 로비 활동을 벌이도록 유도한다. 물론 누구를 만나 무슨 메시지를 어떻게 전할 것인지를 사전에 교육하고 필요한 정보도 이들에게 제공한다. 대중 매체를 통한 광고도 풀뿌리 로비의 하나이다.

이 정의에 의하면 세출 예산과 관련이 있는 의원이나 의회 관계자를 상대로 한 로비자금은 직접로비에 해당하는 지출이지만, 동일한 사안이라도 의원 등 의회 관계자에게 편지를 쓰도록 하거나, TV나 라디오 광고에 지출된 돈은 풀뿌리 로비로

---

2) LDA 제2조 (1)항, "… the efforts of paid lobbyists to influence the public decision—making process in both the legislative and executive branches of the Federal Government".

분류된다. 예를 들어 어떤 단체가 모든 회원들에게 입법에 대한 주의를 환기시키며, 의원들에게 전화를 걸어 특정 법안에 반대하도록 하였다면 직접 로비이지만, 일반 대중에게 동일한 편지를 보냈다면 풀뿌리 로비에 해당하는 것이다.[3]

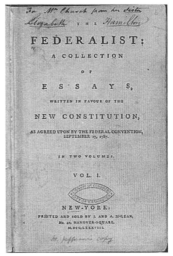

[사진 1-1] 〈Federalist 1st Edition, 1788〉

그러나 로비는 원하는 것을 요구하는 행위만을 의미하지 않는다. 오히려 무엇을 원해서 압력을 행사하는 것보다 반대쪽 논리를 무력화하거나 상쇄할 목적도 많아 정확히 무엇을 원하는지 잘 드러나지 않는 경우가 많다.[4] 따라서 로비는 넓은 의미로 정치 활동과 입법 활동을 모두 포함하며, 좁은 의미로는 입법 활동에 영향을 주기 위한 모든 행위로 정의될 수 있다.

로비의 목표는 특정 정부 부처나 입법과 관련된 위원회 및 의원들을 설득해 로비스트가 원하는 정책을 채택하도록 활동을 하는 것이다. 미국 로비공개법(LDA) 제3조 (7)항에 따르면 로비 활동은 타인에 대한 로비 활동을 위해 준비 및 계획, 연구, 그리고 기초 활동을 위한 로비 접촉 및 노력으로 규정하고 있다.[5] 구체적으로 의회 증언이나 청원, 진술, 연방관보(Federal Register)를 통해 요청한 공적 진술은 물론, 대중 연설이나 방송 출연, 정부의 요구에 대한 서면 답변, 법적 자문, 일반시민을 통해 특정 이슈에 영향력을 행사하도록 하는 풀뿌리 로비 활동 등도 넓은 의미에서 로비인 것이다.

로비공개법(LDA)에서 '로비스트'(lobbyist)란 의뢰인이자 고용자인 고객[6]으로부터

---

3) 국민투표는 대부분 공공정책에 대한 투표이기 때문에 직접 로비로 간주된다. 왜냐하면 일반대중이 입법 활동 주체이기 때문이다.

4) Ward, Hugh., "Pressure Politics: A Game-Theoretical Investigation of Lobbying and the Measurement of Power", *Journal of Theoretical Politics* 16(1), 2004, pp. 31-52.

5) "… lobbying contacts and efforts in support of such contacts, including preparation and planning activities, research and other background work that is intended, at the time it is performed, for use in contacts, and coordination with the lobbying activities of others".

6) LDA 제3조 (2)항, "… any person or entity that employs or retains another person for financial or other compensation to conduct lobbying activities on behalf of that person or entity. A

서비스에 대한 금전적 또는 다른 형태의 보상을 받고 구두나 서면으로 정부기관 관계자들과 접촉하는 서비스를 3개월 이상 활동시간의 20% 이상을 소비하는 개인 으로 정의하고 있다. 그러나 주(州) 별로 로비스트의 정의와 의무사항은 차이가 있 다. 로비스트의 고용 유형은 일반적으로 자가형(self-employed), 고액의 대가를 받 고 특정 프로젝트 서비스를 하는 직업형(Guns-for-hire), 기업이나 조직에 속하는 고용형(in-house)으로 분류할 수 있다.

로비를 하는 이유는 정부 정책이나 법안이 모든 시민들에게 적용되지만, 이에 대한 다양한 이해집단들의 관심과 이해관계가 서로 다르기 때문이다. 그렇다고 로 비는 뇌물 행위처럼 특별대우를 요구하는 것이 아니다. 로비는 입법 활동에 자신들 의 의견을 반영하기 위한 노력들이다. 동일한 이해관계를 가진 기업집단과 이익집 단들은 로비를 통해 자신들이 원하는 결과를 얻기 위해 일반대중보다 더욱 집요하 게 활동한다.

정부 입장에서도 로비는 매우 중요한 활동이다. 만일 로비가 없다면 정부는 너 무나 다양한 시민들의 의견이나 이해관계를 파악하기 어렵다. 로비는 각 시민들의 이해관계를 반영하는 효과적인 수단인 동시에 정책결정자들에게 무엇이 정책 이슈 인지 알려주는 교육기능을 하고 있다. 정부는 어떤 정책을 추진할 때 이러한 로비 를 지원그룹으로도 활용할 수 있다.

로비는 또한 기업 로비나 특정 산업 로비 외에도 특정 국가가 국가적인 목적을 달성하기 위해 영향력을 미치려는 국가 로비, 전 세계 유태인의 권익과 차별적 대 우에 대응하려는 로비와 같은 인종 로비,[7] 9.11 이후 이슬람권을 중심으로 이슬람 교를 제대로 알려 오해를 불식시키기 위한 종교 로비 등 로비의 형태나 종류, 방 식이 매우 다양하다.

최근 로비 형태는 정부에 직접적인 영향력을 행사하기보다 정보제공 기능을 중

---

person or entity whose employees act as lobbyists on its own behalf is both a client and an employer of such employees. In the case of a coalition or association that employs or retains other persons to conduct lobbying activities, the client is the coalition or association and not its individual members."

7) 워싱턴 작동방식을 아는 사람들은 그 누구도 미국의 대내외 주요 정책결정에 강력한 영향력을 행사하는 이스라엘(유태인) 로비를 부정하지 못한다. 뉴욕타임스 2006년 4월 19일자 "A Lobby, Not a Conspiracy" 외 다수. 보다 자세한 내용은 별도로 소개한 이스라엘 로비 사례 참조.

시한다. 정보 불확실성의 시대에 가장 중요한 로비 기능은 정부에 가능한 정책 대안을 제시하는 것이다. 로비스트들은 자신이 속한 산업 내 정보를 누구보다 잘 알고 있기 때문에 해당 산업과 직접 관련이 있는 조치나 정책에 관한 로비 활동을 할 경우 다른 사람들보다 상대적으로 유리하다(Austen-Smith, 1991: 84).[8] 다른 분야에 직접적인 영향력을 행사할 수 있을 정도의 정책 로비를 하려면 그만큼 전문성을 확보하는 데 시간과 비용이 많이 들기 때문이다. 그래서 로비는 돈 보다 정보를 주는 정보제공 로비(informational lobbying), 우호적인 정책과 자금을 교환하는 주고받기 로비(*quid pro quo* lobbying), 농민과 같이 막강한 영향력을 가진 기득권의 요구에 의한 가격지지 정책 등으로 구분하기도 한다.[9]

가장 일반적인 로비 형태는 유권자들로 하여금 지역구 의원들에게 자신들의 요구사항을 편지로 보내거나 전화를 하도록 하는 등 의견을 전달하거나 현안에 대한 해결을 직접 요청하는 것이다. 그러나 비즈니스 미팅을 가장하여 식사를 대접하거나 폭넓은 인간관계를 활용하여 파티나 휴가를 제공하는 방법도 많이 활용한다.

이러한 로비 활동에 따른 부작용도 많아 미국 연방 및 주 정부는 로비에 관한 여러 가지 법적 규정을 두고 있다. 연방차원에서는 1876년 하원이 로비스트를 국회사무처(the House Clerk)에 등록하도록 한 결의안을 처음으로 통과시켰다. 특히 1930년대 앨라배마 주 출신 휴고 블랙(Hugo Black) 상원의원은 워싱턴의 부패한 로비 관행을 없애기 위해 로비스트의 이름, 보수, 월별 지출액, 로비 활동 목적 등을 등록하도록 하는 로비스트 등록 규정을 발의하였으나, 상·하원 통합 법안으로 통과시키는 데 실패하였다. 당시 의회는 산업별로 로비를 규제하자는 의견이 강해 상선법(Merchant Marine Act of 1936)과 외국대리인등록법(Foreign Agents Registration Act 1938: FARA)에 각각 규정하는 것으로 정리되었다. 이때부터 미국의 많은 주(州)들도 로비스트의 활동에 대한 로비공개법을 제정하기 시작하였다.

로비 활동을 규제하려는 이러한 노력은 계속 이어져 2차 대전 이후 미 의회 합동위원회의 권고로 1946년 연방로비법(Federal Regulation of Lobbying Act 1946:

8) Austen-Smith, D., "Rational consumers and irrational voters", *Economics and Politics* 3, 1991, pp. 73-93(재인용).
9) Gawande, Kishore., "The Structure of Lobbying and Protection in U.S. Agriculture", *World Bank Policy Research Working Paper* 3722, Sept. 2005.

FRLA)이 제정되었다. 동 법은 연방차원에서 만든 최초의 포괄적인 로비제도 개혁의 산물로서, 이후 1950년대와 1960년대에 여러 차례 개정되었다. 그 가운데 가장 주목할 것은 1966년 FARA의 주요 초점을 미국 경제 및 조세정책에 영향력을 행사하려는 외국 경쟁자들의 풀뿌리 로비로 바꾼 것이다.

1938년 FARA 법은 당시 프랭클린 루스벨트 대통령과 많은 의원들이 증거는 없지만 히틀러가 미국 내 나치(Nazi)운동을 지원하고 있다고 판단하고, 미국 내 나치운동 확산을 위한 선전활동을 막기 위해 도입한 것이었다. 특히 이 법은 미국 내 반미 활동 조사를 위한 맥코맥 위원회('McCormack Committee')라는 의회 특별위원회의 권고에 따라 입법화되었다. 법안에 언급된 외국의 선전활동("foreign propaganda")은 원래 "나치 선전선동활동"(Nazi propaganda)을 의미하였다.[10]

하지만 FRLA의 경우 로비 활동에 대한 적용 범위가 연방대법원의 판결[11] 등에 의해 "계류 중인 법안"(pending legislation)과 관련하여 의원들과 "직접 커뮤니케이션"(directly communicate)하는 "직업 로비스트"(paid lobbyists)로 제한하는 한계가 있었다. 이에 따라 미 의회에서는 1989년 연방계약에 영향을 미치기 위한 연방자금 사용금지와 연방 공무원들의 풀뿌리 로비를 금지하는 개정 법안(The Byrd Amendment 1989)이 만들어졌다. 이러한 일련의 노력 끝에 1995년 현재 로비 활동에 대한 규제 근거법인 로비공개법(LDA)이 초당적인 지지를 받아 입법화되었다.

하지만 이 LDA도 이른바 "회전문"(revolving door) 인사에 관한 문제와 연방 정치인들에 대한 로비스트들의 선물이나 선거 기부 문제를 해결하지 못하였다. 특히 잭 아브라모프(Jack Abramoff) 스캔들 이후 인터넷에 의한 로비정보 공개규정을 대폭 강화한 법(Lobbying Accountability and Transparency Act 2006)이 제정되었다. 이 스캔들은 아브라모프 등 4명의 로비스트가 중심이 된 불법 인디언 카지노 도박에 관한 로비사건으로, 공화당 밥 네이 하원의원과 2003~2005년 하원 원내대표를 지냈던 공화당 톰 딜레이 의원의 전 보좌관이 개입된 대형 사건이다. 미국 사회에서 로비는 항상 의회나 국민들의 관심사 중의 하나이다. 왜냐하면 현대사회가 갈수록 복잡해지고 다양해질수록 정부의 활동 범위와 다뤄야 할 정책 건수가 증가하면서

---

10) 웹페이지(http://www.lobbyinginfo.org) 참조.
11) *United States v. Harris*, 347 U.S. 612 (1954).

특정 이슈에 대한 새로운 이익집단의 등장과 각종 이해관계집단의 활동 필요성이 증가하고 있기 때문이다.[12]

## 2. 로비의 종류와 형태

### 가. 로비(lobbying)의 종류

미국 세법에서 규정하고 있는 공식적인 로비는 직접 로비(direct lobbying)와 풀뿌리 로비(grassroots lobbying) 2가지이다. 직접 로비란 로비스트가 직접 입법 활동이나 정책에 영향을 주기 위해 의원이나 보좌진, 정부 관계자를 만나 정보를 주고 설득하는 것이다. 반면 풀뿌리 로비는 로비스트가 직접 의원이나 스텝들을 만나는 것이 아니라 주로 이익단체들이 일반인들을 교육시키고 정보를 제공해 정부의 정책에 영향을 주기 위한 간접적인 활동이라는 점에서 간접 로비(indirect lobbying)라고 할 수 있다. 홍보나 광고 활동을 통해 정책결정자들에게 영향을 주는 것도 간접 로비에 해당한다.

또한 로비 대상에게 직접적으로 파고 들어간다는 관점에서 내부 로비(inside lobbying)와 일반인이나 뉴스미디어 또는 소셜미디어를 통해 광고나 홍보라는 외부의 힘을 빌린다는 점에서 외부 로비(outside lobbying)로 구분하기도 한다. 최근 로비스트들은 이러한 간접적인 로비 활동을 위해 비용이 많이 드는 전통적인 방법보다는 소셜미디어를 적극 활용하기도 한다. 트럼프 대통령이 여러 가지 목적의 정치적 수단으로 트위터를 활용하듯이 소셜미디어는 원하는 사람들에게 정치적 메시지를 정확하게 전달할 수 있는 이점이 있기 때문에 점차 활용도가 많아지고 있다. 이전과 달리 트럼프 대통령은 국가정보의 유출 가능성 등의 문제점에도 불구하고, 후보일 때는 유권자들과의 소통수단으로써, 당선 이후에는 국민들과의 소통과 정책 홍보 등을 위한 수단으로 트위터를 적극 활용하고 있는 것도 같은 맥락에서 이해될 수 있다.

하지만 로비는 목적이나 형태, 로비 주체에 따라 여러 가지 종류와 형태로 분류

---

12) Leech, Beth L., Frank R. Baumgartner, Timothy M. La Pira, and NicholasA. Semanko, "Drawing Lobbyists to Washington: Government Activity and the Demand for Advocacy", *Political Research Quarterly*, Vol. 58, No. 1 (March 2005): pp. 19 – 30.

할 수 있다. 우선 대가를 받고 하는 로비(paid lobbying)와 아무런 대가 없이 하는 로비(pro-bono lobbying)가 있다. 통상 어떤 목적을 가지고 의회나 행정부를 대상으로 벌이는 로비 활동은 업계나 전문 이익단체에서 돈을 주고 전문가를 로비스트로 고용하는 것이 일반적이다. 하지만 자신이 개인적으로 관심이 있는 주제나 이슈에 대해 돈을 받지 않고 자발적으로 하는 로비 활동도 있다.

둘째, 로비스트의 목표가 몇 가지인가에 따라 단일 이슈 로비(single issue lobbying)와 복합 이슈 로비(multiple issue lobbying)로 구분할 수 있다. 기업들의 경우 보통 단일 이슈로 로비를 하는 것이 일반적이다. 기업 입장에서 정부 정책이 달라지거나 어떻게 바뀌느냐에 따라 회사의 손익 등 이해관계와 직결되기 때문에 자사에 유리한 방향으로 정부 정책이 결정되도록 하는 것이 매우 중요하다. 따라서 기업들은 여러 기관이나 수단을 동원해 단일 메시지를 전달해 원하는 방향으로 관철될 수 있도록 다양한 방법을 동원한다. 단일 이슈 로비인 경우 로비 방법도 상대적으로 직접적이다. 무엇보다도 기업들의 단일 이슈 로비는 가장 효과적이고 강력한 효과를 발휘하는 로비 활동에 속한다. 이를테면 기업 활동과 직결되는 각종 세제나 정부 지원, 각종 기업부담금, 비자, 인터넷, 환경 관련 이슈들이 대표적이다.

반면 노동조합이나 경제 및 업종단체의 경우 여러 회원사들의 다양한 이해관계를 반영해야 하기 때문에 대부분 여러 가지 이슈들을 함께 고려하지 않으면 안 된다. 이 때문에 로비스트들의 활동도 여러 가지 이슈를 다뤄야 하고, 어느 정도 정치적으로 유연한 입장을 가져야 하며, 필요시 타협을 해야 할 경우가 많다. 때문에 이들 노동조합이나 각종 단체들의 로비는 구체적이고 개별적인 이슈보다는 포괄적이고 큰 이슈를 다루는 경우가 많다. 이를테면 시장개방이나 무역구제, 이민정책, 세제 등이 여기에 해당한다고 할 수 있다. 또한 이슈별로 회원사들이나 회원들 간에 이해관계가 다를 경우 단체 명의의 로비 활동이 어렵기 때문에 로비해야 할 이슈가 제한적일 수밖에 없다. 따라서 노동자 단체인 대다수 노동조합이나 주로 글로벌 기업들로 구성된 미국상공회의소(U.S Chamber of Commerce: USCC), 비즈니스라운드테이블(Business Roundtable: BRT), 전미무역협회(National Foreign Trade Council: NFTC), 퍼블릭 시티즌(Public Citizen) 등과 같이 성격이 유사한 기업들이나 회원들로 구성된 단체들의 경우 그만큼 효과적인 로비 활동을 통해 미국 정부의 정책에 영향을 미칠 수 있다.

셋째, 로비 주체에 따라 미국인이 헌법상 주어진 청원권을 행사하는 국내 로비 (domestic lobbying)와 외국 정부나 정당 및 단체, 개인 등 외국인이나 기관('foreign principals')이 미국의 정책에 영향력을 행사하기 위한 로비나 권익옹호 활동인 해외 로비(foreign lobbying)로 나눌 수 있다. 물론 미국 법상 내국인이든 외국인이든 누구나 로비를 할 수 있고, 로비스트(foreign agent)로도 활동할 수 있다. 하지만 외국이나 외국 기관의 경우 미국에서 로비스트를 고용해 활동하려면 외국대리인등록법 (FARA)에 따라 고용한 로비스트의 인적 사항과 고용 조건, 로비 대상과 활동 내용 등을 법무부 국가안보국(National Security Division: NSD)에 사전에 등록하고, 정기적으로 구체적인 활동 내역을 보고하도록 의무화한 엄격한 규정을 두고 있다.

특히 미국의 정책은 미국 국내 표준과 규범뿐만 아니라 세계경제의 글로벌화로 국제 정치, 경제, 외교 등에 지대한 영향을 미친다. 이 때문에 다국적 기업들이나 각국 정부는 미국 의회나 행정부가 추진하는 입법 정보나 정책을 주시하며, 유리한 환경 조성을 위해 다양한 형태의 로비 활동을 벌이고 있다. 각 국의 주미대사관을 비롯해 각국 정부 및 준 정부기관, 각종 이익단체, 외국기업들은 대부분 직원을 외국대리인(로비스트)으로 등록하거나 현지 전문가를 로비스트로 고용하고 있다. 외국 기업 현지법인인 경우 미국 내 전문 로비스트를 고용하거나 직원을 로비스트로 활용하는 경우가 많다.

현재 미국에서 외국 정부나 기관, 단체, 정당 또는 개인을 위해 활동하는 등록 로비스트(외국대리인)는 대략 1,800~1,900명 정도로 추산된다. 하지만 로비스트로 등록하지 않고 사실상 외국 정부나 단체, 기관을 위해 활동하는 비등록 로비스트도 상당수에 이른다. 이들 비등록 로비스트는 대부분 유력인사들이다. 외국의 자금 지원이나 기부를 받아 외국 정부나 기업을 위해 간접적으로 활동하는 주요 싱크탱크 전문가들까지 포함할 경우 실제 외국을 위한 로비스트들의 규모는 공식적인 통계보다 훨씬 많다는 것이 정설이다. 더욱이 최근 전통적인 방식의 로비보다 싱크탱크를 활용하는 등 다양한 형태의 로비 기법들이 동원되고 있기 때문에 그 실상을 파악하기가 갈수록 어려워지고 있다(주요 싱크탱크를 활용한 외국 정부나 단체, 기업들의 로비사례와 현황은 제2장 싱크탱크 참고).

로비 기법이나 방법에 따라 의원이나 스텝을 만나거나 편지를 보내는 등 직접 관심 이슈를 피력하는 인사이드(inside) 로비, 기자회견이나 광고, 기고 등을 통해 의견을 간접적으로 전달하는 아웃사이더(outside) 로비, 회원이나 유권자들을 동원하는 풀뿌리(grassroots) 로비로 구분하기도 한다.[13] 기업 로비나 특정 산업의 로비 외에도 특정 국가가 국가적인 목적을 달성하기 위해 영향력을 미치려는 국가 차원의 로비, 유태인 로비,[14] 아랍 로비, 무슬림 로비, 인권 로비 등 다양한 형태의 로비가 있다.

### 나. 외국(인)의 로비 활동과 외국대리인등록법

미국 정치에 대한 외국 정부나 기관, 기업 등 해외 주체('foreign principal')들의 영향력이 증가하면서 미국 국가안보에 대한 우려가 커지자 이에 대한 공개와 관리를 위한 관련 법규들이 만들어졌다. 처음으로 만들어진 것이 1938년에 제정된 외국대리인등록법(FARA)이다. 이 법은 미국이 2차 세계대전에 참전하면서 나치 선전 선동 활동을 막기 위해 만들어졌지만, 2차 대전 후에는 공산주의자들의 선전 활동을 규제하는 수단으로도 활용되었다. 특히 2차 대전 후 초강대국으로 등장한 미국에 대한 각국의 접촉 증가로 미국의 정책, 법률, 입법 과정에 영향을 줄 수 있는 풀뿌리 로비에 대한 감시와 규제의 필요성이 한층 증가하였다. 이에 따라 외국 정부의 활동이나 로비를 일반에 공개함으로써 미국의 국방과 치안, 국제관계를 보호할 필요가 커졌기 때문이다.

미국 정부는 효율적인 동 법 집행을 위해 1942년부터 국무부 대신 법무부가 이를 관할하도록 하였다. 이 법은 외국 주체들을 위해 활동하는 로비스트의 모든 정치적 활동을 명시하도록 요구하고 있다. 특히 미국 내에서 미국의 원칙이나 가치에 반하는 활동들은 심각한 문제를 야기할 수 있기 때문에 외국인 로비스트는 반드시 법무부에 구체적인 활동상황을 신고하도록 하고 있다. 즉, 외국인 로비스트

---

13) Baumgartner et al., *Lobbying and Policy Change: Who Wins, Who Loses, and Why*, University of Chicago Press(Spring 2009).
14) 워싱턴 작동방식을 하는 사람들은 그 누구도 미국의 대내외 주요 정책결정에 강력한 영향력을 행사하는 유태인 로비를 부정하지 못한다. 뉴욕타임스 2006년 4월 19일자 "A Lobby, Not a Conspiracy" 외 다수.

는 여론, 정책, 법률에 영향을 미치는 각종 정보를 정책 결정자들에게 공개해야
한다.

외국 로비스트에 대한 FARA 규정은 국내 로비스트보다 엄격한 편이다. 그렇다
고 외국 로비스트의 발언이나 활동을 제한하려는 것은 아니다. 오히려 일반 시민들
에게 누가 어떻게 그들을 대표하는 지역구 의원들에게 영향을 미치고 있는지를 알
려줌으로써 의견을 개진하거나 투표로 권리를 행사할 수 있도록 하려는 것이다.

하지만 FARA 규정상 등록해야 하는 외국인 로비스트 중 실제 등록한 경우는
절반도 안 되는 등 FARA의 효용성에 심각한 의문이 제기되었다. 가장 큰 문제는
외국의 로비 활동에 대한 조사가 가져다 줄 심각한 부작용을 우려해 법무부가 동
법을 적극적으로 시행하지 못했기 때문이다. 이에 따라 1963년 당시 풀브라이트(J.
W. Fulbright) 상원 외교관계위원회 위원장 주도로 FARA의 문제점을 개선하기 위
한 개정 권고안에 대한 청문회가 개최되었다. 권고안의 골자는 등록 의무를 면제하
는 등의 몇 가지 허점들을 보완하는 동시에 동 법의 집행 예산을 늘리고 처벌을
강화하는 것이었다. 이것 역시 등록의무 대상은 크게 늘었지만, 변호사나 외국법인
미국 자회사, 외국(인)의 이익을 위한 지배적인 활동을 하는 것이 아닌 경우 등록
대상에서 제외되는 등의 문제점을 가지고 있었다.

이 때문에 1966년 미국 내 외국의 로비 활동에 대한 미국 정부의 정책결정 과
정을 통합하고, 외국 고객들의 경제적, 정치적 이점을 찾아내 대응하기 위한 대대
적인 법 개정작업이 이루어졌다. FARA의 허점에 대한 이러한 보완 노력은 1970년
대 말에도 상원 외교관계위원회(Committee on Foreign Relations)를 중심으로 추진
되었지만 성공을 거두지 못했다. 1960~70년대 경우 외국인 뇌물사건에다 외국인
로비스트의 약 75%가 등록이 면제되는 등 허점을 보완하기 위한 법이나 규정들이
만들어졌다.

심지어 초기에는 "외국(인)(foreign)"이란 정의조차 모호한 상태였다. 미국 회계
감사원(GAO)은 1970년대부터 지속적으로 FARA의 이행 실태와 개혁의 필요성에
대한 보고서를 여러 차례 발표하였고, 의회도 여러 차례 연구를 하였지만 실제 법
안에는 반영되지 못하였다. 하지만 FARA 보고 및 처벌 규정이 강화될수록 이를
조사하고 위법 행위를 입증해야 할 정부의 부담도 커졌다.

외국(인)의 로비 활동 규제에 대한 개혁 요구는 1990년대 미국의 통상정책에 대한 일본 기업들의 상당한 영향력이 알려지면서 재차 분출되었다. FARA 자체에 대한 강력한 개혁 요구는 국내 로비에 대한 로비공개법(LDA)의 도입으로 이어졌다. 로비공개법은 국내 로비 활동을 규제하는 데 큰 진전이 있었지만, 외국 업계를 위해 활동하는 로비스트를 FARA 대신 로비공개법에 등록할 수 있도록 한 것은 오히려 후퇴한 측면이 있다. FARA보다 LDA가 요구하는 외국 로비스트에 대한 의무적인 공개수준이 낮기 때문이다. 미 의회는 여러 차례 로비관련 법을 개정했지만, FARA는 1966년 개정된 이래 1995년 로비공개법(LDA) 도입 이후에도 본질적으로 크게 바뀌지 않았다.

FARA의 적용 대상은 외국법의 영향을 받는 외국 정부나 정당, 단체 및 개인이다. 외국이 주요 사업지역인 외국인은 모두 외국의뢰인 또는 외국원청자('foreign principal')이며, 이들을 대리해 활동하는 로비스트('agent')의 활동은 동 법의 적용을 받는다. 여기서 '에이전트'(agent)란 외국의뢰인의 지시나 명령, 요구, 관리를 받아 활동하는 개인이나 조직을 말한다. 외국의뢰인을 위해 정치적인 활동에 관여하거나 홍보 자문, 자금 조달, 기부 행위는 물론이고, 정부기관이나 공무원 등 외국의뢰인을 대표하여 활동하는 경우에도 해당된다. 즉, 미 법무부는 미국 정책에 영향을 미치는 모든 유형의 외국의 로비 활동을 공개하도록 하고 있는 것이다.

일단 외국대리인으로 등록하면 엄격한 보고 의무를 지켜야 한다. 에이전트는 외국의뢰인을 위한 로비 활동에 얼마의 비용을 사용하였는지 모든 비용을 항목별로 보고하고, 정치인들에 대한 선거활동 기부비용은 분리하여 보고하여야 한다. 뿐만 아니라 어떤 서면 합의서가 있는 경우 사본을 미 법무부에 보고해야 하며, 구체적으로 양측 합의 당사자의 의무사항뿐만 아니라 어떻게 합의에 도달하였는지를 상세히 기술하도록 요구하고 있다.

물론 외교관이나 공무원, 언론인, 종교인, 소송대리인, 자선 활동가는 FARA 적용 대상이 아니다. 별도로 기술하겠지만 로비공개법(LDA)에 따라 등록된 로비스트도 FARA의 보고의무 대상에서 제외된다. 이처럼 엄격한 보고 의무를 부과하고 있는 것은 외국대리인(로비스트)이 어떤 영향을 주었고, 어떤 유형의 영향을 미치려고 했는지, 결과적으로 어떻게 영향을 미쳤는지에 관한 정확한 정보를 공개하기 위한 것이다. 이처럼 외국 로비스트에 의한 상세한 활동 내역이 공개됨으로써 일반인들이 보다 쉽게 정책 배경을 알 수 있고, 정부 정책도 보다 투명하게 추진할 수 있기 때문이다.

### 다. 로비공개법과 외국대리인등록법

로비공개법(LDA)은 미국 내 로비 활동 공개 의무를 규정한 대표적인 법이다. 로비공개법은 정책에 영향을 미치는 로비 활동에 대한 공개 의무를 규정하고 있다는 점에서 외국대리인등록법(FARA)과 비슷하지만 몇 가지 중요한 차이점이 있다.

먼저 로비공개법은 적용 대상을 분명히 하기 위해 로비스트, 로비 활동, 로비 대상자를 명시하고 있다. 반면 FARA는 외국대리인(로비스트) 스스로 등록 대상인지 아닌지, 어떤 활동을 보고할 것인지를 알아서 결정하도록 하고 있다. 외국대리인의 경우 미 법무부가 그들의 활동에 대한 조사와 감찰, 규제를 담당하지만, 로비공개법은 미 의회(상, 하원)가 관할한다.

둘째, 외국대리인등록법이 로비공개법보다 보고 사항 및 의무가 훨씬 엄격하다. 외국대리인등록법은 미 법무부에 상세한 활동 리스트와 항목별 지출내역, 모든 서면 또는 구두합의서 사본을 정기적으로 업데이트할 것을 요구하고 있다. 물론 외국대리인의 활동은 반기별로, 연간 2회만 보고하면 되지만, 매우 구체적으로 상세한 보고 의무를 부과하고 있으며, 변동사항이 있을 경우 10일 이내에 보고하도록 규정하고 있다. 일례로 외국(인)을 대리하는 외국대리인(로비스트)이 의원 등 보고 의무가 있는 로비 대상을 만났다면 미팅할 때마다 누구를 만나 어떤 이슈를 의논하였고, 어떤 자료를 제공하였으며, 어떤 활동을 하였는지 48시간 이내에 보고해야 한다.

그러나 로비공개법상 로비스트는 분기별로 연간 4회 보고하도록 되어 있어 외국대리인등록법보다 보고 횟수가 많지만, 로비스트만 자신의 이름과 소속 회사, 어떤 분야(general issue area)와 관련해 어떤 활동을 했는지만 개략적으로 보고하면 된다. 의원 등 로비대상을 만났더라도 매번 만날 때마다 어떤 자료를 주고 어떤 활동을 했는지 보고하지 않고 포괄적으로 이슈와 활동 내역을 간략히 보고하면 되는 것이다. 물론 그러한 로비 활동을 위해 얼마를 받았고 고객을 위해 얼마를 지출했는지에 대한 대략적인 금액도 보고 내용에 포함된다.

셋째, 의무사항을 성실히 이행하지 않았을 경우 처벌에도 차이가 있다. 로비공
개법은 보고를 제대로 안했거나 허위로 보고했을 경우 민·형사상의 책임을 부과
하며, 위반 건당 최대 20만 달러의 벌금 또는 최대 5년 이하의 징역에 처할 수 있
다. 반면 외국대리인등록법의 경우 조사를 통해 미 법무부가 1만 달러의 벌금이나
5년 이하의 징역에 처할 수 있다.[15] 그러나 처벌 규정보다 미국 내 정치활동의 보
고 및 공개 의무를 엄격하게 규정하고 있는 FARA에 부담을 느껴 포괄적인 보고의
무만을 규정한 LDA에 등록해 활동하려는 경향도 나타나고 있다. 미국 내 대표적
인 이스라엘 로비단체인 이스라엘 공공문제위원회(American Israel Public Affairs
Committee: AIPAC)나 2008년 미 의회에서 미국－인도 핵연료 협정을 성공적으로
통과시키는 데 기여한 것으로 알려진 인도정치행동위원회(USINPAC)가 LDA에 근거
해 활동하고 있는 것도 이 때문일 것이다. 로비 주체가 애매할 경우 LDA나 FARA
중 어느 한 곳만 등록하여 보고하면 되기 때문이다.

넷째, 로비공개법은 외국대리인등록법과 달리 특정 유형의 로비스트와 외국 주
체들의 상업적인 이해관계를 대리할 경우 등록 의무를 면제해주고 있다. 외국 소유
기업들도 FARA의 적용 대상이 아니다. 외국기업의 미국 자회사인 경우 LDA가 아
니더라도 처음부터 FARA의 적용을 받지 않았다. 왜냐하면 설령 이들이 외국 정부
의 입장을 대변한다고 하더라도 '다른 외국 정부의 법에 따라 설립'(organized
under the laws of another country)된 것이 아니기 때문이다. 기본적으로 외국기업
의 미국 자회사들은 주로 국내 이해관계를 갖고 있는데다 정치 주체들만큼 미국
정부 정책에 영향을 주려고 하지 않고, 조건이 까다롭지 않다면 순응할 것으로 보
기 때문이다.

다섯째, 로비 활동의 보고 시한도 다르다. 일례로 로비공개법(LDA)은 실제 로비
활동을 하고 나서 45일 안에만 보고하면 되지만, 외국대리인등록법은 10일 안에

---

15) 1970년대 말 워싱턴포스트의 폭로로 제2차 세계대전 후의 미국의 대외 식량원조계획(Food for Peace)
자금 수백만 달러의 정치적 사용과 관련해 한－미 양국을 떠들썩하게 했던 이른바 박동선 사건, 기소는
되지 않았지만 불과 3일 방문기간 동안 약 1100만 달러를 지출했다는 이란정부 후원의 Pro－노모
Demonstration, 남아공 정부자금이 관련된 맥거프(McGoff) 사건, 쿠웨이트 정부자금이 관련된 Zakhem
사건 등이 있다.

보고하도록 하고 있다. 특히 외국기업들이 미국기업을 인수하거나 투자할 경우 국가 안보에 민감한 사안인 경우 유관 부처들로 구성된 정부합동 통합심사기구(CFIUS)의 종합심사를 받게 되는데, 조사 과정에서 불리한 로비 활동이 드러나지 않도록 이러한 보고 시한을 최대한 이용하는 경우도 있는 것으로 알려졌다(<표 1-1> 참조).

끝으로, FARA 등록시스템은 전자적 형태와 문서 형태가 모두 가능한 하이브리드 형태라면, LDA는 디지털 시스템이다. 현재 FARA 시스템은 오프라인에 의한 문서나 전자문서파일(PDF)로만 등록할 수 있으며, 몇 가지 보고양식을 따르도록 하고 있다. 반면 LDA 시스템은 보다 다양한 전자파일 형태로 등록이 가능하다.

FARA 규정이 LDA 보다 엄격한 데는 몇 가지 이유가 있다. 우선 법을 만든 배경 자체가 다르다. FARA의 경우 나치 선전 활동에 대응하기 위해 만들어진 것처럼 의회 정책도 외국 정부가 미국 정책에 영향을 주기 위해 어떤 시도를 하는지 감시하는 데 초점이 맞춰져 있다. 외국 로비는 미국을 대상으로 국제적인 영향을 주려는 활동이다. 더욱이 개인적이고 국내적인 현안을 위해 활동하는 국내 로비스트를 무력화시키고, 외국 주체들이 자신들의 목적을 달성하기 위해 미 의회를 대상으로 막강한 로비로 영향을 미칠 경우 그 피해가 심각할 수 있기 때문이다.

둘째는 국가적인 이슈에 대한 인식이 낮은 국내 로비스트들과 달리, 미국 및 미국인들의 이익과 부합되지 않은 외국 정부가 비밀스럽게 미국 공무원들을 접촉하는 데 대한 두려움이 존재하기 때문이다. 맨커 올슨의 「집단행동의 논리」(1965)[16]에 의하면 모든 행위자들은 자신들의 이익을 위해 합리적으로 행동한다는 것이다. 즉, 외국을 대리하는 로비스트(에이전트)들은 외국 정부의 이해관계에 따라 행동하지만, 국내 이해관계자들을 대리하는 로비스트들은 국내적인 이해관계 따라 행동한다고 볼 수 있다. 외국대리인들은 고객인 외국의뢰인의 이익을 위해 미국의 정책에 영향을 미치려고 하지만, 이로 인해 미국사람들에게 어떤 영향을 미치는지에 대해

---

16) 맨커 올슨(Mancur Lioyd Olson)이 1965년 발표한 「집단행동의 논리(Logic of Collective Action)」는 공공선택이론(Public Choice Theory) 분야에서 가장 독창적인 연구로 평가되고 있으며, 그 논지는 집단의 규모가 클수록 구성원 간의 합의가 어렵고, 규모가 작고 동질적일수록 단결력이 강해 공동행위에 대한 합의에 도달하기 쉽다는 것이다. 이 외에도 올슨의 대표적인 저작으로 「국가의 흥망성쇠(the Rise and Decline of Nations」(1982), 「권력과 번영(Power and Prosperity)」(1999) 등이 있다.

서는 관심이 없다. 물론 국내 로비스트들도 자신들의 이익을 지키거나 확보하는 것
이 주요 관심사이지만, 그들의 활동에 대한 공개 의무가 다소 느슨한 것은 이 때
문이다.

하지만 로비스트나 외국대리인 모두 미국 이외의 지역에서 미국 정치인이나 스
텝을 접촉하는 것은 FARA의 규제를 받지 않는다. 그러나 미국 이외의 지역에서
어떤 혜택이나 지원을 받을 경우 윤리위원회의 제재를 받을 수 있다. 이처럼 엄격한
FARA 규정에도 불구하고, 규정을 위반해 처벌된 사례는 예상외로 많지 않은 편이
다. 2차 대전 이후 FARA 규정 위반으로 기소된 실제 사례는 20여 건에 불과하다.

〈표 1-1〉 외국대리인등록법과 로비공개법 비교

| | 외국대리인등록법(FARA) | 로비공개법(LDA) |
|---|---|---|
| 제 정 | 1938년, 나치선동가 적발 | 1995년, 로비 관리규정 개선 |
| 개 정 | 1966년, 정치·경제적 로비 관리 | 2007년, 공개의무 강화 |
| 목 적 | 외국대리인 로비 활동 관리 | 국내 및 비정치 외국주체 로비 관리 |
| 관 할 | 미 법무부 국가안보국(NSD) 내 방첩 및 수출통제부(CES) FARA등록팀 | 미 의회(상원 및 하원 사무국장) |
| 고 객 | 외국(정부, 정당, 단체, 개인 등) | ·미국 고객<br>·외국인 및 단체의 민간, 비정치 활동 |
| 주요 사항 | ·외국의뢰인 고용 후 10일 내 등록<br>·반기별 로비 활동 보고(연 2회)<br>·불이행 시 최고 1만 달러 벌금 또는 5년 이하 징역 | ·피고용 후 45일 내 등록(LD-1)<br>·분기별 로비 활동 보고(연 4회, LD-2)<br>·정치적 기부활동: 반기별 30일 내 (LD-203)<br>·불이행 시 위반 건당 최대 20만 달러 벌금<br>·로비 활동 보고서류 최소 6년간 보관 |
| 예 외 (면제) | ·외교관, 외국 정부 공무원, 대사관 직원<br>·선의의(bona fide) 무역 통상 활동<br>·인도적인 지원활동<br>·종교, 학술, 과학 활동<br>·사법적, 행정절차에 관한 변호<br>·기타 외국의 이해관계와 무관한 활동 | |
| 등록 사이트 | https://efile.fara.gov | https://soprweb2.senate.go |

자료: 저자가 직접 작성.

그나마 형사 처벌된 사례는 우리가 잘 알고 있는 이른바 박동선 사건(1977), 쿠바 공무원 5명이 미 군사시설에 대한 스파이 혐의로 처벌된 사건(1988) 등 몇 건에 불과하고, 대부분 양형거래(plea-bargaining)를 하거나 기각되었다.

## 3. 로비스트의 역할과 의무

로비공개법상 로비스트(lobbyist)[17]란 의뢰인이자 고용자인 고객[18]으로부터 서비스에 대한 금전적 또는 다른 형태의 보상을 받고, 구두나 서면으로 정부기관 관계자들과 접촉하는 서비스를 3개월 이상 활동시간의 20% 이상을 소비하는 개인이다. 그러나 주 별로 로비스트의 정의와 의무사항은 조금씩 다르다. 일반적으로 로비스트의 고용 유형은 앞서 언급했듯이 자가형, 직업형, 고용형으로 분류할 수 있다. 또한 고객이 국내냐 해외냐에 따라 두 가지로 분류할 수 있다. 즉, 미국 내 다양한 고객들의 이해관계를 관철시키기 위해 돈을 받고 활동하는 로비스트와 외국의뢰인들의 이해관계를 대변하며 활동하는 외국대리인(로비스트)이다. 로비스트는 크게는 자체적으로 직원으로 고용한 로비스트(in-house)와 외부 로비회사와 고용계약을 맺고 활동하는 로비스트로 나누어진다. 이를테면 미국상공회의소나 미국노동총연맹(AFL-CIO)을 비롯한 많은 단체, 대기업, 시민사회단체들도 자체적으로 상당수의 직원 로비스트를 두고 있다.

외국 정부나 기관, 단체, 개인의 이해관계를 대신해 활동하는 외국대리인은 미 법무부에 매년 2,500~3,000여 명이 새로 등록하고 있다.[19] 워싱턴 소재 조사 분석

---

17) LDA 제3조 (10)항. "… any individual who is employed or retained by a client for financial or other compensation for services that include more than one lobbying contact, other than an individual whose lobbying activities constitute less than 20 percent of the time engaged in the services provided by such individual to that client over a six month period." 동 법에 따르면 구체적으로 로비를 위해 6개월간 5천 불 이상의 대가를 받거나 2만 불 이상을 지출하며, 한 사람 이상을 접촉하고, 특정 기관 및 개인을 위해 6개월 이상 동안 자신의 시간의 20% 이상을 소비하는 사람이라고 정의하고 있다.

18) LDA 제3조 (2)항, "… any person or entity that employs or retains another person for financial or other compensation to conduct lobbying activities on behalf of that person or entity. A person or entity whose employees act as lobbyists on its own behalf is both a client and an employer of such employees. In the case of a coalition or association that employs or retains other persons to conduct lobbying activities, the client is the coalition or association and not its individual members."

19) 미국 회계감사원(GAO) 보고서, "*2016 Lobbying Disclosure; Observations on Lobbyists' Compliance*

기관인 Center for Responsive Politics(CRP)[20]가 미 상원에 보고된 통계를 근거로 추산한 미국 내 활동 중인 로비스트 수는 매년 조금씩 차이가 있지만 대체로 1만 3천 명에서 1만 5천 명 선이다. 한때 많게는 3만 5천여 명에 달하기도 하였다.[21] 물론 실제 로비스트로 활동하고 있는 숫자는 공식적으로 등록한 로비스트 수와는 차이가 있다.

특히 오바마 행정부에 이어 트럼프 행정부의 로비스트에 대한 규제 강화로 사실상 로비 활동을 하면서도 공식적으로 로비스트로 등록하지 않고 은밀히 활동하는 유력 인사('unlobbyists')들이 늘고 있다. 이 때문에 로비 금액은 늘어나는데 등록 로비스트 숫자는 2007년을 기점으로 오히려 줄어드는 기현상이 나타나고 있다. 지방정부나 자치단체를 비롯해 기업, 노동조합, 단체, 대학 등이 고용한 로비스트를 포함할 경우 워싱턴을 중심으로 활동하는 로비스트 숫자는 4만 명에서 5만 명에 이를 것으로 추산된다.

미국 관련법상의 로비스트는 아니나 워싱턴 D.C. 외곽 고속도로인 벨트웨이 안(Inside Beltway)에 근무하면서, 주요 현안을 다루는 의회 청문회에 참석해 수시로 증언하는 싱크탱크 연구원, 학자, 대학교수 등 약 10만 명의 오피니언 리더들도 워싱턴의 정책 결정에 많은 영향력을 미친다는 점에서 사실상 간접 로비스트로 볼 수 있다. 여기에 각 주 정부나 주 의회를 대상으로 한 지방의 로비까지 합치면 미국은 가히 로비 왕국이라 할 수 있다. 미 의회나 행정부를 상대로 활발한 로비 활동을 하는 로비스트 회사나 로펌(법률회사)들은 대부분 워싱턴 D.C. 내 행정부나 의회와 가까운 K-스트리트(K-Street) 주변에 몰려 있다. 그래서 'K-스트리트'는 미국 로비의 대명사로 통한다.

로비스트로 활동하는 사람들은 전직 의원이나 행정관료, 의원 보좌관, 의회 근무자, 변호사들이 많고 지방 정부, 대학, 각종 이익단체 의회 담당자들도 로비스트로 많이 활동한다. 이 가운데 가장 영향력이 있는 로비스트는 기존의 의회 네트워크를 잘 활용해 핵심 인사나 현직 의원들을 쉽게 만날 수 있고, 정책결정 과정을

---

*with Disclosure Requirements*" (2017. 3), p. 8.

20) 공공현안에 대한 탐사보도를 전문으로 하는 미국 워싱턴에 위치한 비영리조직으로, 로비에 관한 자료뿐만 아니라 매년 "The Buying of the President"란 프로젝트를 수행하고 있다.

21) http://www.washingtonpost.com/wp−dyn/content/article/2005/06/21/AR2005062101632.html.

누구보다도 잘 아는 전직 의원들이다. 로비 활동 감시단체인 퍼블릭 시티즌(Public Citizen)[22]이 로비공개법과 외국대리인등록법에 따라 미 의회와 미 법무부에 보고된 로비스트 활동 보고서를 분석한 바에 따르면 1998년 이후 의원직을 그만 둔 198명 중 43%가 로비스트로 등록한 것으로 나타났다.[23]

필자가 Center for Responsive Politics 웹사이트를 통해 조사한 바에 따르면 2017년 현재 로비스트로 활동하고 있는 전직 의원들은 상원의원 출신이 51명, 하원의원 출신은 무려 265명에 달하는 것으로 나타났다. 1970년대만 해도 의원을 그만두고 로비스트가 되는 비율이 7% 정도에 불과했으나, 최근에는 상원의원의 절반, 하원 의원의 3분의 1이 의원을 그만둔 후 로비스트로 활동하는 것으로 알려졌다.

특히 뉴욕 주를 비롯해 텍사스, 펜실베이니아, 캘리포니아, 일리노이, 플로리다 등 6개 주 출신 의원들의 경우 현재 로비스트로 활동하는 의원들이 상당수에 이른다. 일례로 뉴욕 주는 하원의원 출신 26명과 상원의원 출신 1명 등 총 27명의 전직 의원들이 현재 로비스트로 활동하고 있고, 텍사스는 하원의원 20명과 상원의원 2명 등 전직 의원 22명이 로비스트로 등록되어 있다. 이 외에도 펜실베이니아 출신 20명, 캘리포니아 출신 17명, 일리노이 출신 15명, 플로리다 출신 14명의 전직 의원들이 의원직을 그만둔 뒤 비싼 수임료를 받는 고급 로비스트로 활동하고 있다. 전직 의원 출신 로비스트들은 의정 활동을 하면서 긴밀한 네트워크를 가진 동료 의원들과의 직접적인 접촉을 통해 효과적인 로비 활동이 가능하다. 이 때문에 로비 수수료가 비싼 편이다.

물론 각 주들은 자체적으로 별도의 로비 관련법들을 제정해 시행하고 있으며, 관련 법이 없는 주들도 있다. 각 주별로 차이가 있지만, 주 의회나 주 정부를 대상으로 활동하는 등록 로비스트들만 각각 수백 명에서 1천여 명에 이른다. 이 때문에 중앙 및 지방에서 활동하는 로비스트들은 의외로 쉽게 만날 수 있다.

미국에서 로비스트를 알아보는 방법은 그리 어렵지 않다. 스스로 또는 명함에 로비스트라고 명시하고 있는 사람은 물론이고, 만난 사람이 정부(government), 입

---

22) 1971년에 의회, 행정부 및 법원에서의 소비자 권익을 보호하기 위해 설립된 전국 소비자 권익옹호를 위한 비영리 단체로, 정부의 투명성과 민주적 책임, 통상정책의 사회경제적 정의, 건강, 안전, 에너지 등을 위해 활동하고 있으며, 이를 위해 의회, 행정부 등을 상대로 한 로비 활동도 감시하고 있다.
23) Public Citizen, "Congressional Revolving Doors: The Journey from Congress to K Street", 2005. 7.

법(legislative), 공공정책(public policy), 의회(congressional), 연방정부(federal), 권익옹호(advocacy)와 관련된 일을 한다면 십중팔구 로비스트로 보면 된다.

언론에서 마치 괴물처럼 취급하는 로비스트는 가끔 뇌물이나 부패 혐의 등으로 스캔들을 일으키기도 하지만, 정책결정 과정에 긍정적인 역할도 많이 하고 있다. 로비스트들은 정책과 관련해 정부에 자신들의 생각이나 의견을 전달할 기회가 없거나 기회를 갖지 못한 시민들의 권리를 대신하는 역할을 한다. 로비스트가 각기 다른 유권자들의 이해관계를 통합해 정부에 전달해 주는 역할을 하고 있는 것이다.

미국 의회에서는 회기(2년) 중에 보통 1만 건 이상의 법안이 발의되기 때문에 개인이 이를 파악해서 전문적으로 대응한다는 것은 현실적으로 거의 불가능하다. 법안을 만드는 정부 입장에서도 다양하게 제기되는 모든 이슈들의 내용을 파악해 대안을 만들 수 있는 전문 식견을 가진 전문가가 거의 없다. 현대사회가 다양화되면서 의원 한 명이 다뤄야 할 이슈들이 너무나 많고 복잡하기 때문이다. 로비스트는 정부의 이러한 지적인 간극(gap)을 전문적으로 메꿔주는 역할을 한다. 로비스트들은 대부분 전문적인 경험과 지식을 가진 사람들이기 때문이다. 설령 전문적인 식견이 없더라도 로비스트들은 정부를 설득하기 위해 자신들이 맡은 이슈를 밀도 있게 연구하고, 대안 마련에 필요한 사실 확인 작업 등을 수행하기 때문에 정부로선 좋은 정책 컨설턴트인 셈이다. 이들은 미처 정책결정자들이 파악하지 못한 이슈들을 들고 와 지식과 전문성을 바탕으로 정책결정자들에게 최상의 대안을 제시하기도 한다. 로비스트들은 다양한 이슈 해결에 골머리를 앓고 있는 정책결정자들 입장에서는 정책 컨설턴트인 동시에 정보 제공자 역할을 하는 것이다.

로비스트들은 또한 가능한 자신이 대표하는 로비 집단과 정책결정자들의 이해관계자(유권자) 모두를 만족시킬 수 있는 방안을 제시하기 위해 노력한다. 이들은 전문 지식을 최대한 많이 공유하며, 다양한 풀뿌리 로비 활동을 통해 유리한 일반 여론을 조성하고, 정부 내 광범위한 네트워크를 총 동원하는 전략을 구사한다. 여론은 정부의 정책결정 방향과 과정에 매우 중요한 요인이기 때문이다.

정책 방향을 결정하는 데 싱크탱크 연구원이나 교수 등 전문가들이 결정적인 영향력을 미치는 경우도 종종 있다. 이 때문에 미국 의회나 행정부에 근무했던 고위 인사나 보좌관, 법률적 전문지식을 가진 변호사 등 이른바 워싱턴 정가를 잘

아는 사람들('Washington insiders')은 대부분 정책결정 참가자들이며, 상당수가 로비
스트로 등록하여 활동하는 경우가 많다([그림 1-1]과 [그림 1-2] 참조).

미국의 로비스트들은 주로 행정부 관료, 의원 및 의회 관계자, 주(州) 의회 및
정부를 대상으로 활동한다. 로비스트들이 활용하는 로비 형태와 수단은 매우 다양
하다. 로비공개법(LDA 제3조 (3)항)에서 행정부 관료('executive branch official')란 대

**[그림 1-1] 유형 1: 전통 로비[24]**

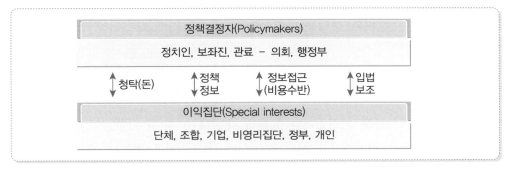

**[그림 1-2] 유형 2: 관계시장(Relation Market)형 로비**

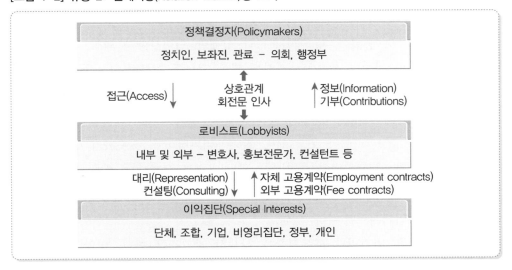

---

24) Maggie McKinley and Thomas Groll, *The Relationship Market: How Modern Lobbying Gets Done*, Edmond J. Safra Blog Post (2015. 2. 13).

통령, 부통령, 기타 행정부 내에서 관련 업무를 하거나 임명받은 개인, 그리고 미
국 연방법 [7511(b)(2) of title 5]에 의거 비밀 정책 수립, 결정, 집행 및 보호 업
무를 하는 공무원이나 피고용인을 총칭한다.

또한 동 법(LDA) 제3조 (4)항에서 의원 및 의회 관계자, 즉 입법부 공무원
('legislative branch official')이란 상·하원 의원과 선출직 공무원, 의원 및 위원회(비
상임위원회 포함)가 고용한 개인, 기타 입법 활동이나 기타 조력을 위해 조직된 실
무 그룹(working group)과 코커스(caucus)로 규정하고 있다.

가장 일반적인 로비의 형태는 유권자들로 하여금 자신들의 요구사항을 편지로
보내거나 전화하는 등 지역구 의원에게 직접 전달하도록 요청하는 것이지만, 비즈
니스 미팅을 가장하여 식사를 대접하거나 파티, 휴가를 제공하는 방법도 많이 활
용한다.

이러한 로비스트들은 의뢰인이나 고객을 대신해 미 의회나 행정부 등을 대상으
로 한 로비 활동을 정기적으로 보고해야 한다. 먼저 외국 정부나 정당, 외국법에
따라 설립되었거나 주 업무지가 외국인 단체, 기관, 개인을 대리하는 로비스트는
에이전트 계약 후 10일 이내에 미 법무부 국가안보국(NSD)에 상세한 내역을 등록
해야 한다.

처음 에이전트로 등록할 때 에이전트의 상세한 인적사항과 역할, 외국의뢰인,
금전적 사항, 기타 참고가 될 만한 사항에 관한 정보를 기록하거나 첨부하도록 하
고 있다.[25] 물론 이러한 사항들은 미 법무부 해당사이트(www.fara.gov)에 들어가
주어진 법적 양식에 기재한 후 모두 전자파일(e-File) 형태로 제출할 수 있다. 문
서 형태는 현재 PDF 파일만 가능하며, 최대 4기가바이트 용량까지 업로드할 수
있다. 처음 등록할 때 등록번호, 계정번호, 임시암호를 우편으로 받게 되며, 최종적
으로 사용할 암호를 재설정해 두면 필요시 이 사이트에 로그인해서 등록정보를 갱
신하거나 수정, 업데이트할 수도 있다.

외국대리인들은 반기별로 활동사항을 상세히 보고해야 한다. 만일 로비스트가

---

25) 최초 등록할 때는 Registration Statement(서식 OMB No. 1124-0001)와 Exhibit A(서식 OMB No.
1124-0006), Exhibit B(서식 OMB No. 1124-0004) 등이 필요하다. 만일 에이전트가 기관(조직)이라
면 Short Form Registration Statement(서식 OMB No. 1124-0005) 서식을 사용하면 된다.

에이전트로 활동하면서 외국의뢰인을 위해 두 사람 이상에게 어떤 자료를 배포했다면 48시간 이내에 해당 자료를 법무부에 보고하도록 규정하고 있다. 또한 에이전트가 외국의뢰인을 위해 미 의회에서 청문회에 증언하러 나갈 경우 법무부에 등록된 등록증 사본을 제출하도록 하고 있다. 미 의회 의원들에게 누구를 위해 증언하고 있는지를 알려줌으로써 객관적인 판단을 하도록 하려는 것이다. 외국(인)을 대리하는 로비스트는 활동과 관련된 모든 자료를 고용 계약이 만료 후 최소 3년간 보관하여야 한다. 만일 외국인이 이 법을 위반 또는 위반을 공모한 경우 추방될 수도 있다.

최근 미국 정부는 전직 관료들이 외국(인)을 위해 로비스트로 활동하는 것에 대한 규제를 강화하고 있다. 2017년 1월 18일 트럼프 대통령은 오바마 전 대통령이 발표한 행정명령(Executive Order 13490)보다 더욱 강화한 신행정명령(EO 13770)을 발표하였다. 즉, 트럼프 대통령이 임명한 공무원은 공직을 그만둔 뒤 FARA 규정상 등록이 필요한 어떤 정치적인 활동도 하지 못하도록 하였다. 기본적으로 퇴직 후 5년 동안 로비 활동을 제한하고 있지만, 거의 일생동안 외국 정부나 정당을 위한 활동을 못하게 한 것 아니냐는 분석까지 내놓고 있다.[26] 이것은 의회 및 행정부 공무원을 대상으로 한 직접적인 로비 활동으로 제한하고 있는 로비공개법보다 적용 범위가 훨씬 포괄적이다. 더구나 로비공개법 적용대상이 아닌 모든 행정부서에 근무했던 전직 공무원들도 해당된다. 심지어 로비공개법의 적용대상이 아닌 풀뿌리 로비도 신행정명령이 적용될 것으로 보인다. 왜냐하면 미 법무부의 FARA 웹사이트를 보면 미국 내 각종 투자유치 활동 등 미국 내 외국 정부의 경제개발 관련 활동에 대한 자문 의견도 보고 대상이기 때문이다. 이 때문에 프로젝트 자금조달을 위해 전직 트럼프 관료를 채용하고자 하는 금융서비스 회사들도 동 규정의 위반 여부를 고려해야 한다.

FARA는 정치적인 활동은 물론, 공무원에 대한 로비 활동은 아니지만 신 행정명령에서 금지하고 있는 홍보 자문 및 대리, 정치적 자문도 적용 대상에 해당된다. 일례로, '정치 컨설턴트'(political consultants)란 미국의 국내외 정책과 관련하여 다

---

26) 로펌 Sidley Austin LLP(www.sidley.com) Update(2017. 2. 17.) 자료.

른 사람에게 정보를 제공하거나 자문해 주는 사람을 의미한다. 따라서 신행정명령이 적용되는 한 트럼프 행정부에서 일했던 전직 고위 관료들은 외국 정부 소유 기업들을 포함해 외국 정부의 미등록 전략정치고문으로 활동하기 어려울 수 있다. 더욱이 외국 정부를 대리하거나 자문을 제공한 비(非) 사무직 직원도 모두 FARA 규정상 등록대상('a short form registration')이다. 심지어 전직 트럼프 고위 관료들은 현직 동료들에게 전화를 하거나 정부 정책에 대한 언론 기고, 근무했던 부처 정책에 대한 의회 증언 활동까지도 금지하고 있다.

로비스트 입장에서는 이러한 법적 의무보다 더 중요한 것이 고객에 대한 의무일 것이다. 로비스트와 고객의 관계는 계약에 따라 구체적으로 역할과 의무가 정해진다. 계약서에는 구체적으로 어떤 일을 하는 대가로 얼마를 주는지가 정해져 있는데, 고객이 서로 약속한 업무 범위를 벗어나 요구를 할 경우에는 별도로 추가 비용을 지불하는 것이 보통이다.

미국을 비롯한 선진국에서는 고객에 대한 정보보호와 함께 서로 약속한 업무 범위에서만 이행하는 관행이 보편화되어 있다. 고객에 대한 정보공개를 요구하는 로비법과 고객 정보보호를 규정한 법적 윤리규정이 충돌할 경우도 있을 수 있다. 로비스트나 변호사들이 지켜야 하는 고객에 대한 정보보호 의무와 로비관련 법에서 규정한 로비 활동 정보 공개의무 간에 괴리가 있을 수 있기 때문이다. 또한 고객과의 커뮤니케이션 정보가 보호될 수 있는지에 관한 것이 문제가 될 경우가 있다. 이에 관해서는 일관된 체계가 아직 정립되어 있지 않은 상태이다. 따라서 로비스트들은 고객에 대한 비밀유지 의무를 지키면서도 어떻게 관련법에서 요구하는 등록 및 보고 요건을 충족시킬 수 있는지 방법을 고민해야 한다. 고객 입장에서는 로비스트를 고용할 때 어떤 사항들이 보호되어져야 하는지 분명히 할 필요가 있다.

## 4. 로비 전략과 기법

과연 누가 로비를 하고, 어떻게 로비를 할까? 미국 헌법상 누구나 로비를 할 수 있다. 시민사회 그룹에서부터 경제·업종단체 등 각종 협회, 노동조합, 기업, 전문가단체, 특정이슈 연합, 각종 재단, 대학, 싱크탱크, 정부 관련 협회, 외국 정부 및 기관 등 로비 주체들은 실로 다양하다. 심지어 육·해·공군 등 군(軍)이나 교회, 개인도 정부를 대상으로 로비 활동을 한다.

그렇다면 각종 업종 및 경제단체, 노동조합, 비정부 조직, 개인들은 어떤 방법으로 자신들의 이해관계와 밀접한 정책에 영향력을 행사할까? 전문적인 로비스트들의 로비와 일반인들의 풀뿌리 로비는 그 형태나 기법에서 많은 차이가 있다. 일반인들이 잘 모르는 사실 중 하나는 미국 연방 및 지방정부 스스로 로비 대상이지만, 동시에 의회를 대상으로 적극적인 로비 활동을 전개하는 로비 주체들이란 사실이다. 무엇보다 주 정부나 지방정부의 경우 경제개발, 의료보건, 교통 인프라, 주택, 공원, 퇴역군인 지원, 재해 복구 등의 분야에 더 많은 연방정부 보조(Federal Aid)를 받기 위해 로비스트를 고용해 공격적인 로비 활동을 벌이고 있다.

일반적인 로비와는 다르지만, 의회 내에서도 의원들 간에 자신들이 제안한 법안 통과를 위해 내부적으로 다른 의원들을 상대로 긴밀한 협력과 활동들이 이루어지고 있다. 하원의 경우도 다른 의원들의 협조가 중요하지만, 특히 상원의 경우 자신이 발의한 법안 통과를 위해서는 다른 의원들의 협조가 매우 중요하기 때문이다.

로비 분야나 대상, 기법, 전략은 로비 주체들에 따라 약간씩 다르다. 현대 사회가 복잡 다양해지면서 이해관계가 걸린 현안들이 많고, 그 내용도 복잡해지고 있다. 과거에는 방문이나 전화, 편지를 주로 사용했지만, 최근에는 e메일을 비롯해 페이스북, 트위터 등 다양한 커뮤니케이션 수단들이 등장하면서 소셜미디어를 활용한 로비 기법들도 등장하고 있다.

게다가 로비를 하는 이유, 즉 로비 분야도 매우 다양하다. 가장 활발한 분야로는 의료 보건, 환경, 교통, 조세 등 생활과 밀접한 사안들이 대표적이다. 로비 대상은 거의 전 분야를 망라한다. 과학기술 및 통신, 국방, 금융, 통상, 에너지, 교육, 노동, 사회복지 등에 관한 새로운 법안이 추진되거나 개정할 움직임이 있을 경우 이해관계자들은 조직적으로 자신들의 의견을 개진한다.

통상적으로 현상 유지(*status quo*) 쪽보다는 뭔가 새롭게 바꾸거나 도입하려는 쪽의 로비 활동이 더욱 적극적이고 활발한 편이다. 현상 유지를 하려는 쪽은 새롭게 바꾸려는 쪽을 반대하는 로비를 하게 되는 것이다. 그러나 현상 유지 쪽은 어떤 계기가 마련되지 않는 한 행동하지 않는 경향이 있다.

전문 로비스트들이 어떻게 활동하는지 살펴보자. 미 의회를 대상으로 활동하는 로비스트들은 의원들의 최대 관심사가 다음 선거에서 재선하는 것이란 사실을 누구보다 잘 알고 있다. 로비 대상인 의원들이 가장 원하는 것은 재선에 필요한 자금(돈)과 유권자(지지표)를 보다 많이 확보하는 것이다. 이 때문에 로비스트들은 다음 선거를 준비하는 의원들의 선거자금 모금행사를 자주 주관한다. 기업이나 주요 인사들은 수시로 로비회사나 로비스트들로부터 오찬이나 만찬 초청장을 e메일이나 우편으로 받는다. 이런 모임은 단순히 의원과의 식사가 목적이 아니라 대부분 로비스트가 주관하는 의원들의 모금행사이다. 선거모금을 전문으로 하는 업체를 동원하기도 하지만, 여러 단체나 정치활동위원회(Political Action Committee: PAC)에서 공동 주관하기도 한다.

행사를 주관하는 로비스트는 보통 5천 달러를 기부한다. 오찬이나 만찬 참석자들은 개인이 500달러, 정치활동위원회는 1천 달러, 스폰서는 2,500달러를 내는 것이 일반적이지만, 영향력이 큰 의원인 경우 더 비싼 밥값을 내기도 한다. 사실 참석자들이 내는 돈은 밥값이라기보다 기부금이고 효과적인 로비자금이다. 참석자들은 이 기회를 통해 직접 의원과 의견을 나눌 수 있기 때문이다. 의원이나 스텝들도 기부금이나 지원이 조건 없는 공짜가 아니라는 것을 누구보다 잘 안다.

오찬이나 만찬을 개최하는 이유도 가지가지다. 의원 생일에서부터 지역행사, 순수 모금 행사까지 그 계기나 이유가 매우 다양하다. 기회만 있으면 수시로 모금행사를 개최해 다음 선거를 준비하는 것이다. 로비스트들은 이런 소규모 비공개 행사를 통해 자연스럽게 의원이나 보좌진들과 관심 현안에 대해 심도 있게 의견을 나눔으로서 의정 활동 시 유리하게 반영될 수 있도록 사전작업을 하는 것이다. 이러한 활동을 통해 지원하는 의원이 어느 정당 소속인지는 별로 중요하지 않다. 다만 기업들의 경우 직접 의원들에게 기부를 할 수 없기 때문에 로비스트나 로비회사를 활용한다. 이런 모금행사에는 보통 개인 자격으로 참가한다. 연방 상원의원의 경우 이런 모금 행사 등을 통해 하루 평균 약 1만 4천 달러 이상을 모금하는 것으로 알려지고 있다.

로비스트들은 종종 법안을 만드는 데도 깊이 관여한다. 이들은 대부분 로비하고 있는 분야에서 전문지식을 갖춘 전문가들이기 때문이다. 뉴욕타임스 보도[27]에 따르면 2008년 리먼 브라더스 사태로 촉발된 월가 금융개혁을 위한 법안을 만드는데 시티그룹 로비스트들이 깊숙이 관여했다고 밝혔다. 당시 하원 금융서비스위원회에 상정된 85줄의 법안 중 무려 70줄이 시티그룹이 권고한 문구가 거의 그대로 반영되어 있었다는 것이다. 월가 은행들은 동시에 의원들을 대상으로 많은 자금을 기부한 것으로 알려졌다.

더욱이 여러 상임위원회나 특별위원회 등 많은 의제를 다뤄야 하는 의원이나 입법 보좌관들로서는 복잡하고 어려운 현안일수록 전문가들의 도움이 절실하기 때문에 전문성을 가진 로비스트들의 역할은 커질 수밖에 없다. 로비는 대부분 소관 상임위원회나 특별위원회 의원들을 대상으로 하는 것이 일반적이다. 가장 활발한 로비를 받고 있는 상임위원회는 세금 등 생활과 밀접한 문제를 다루는 하원 세입위원회와 상원 재무위원회가 대표적이다.

로비스트들은 자신의 주장을 담은 서면 의견서(written comments)를 내거나, 자신들의 주장을 뒷받침해 줄 각종 정책 연구보고서 또는 참고할 만한 자료들을 의원이나 스텝들에게 수시로 제공한다. 특히 새로 나온 보고서는 의원 사무실을 들러 의견을 나눌 수 있는 좋은 명분이 된다. 정치활동위원회(PAC)의 경우 자신의 주장을 지지하거나 관철시켜 줄 정당 또는 조직을 후원하고, 필요시 유리한 여론 조성을 위해 각종 매체를 활용해 특정 정책이나 주제에 관한 의견 광고를 내 특정 후보나 정당을 간접 지원한다.

로비스트들은 또한 의원들의 이해관계를 로비 활동에 적극 활용한다. 잘 나가는

---

27) 2013년 5월 23일자 뉴욕타임스 보도기사(Banks' Lobbyists Help in Drafting Financial Bills).

로비스트들의 자산은 폭넓은 네트워크와 인맥, 전문성, 그리고 정책결정자들을 설득할 수 있는 역량이다. 이들은 수시로 의원이나 의원 스텝, 공무원들을 만나 정책 동향이나 현안에 대한 이해관계를 모니터링하고 유리한 방향으로 대안을 마련한다. 그들이 특히 주목하는 것은 바로 로비 대상 의원들의 관심사다.

의원들의 구미가 당길 만한 제안도 적극 활용한다. 의원이나 스텝들은 성공적인 의정 활동 외에도 그만둔 후 막대한 수입을 올릴 수 있는 로비스트로 활동하는 것에도 관심이 많기 때문이다. 로비스트들은 의원이나 스텝들에게 많은 돈을 벌 수 있는 회사나 고객사에 자리를 제안함으로써 우군을 만드는 것이다. 심지어 이런 은밀한 거래는 현직에 있을 때 이루어지는 경우도 있다고 한다. 나중에 로비스트 활동을 염두에 둔 의원들은 자신들의 고용주가 될 수 있는 로비스트들의 이익을 보호하는 데 신경을 쓰지 않을 수 없는 것이다. 특히 회전문(revolving door) 인사를 쉽게 찾아볼 수 있는 워싱턴에서는 어쩌면 당연한 것일 수도 있다.

의원들은 의원을 그만두고 로비스트로 활동하면 현직에서 받던 월급의 최소 5배 이상을 받을 수 있다고 한다. 로비산업이 그리 크지 않던 1970년대와 80년대만 해도 의원직을 그만두고 로비스트로 활동하는 의원들이 많지 않았지만, 1990년 이래 로비산업이 급성장하면서 로비스트로 활동하는 전직 의원들도 많이 늘어났다. 특히 전직 의원들 중에는 로비스트로 등록하지 않고 사실상 은밀하게 로비 활동을 하는 의원들이 상당수에 이른다.

워싱턴의 주요 로비회사들은 의원들을 초청하는 자체 프로그램을 운영하는 경우도 많다. 즉, 유력 로비회사들은 의원들과의 네트워크 구축과 로비 역량을 강화하기 위해 의원 초청 조찬 모임을 자주 갖는다. 물론 대부분 비공개 모임으로 진행되며, 로비회사들은 의원과 함께 의원에게 돈줄이 될 수 있는 사람들도 함께 초청한다. 초청된 의원은 돈줄을 만날 수 있는 기회인 동시에 의정활동에 필요한 정보를 얻을 수 있는 이점이 있다. 이런 모임의 초청 인원은 자체 로비스트를 포함해 엄선된 20~30명 내외의 소규모가 일반적이다.

초청 대상 의원은 가끔 중진의원들도 있지만, 대부분 처음으로 의정 활동을 시작한 초선 의원들이 많다. 미국 로비업계에서는 이들을 프레시맨('freshman')이라고 부른다. 이들이 로비 업계의 최대 고객이다. 소위 머리가 커지고 주요 의정 활동분야가 정해지기 전에 일찌감치 이슈나 의원과의 인맥을 선점할 수 있기 때문이다.

현재 어떤 이슈들이 논의되고, 어떤 이익집단들이 어떤 활동을 하는지 모니터링하는 것은 관심 이슈에 대한 불확실성을 줄이면서 효과적으로 대응하는 데 꼭 필요하고 유용한 전략이다.[28] 로비회사들은 정부 고객들을 위해 보통 건물 최상층에 케이터링이 가능한 고급스러운 미팅 룸이나 행사장을 운영한다. 초청된 의원은 워싱턴의 오피니언 리더들에게 자신을 알릴 수 있는 좋은 기회인 데다 앞으로 의정활동에 도움이 될 수 있는 사람들과의 소중한 네트워크 기회를 갖는다는 점에서 서로 윈-윈(win-win)이다. 물론 이런 초청 모임은 대부분 네트워크 구축과 이슈를 공유하기 위한 것이지 모금을 위한 행사는 아니다.

로비스트들은 자신들의 목적을 달성하기 위해 구체적으로 어떤 기법들을 동원할까? 가장 직접적이고 효과적인 방법 중 하나는 인사이드 로비이다. 대표적인 것이 도어낙(door-knock) 활동이다. 미 의회 해당 상임위원회 소속 의원이나 보좌관들을 직접 만나 설득하는 것이다. 상원 및 하원의 해당 상임위원회나 소위원회 위원장을 비롯한 다수당(majority) 소속 의원들을 만나는 것은 물론이고, 소수당(minority) 소속 의원들을 만나 설득하는 것도 효과적이다. 이를 위해 입장을 같이하는 다른 의원이나 단체, 기관과 공동 전선을 펴는 것도 좋은 전략이다.

해당 이슈에 관한 내부 보고서나 의견서를 직접 전달하거나 편지나 팩스로 정책결정자에게 보내주는 것도 중요한 로비 활동 중 하나이다. 때로는 자신들의 활동을 뒷받침해 줄 외부 보고서도 도움이 된다. 로비스트들 중에는 해당분야 전문가들이 많은데, 이들은 법안 초안을 직접 작성하거나 의회 스텝들이 법안을 작성하는데 도움을 주기도 한다. 로비스트들은 의회나 행정부 출신을 컨설턴트로 고용해 도움을 받기도 하고, 의회나 정부의 정책 청문회에 나가 증언하기도 한다. 의회나 정부 내 의견을 같이 하는 우군을 활용하는 것은 물론이다.

언론 매체 등을 활용하는 아웃사이드 로비도 많이 활용하는 방법이다. 해당 이

---

28) Robert H. Salisbury, "The Paradox of Interest Groups in Washington—More Groups, Less Clout" in *The New American Political System, 2nd ed.*, ed. Anthony King(Washington, DC: AEI Press, 1990).

슈에 관한 보도 자료를 내거나 기자회견을 하고, 일반 대중을 상대로 이슈의 중요성과 정책 방향을 홍보하기 위해 세미나나 포럼 등 행사를 개최하는 것이다. 또한 언론에 기고하거나 광고 활동을 하며, 정책관련 보고서를 일반에 배포하는 것 등도 그 일환이다. 반면 풀뿌리 로비는 일반 대중이나 회원들을 동원해 여론을 선도하고, 선거에도 영향을 미치기 위한 로비 활동이다. 하지만 무엇보다 해당 위원회 위원장이나 의원, 스텝들을 직접 만나는 설득하는 로비가 가장 효과적이라고 할 수 있다.

특히 로비스트들은 선거 결과에 따라 이해관계나 정책 방향이 완전히 달라질 수 있는 대통령 선거나 의회 선거를 매우 중요하게 생각한다. 이 시기는 로비스트

[그림 1-3] 2016년 미국 대통령 선거: 주요 로비스트들과 대통령 후보 관계도

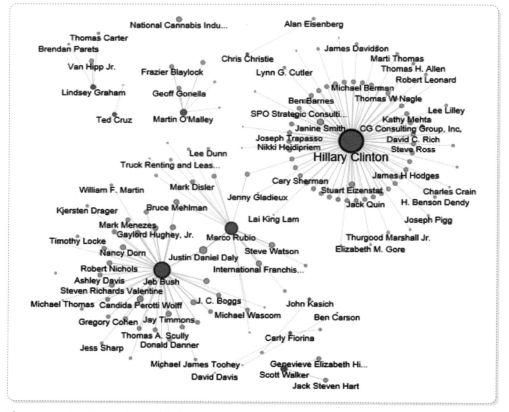

자료: Center for Responsive Politics(www.opensecrets.org).

들이 어느 때보다 바빠진다. 고객에게 자신의 로비 역량을 보여줘야 할 뿐만 아니라 새로운 로비 네트워크를 구축하고 강화할 수 있는 좋은 기회이기 때문이다. 상원 의원은 임기가 6년이지만 매년 3분의 1씩 다시 뽑으며(改選), 하원의원은 임기가 2년으로 짧다. 이 때문에 선거 기간 중에 우군이 돼 줄 의원의 재선이나 후보자를 위한 선거자금 모금행사 지원 등을 위해 지방에 내려가 활동하는 경우가 많다.

로비스트들은 지원하는 후보자가 당선될 수 있도록 자신이 직접 전면에 나서기보다 지역 오피니언 리더들을 득표 활동에 동원하거나, 지역구 유권자들을 활용하는 아웃리치 활동, 풀뿌리 로비 활동을 병행하는 것이 보통이다. 천문학적인 선거자금이 들어가는 대통령 선거 기간 중에는 PAC들이 막대한 자금을 들여 이른바 정책 광고를 많이 내보낸다. PAC은 규정상 직접 특정 후보를 지지할 수 없기 때문에 대놓고 특정 후보를 지지하지 않지만, 광고만으로 어떤 후보를 지지하는지 알 수 있는 홍보전을 펴는 것이다. 더욱이 무제한 모금과 지출이 가능한 슈퍼 PAC은

[그림 1-4] 2016년 미국 대통령 선거: 슈퍼 PAC과 대통령 후보 관계도

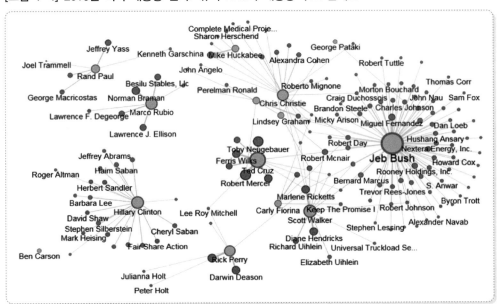

자료: Center for Responsive Politics(www.opensecrets.org).

선거 때마다 어느 후보자를 지원하는지 언론의 초미의 관심사가 된다. [그림 1-3], [그림 1-4]는 2016년 미국 대통령 선거와 주요 로비스트들, 그리고 PAC 들의 관계를 보여주는 것으로, 선거에서의 네트워크가 얼마나 중요한지 짐작해 볼 수 있게 한다.

　　다음은 의원, 주지사 등 선출직과의 커뮤니케이션 시 해야 할 것(Do)과 해서는 안되는 것(Don't)들을 표로 정리한 것이다.

〈표 1-2〉 선출직들과의 커뮤니케이션 시 해야 할 것(Do)과 해서는 안 되는 것(Don't)

| 해야 할 것(DO) | 하지 말 것(Don't) |
|---|---|
| · 사전에 충분히 조사하고 준비<br>· 유권자(constituent)임을 밝혀라.<br>· 논점은 분명히, 그리고 간단히<br>· 적절한 예시 사용<br>· 겸손하면서, 적절한 호칭 사용<br>· 구체적으로 요구<br>· 면담자의 관심사항과 우선순위 파악<br>· 연락처 남기는 것<br>· 다시 만날 수 있는 여지를 남겨라.<br>· 감사하다는 인사말 | · 잘못된 정보나 오해소지가 있는 정보 제공<br>· 우선순위가 너무 많은 것<br>· 말이 많거나 너무 상세하게 말하는 것<br>· 으르고 달래는 행위<br>· 겁을 주거나 지나치게 요구하는 것<br>· 당장 답변을 기대하는 것<br>· 입법보좌관에서 물어본다고 실망하는 것<br>· 특수용어나 은어 사용<br>· 그들의 지원이 필요함을 인식시키는 것 |

# 제 2 장

# 미국의 로비 산업

## 1. 개    관

미국의 로비 산업은 한마디로 규정하기 어렵다. 어디까지를 로비로 보느냐에 따라 그 범위나 성격이 크게 달라지기 때문이다. 미국 로비의 참여자를 중심으로 보면 서비스 수요측면에서는 행정부와 주 정부 등을 포함하는 정부, 시민사회단체, 각종 이익집단, 기업, 개인 등이 있다. 물론 육·해·공군과 대학 등 정부의 예산지원이나 정책의 영향을 받는 기관들이나 단체도 로비스트의 활동이 필요한 수요자들이다. 서비스 공급 측면에서는 로비 업무도 하는 풀 서비스 로펌과 컨설팅회사, 홍보회사가 있다. 간접적인 로비까지 포함할 경우 싱크탱크도 매우 중요한 서비스 공급자로 볼 수 있다. 또한 로비공개법의 적용을 받지 않아 로비스트로 등록을 하지 않았지만 사실상 정부와 관련된 컨설팅, 네트워킹, 자문을 해주는 개인도 중요한 서비스 공급자들이다.

거물급 전직 관료나 의원 중에 사실상 은밀하게 로비 활동을 하고 있는 이른바 그림자 로비스트("shadow lobbyists")들이 많다. 지난 2017년 2월 시카고 시 윤리국은 오바마 행정부에서 고위보좌관을 지냈고 우버(Uber) 회사의 중역으로 있던 플러페라는 사람이 로비스트로 등록하지 않고 시카고 시장을 상대로 우버를 위한 로비를 했다며 무려 9만 달러의 벌금을 물린 적이 있다. 하지만 이런 은밀한 로비활동 사례는 공개되지 않았을 뿐 의외로 많다는 분석이다. 오히려 공식적인 로비보다 훨씬 많을 것이란 분석도 있다. 미국 조지메이슨 대학 팀 라피라(Tim LaPira) 교수와 텍사스 오스틴대학 허셀 토마스(Herschel Thomas) 교수는 은밀한 비공개 로비스트의 숫자나 로비금액이 공개된 것보다 더 많을 것이란 분석을 내놓았다.[1]

알다시피 로비공개법(LDA of 1995) 상 '로비스트'란 고객으로부터 금전적 또는 기타 보상을 받고 1명 이상을 상대로 로비 활동을 하는 개인으로서, 3개월 이상 전체 업무시간의 20% 이상을 로비 활동에 종사한 자로 규정하고 있다. 이 때문에 이 3가지 조건에 해당되지 않으면 법적으로 로비스트로 등록할 의무가 없다. 전문가들은 특히 '로비 시간의 20%(20 percent of the time)'라는 규정이 많은 그림자 로비스트를 가능하게 하는 허점(loophole)으로 보고 있다. 대다수 로비스트들은 대체로 수임한 고객들의 숫자가 많기 때문에 고객당 할애된 로비 활동시간이 전체의 20%가 안 될 수 있는 것이다. 심지어 미국 회계감사원(GAO)은 2016년 3월 보고서에서 공개된 로비 활동조차도 약 21%가 제대로 공개되지 않았다는 것이다.

이처럼 등록의무 회피 관행은 상원 다수당 리더였던 톰 대슐(Tom Daschle) 전 의원의 이름을 따 소위 '대슐 면책(Daschle Exemption)' 또는 '대슐 허점(Daschle Loophole)'이라고 불린다. 그는 전직 의원인 경우 당시 1년간 로비스트로 활동할 수 없었기 때문에 낙선 이듬해인 2005년부터 알스톤 앤 버드라는 워싱턴의 유력 로펌에서 '특별 정책고문'으로 있었다. 그 이후에도 미국진보센터(CAP) 선임연구원을 비롯해 여러 로펌에서 왕성하게 활동했지만, 로비스트로 등록하지 않고 있다가 2016년에야 공식적으로 애트나라는 대기업의 로비스트로 처음 등록하였다. 현행 규정상 로비스트로 등록해야 할 이유가 없었다고 할 수 있다.

사실상 로비 활동을 하면서도 공식적으로 로비스트로 등록하지 않은 그림자 로비스트들은 크게 2개 그룹으로 나눌 수 있다. 정부에서 근무한 적이 있는 사람과 그렇지 않은 사람들이다. 라피라 교수는 의회, 백악관, 행정부 등에 근무했던 전직 관료 출신들은 대다수 로비스트로 등록하고 일부만 그림자 로비스트로 활동하지만, 오히려 정부 경험이 없는 사람은 그림자 로비스트로 활동할 가능성이 높다는 것이다.

라피라와 토마스 두 교수의 연구에 따르면 2012년 민간 부문에서 돈을 받고 로

---

1) "Just How Many Newt Gingrich's Are There on K Street? Estimating the True Size and Shape of Washington's Revolving Door?"

비나 정책 관련 활동(policy advocacy)을 한 사람 중 보고하지 않은 사람의 비중이 52%에 달했다. 로비 활동에 지출된 금액도 공개된 것의 거의 2배인 67억 달러에 달했던 것으로 추정하였다. 이는 의원 한 사람당 1,250만 달러를 지출한 것으로, 의원에게 지급되는 전체 예산의 약 10배에 해당한다. 이것은 또한 2012년 전체 선거비용보다도 약 5억 달러가 많은 것이다. 특수 이익집단들이 정책결정자들에게 영향을 주기 위해 지출한 홍보 및 광고 금액까지 포함하면 총 지출규모는 이보다도 훨씬 더 많을 것으로 예상된다.

최근에는 등록 로비스트가 감소하는 추세이다. Center for Responsive Politics 에 의하면 2007년 연방정부 등록 로비스트 수가 14,821명이었으나 2016년에는 11,186명으로 감소하였다. 반면 로비 지출금액은 약 9%가 늘어 로비스트 한 사람당 지출금액이 약 45%나 증가하였다. 2010년 35억 2천만 달러를 정점으로 대체적으로 감소하는 모습을 보이더니 2016년에는 31억 5천만 달러로 줄었다(<표 2-1> 참조).

이것은 미국 로비산업이 쇠퇴하고 있는 것이 아니라 아브라모프 스캔들 이후 등록 및 보고 요건이 강화된 법(2007 Honest Leadership and Open Government Act: HLOGA) 시행 때문일 것이란 분석도 있다. 오늘날 로비는 과거 전통적인 로비 방법과 많이 달라진 것도 한 요인이다. 이를테면 제약, 보험 등 업계에서 돈을 지원해 홍보회사 내에 유령 풀뿌리 로비 조직을 만들어 활동하거나 이슈 중심의 연합 조직을 구성해 활동하는 것과 같이 전통적인 방식과는 다른 방식으로 의회나 행정부에 영향을 주는 방법이 새롭게 동원되고 있기 때문이다.

로비스트들은 모든 수단을 동원해 활동하기 때문에 홍보나 소셜미디어를 활용한 캠페인, 투자자나 유권자를 동원해 의원들에게 전화하는 풀뿌리 로비 활동 등 가능한 방법을 최대한 동원한다. 이러한 방식들은 의원사무실을 찾아가 설득하는 전통적인 방법보다 더 많이 사용되고 있다.

워싱턴 D.C.를 중심으로 활동하는 모든 컨설팅 회사나 전략자문회사, 홍보회사들도 사실상 로비스트들이나 마찬가지이다. 미국에서도 로비스트에 대한 부정적인 인식을 불식시키려는 움직임도 있다. 로비스트들의 단체인 미국로비스트연맹(American League of Lobbyists)조차도 단체 이름에 오랫동안 사용해 오던 '로비스

트'라는 용어를 버리고 '정부관계 전문가'라는 용어를 사용해 정부관계전문가협회
(Association of Government Relations Professionals: AGRP)로 이름을 바꾼 것도 로비
스트에 대한 부정적인 인식을 없애는 동시에 이 같은 시대 조류를 반영한 것으로
보인다.

**〈표 2-1〉 최근 20년간 미국의 로비산업 추이**

| 연도 | 등록 로비스트 수 | 총 로비지출액(억$) |
| --- | --- | --- |
| 1998 | 10,404 | 14.5 |
| 1999 | 12,925 | 14.4 |
| 2000 | 12,540 | 15.7 |
| 2001 | 11,826 | 16.3 |
| 2002 | 12,118 | 18.3 |
| 2003 | 12,917 | 20.6 |
| 2004 | 13,164 | 21.9 |
| 2005 | 14,072 | 24.4 |
| 2006 | 14,476 | 26.3 |
| 2007 | 14,821 | 28.8 |
| 2008 | 14,149 | 33.1 |
| 2009 | 13,738 | 35.1 |
| 2010 | 12,926 | 35.2 |
| 2011 | 12,618 | 33.3 |
| 2012 | 12,178 | 33.1 |
| 2013 | 12,109 | 32.4 |
| 2014 | 11,810 | 32.6 |
| 2015 | 11,512 | 32.3 |
| 2016 | 11,186 | 31.5 |
| 2017.1Q | 9,190 | 0.84 |

자료: Center for Responsive Politics.

그렇다면 현재 워싱턴 D.C.를 중심으로 얼마나 많은 로비관련 활동들이 이루어지고 있을까? 미국에서는 10분마다 로비스트와 고객 간에 새로 계약이 체결되거나 만료된다고 한다. 주 무대는 미국의 수도이자 국제질서를 좌우하는 정치 외교의 중심지 워싱턴 D.C.이다. 뉴욕을 비롯한 각 주 정부와 지방정부를 중심으로도 활발한 로비 활동이 이루어지고 있다.

워싱턴 D.C.에서 정부 관련 업무를 하는 로비스트와 고객, 기업 및 단체, 로비회사, 컨설팅회사, 홍보회사, 정치활동위원회(PAC) 등의 주소, 담당자, 연락처 정보를 섹션별로 총 망라한 종합 디렉토리인 정부관계전문가협회(AGRP)의 Washington Representatives를 보면 약 3만 7천여 명의 로비스트와 4,600여 개의 로비회사, 1만 2천여 개의 기업 및 단체가 워싱턴 D.C.에서 여러 형태의 로비 활동을 하고 있는 것으로 나타났다. 워싱턴 D.C.에서 활동하는 노동조합, 외국기관, 대학, 비영리 단체들은 누구이며, 어느 회사의 어느 로비스트가 이들을 대리하는지, 이슈는 무엇인지 등에 관한 정보도 이곳에서 확인할 수 있다. 미 의회와 행정부를 상대로 활동하는 등록된 로비스트뿐만 아니라 이른바 그림자 로비스트들에 관한 정보도 찾을 수 있다.

미국의 로비산업에 있어서 간과해서는 안 될 참여자가 바로 주 정부 및 지방정부들이다. 미국의 각 주 및 지방정부들은 더 많은 예산과 보조금 지원을 받기 위해 연방정부를 상대로 치열한 로비 활동을 벌이고 있다. 각 주 및 지방정부들은 저소득층을 위한 의료보장제도인 메디케이드(Medicaid)을 비롯해 교육 훈련, 교통 인프라 등 주별로 차이가 있지만, 전체 지출예산 중 평균 약 30%를 연방정부로부터 지원받고 있기 때문이다.

각 주별로 이루어지는 로비산업 규모도 상당하다. 각 주에서는 대부분 연방정부의 로비관계법 등을 참고해 자체적인 로비스트 등록 및 로비 활동에 관한 보고 규정을 두고 있다. 일례로 캘리포니아 주의 경우 등록된 로비스트만 1,800명이 넘고, 위스콘신 주는 500명 이상의 로비스트들이 활동하고 있다.

**[그림 2-1] 그림자로비 관계도**

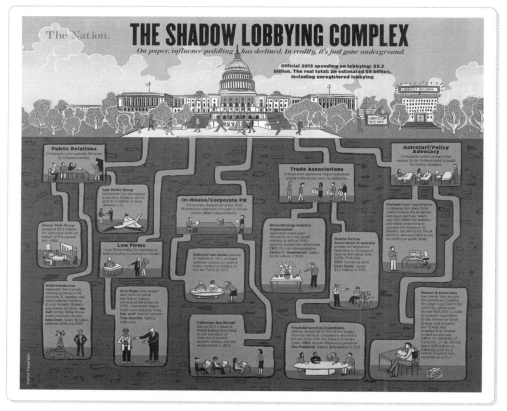

자료: Nation지 2014년 3월 10~17일판.

## 2. 미국 로비산업의 Key Player들

미국 정부를 중심으로 다양하게 이루어지는 로비를 하나의 산업으로 볼 수 있을까? 이에 대한 명확한 정의나 범주가 없지만, 그 규모나 특징을 고려할 때 하나의 산업으로 봐도 무리는 없을 것 같다. 미국의 로비산업은 크게 고객과 로비스트, 정부와 이해관계자로 구분해 볼 수 있다. 앞서 살펴보았듯이 우선 정부관계 업무를 비즈니스로 하는 로비스트 입장에서는 미 의회나 행정부 등 정부 정책으로 인해 직·간접적인 영향을 받게 되는 시민사회그룹, 경제·노동단체 등 각종 이익단체, 개별 기업과 개인은 고객들이다. 주 정부 및 지방정부도 연방 정부로부터 보다 많은 예산 등의 지원을 받기 위해 로비스트를 고용한다는 점에서 이들의 고객이다.

미국에서 정부가 정부를 상대로 엄청난 로비를 한다는 것은 놀라운 일이 아니다. 정부, 특히 선출직 공무원들의 입장에서는 연방 정부든 지방 정부든 모두가 정책의 대상인 동시에 정치 자금줄이고, 재선에 영향을 줄 수 있는 유권자들이기 때문이다. 이들에게는 모두 고객이다. 말하자면 미국의 로비 산업은 일방적인 주종(主從) 관계나 갑을(甲乙) 관계가 아니라 서로 필요로 하는 공생(共生) 관계라고 할 수 있다. 정부는 로비스트에겐 중요한 고객이지만, 정부 역시 전문가인 로비스트의 도움이 필요한 경우가 많다. 이처럼 미국의 연방 및 지방정부를 중심으로 전개되는 미국 로비는 오래전부터 하나의 거대산업으로 자리 잡고 있다. 이것은 의회와 행정부가 서로 더 많은 역할과 권한을 갖기 위해 투쟁해 온 미국의 역사와 독자적인 권한을 가진 여러 개의 주로 구성된 연방체제(federalism), 그리고 역사적으로 개인과 기업의 활동을 최대한 보장하기 위한 '작은 정부' 전통과도 밀접한 관련이 있다.

미국의 로비산업은 정부와 관련해 전문적으로 컨설팅과 자문 등을 제공하는 회사들, 각종 이익단체, 기업, 특정화하기 어렵지만 막강한 영향력을 발휘하는 정치활동위원회(PAC), 그리고 정부기관은 모두 미국 로비산업의 핵심 참여자들(key players)이다.

## 가. 전문회사

미국에는 미 의회나 행정부에 관한 서비스를 전문적으로 제공하는 회사들이 많다. 이들은 연방정부나 주 정부 소재지를 중심으로 로비를 전문적으로 하는 회사를 비롯해 법률, 컨설팅, 홍보 등에 관해 서비스하는 업체들이다.

Washington Representative에 따르면 워싱턴에만 이런 업체가 무려 4,600여 개가 활동하고 있다. 강점이 있는 업무 분야나 규모, 인적 구성 등에 따라 회사별로 차이가 있지만 대형 로펌들의 비중이나 역할이 큰 편이다. 최근 몇 년간 미 의회에 보고한 로비관련 매출액(수임료 수입), 로비스트 수, 의원출신 로비스트 수 등은 로비력을 가늠해 볼 수 있는 간접적인 지표이다. 어떤 시점에서 어느 정당이 행정부와 의회를 장악하고 있느냐, 누가 대통령이냐 등에 따라 로비 역량이 달라질 수 있다. 로비의 성과나 역량은 얼마나 확실한 인맥과 강력한 네트워크를 가동할 수 있는지가 중요하기 때문이다.

미국도 중국 못지않게 인맥 중심의 사회이다. 그래서 다양한 배경을 가진 사람들이 워싱턴을 중심으로 로비스트로 활동하고 있다. 전 분야를 대상으로 로비가 가능한 회사에서부터 특정 산업이나 기관을 대상으로 전문적으로 로비를 하는 중소 컨설팅 업체까지 매우 다양하다.

법률서비스와 로비가 모두 가능한 풀 서비스 로펌의 경우 로비 분야별로 회사별 순위가 다를 수 있지만, 상위 10~20여개 업체가 사실상 미국 로비를 주도하고 있다. 시기에 따라 어느 업체가 주도하는지는 여러 가지 여건에 따라 달라질 수 있기 때문에 의뢰인들인 경우 이를 잘 비교해 볼 필요가 있다. 이들의 고객이 누구인지도 눈여겨 볼만한 대목이다.

새 행정부가 들어서고, 의회 리더십이 바뀌면 소위 숨은 실력자들이 새로 등장하는 경우가 많다. 실력 있는 로비회사는 시기에 따라 달라질 수 있는 것이다. 전직 유력 정치인이 설립한 회사들 중에는 역사가 일천하고 규모도 작지만 영향력이 큰 로비회사가 종종 있다. 그러나 워싱턴 정가에서 통하는 의회 및 행정부 인맥은 짧은 기간에 구축될 수 있는 것이 아니기 때문에 여전히 상위 몇 개 대형 전문회사가 주도하고 있다. 참고로 아래 표는 Legal360, 정부관계전문가협회(AGRP), 폴리티코(Politico)가 발표한 전문회사들 순위이다.

〈표 2-2〉 정부 관계 업무분야 로펌 순위

| 순위 | 회사명 | 순위 | 회사명 |
|---|---|---|---|
| 1 | · Akin Gump Strauss Hauer & Feld LLP | 3 | · Dentons<br>· King & Spalding LLP<br>· Mayer Brown<br>· Steptoe & Johnson LLP<br>· Van Ness Feldman LLP<br>· WilmerHale |
| 2 | · Covington & Burling LLP<br>· Hogan Lovells US LLP<br>· Holland & Knight LLP<br>· K&L Gates<br>· Squire Patton Boggs | 4 | · Arnold & Porter Kaye Scholer LLP<br>· Miller & Chevalier Chartered<br>· Pillsbury Winthrop Shaw Pittman LLP |

자료: legal500.com

〈표 2-3〉 2016년 로비스트 수 기준 회사별 순위

| 순위 | 회사명 | 로비스트 수 | 전직 의원 수 | 직원 수 | 고객 수 | 이슈 건수 |
|---|---|---|---|---|---|---|
| 1 | Akin Gump Strauss Hauer & Feld LLP | 59 | 60 | 231 | 172 | 49 |
| 2 | Van Scoyoc Associates, Inc. | 41 | 50 | 61 | 213 | 58 |
| 3 | Squire Patton Boggs LLP | 39 | 76 | 145 | 134 | 44 |
| 4 | The Podesta Group | 36 | 60 | 57 | 122 | 38 |
| 5 | Holland & Knight LLP | 35 | 46 | 224 | 169 | 52 |
| 6 | K & L Gates LLP | 33 | 52 | 79 | 164 | 46 |
| 7 | Cornerstone Government Affairs, LLC | 30 | 23 | 41 | 115 | 44 |
| 8 | Cassidy & Associates, Inc. | 28 | 37 | 48 | 84 | 36 |
| 9 | Brownstein Hyatt Farber Schreck, LLP | 27 | 36 | 56 | 127 | 49 |
| 10 | Dentons US LLP | 27 | 46 | 124 | 66 | 24 |
| 11 | Williams & Jensen, PLLC | 25 | 32 | 38 | 111 | 46 |
| 12 | Covington & Burling LLP | 24 | 22 | 208 | 63 | 27 |
| 13 | Hogan Lovells US LLP | 24 | 21 | 295 | 97 | 30 |
| 14 | Ernst & Young LLP | 23 | 23 | 48 | 62 | 17 |
| 15 | Capitol Counsel, LLC | 23 | 26 | 29 | 94 | 36 |
| 16 | The Livingston Group, LLC | 22 | 33 | 38 | 29 | 19 |
| 17 | Venn Strategies, LLC | 22 | 32 | 31 | 24 | 16 |
| 18 | Alston & Bird LLP | 22 | 24 | 164 | 87 | 23 |
| 19 | Alcalde & Fay | 20 | 27 | 45 | 77 | 31 |
| 20 | Venable, LLP | 20 | 24 | 198 | 84 | 37 |

자료: 미국 정부관계전문가협회(AGRP).

〈표 2-4〉 로비공개법 신고소득 기준 상위 20위 현황(2015 ~ 2016)    (단위: 백만$)

| 순위 | 회사명 | 2016 | 2015 | 순위 | 회사명 | 2016 | 2015 |
|---|---|---|---|---|---|---|---|
| 1 | Akin Gump | 36.17 | 39.38 | 11 | Williams & Jensen | 15.74 | 16.97 |
| 2 | Brownstein Hyatt Farber Schreck | 25.6 | 25.7 | 12 | Peck Madigan Jones | 13.3 | 13.35 |
| 3 | Podesta Group | 24.05 | 23.17 | 13 | Cassidy and Associates | 13.18 | 12.85 |

| 4 | Van Scoyoc Associates | 23.12 | 23.63 | 14 | Fierce Government Relations | 12.88 | 12.95 |
|---|---|---|---|---|---|---|---|
| 5 | Holland & Knight | 19.67 | 19.85 | 15 | Mehlman Castagnetti Rosen & Thomas | 12.86 | 11.68 |
| 6 | Squire Patton Boggs | 18.9 | 25.03 | 16 | Washington Council EY | 12.6 | 13.54 |
| 7 | BGR Government Affairs | 17.45 | 17.76 | 17 | Covington & Burling | 12.62 | 12.38 |
| 8 | Cornerstone Government Affairs | 16.79 | 15.31 | 18 | Capitol Tax Partners | 12.28 | 13.11 |
| 9 | Capitol Counsel | 16.24 | 17.17 | 19 | Alpine Group | 11.38 | 12.15 |
| 10 | K&L Gates | 15.98 | 18.05 | 20 | Ogilvy Government Relations | 10.49 | 10.07 |

자료: Politico(2017. 1. 24.) 보도내용 정리.

### 나. 이익단체

미국은 비정부 조직(Non-Governmental Organization: NGO)들의 천국이다. 개인들은 각자 자신들의 소리를 독자적으로 내기보다 대부분 자신을 대변해 줄 수 있는 다양한 이익단체들(interest groups)을 통해 집단적으로 의견을 표출한다. 그래서 개인들은 이러한 단체나 조직에 기꺼이 기부를 한다. 이런 기부문화가 미국이 이익단체의 천국이 될 수 있는 토대인 셈이다.

이익단체들은 회원들 간의 공통의 관심사를 공유하면서 다양한 방법으로 정부 정책에 영향력을 행사한다. 이익단체들은 회원들의 권익을 보호하기 위한 주요 로비 기관들이다. 이들은 자신들의 관심사를 정부에 적극적으로 전달하고, 정책 결정자들에게 유권자들의 생각이 무엇인지를 인식시키려 노력한다. 특수한 이해관계를 가진 이익단체의 역할은 선출직 정치인뿐만 아니라 공무원들에게 있어서 매우 중요하다. 유권자들의 단체이면서, 이들은 조직화된 로비 활동을 통해 유권자들의 표나 정치과정에 영향력을 행사하기 때문이다.

유권자들의 다양한 이해관계를 대변하는 이러한 이익단체들은 미국에 무수히 많다. 그래서 미국에서 이익단체와 미국 국민을 구분한다는 것 자체가 사실상 어렵다. 이익단체는 집단화된 미국 국민들이라고 보는 것이 오히려 맞을지 모른다. 미국단체사전(Encyclopedia of Associations)에 따르면 미국에만 약 2만 3천여 개의 각종 협회나 단체가 조직되어 있다. 이들은 대부분 이익단체로 보면 크게 무리가 없다. 게다가 이들 중 상당수가 의원이나 행정부 정책 결정자들을 쉽게 만날 수 있는 워싱턴 D.C.에 본부나 사무소를 두고 있다.

이익단체들은 회원의 성격이나 활동 주체, 다루는 이슈에 따라 경제적(economic) 이익단체, 공공(public) 이익단체, 정부(government) 이익단체, 종교(religious) 이익단체, 시민권(civil rights) 이익단체, 이념적(ideological) 이익단체, 단일이슈(single-issue) 이익단체 등으로 구분해 볼 수 있다.

경제적 이익단체는 회원들의 경제적 관심사를 옹호하고 회원들의 편익을 증진시키는 활동을 한다. 미국에는 이처럼 경제적 이익을 다루는 이익단체들이 너무나 많으며, 서로 입장이 달라 경쟁관계에 있는 경우도 많다. 각종 경제단체, 노동조합, 전문가 단체, 농업관련 단체 등이 이 그룹에 속한다. 경제단체들은 기업이나 기업가들의 이익을 대변한다.

대기업들은 자신들의 이익을 위해 로비스트를 고용하지만, 각종 단체나 협회 등에 회원으로 가입해 집단적인 권익보호 활동에도 적극적이다. 연방 의회 및 행정부를 상대로 경제계의 이익을 대변하는 막강한 로비 활동과 정책 모니터링, 네트워킹, 정치활동을 하는 미국상공회의소(USCC), 미국제조자협회(NAM), 여성경제인들의 이익단체인 미국여성상공회의소(US Women's Chamber of Commerce, USWCC), 각 지역 상공회의소가 대표적이다. 영향력 면에서 **빼놓을** 수 없는 또 다른 유력단체로는 포춘 500대 기업들로 구성된 비즈니스 라운드테이블(BRT)과 전미무역협회(NFTC) 등이 있다.

이 외에도 미국공공전력협회(American Public Power Association: APPA) 등 전 산업을 대표하는 각종 협회 및 단체(trade associations)도 너무나 많다. 전국적인 노동단체로는 미국노동총연맹 산업별 조합회의(AFL-CIO), 전미화물운송노동조합(International Brotherhood of Teamsters, Chauffeurs, Warehousemen, and Helpers of America: IBTCWH 또는 줄여서 IBT라 부른다) 등이 있다. 이들 전국조직의 노동조합 외에도 각 대기업들의 개별 노동조합들도 워싱턴 D.C.에 활동 사무소를 두고 있다.

미국에서 전통적인 형태의 노조가 다소 줄고 있지만, 새로운 형태나 계층을 대변하는 조직들도 새로 등장하고 있다. 이를테면 전국가정부연맹(National Domestic Workers Alliance), 가정부연합(Domestic Workers Unites), 식당기회센터(Restaurant Opportunities Center) 등 저임금 근로자들의 이익 대변과 자체 교육을 위한 노동단체, 전문적인 개별 노동자들의 세금부담 경감과 건강보험 혜택 제공을 위한 프리랜서노동조합(Freelancers Union) 등이다.

의사나 엔지니어, 변호사 등 전문가들의 이익을 대변하기 위한 단체로는 미국의사협회(AMA), 미국변호사협회(ABA)와 각 분야별, 지역별로 다양한 엔지니어들의 단체가 있다. 노동자 단체와 함께 가장 오래된 경제적 이익단체 중 하나가 농업분야 이익단체들이다. 대표적인 단체로는 1911년에 설립된 미국농장연합(American Farm Bureau Federation), 농산물직매장연합(Farmers Market Coalition) 등이 있다. 이들 이익단체들은 로비나 집단적인 권익옹호 활동을 통해 직접적인 경제적 이익을 추구한다.

반면 공공이익 단체들은 특정 계층이나 집단이 아닌 공통의 관심사나 공공이익(public good)을 대변하기 때문에 특별한 경제적 이익보다는 명분과 이미지를 중시한다. 이 단체들은 그들의 활동을 지지하는 개인이나 재단 등으로부터 기부를 받아 활동한다. 이들은 보다 효율적인 정부를 주장하는 커먼 코스(Common Cause)와 같이 일부 정치적인 활동을 하는 경우가 있지만, 대부분 비정파적(non-partisan) 활동을 하는 것이 일반적이다. 투표 참여와 교육을 위한 여성유권자연맹 등 소비자권익 옹호단체나 환경보호기금(EDF), 그린피스 등 환경활동 단체들도 이 그룹에 속한다.

소비자 권익을 위한 단체들은 제품 안전, 가격, 소비자가 알아야 할 사항 등 다양한 이슈들에 관심을 갖고 로비 활동에서부터 대중적인 활동을 전개한다. 이들은 정부의 소비자 정책이나 기업의 이익에 맞서 이들을 견제하는 활동을 한다. 대표적인 소비자 단체로는 소비자 전문지인 컨슈머 리포트('Consumer Reports') 발간으로 유명한 미국 최대 소비자연맹(Consumer Union), 소비자 보호와 공정거래를 위한 거래개선협회(Better Business Bureau: BBB) 등이 있다.

환경단체인 경우 단체별로 이해관계나 활동전략이 다른 경우가 많다. 특히 지속성장을 위한 환경보호나 인간과 환경의 조화를 주장하지만, 그린피스나 유전자조작(GMO) 곡물을 없애자는 지구해방전선(Earth Liberation Front)과 같이 과격한 행동을 하는 조직까지 다양하다.

미국 정부도 이익단체로서 매우 활발히 활동하고 있다는 점이 특이하다. 미국은 연방체제이기 때문에 각 주 및 지방정부로선 자신들의 정책 현안이나 이슈, 관심사를 연방정부에 알리고 유리한 방향으로 관철시키기 위해 노력하는 것은 전혀 이상할 것이 없다. 정부 부문의 이익단체들은 주로 연방정부를 상대로 더 많은 예산이나 보조금, 세제 지원을 받기 위한 활동들을 한다. 대표적으로 전국시연맹(National League of Cities), 전국시장회의(National Conference of Mayors), 전국주지사협회 (National Governors Association) 등이 있다.

연방정부를 상대로 한 지방정부의 로비 관행은 뉴딜(New Deal)정책 시기로 거슬러 올라간다. 각 주 정부나 지방정부들은 이를 위해 대부분 워싱턴 D.C.에 정부관계 업무를 담당하는 별도 사무소를 두고 있다. 미국은 종교와 정치가 분리된 국가임에도 불구하고, 모든 종교그룹이나 단체들은 직·간접적으로 정치 관련 활동을 하고 있다. 이를테면 미국 기독교 인권단체로, 보수적인 개신교도의 지원을 받고 있는 기독교연합(Christian Coalition)인 경우 학교에서 기도나 낙태 금지를 찬성하고 동성애를 반대하는 활동을 한다. 이러한 활동은 특히 공화당과 이해관계가 같기 때문에 90년대 초만 해도 미국 정치에 있어서 매우 중요한 역할을 하였다.

시민권 이익단체는 법적 평등을 보장받기 위해 활동하는 단체들이다. 대표적인 것으로는 흑인들의 권익 신장과 차별에 대항하기 위한 전미흑인지위향상협회 (NAACP), 멕시코계 미국인을 위한 멕시코 계 미국인 변호 및 교육기금(MALDEF), 미국 최대 페미니스트 운동조직인 전국여성회(National Organization of Women), 동성연애자 조직 등이 있다.

이념적 이익단체는 보수 또는 진보라는 자신들의 정치적 이념을 통해 연방정부의 지출, 세금, 국제관계, 판사 등 주요 인사 임명 등에 영향력을 행사하는 조직들이다. 대표적으로 진보 성향의 민주주의행동대(Americans for Democratic Action)와 보수 성향의 미국보수연합(ACU)이 있다. 이들은 법안이나 정책의 지지 여부도 정치적 이념에 따라 판단하며, 의원들의 정치적 성향을 분석하고 평가한다.

그러나 이익단체 가운데 가장 강력하고 분명한 목소리로 성과를 내고 있는 것은 단일 이슈를 중심으로 뭉친 이익단체들이다. 현대사회가 복잡해지고 다양화되면서 총기, 보험, 세금, 낙태, 동물의 권리, 음주운전 등 한 가지 이슈를 다루는 이익단체들도 증가하는 추세이다. 전국총기협회(NRA)는 미국에서 가장 막강한 영향력을 행사하는 대표적인 단일 이슈 이익단체중 하나이다. 이 외에도 권총금지전국연합(NCBH), 낙태를 반대하는 생명을 위한 국가적 권리위원회(NRLC)와 낙태를 반대하는 전국낙태권리행동연맹(NARAL), 음주운전에 반대하는 어머니들(MADD) 등이 잘 알려진 단일 이슈 이익단체들이다.

이익단체들은 대부분 미국 연방 세법(IRC) 상 501(c) 그룹으로 분류되며, 정치적인 활동의 가능 여부는 같은 그룹이라도 약간씩 다르다. 대체로 종교, 자선, 과학 및 교육단체, 민간재단은 501(c)(3) 그룹, 사회복지단체는 501(c)(4) 그룹, 노동 및 농업관련 단체는 501(c)(5) 그룹, 상공회의소를 비롯해 경제단체, 부동산, 무역관련 조직은 501(c)(6) 그룹에 속한다.

## 다. 기 업

기업들은 미국의 로비나 컨설팅 전문 업체들의 최대 고객이다. 이들은 또한 정부의 고객인 동시에 주요 정책결정 참여자들이다. 기업들은 자체적으로 고용한 로비스트를 통해 직접 로비 활동에 나서기도 하지만, 대부분 거액을 주고 외부의 유력한 전문 로비스트를 고용한다.

포춘 500대 기업을 비롯해 정부 정책에 많이 노출된 기업들은 직원들에 의한 자체 로비(in-house)와 고용 로비(hired)를 병행하는 경우가 많다. 글로벌 기업들의 경우 구글처럼 사업 분야별로 여러 명의 로비스트나 로비회사를 고용하는 경우도 있다.

기업들이 로비에 참여한다는 것은 워싱턴이 어떻게 돌아가는 것인지를 안다는 것이다. 다시 말해 미국의 정치 시스템을 활용해 워싱턴 게임에 직접 참여하고 있다는 것을 의미한다. 기업들의 로비 활동은 연방정부에 그치지 않고, 각 주 정부로까지 광범위하게 진행되고 있다. 이들은 상공회의소, 경제단체 등에 가입하거나 싱크탱크에 기부하는 등의 간접적인 방법으로 정부의 정책 결정에 영향을 주거나 유리한 비즈니스 환경 조성을 위한 활동을 전개한다.

1970년대 이전까지만 해도 자체 로비스트를 둔 기업들이 별로 없었고 대부분 관련 단체들도 특별히 로비 활동을 하지 않았다. 당시 환경이나 소비자 안전과 관련된 법안들이 만들어졌지만, 정치적 의지나 의견을 반영할 수 있는 역량이 부족하였기 때문이다. 하지만 경제가 어려워지자 1970년대 중반부터 기업들이 처음으로 로비스트를 고용하기 시작했고, 이전보다 정치에 더 많은 관심을 갖기 시작하였다. 그들의 관심사는 기업 활동을 제약하는 소비자안전 강화, 노동법 개혁 등이었다. 기업들은 과거에는 노동운동과 함께 정부를 기업 활동의 위협 요인으로 생각했으나, 점차 정부를 잠재적인 수익원이자 조력자로 보기 시작하면서 더 많은 자원을 투입해 적극적인 로비 활동을 전개하게 되었다.

기업들이 한번 로비를 시작하면, 기업 경영자들은 정치에 더 많은 관심을 갖게 되고, 추가적인 정치 활동 비용이 적어 더욱 정치적으로 적극적이게 되는 모멘텀을 갖는다고 한다.[2] 로비스트는 보통 새로운 이슈를 찾아 기업들에게 정치 활동의 필요성을 알려주고, 기업들은 새로운 정치 게임에 참여하게 되며, 이를 위한 새로운 연합과 네트워크가 등장하게 된다.

기업들은 로비 활동을 통해 로비스트로부터 정치적 정보와 전략자문을 받을 수 있다. 기업들은 정책결정자들이 자신들의 이익에 유리한 법안이나 정책을 추진하도록 하는 직접적인 로비뿐만 아니라 싱크탱크나 학술연구, 언론기고, 패널 토론 등도 적극 활용하고 있다. 이를 위해 많은 기업들은 연방의회 의사당과 가까운 K-스트리트(K Street)를 중심으로 한 워싱턴 D.C. 다운타운 지역에 대부분 사무소가 있다.

로비 전략이나 강도는 기업별, 이슈별, 산업별로 많은 차이가 있다. 매년 수십억 달러가 로비자금으로 투입되지만, 산업별로 투입되는 금액뿐만 아니라 로비가 갖는 의미나 역할도 다르다. 미국 경제에서 차지하는 비중이 큰 금융이나 에너지, 건강보험 분야의 경우 로비 지출액이 매우 크지만 '로비집중도'(lobbying intensity)[3]는 방위산업, 의약 및 건강관련 제품, 담배 산업 등이 오히려 높다. 로비집중도는 미국 경제에서 차지하는 부가가치 비중과 총 로비지출에서 차지하는 비중, 즉 각 산업에서 차지하는 로비의 중요도를 비교한 것이다.

---

2) Business Insider, "How Corporations turned into Political Beast"(2015.4.25.) 이 기사는 Lee Drutman의 책(*The Business of America is Lobbying: How Corporations Became Politicized and Politics Became More Corporate*-Oxford University Press)에서 발췌한 것임.

3) 로비집중도=총로비에서 차지하는 비중(%)/해당산업의 부가가치(Industry Value Added) 비중(%).

**[그림 2-2] 미국의 주요 산업별 로비집중도**

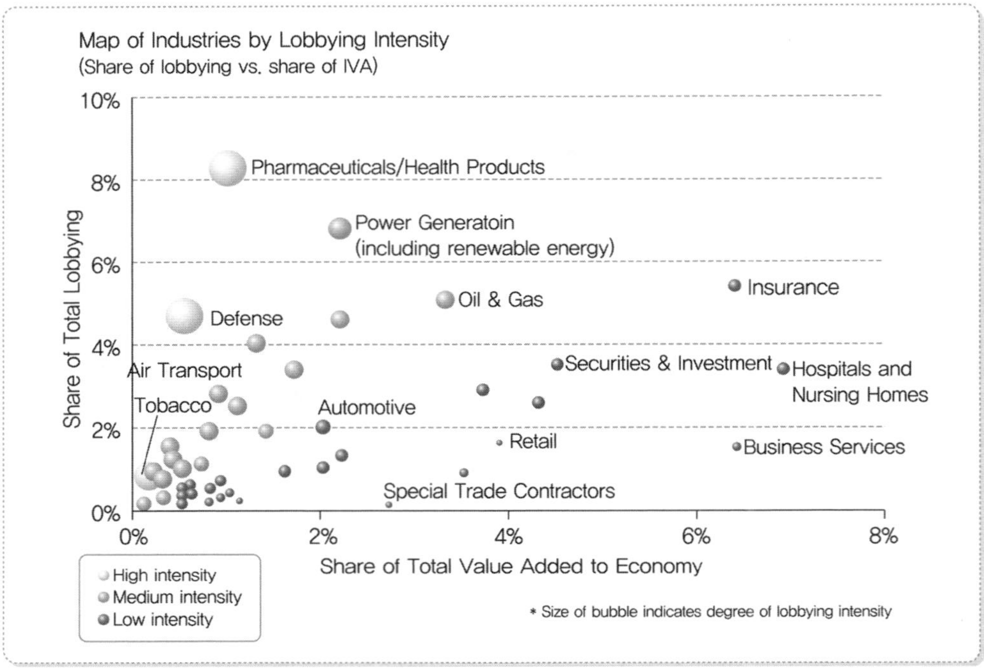

Map of Industries by Lobbying Intensity
(Share of lobbying vs. share of IVA)

자료: IBISWorld.com

    산업별 로비집중도를 보면[4] 로비 지출액이 많다고 해서 반드시 로비집중도가 높은 것이 아니라는 것을 확인할 수 있다. 왜냐하면 해당 산업이 정부의 정책에 얼마나 영향을 받느냐, 그 영향은 해당 산업의 규모와 비교할 때 어느 정도인가에 따라 달라지기 때문이다. 일례로 증권투자 분야는 미국에서 로비 지출금액이 가장 크지만 로비집중도는 매우 낮다. 정부 정책으로 인한 영향은 크지만, 로비를 통해 얻을 수 있는 이익은 로비집중도가 높은 방위산업이나 의약품, 의료제품 분야보다 상대적으로 낮기 때문이다.

    일반적으로 로비집중도에 따라 산업별로 묶어 보면 집중도, 공공자금 의존도, 연방정부의 규제 수준 등의 면에서 몇 가지 공통점이 있다. 먼저 로비집중도가 높은 산업들은 로비 비중이 경제적 부가가치 비중보다 최소한 4배 이상 높다.

---

4) Maksim Soshkin, Edward Rivera, and Kelsey O'Hollaren, "Value for Money: The Significant Role that Lobbying Plays in US Industries", IBIS*World* November 2016.

IBIS*World*는 미국 53개 산업을 조사한 결과 방위산업, 의약품 및 의료제품, 담배 산업의 로비집중도가 높은 그룹에 속하는 것으로 나타났다. 이들 3개 산업 분야는 모두 상대적으로 소수의 대기업들이 주도하고 있어, 로비를 통해 업체들 간에 조정과 협력이 용이하고 로비를 통해 그들의 이익을 보다 쉽게 추구할 수 있다. 게다가 정부의 규제나 지출 예산의 영향을 상당히 많이 받는 산업들이란 공통점이 있다. 또한 다른 산업들에 비해 이 그룹에 속한 기업들의 사업과 제품 범위, 성과, 운영에 정부의 감독과 규제를 많이 받는다. 이들 3개 산업은 정부 정책에 민감한 영향을 받지만, 경제적인 비중이 상대적으로 작아 로비에 대한 의존도가 높을 수밖에 없다. 정부의 정책적인 지원 없이는 시장경쟁력을 갖추기가 쉽지 않은 신재생 에너지 분야도 로비집중도가 높은 산업 중 하나이다.

그러나 미국에서 로비집중도가 가장 높은 산업은 방위산업이다. 지난 10년간 방위산업의 로비집중도는 무려 6.9배 이상인 것으로 나타났다. 이것은 다른 산업에 비해 로비를 통해 더 많은 이익을 얻을 수 있다는 것을 의미한다. 대부분의 미국 방산 기업들의 수입이 미군이나 국토안보 관련 정부조달 계약에 의존하고 있기 때문이다.

일례로 2015년 방산 및 항공사업의 경우 수입의 절반 이상이 정부조달이었다. 심지어 90%에 달하는 기업이 있었을 정도로 정부 예산이나 정책의 영향을 많이 받고 있다. 방산업체들은 또한 자신들이 판매할 무기나 장비를 누구에게 어떤 방식으로 팔 수 있는지를 정부가 결정하기 때문에 정부의 규제 여부는 생존과 맞물려 있다. 무기 수출은 미국 외교정책의 일환인데다 미국의 대외정책, 외국과의 관계와 밀접히 관련되어 있기 때문이다.

미국의 대다수 해외 무기거래는 정부 차원에서 결정한다. 미 국무부 국제무기거래규정(International Traffic in Arms Regulations: ITAR)과 같이 정부가 수출이 가능한 무기와 조건, 이에 대한 승인 여부를 결정한다. 게다가 해외 무기판매(Foreign Military Sales: FMS)의 경우 의회가 이를 허용할지 아니면 조정할지 여부를 심의한다.

두 번째로 로비집중도가 높은 산업은 의약품 및 의료제품 분야이다. 역사적으로 이 산업은 가장 로비에 적극적이었고, 로비집중도도 평균 6.7배 이상으로 매우 높다. 이 산업은 미국경제에 차지하는 부가가치 비중이 1.1%에 불과하지만, 지난 10년간 전체 로비에서 차지하는 비중은 7.3%에 달하였다. 병원 및 양로 산업은 의약품 및 의료 산업에 비해 부가가치 기여비중은 7배 이상 높지만, 로비 지출 비중은 절반에도 못 미친다.

의약품 및 의료제품 산업이 로비에 집중적으로 매달리는 것은 건강보험, 거래, 약가 책정 및 승인, 의료장비 세율, 특허의 배타성 등에 관한 정부의 규정이 산업의 매출과 수익성에 중대하게 영향을 미치기 때문이다. 미국 제약사들은 정부의 특허 승인이나 거래 제한 등 인위적인 경쟁 제한조치로 높은 수익률과 시장점유율을 유지할 수 있는 혜택을 받고 있으며, 정부가 노인의료보험제도(Medicare)나 저소득 의료보장제도(Medicaid)를 통해 최대 의약품 소비자 역할을 해주고 있다.

연방정부 의료보장 서비스센터(Center for Medicare and Medicaid Services: CMS)에 따르면 2016년 한 해에만 처방약에 대한 메디케어 및 메디케이드 지출이 무려 1,390억 달러로, 미국 전체 소비의 약 47%에 달한 것으로 추산하였다. 이것은 제약기업들이 미 의회 로비를 통해 얼마나 엄청난 이익을 기대할 수 있는지를 잘 말해준다.

미국에서 세 번째로 로비집중도가 높은 산업은 담배 산업이다. 담배 제조판매 기업들은 건강에 안 좋은 정부의 담배 규제를 막기 위해 매년 수백만 달러를 로비 자금으로 지출한다. 지난 10년간 담배 산업이 지출한 로비 금액은 전체의 0.8% 정도로, 석유가스 산업의 4.1%보다 훨씬 낮다. 그럼에도 담배 산업이 세 번째로 높은 로비집중도(4.3)를 보이는 것은 미국경제에서 차지하는 부가가치 비중이 0.2%에 불과할 정도로 상대적으로 낮기 때문이다.

로비집중도가 낮은 산업은 경제적 부가가치 비중과 비슷하거나 낮은 산업들로서, 로비가 해당 산업의 비즈니스에 크게 영향을 주지 않는 경우이다. 정부 정책의 영향을 거의 받지 않는 오락 및 공연 산업 등이 여기에 속한다. 하지만 로비집중도가 낮다고 해서 다른 산업에 비해 로비 지출이 적거나 정부 정책의 영향을 안 받는다는 것은 아니다. 오히려 상대적으로 이미 상당한 경제적 영향력을 확대했다는 것으로 해석될 수 있다. 일례로 증권·투자 산업은 지난 10년간 전체 로비 산업의 약 3%를 차지하는 대표적인 거액의 로비지출 산업이지만, 로비집중도가 낮다. 이 산업이 미국 경제에서 차지하는 비중이 상대적으로 크기 때문이다.

은행, 보험, 부동산 등 금융부문은 특히 전체 로비의 약 12%를 차지하는 최대 로비자금을 지출하는 산업 중 하나이다. 이들 분야는 금융 위기를 겪으면서 연방정부로부터 대규모 지원과 구제 금융을 받았고, 강력한 정부의 규제를 받고 있지만 정치적 영향에 대한 의존도가 낮은 편이다.

의약품과 의료제품을 제외한 보건 분야도 막대한 로비자금을 사용한다. 보건 전문가나 병원, 요양원, 보건서비스, 보건기관(HMOs) 등 미국의 건강관련 산업은 미국 전체의 약 8%에 상당하는 로비자금을 지출한다. 이른바 국가적 의료보험제도인 오바마케어 관련법(Patient Protection and Affordable Care Act: PPACA) 도입 등에 따라 지속적으로 영향을 받기 때문이다. 특히 오바마케어 법안의 도입을 앞두고 상, 하원을 상대로 한 엄청난 로비가 있었던 것으로 알려지고 있다. 하지만 미국경제에 대한 10%를 웃도는 높은 기여도와 비교할 때 로비 지출비중은 상대적으로 높지 않아 로비집중도가 낮은 것이다.

미국의 투명성 감시 비영리단체인 선라이트재단(Sunlight Foundation)[5]이 2010년 시민연합(Citizen United)과 연방선거관리위원회(Federal Election Commission: FEC) 간의 역사적인 대법원 판결이 나기 전(前) 3년과 판결 후(後) 3년간인 2007년부터 2012년까지 6년간 미국에서 정치활동이 가장 활발한 금융·보험·부동산, 정보통신, 전자, 의료, 방산·항공, 농업, 에너지, 운송 등 200개사를 대상으로 거의 1년간에 걸쳐 조사한 바에 의하면 시사하는 바가 크다. 이에 따르면 이들 기업들은 5년간 로비활동과 선거기부금 등으로 약 58억 달러를 지출하고, 연방정부로부터 무려 4조 4천억 달러에 달하는 비즈니스나 지원을 받은 것으로 나타났다. 이는 미 연방정부가 5천만 명에게 사회보장비로 지출한 4조 3천억 달러보다도 많은 금액이다. 이들 200개 기업 모두 정치활동위원회(PAC)와 로비스트를 동원해 선거에 적극적으로 관여하였고, 주요 기부자로 연방선거관리위원회에 등록되었다. 이들이 쓴 돈은 미국 전체 로비 비용의 무려 26%에 달하였다. 이들은 또한 매 선거 때마다 PAC이나 직원, 가족 명의로 평균 144명의 현역 의원들에게 선거자금을 기부한 것으로 드러났다.

선라이트 재단은 이들이 연방정부 예산 배정이나 지출 등을 통해 1달러를 지출하고, 연방정부로부터 평균 760달러를 받은 것으로 분석하였다. 이를테면 약 3조 달러의 정부조달 중 3분의 1인 1조 달러, 4,100억 달러 재무부 대출 지원 중 약

---

[5] sunlightfoundation.com

73%인 2,980억 달러 등을 이들 기업이 가져간 것이다. 더욱이 이들 200개사 중 174개사가 주 및 지방 정부로부터도 보조금 지원을 받았다고 한다.[6] 대기업일수록 동원 가능한 자원과 정책결정자들을 장악하는 노하우가 많은데다 일반적으로 대기업들이 풍부한 경험과 전문지식을 가진 비싼 로비스트들을 고용해 정책결정 과정에 더 많은 영향을 줄 수 있기 때문이다.

### 라. 정치활동위원회(PAC)

"돈은 최고의 종이요, 최악의 주인이다"("Money is a great servant but a bad master.")라는 말이 있다. 영국의 철학자이자 정치가였던 프란시스 베이컨의 말이다.

미국은 선거에서 돈에 의해 당락이 결정될 정도로 엄청난 선거자금이 들어간다. 선거자금을 누가 더 많이 모았느냐를 가지고 선거에서의 유·불리를 따질 정도이다. 잘 알다시피 미국 선거는 많은 자원봉사자들도 있지만, 선거운동에 필요한 조직관리, 홍보, 여론조사 등을 위해서는 돈이 필요하다. 선거 전문가들 보수에서부터 사무실 임대료, 홍보물 제작과 광고비, 교통비, 여론조사 및 분석 등 선거 운동에 엄청난 돈이 들어간다. 이런 선거자금은 정당과 정부의 공적 지원 외에도 개인, 기업, 단체 등으로부터 모금을 하며, 기업들은 직접 후보자들에게 선거자금을 기부할 수 없기 때문에 보통 정치활동위원회(PAC)를 조직해 선거에 관여하거나 로비활동에 참여한다.

미국에서 정치에 관여할 수 있는 방법은 여러 가지가 있다. 물론 법적 성격에 따라 정치에 관여할 수 있는 범위나 방법에 차이가 있다. 미국은 연방 세법상 크게 501(c) 그룹, 527 그룹, 정치활동위원회(PAC), 하이브리드 PAC('Carey Committee') 등 4가지로 분류하고 있다.

앞서 언급했듯이 501(c) 그룹은 비영리 조직으로 비정부 기구(NGO)나 노동 및 경제단체, 시민사회단체 등이 여기에 속한다. 527 그룹은 주요 현안이나 정책, 정부 인사, 선거 등 정치에 영향을 미치기 위해 조직된 정당, 위원회 등 정치적 조직이나 단체로, 반드시 국세청(IRS)에 등록하고 수입·지출 내역도 공개하여야 한다.

그러나 정당 등 정치적 조직도 아니고 비영리 단체도 아니지만, 미국 정치에서

---

6) Good Jobs First(www.goodjobsfirst.org).

그 영향력을 무시할 수 없는 것이 바로 정치활동위원회(PAC)이다. PAC은 연방이나 지방선거에 영향을 미치기 위해 활동하는 정치 활동 조직이다. PAC은 특정 후보를 당선시키거나 탈락시키기 위해 동원하는 돈("hard money")에서부터 특정 이슈에 대한 활동을 목적으로 돈("soft money")을 모금하는 PAC까지 다양하다. 마이크로소프트 PAC, GM PAC 등과 같이 개별 기업을 대표하는 것에서부터 트럭운송노조(Teamsters) PAC 등 노동계, EMILY's List PAC이나 전국총기협회(NRA) PAC과 같은 이념적인 이해관계를 대표하는 조직 등도 있다.

개인은 직접 후보자나 정당뿐만 아니라 PAC에도 기부할 수 있다. PAC도 후보자나 정당에 기부할 수 있지만, 구성 후 10일 이내에 이름과 주소 등 관련 정보를 선거관리위원회에 등록해야 한다. PAC은 연간 개인, PAC, 정당위원회로부터 최대 5천 달러까지 기부를 받을 수 있고, 선거 때마다 후보자 한 사람당 최대 5천 달러, 전국정당에는 연간 1만 5천 달러까지 기부할 수 있다. 물론 이러한 기부 상한선은 시대에 따라 조정되고 있다(<표 2-5> 참조).

〈표 2-5〉 미국 연방선거 기부액 상한선(2017년 기준)

| 기부자 | 수혜자 | | | | |
|---|---|---|---|---|---|
| | 후보자위원회<br>(선거별) | PAC<br>(연간) | 지역별 정당위원회<br>(연간 합계액) | 전국정당<br>위원회 | 전국정당위원회<br>추가계정 |
| 개인(Individual) | $2,700 | $5,000 | $10,000 | $33,400 | $100,200<br>(계정당, 연간) |
| 후보자위원회<br>(Candidate Committee) | $2,000 | $5,000 | 무제한 | 무제한 | — |
| 정치활동위원회-다수후보<br>(PAC-multicandidate) | $5,000 | $5,000 | $5,000 | $15,000 | $45,000<br>(계정당, 연간) |
| 정치활동위원회-1인 후보<br>(PAC-nonmulticandidate) | $2,700 | $5,000 | $10,000 | $33,400 | $100,200<br>(계정당, 연간) |
| 지역별 정당위원회<br>(State/ District/ Local Party Committee) | $5,000 | $5,000 | 무제한 | | — |
| 전국정당위원회<br>(National Party Committee) | $5,000 | $5,000 | | | |

자료: 연방선거관리위원회(FEC) 참조.

참고로 PAC은 1944년 미국산별노조회의(Congress of Industrial Organization: CIO)가 당시 노동조합은 직접 연방선거 후보자에게 기부할 수 없도록 제한한 법 (Smith Connally Act of 1943)을 피해 프랭클린 루즈벨트 대통령의 재선을 돕기 위해 처음 만들어졌다. 지난 2016년 선거 때에는 533개 PAC이 후보자나 정당에 기부를 하였고, 이러한 PAC은 매년 조금씩 늘고 있는 추세이다. 정치활동 조직인 PAC은 기업, 노동조합, 각종 단체뿐만 아니라 정치인들도 자신들의 선거 활동을 위해 모금을 하지만, 의회 내 입지를 강화하고 다른 후보자들의 선거운동을 돕기 위해 리더십 PAC을 조직해 운영하고 있다(<표 2-6>과 <표 2-7> 참조).

2010년부터 미국 선거를 좌우할 또 하나의 강력한 변수로 등장한 것이 슈퍼 PAC(Super PAC)이다. 금권선거의 우려에도 불구하고, 몇 년 전 연방 항소법원과 대법원이 이를 합법화했기 때문이다.

우선 슈퍼 PAC은 제1 수정헌법상에 규정한 표현의 자유(right to free speech)에 따라 등장한 것으로, 누구로부터 얼마를 받을 수 있다는 상한선이 없다. 이 때문에 슈퍼 PAC은 무제한의 모금이 가능하다. 당시 보수계 비영리 단체인 Citizen United

**〈표 2-6〉 리더십 PAC 현황과 정당별 기부금 추이**  (단위: 미국$)

| 연도 | PAC 수 | 총 기부액($) | 민주당 | | 공화당 | |
|---|---|---|---|---|---|---|
| | | | 금액($) | 비중(%) | 금액($) | 비중(%) |
| 2016 | 533 | 47,960,497 | 18,257,747 | 38 | 29,682,250 | 62 |
| 2014 | 509 | 50,448,312 | 20,776,939 | 41 | 29,628,949 | 59 |
| 2012 | 456 | 46,419,254 | 17,713,353 | 38 | 28,638,901 | 62 |
| 2010 | 396 | 44,050,444 | 20,135,587 | 46 | 23,569,257 | 54 |
| 2008 | N/A | 40,756,443 | 20,287,246 | 50 | 20,388,797 | 50 |
| 2006 | N/A | 44,723,760 | 13,873,825 | 31 | 30,630,966 | 68 |
| 2004 | N/A | 30,689,917 | 8,812,514 | 29 | 21,782,126 | 71 |
| 2002 | N/A | 25,136,302 | 10,282,686 | 41 | 14,822,116 | 59 |
| 2000 | N/A | 17,133,488 | 5,719,891 | 33 | 11,387,113 | 66 |
| 1998 | N/A | 11,174,669 | 3,050,153 | 27 | 8,122,516 | 73 |

자료: Center for Responsive Politics(www.opensecrets.org)를 토대로 저자 정리.

〈표 2-7〉 2016년 주요 리더십 PAC 현황 (단위: 미국$)

| PAC 이름 | 관련의원 | 총액 | 민주 | 공화 | 비고 |
|---|---|---|---|---|---|
| Majority Cmte PAC | 케빈 맥카시(공화) | 2,086,513 | 0 | 2,086,513 | 공화 원내대표 |
| Prosperity Action | 폴 라이언(공화) | 1,326,238 | 0 | 1,326,238 | 현 하원의장 |
| AmeriPAC: The Fund for a Greater America | 스텐리 H. 호이어(민주) | 1,114,399 | 1,114,399 | 0 | 민주 원내총무 |
| Eye of the Tiger PAC | 스티브 스컬리스(공화) | 942,485 | 0 | 942,485 | 공화 원내총무 |
| House Freedom Fund | 마크 R. 메도우(공화) | 702,535 | 0 | 702,535 | |
| More Conservatives PAC | 패트릭 맥헨리(공화) | 699,500 | 0 | 699,500 | |
| Off The Sidelines | 커스턴 질리브랜드(민주) | 692,750 | 692,750 | 0 | 상원의원 |
| Freedom Project | 존 베이너(공화) | 676,829 | 0 | 676,829 | 전 하원의장 |
| BRIDGE PAC | 제임스 E. 클리번(민주) | 647,500 | 647,500 | 0 | |
| Making America Prosperous | 케빈 브래디(공화) | 595,304 | 0 | 595,304 | 하원 세입위원장 |
| Jobs, Opportunities & Education PAC | 조셉 크롤리(민주) | 568,500 | 566,500 | 0 | |
| New Pioneers PAC | 그렉 왈든(공화) | 560,900 | 0 | 560,900 | 에너지통상위 원장 |
| CMR PAC | 캐시 맥모리스 로저스(공화) | 547,199 | 0 | 546,199 | |
| Jobs, Economy & Budget Fund | 젭 헨슬링(공화) | 525,000 | 0 | 525,000 | 금융서비스위 원장 |
| Pioneer PAC | 패트릭 J. 틸버리(공화) | 514,042 | 0 | 514,042 | |
| PAC to the Future | 낸시 펠로시(민주) | 496,000 | 496,000 | 0 | 전 하원의장 |

자료: Center for Responsive Politics(www.opensecrets.org)를 토대로 저자 정리.

가 부시 행정부의 무능을 신랄하게 비판한 마이클 무어 감독 및 주연의 영화 "화씨 9/11"("Fahrenheit 9/11") 방영을 문제 삼아 연방선거관리위원회를 상대로 소송을 제기하였고, 연방대법원은 2010년 1월 21일 제1 수정헌법의 표현의 자유를 제약하는 것은 헌법 위반이라며, PAC에 대한 기부 제한을 없애는 판결을 내렸다. 이후 2개월 뒤 연방 항소법원도 SpeechNow.org와 연방선거관리위원회 간의 소송에서 독립적인 지출(independent expenditure-only) 그룹, 즉 슈퍼 PAC을 합법화하는 판결을 내렸던 것이다. 즉, 개인, 기업, 노동조합, 단체 등으로부터 무제한 모금을 할 수 있는 슈퍼 PAC이 합법적으로 등장할 수 있게 된 것이다. 이에 따라 심지어 정치적 활동을 할 수 없는 비영리 단체까지 슈퍼 PAC에 기부할 수 있다.

슈퍼 PAC은 직접 후보자나 정당과 연대하거나 협력, 후원을 위해 자금을 지원할 수 없지만, 이러한 막대한 돈으로 다양한 매체를 통한 의견 광고 등을 통해 선거나 후보자 당락에 엄청난 영향력을 미칠 수 있다. 또한 이를 계기로 전통적인 PAC과 슈퍼 PAC 기능 두 가지를 모두 할 수 있는 하이브리드 PAC이 새로 등장하였다.

2017년 현재 미국에는 2,400여 개 슈퍼 PAC이 조직되어 있다. 이들은 2016년 선거 때 약 18억 달러를 모금해 약 11억 달러를 지출하였다. 지난 2016년 미국 대통령선거 때 활동한 슈퍼 PAC은 힐러리 클린턴 후보 지지 성향의 'Priorities USA Action', 트럼프 후보 지지성향의 'Great America PAC', 'Rebuilding America Now', 플로리다 주지사 젭 부시를 위해 1억 달러를 모았던 'Right to Rise'가 대표적이다. 지금도 많은 슈퍼 PAC들이 새로 설립되고 있지만, 주소가 사서함으로 되어 있는데다 구체적인 활동 전까지는 그 실체를 명확히 알기 어렵다. 다만 설립자가 누구의 스텝이었고 지지자인지, 누구의 가족인지를 가지고 짐작해 볼 뿐이다.

재미있는 것은 2016년 대통령 선거가 끝난 지 몇 개월도 되지 않았는데 벌써 2020년 트럼프 대통령의 재선을 위한 'Great America PAC'과 'Committee to Defend the President' 2개의 슈퍼 PAC이 2020년 선거 운동의 일환으로 이미 백만 달러를 지출하였고, 미셸 오바마의 앞 두 글자를 딴 'Draft MO for President 2020' 등이 활동하고 있으니 놀라울 따름이다.

## 마. 정부기관

미국의 정부기관은 정말 로비를 할까? 로비를 한다면 누구를 상대로 할까? 많은 사람들이 궁금해 할 것이다. 미 의회 내에서도 자신들이 발의한 법안 통과 등을 위해 로비 아닌 로비를 하지만, 미국 정치에 있어서 어쩌면 최대의 로비는 정부

간에 이루어지고 있다고 해도 과언이 아니다. 그 이유는 더 많은 예산을 확보하거
나 정부가 추진 중인 정책에 대한 협조를 얻기 위해서다.

Center for Responsive Politics에 따르면 주 정부, 지방정부 및 관련 단체가
연방정부 로비를 위해 지출한 돈이 2015년 한해 7,100만 달러에 달했다고 한다.
여기에 주요 대학들을 비롯해 교육 부문이 연방정부를 상대로 지출한 로비액
7,700만 달러를 합치면 2개 공공부문 로비 지출액이 방산, 석유가스 또는 다른 주
력 산업보다 더 많다. 하지만 이러한 정부 간의 로비는 잘 드러나지 않는다.

주 및 지방정부들은 이러한 정부 간 업무를 담당할 전담 직원을 두거나 보다
전문적으로 활동하기 위해 민간 로비회사들과 로비 계약을 맺기도 하며, 일부 규모
가 큰 도시들까지 워싱턴에 별도로 사무소를 운영하는 경우가 많다. 연방정부를 상
대로 로비를 하는 주 및 지방정부의 최대 관심사 중에는 지방채에 대한 면세나 온
라인 판매자에 대한 판매세 징수권 확보 등도 포함되어 있다. 주요 대학들도 연방
정부를 상대로 적극적인 로비 활동을 벌이고 있다. 재정적으로 어려움을 겪고 있는
주 및 지방정부인 경우 경제개발, 보건의료, 교육, 운송, 주택, 퇴역 군인들에 대한
지원, 상·하수도 프로젝트 등에 더 많은 연방정부의 지원이 필요하기 때문이다.
지방정부 입장에서 경찰과 소방 관련 연방정부의 예산 지원도 중요한 비중을 차지
한다. 노인 및 저소득층을 위한 의료보험 지원은 물론 교통, 공공서비스, 공원 및
해안 관리, 공공안전망 구축 등에 관한 예산도 대부분 연방정부와 주 정부 예산이
서로 밀접하게 연결되어 있다.

자유시장을 통한 미국 번영을 주장하는 보수성향의 시민단체인 American for
Prosperity(AFP)는 매년 정부 간 로비를 위해 지출하는 돈이 무려 1조 달러에 달할
것으로 추정하고 있다. 주 및 지방정부는 납세자들이 낸 세금으로 로비를 한다
(Taxpayer-funded lobbying)는 논란과 반대에도 불구하고, 현실적으로 더 많은 예
산과 보조금, 학자금 등을 지원받기 위해 로비에 나설 수밖에 없는 것이다. 연방
의회에서 각 주 출신 하원 및 상원 의원들이 지역구의 이해관계를 대변하고 있지
만, 각 주 정부 간에 또는 주 정부 내에서는 시, 카운티, 학군들 간에도 더 많은
예산과 보조금을 지원받기 위해 서로 경쟁하기 때문에 납세자들의 의지와 무관하
게 세금이 로비자금으로 사용되는 불합리성이 있는 것이다.

지방이나 주 정부가 워싱턴에 로비스트를 보내는 것은 주로 예산 확보를 위해서다. 일례로 인구 17만 명의 앨라배마 주 헌츠빌(Huntsville)은 2008년 10만 달러를 주고 로비스트를 고용해 로비를 벌였고, 이를 통해 약 470만 달러에 달하는 예산을 확보하였다. 또 하나의 사례는 유타 주 교통국의 경우로 연방정부 로비스트에게 160만 달러를 지출하였다고 한다.

AFP에 의하면 연방정부를 상대로 한 지방정부의 로비 지출액은 1998년부터 2007년까지 240.9%가 증가한 1억 3,810만 달러에 달하였다. 2008년의 경우 시(市)와 주(州)들이 연방정부를 상대로 한 로비를 위해 8,410만 달러, 공립학교가 1억 2백만 달러를 지출한 것으로 나타났다.

정부 간의 로비는 지방과 연방 정부 간에만 있는 것이 아니다. 연방 정부나 지방 정부 간의 로비도 무시할 수 없는 수준이다. 정부의 투명성 제고를 위한 비영리 조직인 Sunshine Review가 정보공개법(FOIA)을 통해 확인한 바에 의하면 2009년 플로리다 주 각 학군(school district)들이 플로리다 주 의회를 상대로 지출한 로비 비용이 125만 달러가 넘는다. 최소한 52개 플로리다 학군이 회원으로 가입되어 있는 플로리다 교육위원회연합(FSBA)은 정부의 교육 부문에 대한 주요 로비 기관이다. 학교 선택이나 평가등급에 관한 이슈에서부터 재산세, 급식, 학급 크기, 법정 수업시간 등 학군별로 걸려 있는 사안들이 많기 때문이다.

또한 일리노이 주 가운데 대표적인 10개 카운티에서만 2005년부터 2010년까지 연방 정부와 주 정부를 상대로 한 로비를 위해 600만 달러 이상을 사용하였다. 이처럼 각 주의 시나 카운티, 학군들 중에는 직·간접적으로 납세자가 낸 세금을 지원받아 정치적인 로비를 목적으로 활동하는 단체들이 많다.

하지만 정부 부분의 로비는 추적이 쉽지 않다. 공공 부문은 별도로 구분되어 있지 않은데다 로비스트를 고용하고 있는 상당수 비영리 단체들은 납세자들로부터 자금 지원을 받고 있기 때문이다. 각 주마다 로비스트 등록과 로비 활동의 공개 의무에 관한 규정이 다르다. 공공기관의 경우 정치인에 대한 기부나 선물에 관한 제한, 공개 의무가 없기 때문에 그 규모를 가늠하기가 쉽지 않다.

미국의 30개 이상의 주들은 워싱턴 D.C.에 일종의 로비 사무소를 두고 있다.[7] 이들은 더 많은 연방정부의 예산을 따내고 주지사가 추진하는 주요 어젠다(의제)를 성사시키기 위해 활동한다. 각 주를 대표하는 지역구 연방의원들도 재선을 위해 각 주의 이익을 최대한 챙기려고 노력하지만, 주 정부의 로비 활동은 연방정부가 각 주별로 예산 배정 우선순위를 결정할 때 서로 도움이 된다. 의원들은 주 정부 로비스트를 통해 교육, 건강보험, 교통 등의 분야에서 주 정부가 어떤 니즈가 있는지 상세한 정보를 얻을 수 있기 때문에 어떤 예산항목에 얼마를 배정할지를 결정하는 데도 도움을 받을 수 있다. 물론 이들 워싱턴 사무소는 주지사나 비서실장에게 주요 동향을 직접 보고할 뿐만 아니라, 주 의원이나 주 정부기관의 각종 요구사항도 해결한다. 특히 일부 예산 위기를 겪고 있는 주(州)의 경우 연방 정부의 지원에 대한 의존도가 높아 연방정부를 상대로 한 로비에 더욱 매달릴 수밖에 없는 형편이다.

2008년 리먼 브라더스로 야기된 경제위기 직후인 2010년 회계연도의 경우 50개 각 주의 연방정부에 대한 평균 예산 의존도가 무려 35.5%까지 올라갔고, 최근에도 30% 수준을 웃돌고 있다. 2014년의 경우 주 정부의 예산 수입 중 연방정부의 비중이 30.8%를 차지하였다. 말하자면 주 정부 예산 3달러 중 약 1달러는 연방정부가 지원하고 있는 셈이다([그림 2-3] 참조).

**[그림 2-3] 주 정부 수입예산에서 연방정부 보조금이 차지하는 비중 추이(1963~2013)**

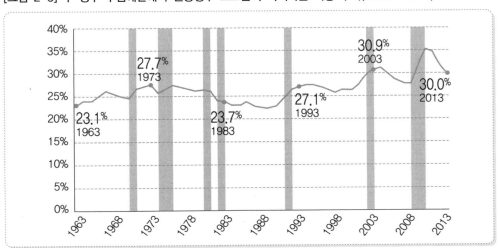

자료: The Pew Charitable Trusts(음영표시 부분은 경제침체기).

---

7) The Pew Charitable Trusts, "State Lobby Congress for Federal Funds".

연방정부의 적극적인 양적 완화조치와 각 주의 경제회복으로 연방정부의 지원 비중이 30% 수준으로 감소했지만, 특히 오바마케어 도입 이후 의료보험과 관련해 각 주 정부에 대한 연방정부의 예산 지원이 큰 폭으로 증가하였다. 2013년의 경우 연방정부는 주 정부에 3.1조 달러를 지원하였다.

주 정부에 대한 연방정부 지원은 직접 지불, 보조금, 정부조달, 임금 등 주로 4가지 형태로 이루어지고 있다. 일례로 사회보장, 퇴직 및 장애지원, 퇴직군인 혜택, 메디케어, 실업 보상, 저소득 계층 푸드 스탬프 지원(SNAP), 주택건설 지원, 농업 보조금 등은 연방정부가 개인에게 직접 지원한다. 메디케이드(Medicaid)나 고속도로 프로그램, 저소득 계층 학생에 대한 교육 지원은 보조금 형태로, 군인이나 공무원에 대해서는 임금 형태로 지원한다.

하지만 각 주 정부나 지방정부가 연방정부로부터 일방적으로 의존하고 있는 것은 아니다. 연방주의라는 체제 특성상 50개 주 가운데 14개 주는 주민들이 내는 세금이 연방정부로부터 받는 지원이나 보조금보다 더 많은 이른바 Donor State들이다.

주 정부의 세입 예산은 주민들의 세금이 주 수입원이라면, 연방정부의 지원은 두 번째로 큰 수입원이다. 연방정부로부터 지원을 받는 비중은 평균 주 정부 예산의 약 30%에 달한다. 각 주에 따라, 그리고 회계연도에 따라 연방정부로부터 받는 금액이나 비중이 다르다. 일례로 2014년의 경우 미시시피 주가 전체 예산의 무려 40.9%를 연방정부로부터 지원을 받아 미국의 주 가운데 비중이 가장 높았다. 이 외에도 루이지애나(40.1%) 주를 비롯해 테네시(39.9%), 몬테나(39.1%), 켄터키(38.5%) 주의 경우도 연방정부에 대한 의존도가 매우 높았다.

이처럼 연방정부 지원에 대한 의존도가 30% 이상인 주가 무려 29개에 이른다. 반면에 노스다코타 주의 경우 연방정부 지원에 대한 의존도가 16.8%로 가장 낮았다. 버지니아(22.8%), 코네티컷(24.6%), 네바다(24.8%), 하와이(24.8%) 주의 경우도 의존도가 낮은 주에 속한다. 노스다코타 주의 경우 오일 붐으로 세수가 크게 늘고 저소득 인구 비중은 오히려 줄어 경제위기 이전에 34.4%였던 의존도가 17.7% 포인트나 감소했다.

연방정부는 2014 회계연도에 1.3조 달러였던 주 정부 수입의 3분의 1에 해당하는 5,360억 달러를 각 주 정부에 지원하였다. 주 정부 예산 수입원으로는 이외에

[그림 2-4] 각 주별 총수입 대비 연방정부 지원 의존도(2014년)

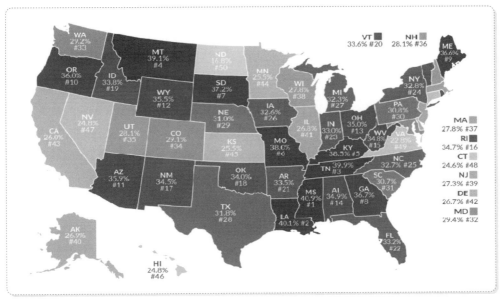

자료: Tax Foundation.

도 공립대학교 수업료, 통행료, 복권판매 수입 등이 있다.

한편 워싱턴 D.C.의 경우 2013년도에 군인이나 공무원에 대한 임금 명목으로 1인당 32,438달러, 정부조달로 25,857달러, 직접 지불 형태로 7,675달러 등 가장 많은 73,617달러를 지원받았다.[8]

## 3. 주(州) 및 지방정부 로비

미국공공청렴센터(Center for Public Integrity: CPI)가 각 주로부터 입수해 분석한 2006년 기준 로비 지출액을 보면 등록된 로비스트 수가 5천 명이 넘는 뉴욕 주를 비롯해 일리노이, 플로리다, 조지아, 텍사스, 오하이오, 미주리, 캘리포니아, 미시건, 미네소타 등 1천 명 이상인 곳이 10개 주에 달한다. 자료가 없는 6개 주를 뺀 나머지 주에 등록된 로비스트만 거의 4만 명에 육박한다.

주(州) 정부를 대상으로 한 로비자금 지출액도 대체로 늘어나는 추세이다. 로비

---

8) The Pew Charitable Trusts, 2014.

스트와 기업들이 주 정부를 대상으로 의원들이나 공무원들에게 영향을 미치기 위한 로비 활동에 매년 13억 달러 이상을 사용하고 있다. 왜냐하면 각 주 정부 차원에서 새로운 정책 결정으로 매년 집행되는 예산만 해도 천문학적이기 때문이다.

게다가 1970년대부터 공공안전, 의료보험, 교육, 환경 등 주요 현안에 관한 입법 권한이 연방정부에서 지방정부로 많이 이양되면서 지방정부의 역할이 더욱 커졌다. 일례로 2005년의 경우 50개 주에서 약 7,400여 명의 의원들이 무려 4만여 건의 법률안을 통과시켰고, 1조 3천억 달러에 달하는 예산을 집행하였다. 지역에서만 약 4만 명의 로비스트가 약 5만여 개 기업 및 단체들을 대신해 로비활동을 하였다. 의원 한 사람당 5명 이상의 로비스트가 활동한 셈이다. 의원 한 사람당 지출한 비용은 평균 19만 달러 이상이었다. 의원이나 정책결정자들은 스텝이 적을수록 자체적으로 조사 분석을 도와줄 인력이 부족하기 때문에 외부 전문가인 로비스트들에게 의존할 개연성이 높다.

헌법상 정부에 대한 청원권인 로비는 주별로 로비 활동의 공개 범위나 형태 등 기준을 정하고 있지만 주별로 약간씩 다르다. 심지어 아직 로비에 관한 공개를 의무화한 규정이 없는 주도 있다. 이것은 각 주별로 의회 의원의 선출 및 임기에 관한 규정 등이 다르기 때문에 직접 비교하기 어렵다. 캘리포니아, 뉴욕 등의 경우 기부금이나 로비 활동에 대한 공개규정이 다소 엄격한 반면, 앨라배마, 미주리, 네브라스카, 오리건, 유타, 버지니아 등은 기부금에 대한 제한이 거의 없다. 하지만, 전반적으로 로비 활동에 대한 규정을 새로 도입하거나 공개범위를 확대하고, 선물이나 여행 등 로비에 대한 규정을 강화하고 있는 추세이다.

로비스트의 활동에 대한 공개의무 범위에 따라 주별로 로비지출액이 다소 다를 수 있지만, 2006년의 경우 43개 주 기준 로비 지출액이 13억 달러로, 전년보다 약 10%가 증가하였다. 주별로는 캘리포니아가 2억 7,160만 달러로 가장 많은 것으로 나타났다.[9] 뉴욕 주는 1억 5,100만 달러, 플로리다 주는 1억 2,176만 달러, 텍사스 주는 1억 2,021만 달러에 달하는 돈이 로비자금으로 사용되었다. LA타임스 보도

---

9) 앨라배마, 아칸소, 뉴햄프셔, 뉴멕시코, 로드아일랜드, 사우스다코타 등 6개 주는 로비지출 총액을 제공하지 않아 제외되었다.

(2016. 12. 4.)에 따르면 2016년 현재 캘리포니아 주에 공식적으로 등록된 로비스트는 2004년보다 600명 이상 늘어난 1,871명이다. 이는 의원 한 명당 15명 이상에 해당한다. 이들이 2015~2016년 마지막 세션 2개월 동안에 지출한 돈은 무려 5억 5,190만 달러에 이른다고 한다. 이는 20년 전 전체 주 정부 로비 지출액인 2억 6,690만 달러의 2배가 넘은 금액이다.

미국공공청렴센터(CPI)가 2010년부터 5년간 50개 주를 조사한 결과 로비스트 수도 10% 이상 증가하였다. 1997년 아이오와대학 연구팀이 조사할 때만 해도 50개 주 모두에 로비스트를 두고 있는 단체나 기업은 하나도 없었지만, 2013년에는 AARP, 미국심장협회(AHA), AT&T, 미국총기협회(NRA), 아스트라제네카(AstraZeneca), 파이자(Pfizer), 제약협회(PhRMA) 등 최소한 9개 기업 및 단체가 모든 주에 로비스트를 두고 활동하고 있다.[10] 주 정부 로비에 가장 적극적인 기업은 AT&T, 알트리아(Altria), 버라이즌(Verizon), 세브론(Chevron) 등이었다.[11] 이들이 4년간 6개 주에 지출한 금액만 1,350만 달러로 업체당 평균 260만 달러에 달하였다.

보통 로비스트를 고용하는 주체들은 대부분 기업이나 노동조합, 업종단체들이지만, 정작 최대 로비자금을 지출한 곳이 지방정부인 경우가 많다. 캘리포니아 주의 경우 2015~2016년 회기 동안 LA 시가 160만 달러 등 무려 8,400만 달러의 로비자금을 사용하였다. 석유가스 기업들이 로비 자금으로 쓴 돈은 이것의 절반에도 못 미친다. 주요 로비 주체의 하나인 농업계는 시나 카운티, 주 정부 관련 단체들이 지출한 로비금액의 불과 10분의 1 수준이다.

가장 강력한 로비스트는 의원의 부인이나 친척들이지만, 주 정부 로비도 전직 의원들의 영향력이 클 수밖에 없다. 실제 전직 의원들 중에는 로비스트로 활동을 하는 경우가 상당수에 이른다. CPI에 따르면 지난 2005년 한 해에만 텍사스 70명, 플로리다 60명, 미네소타와 일리노이 각 50명, 미주리 46명, 매사추세츠와 미시건 각 43명 등 1,300명 이상의 전직 의원이 로비스트로 등록하였을 정도이다. 이들은 처음에 부티크 샵이나 회사를 만들어 활동하다가 나중에 큰 로비회사나 컨설팅회

10) The Center for Public Integrity(www.publicintegrity.org).
11) Welsh, Heidi & Robin Young, "How Leading U.S. Corporations Govern and Spend on State Lobbying", The Sustainable Investments Institute, 2017.

사로 옮기기도 한다.

전직 의원들이 로비스트로 등록해 활동하는 비율은 미 연방정부 영향권에 있는 버지니아 주가 1% 내외로 가장 낮고, 텍사스와 플로리다 주의 경우 3~4% 선이며, 뉴햄프셔, 유타, 오클라호마 주의 경우 거의 10% 수준에 육박하는 것으로 알려졌다. 인구가 상대적으로 적거나 임기 제한이 없어 오랫동안 활동이 가능한 주의 경우 전직 의원이 로비스트로 활동하는 비율은 상대적으로 낮은 것으로 나타났다. 하지만 텍사스 주의 경우 의원들이 다른 일을 하면서 홀수 해에 5개월만 의정활동을 하는 등 대다수 주 의원들이 파트 타임으로 근무하기 때문에 나머지 시간들은 다른 활동을 한다. 또한 의원을 그만두고 로비스트로 활동할 수 있는 이른바 금지기간 또는 냉각기간(cooling-off period)도 아예 제한이 없는 주도 있지만, 통상 6개월에서 2년까지 다양한 편이다.

〈표 2-8〉 주별 로비지출 금액(2004 ~ 2006)

| 주(州) 이름 | 로비 지출액(천U$) | | | 로비스트 | |
|---|---|---|---|---|---|
| | 2004 | 2005 | 2006 | 등록자 수 (2004) | 고용자 수 (2006) |
| 앨라배마 | N/A | N/A | N/A | 603 | 693 |
| 알래스카 | 14,632 | 16,751 | 26,273 | 342 | 630 |
| 애리조나[1] | 3,082 | 2,942 | 2,603 | 800 | 1,291 |
| 아칸소 | N/A | N/A | N/A | 452 | 537 |
| 캘리포니아 | 212,696 | 227,940 | 271,680 | 1,267 | 3,201 |
| 콜로라도 | 20,888 | 22,113 | 24,397 | 670 | 2,325 |
| 코네티컷 | 27,627 | N/A | 38,420 | 635 | 928 |
| 델라웨어[1] | 162 | 129 | 136 | 270 | 568 |
| 플로리다 | 3,858 | 4,025 | 121,761 | 2,029 | 3,238 |
| 조지아[1] | 947 | 1,204 | 1,202 | 1,506 | 5,646 |
| 하와이 | 3,750 | 4,470 | 4,413 | 312 | 336 |
| 아이다호[1] | 487 | 507 | 870 | 392 | 488 |
| 일리노이[1] | 1,004 | 1,345 | 1,279 | 2,195 | 1,731 |
| 인디애나 | 12,115 | 25,167 | 22,000 | 684 | 648 |

| | | | | |
|---|---|---|---|---|
| 아이오와 | 8,297 | 9,135 | 7,802 | 849 | 1,085 |
| 캔자스[1] | 594 | 560 | 939 | 560 | 1,376 |
| 켄터키 | 11,870 | 11,673 | 14,425 | 653 | 622 |
| 루이지애나[1] | 535 | 561 | 1,113 | 531 | 1,254 |
| 메인 | 3,524 | 4,426 | 3,228 | 279 | 324 |
| 메릴랜드 | 38,557 | 34,798 | 37,085 | 637 | 1,086 |
| 매사추세츠 | 31,053 | 70,955 | 78,961 | 569 | 1,052 |
| 미시건 | 27,162 | 29,545 | 22,693 | 1,283 | 1,222 |
| 미네소타 | 50,217 | 54,718 | 53,287 | 1,385 | 1,261 |
| 미시시피 | 13,587 | 13,834 | 17,697 | 422 | 565 |
| 미주리[1] | 1,086 | 1,075 | 1,074 | 1,116 | 1,865 |
| 몬태나 | 6,040 | 5,457 | 6,924 | 536 | 452 |
| 네브라스카 | 8,575 | 9,781 | 9,994 | 345 | 696 |
| 네바다[1] | N/A | 162 | N/A | −1 | −1 |
| 뉴햄프셔 | N/A | N/A | N/A | 227 | 441 |
| 뉴저지 | 25,126 | 28,923 | 55,321 | 935 | 1,834 |
| 뉴멕시코 | N/A | N/A | N/A | 855 | 907 |
| 뉴욕 | 144,000 | 149,000 | 151,000 | 5,117 | 3,347 |
| 노스캐롤라이나 | 8,805 | 15,621 | 14,146 | 726 | 819 |
| 노스다코타[1] | 3 | 23 | 2 | 154 | 302 |
| 오하이오[1] | 394 | 599 | 349 | 1,401 | 1,334 |
| 오클라호마[1] | 125 | 176 | 162 | 362 | 700 |
| 오리곤 | 14,263 | 24,382 | 16,147 | 629 | 640 |
| 펜실베이니아 | N/A | 124,814 | 54,091 | 355 | 1,148 |
| 로드아일랜드 | N/A | N/A | N/A | 201 | 476 |
| 사우스캐롤라이나[2] | 14,808 | 16,643 | 19,815 | 385 | 568 |
| 사우스다코타 | N/A | N/A | N/A | 625 | 393 |
| 테네시[1][2] | 245 | 137 | 10 | 512 | 726 |
| 텍사스 | 162,111 | 173,594 | 120,216 | 1,489 | 2,730 |
| 유타[1] | 145 | 134 | 229 | 351 | 423 |

| | | | | | |
|---|---|---|---|---|---|
| 버몬트 | 5,438 | 6,181 | 5,944 | 425 | 400 |
| 버지니아 | 13,825 | 13,151 | 15,368 | 987 | 917 |
| 워싱턴 | 34,996 | 37,050 | 38,717 | 964 | 1,265 |
| 웨스트버지니아[1) 2)] | 312 | 218 | 329 | 458 | 531 |
| 위스콘신 | 22,519 | 31,200 | 26,827 | 815 | 755 |
| 와이오밍[1)] | 175 | 200 | 159 | 365 | 321 |

주: 1) 로비스트의 급료 등은 불포함.
    2) 후보자에 대한 로비스트의 선거기부금 포함.
자료: The Center for Public Integrity(www.publicintegrity.org).

**〈표 2-9〉 미국의 각 주별 최대 로비주체들(2010 ~ 2014)**

| 주(州) | 의원1인당 비율 | 로비주체 Top 5 |
|---|---|---|
| 알래스카 | 7 | Northwest Arctic Borough, General Communication Inc., Pebble Limited Partnership, Alaska Primary Care Association, Conocophillips |
| 앨라배마 | 6 | Alabama Education Association, Southern Co., AT&T Inc., Business Council Of Alabama, Blue Cross And Blue Shield Of Alabama |
| 아칸소 | 4 | Arkansas Blue Cross & Blue Shield, Usable Corp., Arkansas Farm Bureau Federation, Pinnacle Business Systems Inc., The Stephens Group |
| 애리조나 | 16 | Marana Unified School District, Maricopa County, Pinnacle West Capital Corp., Freeport-McMoran Inc., Arizona Association For Justice |
| 캘리포니아 | 30 | AT&T, Edison International, Los Angeles County, Comcast Corp., City Of Los Angeles |
| 콜로라도 | 14 | Colorado Center On Law & Policy, Centurylink Inc., Brownstein Hyatt Farber & Schreck Llp, Comcast Corp., Mile High Racing |
| 코네티컷 | 5 | UIL Holdings Corp., AT&T, Connecticut Hospital Association, Connecticut Business & Industry Association, Connecticut Fund For The Environment |
| 델라웨어 | 9 | Artesian Resources Corp., League Of Women Voters Of Delaware, Fidelity Investments, Comcast Corp., Reybold Group |
| 플로리다 | 25 | AT&T, Teco Energy Inc., The Walt Disney Co., Dosal Tobacco Corp., Florida Chamber Of Commerce |
| 조지아 | 7 | Southern Co., AT&T, Metro Atlanta Chamber Of Commerce, AGL Resources Inc., Georgia Municipal Association |
| 하와이 | 5 | Healthcare Association Of Hawaii, Hawaii Association Of Realtors, Castle & Cook Inc., Legal Aid Society Of Hawaii, Monsanto Co. |
| 아이오와 | 6 | City Of Des Moines, Iowa Association Of Community College Trustees, Iowa Department Of Education, Iowa Citizens For Community Improvement, Iowa Health Care Association-Iowa Center For Assisted Living |

| | | |
|---|---|---|
| 아이다호 | 5 | Wells Fargo & Co., Fidelity Investments, Blue Cross Of Idaho, Idaho Farm Bureau Federation, Idaho School Boards Association |
| 일리노이 | 11 | Ameren Corp., AT&T, Exelon Corp., Seiu Healthcare Illinois & Indiana, Cable Television & Communications Association Of Illinois |
| 인디애나 | 5 | Bose Mckinney & Evans Llp, Ice Miller Llp, Barnes & Thornburg Llp, Indiana Farm Bureau, AT&T |
| 캔자스 | 5 | Kansas Association Of School Boards, Kansas Hospital Association, Kansas Dental Association, Kansas Cable Telecommunications Association, AT&T |
| 켄터키 | 5 | Kentuckians For The Commonwealth, AT&T, Kentucky Science And Technology Corporation, Kentucky Association Of Manufacturers Churchill Downs Inc. |
| 루이지애나 | 10 | AT&T, Baton Rouge Area Chamber, Louisiana Oil & Gas Association, Coalition For Common Sense, Centerpoint Energy Inc. |
| 매사추세츠 | 3 | Massachusetts Teachers Association, Fidelity Investments, Massachusetts Hospital Association, Massachusetts Association Of Health Plans, Greater Boston Legal Services |
| 메릴랜드 | 6 | Verizon Communications Inc., Pepco Holdings Inc., Exelon Corp., Maryland Association Of Realtors, Xerox Corp. |
| 메인 | 2 | Maine State Employees Association Local 1989, Maine Pulp & Paper Association, Pharmaceutical Research And Manufacturers Of America, Maine School Management Association, Casella Waste Systems Inc. |
| 미시간 | 10 | Honigman Miller Schwartz And Cohn Llp, DTE Energy, AT&T, Blue Cross, Blue Shield Of Michigan, Bank Of America Corp. |
| 미네소타 | 7 | Education Minnesota, Xcel Energy Inc., Allete Inc., AFSCME Leadership Council 5, Flint Hills Resources |
| 미주리 | 11 | Ameren Corp., AT&T, Missouri Hospital Association, Missouri Insurance Coalition, Missouri Council Of School Administrators |
| 미시시피 | 4 | Southern Co., Capitol Resources Llc, AT&T, Office Of The Governor, Bank Of America Corp. |
| 몬태나 | 3 | City Of Bozeman, Plum Creek Timber Co., Montana Hospital Association, Yellowstone Energy LP, Rosebud Operating Services Inc. |
| 노스 캐롤라이나 | 5 | Wells Fargo & Co., North Carolina Justice Center, North Carolina Hospital Association, Fidelity Investments, AT&T |
| 노스다코다 | 2 | Altria Group Inc., North Dakota Veterans Coordinating Council, North Dakota Association Of Counties, North Dakota Grain Dealers Association, Lincoln Mutual Life & Casualty Insurance Co. |
| 네브라스카 | 11 | AARP, Nebraska State Education Association, League Of Nebraska Municipalities, Mueller Robak Llc, Center For Rural Affairs |
| 뉴햄프셔 | 1 | Northeast Utilities Plc, Comcast Corp., New Hampshire Home Builders Association, Select Management Resources, Reynolds American Inc. |
| 뉴저지 | 19 | Covanta Holding Corp., Firstenergy Corp., Verizon Communications Inc., Prudential Financial Inc., Cablevision Systems Corp. |

| 뉴멕시코 | 6 | New Mexico Association Of Educational Retirees, AARP, National Education Association — New Mexico, League Of Women Voters Of New Mexico, Realtors Association Of New Mexico |
|---|---|---|
| 네바다 | 2 | Nevada Justice Association, Las Vegas Metro Chamber Of Commerce, Nevada Resort Association, Nevada State Education Association, Nevada Legislative Affairs Committee |
| 뉴욕 | 21 | KPMG International, New York University, New York Public Interest Research Group, The City University Of New York, Verizon Communications Inc. |
| 오하이오 | 13 | AT&T, Office Of The Governor, Wholesale Beer & Wine Association Of Ohio, Firstenergy Corp., Department Of Public Safety |
| 오클라호마 | 6 | AT&T, State Chamber Of Oklahoma, Tarrant Regional Water District, Oklahoma Public Employees Association, Zurich Insurance Group Ltd. |
| 오레곤 | 9 | Office Of The Governor, Oregon University System, Association Of Oregon Counties, Department Of Human Services, Oregon Environmental Council |
| 펜실베이니아 | 5 | Verizon Communications Inc., Firstenergy Corp., University Of Pittsburgh Medical Center, University Of Pennsylvania, Comcast Corp. |
| 로드 아일랜드 | 4 | Rhode Island State Police, Lifespan Corp., Rhode Island Department Of Revenue, Care New England Health System, Blue Cross & Blue Shield Of Rhode Island |
| 사우스 캐롤라이나 | 3 | AT&T, South Carolina Association Of Counties, Municipal Association Of South Carolina, Duke Energy Corp., Scana Corp. |
| 사우스 다코다 | 2 | South Dakota Board Of Regents, Department Of Agriculture, Department Of Revenue, South Dakota State Medical Association, Department Of Labor & Regulation |
| 테네시 | 6 | AT&T, Tennessee Education Association, AARP, Tennessee Grocers & Convenience Store Association, Tennessee Chamber Of Commerce & Industry |
| 텍사스 | 16 | Energy Future Holdings Corp., AT&T, Verizon Communications Inc., Texas Medical Association, Entergy Corp. |
| 유타 | 10 | Intermountain Healthcare Inc., Utah Public Employees' Association, Sandy City Berkshire Hathaway Energy, Utah Bankers Association |
| 버지니아 | 7 | Verizon Communications Inc., Virginia Education Association, Virginia Hospital & Healthcare Association, American Electric Power Co., Virginia Uranium Inc. |
| 버몬트 | 2 | Gaz Metro, Vermont Public Interest Research Group, Vermont Electric Power Company Inc., Vermont State Dental Society, Verizon Communications Inc. |
| 워싱턴 | 9 | Washington Education Association, Washington State Medical Association, Columbia Legal Services, Washington State Hospital Association, Northwest Open Access Network |

| 위스콘신 | 6 | AT&T, Wisconsin Education Association Council, WEC Energy Group Inc., Wisconsin Manufacturers & Commerce, Milwaukee Metropolitan Sewerage District |
| 웨스트 버지니아 | 4 | Independent Oil & Gas Association Of West Virginia, West Virginia Coal Association, West Virginia Chamber Of Commerce, West Virginia Hospital Association, West Virginia Old And Natural Gas Association |
| 와이오밍 | 3 | Fremont County School District #24, AARP, Altria Group Inc., Colorado Wyoming Petroleum Marketers Association, QEP Resources Inc. |

자료: Center for Public Integrity.

다음은 각 주별 선거자금, 선거관리, 로비관련 기관을 정리한 것이다.

〈표 2-10〉 미국의 각 주별 선거 및 로비담당 기관

| 주(州) | 선거자금 (Campaign Finance) | 선거관리 (Elections) | 로비 (Lobbyist Disclosure) |
|---|---|---|---|
| 앨라배마 | Alabama Secretary of State | Alabama Secretary of State | Alabama Ethics Commission |
| 알라스카 | Alaska Public Offices Commission | Alaska Division of Elections | Alaska Public Offices Commission |
| 애리조나 | Arizona Elections Division | Arizona Elections Division | Arizona Elections Division |
| 아칸소 | Arkansas Secretary of State | Arkansas Secretary of State | Arkansas Secretary of State |
| 캘리포니아 | California Secretary of State Political Reform Division | California Secretary of State | California Secretary of State Political Reform Division |
| 콜로라도 | Colorado Elections Center | Colorado Elections Center | Colorado Secretary of State |
| 코네티컷 | Connecticut Office of Governmental Accountability: State Elections Enforcement Commission | Connecticut Secretary of State | Office of Governmental Accountability: Office of State Ethics |
| 델라웨어 | Delaware Department of Elections | Delaware Department of Elections | Delaware Public Integrity Commission |
| 플로리다 | Florida Division of Elections | Florida Division of Elections | Online Sunshine |
| 조지아 | Georgia Government Transparency and Campaign Finance Commission | Georgia Secretary of State | Georgia Government Transparency and Campaign Finance Commission |
| 하와이 | Hawaii Campaign Spending Commission | Hawaii Office of Elections | Hawaii State Ethics Commission |
| 아이다호 | Idaho Election Division | Idaho Election Division | Idaho Election Division |

| | | | |
|---|---|---|---|
| 일리노이 | Illinois State Board of Elections | Illinois State Board of Elections | Illinois Secretary of State Lobbyist Division |
| 인디애나 | Indiana Election Division | Indiana Election Division | Indiana Lobby Registration Commission |
| 아이오와 | Iowa Ethics & Campaign Disclosure Board | Iowa Secretary of State | Iowa Legislature |
| 캔자스 | Kansas Governmental Ethics Commission | Kansas Secretary of State | Kansas Secretary of State |
| 켄터키 | Kentucky Registry of Election Finance | Kentucky State Board of Elections | Kentucky Legislative Ethics Commission |
| 루이지애나 | Louisiana Board of Ethics | Louisiana Secretary of State | Louisiana Ethics Administration Program |
| 메인 | Maine Commission on Governmental Ethics and Election Practices | Maine Bureau of Corporations, Elections, and Commissions | Maine Commission on Governmental Ethics and Election Practices |
| 메릴랜드 | Maryland State Board of Elections | Maryland State Board of Elections | Maryland State Ethics Commission |
| 매사추세츠 | Massachusetts Office of Campaign & Political Finance | Secretary of the Commonwealth of Massachusetts Election Division | Secretary of the Commonwealth of Massachusetts Lobbyist Division |
| 미시건 | Michigan Department of State | Michigan Department of State | Michigan Department of State |
| 미네소타 | Minnesota Campaign Finance and Public Disclosure Board | Minnesota Secretary of State | Minnesota Campaign Finance and Public Disclosure Board |
| 미시시피 | Mississippi Elections Division | Mississippi Elections Division | Mississippi Elections Division |
| 미주리 | Missouri Ethics Commission | Missouri Secretary of State | Missouri Ethics Commission |
| 몬태나 | Montana Commissioner of Political Practices | Montana Secretary of State | Montana Commissioner of Political Practices |
| 네브라스카 | Nebraska Accountability and Disclosure Commission | Nebraska Secretary of State | Nebraska Accountability and Disclosure Commission |
| 네바다 | Nevada Secretary of State | Nevada Secretary of State | Nevada Legislature |
| 뉴햄프셔 | New Hampshire Election Division | New Hampshire Election Division | New Hampshire Secretary of State |
| 뉴저지 | New Jersey Election Law Enforcement Commission | New Jersey Department of State | New Jersey Election Law Enforcement Commission |
| 뉴멕시코 | New Mexico Secretary of State | New Mexico Secretary of State | New Mexico Secretary of State |
| 뉴욕 | New York State Board of Elections | New York State Board of Elections | New York State Joint Commission on Public Ethics |

| 노스 캐롤라이나 | North Carolina State Board of Elections | North Carolina State Board of Elections | North Carolina Department of the Secretary of State |
|---|---|---|---|
| 노스다코타 | North Dakota Secretary of State | North Dakota Secretary of State | North Dakota Secretary of State |
| 오하이오 | Ohio Secretary of State | Ohio Secretary of State | Ohio Joint Legislative Ethics Committee |
| 오클라호마 | Oklahoma Ethics Commission | Oklahoma State Elections Board | Oklahoma Ethics Commission |
| 오레곤 | Oregon Elections Division | Oregon Elections Division | Oregon Government Ethics Commission |
| 펜실베이니아 | Pennsylvania Bureau of Commissions, Elections and Legislation | Pennsylvania Bureau of Commissions, Elections and Legislation | Pennsylvania Department of State |
| 로드아일랜드 | Rhode Island Board of Elections | Rhode Island Board of Elections | Rhode Island Secretary of State |
| 사우스 캐롤라이나 | South Carolina State Ethics Commission | South Carolina State Elections Commission | South Carolina State Ethics Commission |
| 사우스다코타 | South Dakota Secretary of State | South Dakota Secretary of State | South Dakota Secretary of State |
| 테네시 | Tennessee Bureau of Ethics and Campaign Finance | Tennessee Secretary of State | Tennessee Ethics Commission |
| 텍사스 | Texas Ethics Commission | Texas Secretary of State | Texas Ethics Commission |
| 유타 | Utah Lieutenant Governor's Office — Disclosure | Utah Lieutenant Governor's Office — Elections | Utah Lobbyist Online |
| 버몬트 | Vermont Elections Division | Vermont Elections Division | Vermont Elections Division |
| 버지니아 | Virginia State Board of Elections | Virginia State Board of Elections | Virginia Secretary of the Commonwealth |
| 워싱턴 | Washington Public Disclosure Commission | Washington Secretary of State | Washington Public Disclosure Commission |
| 웨스트 버지니아 | West Virginia Secretary of State: Elections Division | West Virgina Secretary of State | West Virginia Ethics Commission |
| 위스콘신 | Wisconsin Government Accountability Board | Wisconsin Government Accountability Board | Wisconsin Government Accountability Board |
| 와이오밍 | Wyoming Elections Division | Wyoming Elections Division | Wyoming Secretary of State |

자료: National Institute on Money in state politics(followthemoney.org).

## 4. 싱크탱크

### 가. 싱크탱크의 역할

정치윤리 전문가인 캐서린 클락 워싱턴 법대 교수는 "당신이 로비스트라면 무슨 말을 하든 크게 신뢰하지 않는다. 하지만 싱크탱크에서 말하면 확실히 더 그럴 싸하게 들린다. 아마 싱크탱크들은 이것이 사적 이익을 추구하는 데 얼마나 유용한지 잘 모를 수 있다. 하지만 그것은 그들의 수익모델의 일부이다."라고 말한다.[12] 미국 민주주의를 저해하는 부패 문제는 대부분 돈과 관련되어 있다. 돈으로 정치적 영향력을 행사할 수 있는 망가진 선거자금 시스템이나 제4 행정부로 불리는 막강한 기업로비가 그것이다. 잘 알려져 있지 않지만, 돈을 받고 역할을 해주는(pay-to-play) 워싱턴 싱크탱크들의 조직적인 활동들도 존재한다고 한다.

싱크탱크들은 정치적인 의제나 이슈를 제기하고 대안을 제시하는데 주도적인 역할을 한다. 그들은 의회와 행정부를 위해 정책 보고서를 준비하고, 주요 이슈들에 관한 세미나, 브리핑 등 행사를 개최한다. 싱크탱크 연구자들은 의회 청문회에 출석해 전문적인 의견을 제시하거나 기고 등을 통해 자신의 의견을 피력한다. 일반적으로 싱크탱크는 독립적이고 학술적인 연구기관이란 인식 때문에 권위를 인정받고 있다. 이들이 제기하는 의제나 연구 보고서, 다양한 전문가로서의 활동은 매우 권위 있게 평가받지만 실상은 돈과 정치에 교묘하게 엮여 있다.

워싱턴의 다른 기관들과 달리 싱크탱크에 대한 법적 규제가 거의 없다. 싱크탱크들이 스스로 공개하지 않는 한 세세한 내막을 알기가 쉽지 않다. 그래서 미 의회에서는 누가 얼마를 기부하고, 연구 활동은 어떻게 이루어지는지 등에 대한 공개와 적절한 규제가 필요하다는 지적이 나오고 있다. 로비스트들이 누구의 의뢰를 받아 어떤 의원, 정부 관료를 만나 무슨 활동을 했는지를 보고하도록 하는 것처럼 싱크탱크도 그들의 고객과 계약 내용에 대한 기본정보를 제공해야 한다는 것이다.

기업이나 개인들은 싱크탱크에 무제한 기부할 수 있지만, 기부자의 공개 여부는

---

12) Michael Dolny의 *FAIR Study: Think Tank Spectrum 2012* 기사(2013. 7. 1.)(www.fair.org).

자율에 맡겨져 있다. 워싱턴 싱크탱크들은 대부분 웹사이트 등에 최소한의 기부자 (contributors) 정보만 공개하고 있다. 기부자, 기부 시기, 금액 등 구체적인 정보는 물론, 목적이나 프로젝트 관련성 여부는 잘 공개하지 않는다. 그래서 로비스트들과 기업들은 이러한 싱크탱크의 은밀함에 주목하고 있다. 이들은 싱크탱크들을 정치적인 무기로 활용할 수 있는 방법을 찾고 있는 것이다. 실제 많은 워싱턴 싱크탱크들은 효과적으로 기업 기부자들을 위한 비등록 로비스트 역할을 하고 있고, 기업들도 전략적으로 자사 홍보나 로비, 선거 지원 활동에 싱크탱크를 활용하고 있다.

워싱턴 싱크탱크의 폭발적 성장 배경에는 활발한 회전문 인사가 있다. 의회나 행정부에서 물러난 고위 인사들이 싱크탱크에서 근무하다가 기회가 오면 다시 행정부 등으로 들어간다. 워싱턴에서는 이러한 고급 인력들의 회전문 인사가 매우 활발한 편이다. 싱크탱크는 고급 인력들이 오가는 주요 집결지이다. 미국 전역에는 현재 약 1,830여 개 싱크탱크가 활동하고 있다. 30년 전만해도 워싱턴에 약 120개의 싱크탱크가 있었지만, 지금은 무려 약 400개의 싱크탱크가 활동하고 있다. 워싱턴에서는 매년 적게는 수백만 달러에서부터 수입억 달러를 활동 자금으로 사용하는 많은 기관들이 서로 거미줄처럼 얽혀 있다. 즉, 미 의회와 행정부를 둘러싸고 싱크탱크, 로비스트, 로비단체, NGO 등이 모두 직·간접적으로 정책에 영향을 미치는 활동을 하고 있는 것이다.

### 나. 아이디어 산업의 급성장

1916년 국가 공공정책에 대한 실증연구를 위해 민간 연구 조직으로는 처음으로 워싱턴 D.C.에 브루킹스연구소가 설립되었다. 그리고 5년 뒤 뉴욕에서 미국외교협회(Council on Foreign Relations: CFR)가 문을 열었다. 이들은 이념적 성향이 다른 전문가 그룹이 준비한 심층보고서를 통해 정책결정자들의 국정 운영을 안내하는 역할을 하고자 하였다. 초기 싱크탱크들은 "정보를 제공하되 옹호하지 않고, 정책 대안들을 분명히 제시하지만 어느 하나를 선택하지 않는"[13] 역할에 충실하였다.

---

13) Think tank saw their role as "to inform but not to advocate, to help clarify policy alternatives but generally not to choose among them," Tevi Troy has written in *National Affairs*.

일례로 1971년에 설립된 미국기업연구소(American Enterprise Institute: AEI)는 논란이 많았던 초음속 수송기에 대한 연구결과 발표를 미룬 적이 있다. 당시 미 의회에서는 이에 관한 자금지원 법안에 대한 표결이 예정되어 있었는데, 이로 인해 투표에 영향을 미치지 않기 위해서였다. 이러한 싱크탱크들의 태도는 세월이 지나면서 바뀌기 시작하였다. 기업과 기부자들이 이러한 싱크탱크의 정치적 역할에 주목하기 시작한 것이다.

1970년대 들어 경기 침체에다 베트남 전쟁과 워터게이트 사건 등 기업환경의 악화로 수익률이 떨어지자 기업들은 게임의 법칙을 자신들에게 유리하게 바꿀 필요성을 느끼기 시작하였다. 이에 따라 기업들은 대대적으로 선거운동에 뛰어들었고, 정치인과 지식인, 언론의 지원을 얻어내기 위해 로비 활동을 대폭 늘렸다. 1970년에만 해도 포춘 500대 기업들조차도 대부분 워싱턴에 로비사무소를 둔 기업이 없었으나, 1980년에는 약 80%가 워싱턴 사무소를 운영하였을 정도였다.

이들은 선거운동뿐만 아니라 정치 시스템에도 많은 돈을 투입하였다. 로널드 레이건 전 대통령의 재정 후원자로, 정치행동위원회(PAC) 초기 챔피언이었던 저스틴 다트(Justin Dart)는 "레토릭(수사)은 매우 유용하다. 레토릭을 곁들인 돈은 더욱 좋다. 의원들이 더 잘 들어주기 때문이다"라고 말했다.

기업들은 기존 싱크탱크에 기부하거나 아예 싱크탱크를 새로 만들었다. 일례로 미 상원 스텝이던 폴 웨이리치(Paul Weyrich)와 닉슨 대통령 백악관 보좌관이던 린 노프지거(Lyn Nofziger)가 중심이 돼 1973년에 보수 성향의 싱크탱크인 헤리티지재단(Heritage Foundation)을 설립하였다. 헤리티지는 설립 후 10년도 안 되어 연간 예산 규모가 최고 1,200만 달러에 달할 정도로 급성장하였다. 또 다른 보수 성향의 싱크탱크인 미국기업연구소는 1975년부터 1985년까지 10년 사이에 예산 규모가 3배나 증가하였다. 워터게이트 사건이 있은 후 케이토연구소(CATO), 맨해튼연구소(Manhattan Institute), 윤리공공정책센터(Ethics and Public Policy Center) 등 신보수 성향의 싱크탱크들이 잇달아 설립되었다.

기업들은 점차 시간이 지나면서 진보 성향의 싱크탱크에도 관심을 기울이기 시작하였다. 이들은 특히 온건 성향의 민주당 의원들을 지지하는 싱크탱크들도 지원하기 시작하였다. 1989년 설립된 진보정책연구소(Progressive Policy Institute: PPI)는 담배연구소(Tabacco Institute), 옥시덴탈 페트로륨(Occidental Petroleum)과 여러 월 가의 기업들로부터 수백만 달러를 기부받았다. 당시 PPI는 민주당 지도자위원회 (Democratic Leadership Council: DLC)[14]와 밀접한 관련을 맺고 있었는데, 이 DLC는 보다 중도 노선의 민주당을 지향하기 위해 출범한 것이었다. 빌 클린턴 전 대통령 은 당시 이 위원회의 창립회원이었고, 대통령이 된 후 PPI는 북미자유무역협정 (NAFTA), 복지개혁, 기타 신민주("New Democrats") 그룹[15]의 정책 우선순위 연구 를 집중 지원하게 된다.

시간이 갈수록 싱크탱크들의 역할이 커지고 그만큼 많은 돈이 유입되면서 역할 도 달라지기 시작하였다. 우선 싱크탱크로 들어오는 자금 규모가 극적으로 확대되 었고, 기부자들의 기부형태도 단기 기부나 확실한 성과를 기대하는 프로젝트 형태 의 기부가 크게 늘어났다. 기부형태가 특정화되면 연구 주제의 선택이나 복잡한 정 책문제들에 대한 혁신적인 대안을 자유롭게 제시하기 어렵다. 그만큼 연구의 자율 성을 확보하기 어려워지는 것이다.

이처럼 단기 기부형태가 늘어나자 싱크탱크들도 이를 활용하기 시작하였다. 싱 크탱크들은 의도적으로 거대 자금이나 기업 지원을 유인할 수 있는 프로젝트들을 만들거나, 정책결정자들과의 관계를 드러내 홍보수단으로 활용하기도 하였다.

## 1) 정치성향이 강한 싱크탱크 출현

최근 확실한 정치성향을 표방하는 싱크탱크의 등장도 주목할 만한 변화이다. 대 표적으로 미국진보센터(Center for American Progress: CAP)를 들 수 있다. CAP는 클린턴 전 대통령의 비서실장이었고 2013년 말 백악관 수석고문이 되기 전 오바마 대통령의 공식 컨설턴트였던 존 포데스타(John Podesta)가 설립하였다. CAP는 정책 아이디어를 발굴하거나 원천 연구보다 민주당 정책을 지지하고 공화당 입장을 비 판하는 데 더 많은 관심을 기울였다.

---

14) DLC는 1985년 비공식 민주당 조직으로 출범한 조직으로, 민주당의 정책 결정에 지대한 역할을 하였고 나중에 부통령을 지낸 알 고어(Al Gore), 조 바이든(Joseph Biden)도 멤버로 활동하였다.
15) 미국 민주당(Democratic Party) 내 중도 성향의 의원들의 모임으로, 1988년 조지 H. W. 부시 대통령 이 당선된 이후 등장하였다, 스스로를 '중도주의자'(centrist)라고 주장하지만, 진보 성향의 민주당 내에 서 다소 보수적인 정치적 성향을 가진 그룹이다. 이들은 정치적으로는 제3의 길(third way)을 모색하면 서 경제적으로는 성장을 중시(pro-growth)하고 자유무역과 공정무역을 지지한다.

민주당 쪽에 CAP가 있다면 공화당 쪽에는 미국행동네트워크(American Action Network)가 있다. 스스로 '아이디어를 행동으로 옮기는(think-and-do-tank)' 연구소를 표방한다. 미국행동네트워크는 2010년 젭 부시(Jeb Bush), 할리 바버(Harley Barbour) 등 공화당 핵심 멤버들이 설립한, 실행을 중시하는 싱크탱크이다. 이 네트워크 소속 전문가들 중 상당수가 보수 성향인 폭스(Fox) 뉴스 정규 해설자로 활동하고 있으며, 공화당 의원들에게 토킹 포인트와 정책 보고서를 제공하기도 한다. 시간이 지나면서 싱크탱크들은 정치인들을 선점하기 위해 정치적인 선악 논쟁에 논리적인 무기를 제공하는 역할도 하고 있다.

펜실베이니아 대학에서 오랫동안 싱크탱크를 연구해 왔던 제임스 맥간(James McGann) 교수는 "이제 아이디어나 의견, 정치적 선택 등을 조망한 객관적인 분석들을 점차 찾기 어려워지고 있다"고 말한다.

### 2) 부티크형 전문 싱크탱크

워싱턴 싱크탱크들은 갈수록 연구 조직과 예산 규모가 커지고 있다. 이 가운데 부티크 형태 또는 한 가지 분야나 이슈를 전문적으로 다루는 싱크탱크의 등장도 주목할 만한 변화이다. 특정 산업이나 분야만을 전문으로 연구하는, 이러한 소규모 싱크탱크들이 최근 급성장하고 있다.

일례로 1998년 설립된 버지니아 주 소재 렉싱턴연구소(Lexington Institute)는 비영리 민간연구소로서 주로 국방정책 등을 연구한다. 하지만 무기 프로그램을 다루지 않는다. 이 연구소는 누가 주로 기부하고 있는지 공개하지 않아 자세히 알 수 없지만 보잉, 록히드마틴, 노드롭그루먼 등 거대 방위산업체들이 주요 자금줄인 것으로 알려졌다. 이 연구소 최고 관리책임자로 방위산업 분야 컨설턴트로 활동하고 있는 한 인사는 부시 정부 때 에어포스 100의 공중 급유 탱크를 리스하는 보잉사의 스캔들에 일부 관여했던 것으로 알려지고 있다. 물론 이 거래는 300억 달러 규모로 새로운 탱크를 사는 것보다 더 비싸 나중에 취소되었다.

### 3) 싱크탱크 vs 연산(硏産)복합체

2012년 12월 사우스캐롤라이나 출신 짐 드민트(Jim DeMint) 상원의원이 의원직을 그만두고 헤리티지재단 회장으로 옮긴다는 소식이 정계를 놀라게 했다. 유력 정치인이 어쩌면 정치적 야망과 영향력을 포기하고 정책 연구기관을 선택했기 때문이다. 더욱이 드민트는 학자가 아니라 잘 나가는 정치인이었다. 이 때문에 드민트 전 상원의원을 회장으로 맞이한 헤리티지는 존경받는 싱크탱크나 학문의 원천이 아니라 오히려 극단주의 정치도구가 되었다는 평가를 받기도 하였다.[16] 낙선한 후 돈을 벌기 위해 전직 의원이 로비스트가 되는 경우는 종종 있지만 드민트 전 상원의원의 경우는 좀 경우가 달랐다.

요즘 들어 싱크탱크와 로비스트의 역할이 갈수록 모호해지고 있다. 싱크탱크들도 로비스트처럼 정책 토론의 프레임을 짜거나 적당한 대가를 받고 정치적 영향력을 행사할 수 있다. 그런 의미에서 싱크탱크에 자금을 대는 기업들의 영향력을 주목해 볼 필요가 있다. 대다수 주요 석유 메이저들과 방산(防産)업체, 금융업계, 주요 재단들은 싱크탱크에 거액을 기부하고 있다. 제너럴 일렉트릭(GE)은 무려 11개 싱크탱크에 기부하고 있으며, 보잉과 록히드마틴은 6개, 노드롭 그루먼과 레이시언은 4개의 싱크탱크에 기부하고 있다. 골드만삭스와 시티그룹도 브루킹스연구소, 피터슨국제경제연구소(Peterson Institute for International Economics: PIIE), 카네기평화재단 등 싱크탱크의 주요 기부자들이다. 파이자, 머크 등 보건 및 건강보험관련 기업들과 미국 의약연구 및 제조기업 100여 개를 대표하는 로비그룹인 미국제약협회(Pharmaceutical Research and Manufacturers of America: PhRMA), 보험회사인 메트라이프 등도 유력 싱크탱크에 많은 기부를 하고 있다. 시그나(Cigna) 명예 회장인 윌슨 테일러는 AEI, 시그나 전 회장인 랄프 사울은 브루킹스, 파이자의 전 부회장인 카렌 케이턴과 애트나 전 CEO인 로널드 윌리엄스는 PIIE 이사를 맡고 있거나 맡은 적이 있다.

부호 가문들이 만든 재단들의 역할도 크다. 일례로 미국의 현대 보수주의 운동을 이끌었던 멜론은행의 상속자인 리차드 멜론 스카이페(Richard Mellon Scaife)는 맨해튼연구소, AEI, 헤리티지, 후버, CATO, 국제전략연구소(Center for Strategic and International Studies: CSIS)에 많은 기부를 하고 있으며, 헤리티지와 후버연구소

---

16) 워싱턴포스트의 보수적인 파워 블로거인 제니퍼 루빈(Jennifer Rubin)이 이렇게 평가했다.

이사도 맡고 있다.

또한 막대한 자금력으로 선거에 영향을 미치는 활동으로 주요 선거 때마다 뉴스메이커가 되고 있는 코크(Koch) 형제들이 만든 코크 재단은 데이비스 코크가 이사로 있는 케이토를 비롯해 헤리티지, AEI, 맨해튼연구소, 우드로윌슨센터(Woodrow Wilson International Center for Scholars) 등을 지원하고 있다.

길드 재단은 재단 설립자가 이사회 명예회장으로 있는 맨해튼연구소를 비롯해 워싱턴근동정책연구소(WINEP), CATO, 헤리티지를 지원하고 있다.

브래들리 재단도 보수 성향의 싱크탱크에 많은 기부를 하고 있다. 월마트를 소유한 억만장자 가족들이 설립한 월튼패밀리 재단의 경우 보수 성향의 싱크탱크는 물론, 중도 성향인 브루킹스, 오바마케어를 지원했던 진보 성향의 CAP에도 기부하고 있다. 중소 경쟁기업들의 비용을 증가시키는 오바마케어가 자사에 유리했기 때문이다.

월가의 억만장자로 미국 외교관계협회(CFR) 회장을 지냈던 피트 피터슨은 Atlantic Council과 경제정책연구소(EPI), 신미국재단(New America Foundation)을 지원하였다. 이처럼 각 민간 재단들은 대부분 정치적 성향에 따라 기부하지만, 헤지펀드 계거물인 조지 소로스는 좀 특이하게도 보수에서부터 진보 성향에 이르기까지 거의 모든 싱크탱크에 기부하고 있다.

이처럼 석유 메이저를 비롯해 방위산업체, 금융보험 업계의 거대 기업들과 주요 가문의 재단들은 대부분 싱크탱크에 기부하거나 이사회 멤버로 참가하고 있다. 여기에 싱크탱크들의 적극적인 마케팅까지 더해져 워싱턴 소재 주요 싱크탱크들의 자산과 예산 규모가 몇 년 사이에 급격히 증가한 것으로 나타났다.

보수 성향의 헤리티지의 경우 세금보고 자료를 보면 2002년 1억 9백만 달러이던 자산 규모가 2011년에 1억 7,400만 달러로 늘어났다. 같은 기간 모금액(기부금 등)도 4천만 달러에서 6,500만 달러로 증가하였다. 기부자들 중에는 보잉, 쉐브론 등 대기업과 린드 해리 브래들리 재단 등이 포함되어 있었다. 특히 엑슨모빌, 세브론, 코크 형제들은 주요 싱크탱크에 대부분 기부하고 있다.

신보수 성향인 미국기업연구소도 같은 기간 자산이 4천만 달러에서 1억 550만 달러, 모금액은 1,600만 달러에서 3,700만 달러로 2배 이상 증가하였다. AEI는 최근 국제전략연구소(CSIS)와 가까운 곳에 8천만 달러 이상을 투자해 새 건물을 지어 이사하였다.

　브루킹스연구소도 자산이 2억 2,800만 달러에서 4억 1천만 달러, 모금액은 1,500만 달러에서 8,700만 달러로 증가하였다. 브루킹스연구소의 연간 예산 규모는 1억 달러에 달하는 것으로 전해진다. CSIS는 몇 년 전 약 1억 달러를 투자해 신축 건물을 마련하였다. CSIS도 이 기간 중 자산과 모금액이 각각 3,500만 달러, 1,700만 달러에서 1억 2,600만 달러와 4,800만 달러로 늘어났다. 헤리티지의 상대격인 미국진보센터도 2011년 자산 규모가 4,400만 달러로, 2003년 문을 열었을 때보다 5배 이상 증가한 것으로 나타났다.

## 4) 싱크탱크와 언론

　주요 싱크탱크 기부자들 중에는 주요 언론과 밀접한 인물들이 많다는 것도 주목할 부분이다. 일례로 AOL을 소유한 타임워너사는 아스펜 연구소와 신미국재단에 기부를 하였고, 언론 관계자들이 싱크탱크 이사회 멤버 등으로 참여하고 있다.

〈표 2-11〉 싱크탱크 내 언론관계자 현황

| 싱크탱크 | 기부자 | 이사회/임원 |
|---|---|---|
| 정치센터(Center for Politics) | AOL Time Warner | |
| 우드로윌슨센터 | Hearst, Conde Nast | |
| 미국외교협회(CFR) | | Tom Browkaw(NBC)<br>Fareed Zakaria(CNN) |
| 신미국재단(NAF) | Time Warner | Fareed Zakaria(CNN) |
| 카이저재단<br>(Kaiser Family Foundation) | | Charlesd Gibson(ABC)<br>Gerald Rosberg(WP)<br>Richard Schlosberg(LAT) |
| 도시연구소(Urban Institute) | | Judy Woodruff(PBS)<br>Mort Zuckerman(US News) |
| CSIS | | Reginald Brack(Time) |
| RAND연구소 | | Karren Elliott House(WSJ) |
| 경제정책연구소(EPI) | | Rober Kuttner<br>(American Prospect) |

| 맨해튼연구소 | | Wiliam Kristol<br>(Weekly Standard) |
|---|---|---|
| Atlantic Council | Thomson Reuters,<br>News Group | Frederick Kempe(WSJ) |
| 아스펜연구소 | Disney, Time Warner<br>Cable, Bloomberg<br>News Corp Foundation | Walter Isaacson(CNN)<br>Cesar Conde(Univision)<br>Michael Eisner(Disney) |
| 케이토연구소 | | Andrew Napolitano(Fox News) |
| 헤리티지재단 | | Steve Forbes(Forbes)<br>Richard Scaife(Tribune Review) |

자료: fair.org

### 다. 싱크탱크와 기부자

요즘 기부자들은 원하는 결과를 얻지 못하면 기부 대상을 입맛에 맞는 다른 싱크탱크로 바꾸거나 직접 정치활동에 나서는 경향이 있다. 이 때문에 맥간 교수는 "싱크탱크들은 컨설팅회사나 로펌, 슈퍼 PAC, 로비스트, 이익옹호단체들과 경쟁 관계에 있다"며 "이러한 압력은 싱크탱크들로 하여금 더욱 더 기부자들의 눈치를 보게 만들고 있다"고 말한다. 그래서 싱크탱크 기부는 민간 및 공공 기부자들에게 "효과 있는 자선활동"으로 통한다.

싱크탱크가 연구조직이라기보다 오히려 홍보 회사나 로비 집단화되었고, 로비스트들보다 제약을 덜 받기 때문에 기부자들에게 더 매력적이라고 말하는 사람들도 있다. 2012년 전 하원의장이 대통령 후보로 출마했을 때 워싱턴포스트는 단일이슈를 다루는 건강혁신센터가 그의 하이브리드 조직이라고 보도하였다. 보건관련 업체 및 관련기관들이 이 센터에 최소 3,700만 달러를 기부하고, 그 대가로 보고서 발간과 함께 이들을 위한 권익옹호 활동을 벌이는 동시에 그와 직접 만날 수 있는 특전과 관련 그룹들이 제공하는 서비스 할인 혜택도 받았다는 것이다. 사실여부를 떠나 최근 미국사회가 싱크탱크를 어떻게 바라보고 있는지를 엿볼 수 있는 대목이다. 이 센터 기부자들이 누구인지 일부 공개되었지만 금액은 밝히지 않았었다.

기본적으로 워싱턴 싱크탱크들의 성격도 이와 크게 다르지 않다. 즉 대다수 싱크탱크들은 기부자들에게 싱크탱크 경영진과 소속 학자, 의원들과의 사적 모임에 참가할 수 있는 혜택을 제공하고, 홍보나 정치적 목적을 달성할 수 있도록 맞춤식 자문을 제공해 준다. 또한 기부자들이 관심을 가질 만한 정책 방향을 담은 주문형 보고서를 발간하는 등의 방법으로 기부 마케팅을 벌이기도 한다. 특히 기부자가 싱크탱크의 연구방향에 관여할 수 있다는 것은 암묵적이지만 대단한 특전이라고 할 수 있다. 즉, 연구자를 만나 진행 중인 연구에 대한 편집방향을 바꾸거나 어떤 문제들을 미해결 상태로 두게 할 수 있다.

원칙이나 기준이 있는 것은 아니지만 기부금액에 따라 싱크탱크들이 제공하는 보답도 다르다는 것이 일반적인 평가이다. 싱크탱크별로 조금씩 다르지만 기부 금액이 클수록 싱크탱크 입장에서도 더 많은 신경을 쓸 수밖에 없고, 가능한 더 많은 혜택을 주려고 하는 것은 어쩌면 당연하기 때문이다.

기부자 입장에서도 얻는 것이 많다. 우선 대부분 싱크탱크들이 비영리 조직이기 때문에 세금감면 혜택을 받을 수 있다. 싱크탱크들은 정부 인사를 포함해 항상 많은 청중을 모을 수 있고, 사람들은 싱크탱크들이 사실을 왜곡할 것이라 생각하지 않는다. 어디서 돈을 받았는지 궁금해 하지 않기 때문에 어떤 정책을 옹호하거나 대변자로서도 매우 효과적이다.

게다가 싱크탱크들 스스로 학술연구 기관이라고 밝히지만, 기부자들에게는 은근히 정치적 영향력을 강조하는 경우가 많다. 일례로 워싱턴 소재 한 유명 싱크탱크는 워싱턴, 뉴욕, 기타 도시들에게 개최되는 크고 작은 이벤트에 기부자를 초청하고, 전문가들로부터 브리핑을 받거나 해외여행 시 그들과 동행할 수 있는 혜택을 제공한다. 또한 기부금액에 따라 주어지는 특전도 4가지로 구분하고 있다. 10만 달러 이상 기부한 최상위 회장급 기부자들에게는 맞춤형 프로그램을 제공한다. 특히 기업 기부자들은 자신들의 목표에 대한 의견을 나눌 수 있도록 연구소 수석책임자들과 미팅 기회를 제공한다. 만일 정치적 이해관계가 있는 특정 분야가 있다면, 이런 연구를 지정해 전략적으로 기부할 수 있는 것이다. 특히 거액 기부자들은 상근 학자들로부터 개인적인 브리핑을 받을 수 있고, 정책결정에 영향력을 극대화할 수 있는 연구 주제를 같이 도출해 낼 수도 있다.

또 다른 싱크탱크는 기업 기부자나 재계 리더들을 "단순히 재정적 후원자가 아니라 정책결정 과정에 매우 소중한 파트너들"로 인식하고 있다. 이들로부터 더 많은 지원을 받기 위해 민관 리더들 간의 소규모 모임을 만들고, 중요한 정책 이슈에 대한 공감대 형성을 위해 비공개 미팅을 갖기도 한다. 기업이나 기부자들에게 구미가 당기는 것들이다. 최상급 기부자들인 경우 직접 보고서나 이벤트, 연사 시리즈를 후원하도록 하고, 더 많은 기부를 하면 프로젝트 운영위원회 참석이나 프로젝트 워킹그룹 미팅에 참여할 수 있도록 배려한다. 기부자들 입장에서 관심 있는 분야에 최고의 싱크탱크 중 하나를 내편으로 만들 수 있는 확실한 협력 기회를 잡는 셈이다.

펜실베이니아대학 연례보고서를 보면 이들 싱크탱크들이 낸 정책 아이디어나 의견은 미 행정부나 의회의 정책 방향에 지대한 영향을 미치는 것으로 나타났다. 싱크탱크 소속 전문가들은 의회 청문회에 출석해 주요 이슈에 대해 증언하거나 의원 및 의회 보좌관들에게 브리핑할 기회가 자주 있다. 이들은 의회나 행정부 관료들을 위한 여러 가지 간담회나 포럼을 개최하기도 한다. 게다가 싱크탱크 소속 학자들이 작성한 수백 가지 보고서와 논문들은 정책결정자들이나 정계, 학계 및 재계의 주류 이론가들에게 광범위하게 배포되고 인용된다. 특히 중요한 외교 사안의 경우 싱크탱크들이 직접 정부에 제안하지 않지만, 외국의 거액 기부자들에게는 매우 소중하고 효과적인 일종의 반대급부인 셈이다.

## 1) 초당적 정책센터 사례

초당적 정책센터(Bipartisan Policy Center: BPC)는 2007년 전 상원 다수당 리더였던 하워드 베이커(공화), 소수당 리더였던 톰 대슐(민주), 다수당 리더였던 밥 돌(공화), 다수당 리더였던 조지 미첼(민주) 의원이 공동으로 워싱턴 법률 및 로비, 주요 기업들에 대한 초당적인 자문을 위해 설립한 것이다. BPC는 양당의 최고 아이디어들을 모아 보건, 안보, 모든 미국인들의 기회 증진을 위한 활동을 한다고 웹사이트에 소개[17]하고 있다. 철저한 분석과 끈질긴 협상, 적극적인 권익옹호 활동을

---

17) The Bipartisan Policy Center is a non-profit organization that combines the best ideas from both parties to promote health, security, and opportunity for all Americans. BPC drives principled and politically viable policy solutions through the power of rigorous analysis, painstaking negotiation, and aggressive advocacy.

통해 원칙적이고 실현가능한 초당적 정책대안을 제시한다는 것이다.

언론에서 종종 중도적(centrist) 싱크탱크로 소개하는 BPC는 연혁은 짧지만 막강한 영향력을 갖고 있는 것으로 평가된다. BPC는 건강보험, 경제정책, 기간산업, 국가안보, 에너지 관련 연구 프로그램을 운영하고 있다. 이들이 발표하는 보고서나 견해는 미 의회에서도 매우 비중 있게 다루고 있다. 이러한 명성은 설립 초기 양당에서 거물급 정치인과 관료들이 많이 참여해 만든 싱크탱크이기 때문이다. BPC에는 재단, 기업, 단체들이 자금을 대고 있다. 이 가운데에는 내로라는 유명 기업들이 즐비하다. 현재 BPC에 페덱스, 제너럴일렉트릭, 노드롭그루먼, 셸, 영국석유, 쉐브론, 시티그룹, 코노코필립스, 미국은행연합, 원자력연구소 등이 자금을 대고 있다.

과거 BPC에는 로비스트로 활동한 유력 정치인들이 많았다. 이를테면 유타 주 출신 로버트 베넷 전 공화당 상원의원은 의원을 그만둔 후 2년간 등록 로비스트로 활동하였고, 과거 상원 금융위원회 활동 경험을 살려 금융기관들을 주요 고객으로 하는 컨설팅회사를 설립해 활동하기도 하였다. 또 캔자스 출신으로 농무장관과 의원을 지낸 댄 글릭맨은 로비스트로 등록 후 미국영화협회(MPAA)를 위해 활동하였고, 유명 로펌에서 다우케미컬, 미국금융그룹, 월트디즈니를 비롯해 미국의 주택보험회사들의 로비스트로 활동하였다. 미시시피 주 출신 공화당 트렌트 로트 전 상원의원은 거대 에너지 기업인 액슨모빌, 쉐브론, 셸, 미국천연가스연맹을 포함한 수많은 기업들의 로비스트로 활동한 바 있다. 아버지 부시 행정부 때 에너지청장을 지낸 도건, 로트, 윌리엄 라일리와 같은 사람들도 코노코필립스나 듀퐁 이사회 멤버로도 활동하였다.[18]

이처럼 많은 연구원들이 사실상 로비스트로 활동하지만 일반인들에게는 잘 알려져 있지 않다. 이들은 BPC에서 활동하는 전직 직함 정도로 소개되는 것이 보통이고, 로비스트로 잘 소개되지 않기 때문이다. 하지만 이들은 어렵지 않게 막강한 영향력을 행사하는 민주당 헤리 리드나 공화당 미치 맥코넬과 같은 상원 리더들에게 미국 발전을 위해 에너지산업, 특히 화석연료산업에 대한 초당적 협력이 필요하다고 설득할 수 있다.

---

18) Ken Silverstein, Pay to play Think Tank; Institutional corruption and industry of ideas(www. ethics.harvard.edu).

또한 BPC 연구원들은 의회 청문회에 나가 증언하거나 에너지 정책에 관한 다양한 행사를 통해 주도적인 여론을 형성해 나가기도 한다. 이 밖에 북극 야생동물 서식지의 석유 채굴을 주도해 2006년 공화당 자원 보호론자들로부터 최악의 상원의원으로 뽑혔던 피터 도메니치, 빌 클린턴 행정부 때 에너지부에서 일했던 데이빗 골드와인 등도 BPC에서 추진하는 에너지 프로젝트에 참여하였다. 특히 골드와인은 오바마 행정부 때 국제 에너지문제 코디네이터, 지금은 석유회사들을 자문하는 컨설팅회사를 운영하면서 에너지 컨설턴트로도 활동하고 있다. 지난 2013년 6월 12일 에너지 관련 BPC 첫 행사에는 시티은행 상품연구 글로벌 책임자인 에드워드 모스, 전 루이지애나 상원의원인 베넷 존슨이 연사 또는 패널로 참여하였고, 당시 알래스카 상원의원으로 친에너지산업 성향의 리사 머코우스키가 기조연설을 한 바 있다.

## 2) 세계자원연구소 사례

1982년 맥아더 재단[19]으로부터 1,500만 달러를 출연받아 설립된 세계자원연구소(World Resources Institute: WRI)는 기업 친화적인 싱크탱크 중 하나[20]로 꼽힌다. WRI는 현재와 미래 세대를 위한 지구환경과 자원보호를 위해 기후, 에너지, 식량, 숲, 물, 지속가능한 도시 등 6가지를 핵심 주제로 다루고 있다. WRI는 이에 대한 대안 마련을 위해 비즈니스센터, 경제센터, 금융센터, 거버넌스 센터를 운영하고 있다. WRI는 또한 이러한 아이디어들을 실행에 옮기기 위해 브라질, 중국, 유럽 등 50개국 이상의 국가들과 협력하고 있다.

최근 연례보고서를 보면 WRI 예산은 2005년 2천만 달러에서 2011년 4천만 달러, 2015년 7,700만 달러로 급증하였다. 초기에는 수입원이 대부분 기업이었으나, 최근에는 외국 정부 및 기관(55%)의 비중이 크게 증가하였다. 재단(28%)과 기업(8%)도 여전히 중요한 자금줄이다. 2012년의 경우 기업재단과 기업 비중이 19%에 달했을 정도이다.

WRI는 기업들로부터 보다 많은 사업자금을 지원받기 위해 독특한 맞춤형 모금

---

19) John D. and Catherine T. MacArthur Foundation of Chicago.
20) http://www.wri.org, WRI's mission is to move human society to live in ways that protect Earth's environment and its capacity to provide for the needs and aspirations of current and future generations.

프로그램을 운영하고 있다. 다른 싱크탱크와 달리 기업들을 위한 전략적 파트너십 (Strategic Relationships), 기업자문그룹(CCG)이란 것을 운영한다. 전략적 파트너십은 WRI와 기업 간 장기 공동 협력 프로그램이다. 이 프로그램은 시니어 레벨에서 쌍 방향 커뮤니케이션을 통해 이슈와 우선순위를 공유한다. 이 프로그램 참가비는 연 간 최소 30만 달러 이상이다.

WRI는 현재 알코아 재단, 캐터필러, 시티, 페덱스, 쉘 재단, UPS 재단과 전략 적 파트너십 프로그램을 운영하고 있다. 기업자문그룹은 중요 이슈나 현안에 대한 유용한 생각들을 교환하는 수단이다. CCG 회원이 되려면 최소 2만 5천 달러에서 5만 달러(18,000~35,000유로)가 필요하다.

회원들에게는 WTI 전문가를 만나거나 각종 파트너십 참가 기회를 제공한다. 참 가 기업들은 최신 연구보고서나 정보를 받아볼 수 있고, 6개 핵심 분야 전문자료 를 활용하는 특전이 주어진다. 기업들은 이러한 프로그램을 통해 새로운 아이디어 를 발굴하거나 검증하는 데 싱크탱크를 활용할 수 있다. 싱크탱크들은 사람들이 기 업 돈으로 정부의 특정 정책에 영향을 주기 위한 정책연구 보고서를 작성하는 것 에 대해 부정적이기 때문에 조심한다.

하지만 일반인들이 실제 이를 구별하기는 쉽지 않다. CCG 초기 창립 멤버의 하나인 영국석유는 10년간 최소 95만 달러를 지원했지만, 걸프만 원유 유출사고 이후 지원을 중단하였다. 반면 GE는 2005년부터 WRI와 팀워크를 이뤄 추진한 이 른바 에코이미지네이션("Ecoimagination") 홍보 캠페인의 경우 대성공을 거둔 것으 로 평가되고 있다. 이것은 소위 '무공해 석탄'("clean coal") 홍보 캠페인으로, 톡톡 히 재미를 본 사례에 속한다. 당시 석탄을 원료로 하는 증기터빈을 생산 판매했던 GE는 이 홍보 캠페인을 계기로 오히려 환경 친화적인 기업이미지를 얻을 수 있었 다. 뉴스위크는 2012년 GE를 미국 내 녹색기업 랭킹 7위 기업으로 올려놨다. 하지 만 실제 환경관리 실적으로만 보면 기업 순위 83위에 불과하였다.

WTI는 최근 세일가스에 많은 관심을 기울이고 있다. 세일 가스는 세계 에너지 공급판도를 바꿀 게임 체인저로서, 20세기 오일 러시의 재판으로 평가되고 있다. WTI에 기부하고 있는 많은 기업들이 세일 가스에 관심이 많은데다 일부 관련 회 사들과 직·간접적으로 관계를 맺고 있다. 일례로 WTI 이사회 의장인 제임스 하먼은 광범위한 세일 가스 지분을 갖고 있는 QEP 리소스사의 이사로 있다. WTI 이사회 멤버인 수잔 티어니는 천연가스 사용 업계와 전미천연가스협회를 자문해 주는 컨설팅회사 책임자로서 에너지부장관 자문위원으로도 활동한 바 있다.

### 라. 아이디어 브로커, 컨설턴트, 그리고 로비스트

싱크탱크에서 보수를 받는 연구원이나 직원들을 단순히 컨설턴트나 로비스트라 할 수 있을까? 미국은 법적[21]으로 로비스트는 누구를 위해 어떤 일을 하며, 그 대가로 얼마를 받았는지, 어떤 활동을 했는지를 정기적으로 보고해야 한다. 하지만 싱크탱크에서 활동하는 전문가들은 설령 이와 유사한 활동을 했더라도 보고 의무가 없다. 싱크탱크 기부자들인 경우도 마찬가지다. 다만 기부액이 5천 달러 이상인 경우 미국 국세청에 신고하면 된다.

예를 들어 국방부와 의회에서 활동하다 지난 2010년부터 한 싱크탱크에서 활동하고 있는 한 선임연구원은 이듬해부터 자신의 로비회사를 설립해 운영하고 있지만 자신이 로비스트이고 고객이 누구인지 밝히지 않는다. 그의 역할은 워싱턴에서 전혀 이상한 것이 아니기 때문이다. 이처럼 수십 명의 워싱턴 인사이더들은 현재 막강한 영향력을 가진 상위 25개 싱크탱크 중 20개에서 고위 임원, 부서 책임자, 이사로 있으면서 동시에 외부 고객을 위한 로비스트로도 활동하고 있다고 한다.

뉴욕타임스가 소개한 아스펜 연구소(Aspen Institute) 국토안보 프로그램 책임자의 경우를 보자. 그는 아들 부시 대통령 때 국토안보부 감찰관을 지냈고 나중에 버락 오바마 대통령 인수팀 공동의장, 국토안보자문위원회와 이라크·아프가니스탄 전시계약위원회 위원으로 근무하였다. 2011년 9월 아스펜 연구소 국토안보 그룹을 만들어 집행이사를 맡았다. 그는 그 후 국토안보 및 테러방지 분야에 대한 정책을 공론화하기 위해 이 분야 정책결정자와 이론가들을 초빙하였다. 이듬해에는 약 85만 달러 규모의 연방정부 조달실적을 가진 보안 분야 소프트웨어 회사를 위한 로비 활동을 시작하였다. 이 회사는 그와 다른 세 명의 로비스트들에게 활동 대가로 그가 속한 당시 최대 로비회사인 패턴 복스에 31만 달러를 지불하였다고

---

21) 로비공개법(Lobbying Disclosure Act)과 외국대리인등록법(Foreign Agent Registration Act)에 이에 대한 법적 의무를 명시하고 있다.

한다. 당시 이 회사의 운영책임자에 따르면 그는 이 회사에 유력한 정부 고객을 소개해 주었는데, 패턴 복스의 그의 동료는 사이버보안법(Cybersecurity Act of 2012) 통과를 위한 로비 활동을 하고 있었다. 당시 이에 대한 업계의 로비는 집요하였고, 그는 아스펜 학술프로그램을 통해 입법화의 필요성을 뒷받침했던 것으로 알려졌다. 하지만 자신이 동 법안의 통과를 위해 노력한 소프트웨어 회사와 금전적인 관계를 맺고 있는지에 관해 밝히지 않았다. 아스펜 연구소 역시 그가 패턴 복스의 파트너란 것을 확인해 주었지만, 로비 활동을 하고 있는지는 밝히지 않았다. 그는 당시 이해상충(conflict of Interests) 보고를 하지 않았다. 그가 직접 법안 통과를 위한 로비를 하지 않았고, 사이버보안 관련 회사를 위한 로비 활동을 했는지가 분명하지 않았기 때문이었다.

대표적인 진보성향 싱크탱크인 미국진보센터(CAP)의 사례를 보자. 31년간 미의회에서 활동하다 2004년 미국진보센터에 참여한 한 선임연구원은 2005년부터 2011년 말까지 록히드마틴 로비스트로 활동한 것으로 알려졌다. CAP에 소개된 그의 이력에는 과거 정치적인 활동과 실적이 소개되어 있지만, 록히드마틴의 로비스트로서의 활동에 대한 언급은 없다. CAP는 또한 오바마 행정부가 신재생 에너지 분야 육성을 위해 추진했던 250억 달러 융자지원 프로젝트를 적극적으로 지원하였다. 그런데 CAP가 퍼스트 솔라라는 회사를 공개적으로 높이 평가한 적이 있었다. 이 회사는 당시 에너지부 프로그램에 따라 37억 3천만 달러를 융자받은 기업이었는데, 2012년 퍼스트 솔라사가 공화당 의원들과 언론으로부터 직원 해고와 정치적인 정실인사로 공격을 받고 있을 때였다. 당시 CAP의 이 연구원은 미 하원 에너지통상위원회 청문회에 출석해 이 회사가 추진했던 캘리포니아 프로젝트를 가장 혁신적인 프로젝트라고 소개하였다. 오바마 후보자의 핵심 선거자금 책임자였던 이 연구원은 에너지부에서 대출 보증업무를 담당하다 CAP 선임연구원이 된 사람이었다. 이 연구원은 CAP 웹사이트와 진보성향의 시민운동 단체인 ThinkProgress 블로그에 '청정에너지경제의 첨단사례를 대표하는 엔터로프벨리 프로젝트'라는 글을 게재하기도 하였다. 그가 칭찬했던 퍼스트 솔라라는 회사는 당초 비밀스런 기업 기부자 그룹인 비즈니스 얼라이언스에 속해 있었다고 한다. CAP가 대체에너지 정책을 강력히 지지했기 때문에 태양열 사업을 지지한 것은 그리 놀랄 일은 아니지만,

CAP가 이 회사로부터 금융지원을 받은 것은 법적으로 이해상충으로 문제가 될 수 있었던 것이다. 즉, CAP는 아이디어와 정책을 다루는 싱크탱크지만 기부자의 이익을 위해 활동한 것이라면 로비 활동의 일부로 볼 수 있기 때문이다. 이 회사는 실제 2011년과 2012년에 80만 달러 이상을 쓰면서 광범위한 워싱턴 로비 활동을 벌였다.

세계 최고 싱크탱크인 브루킹스연구소 이사회(Board of Trustees) 공동의장을 맡고 있는 케네스 두버스타인은 레이건 행정부 비서실장을 지낸 거물이다. 그는 브루킹스연구소 활동의 독립성 확보를 강조하지만, 그 역시 K-스트리트에서 수백만 달러의 매출액을 자랑하는 로비회사를 운영하고 있다.

이처럼 잘 드러나지 않지만 유명 싱크탱크에서 활동하는 로비스트들이 상당수에 이르는 것으로 알려지고 있다. 이들은 광범위한 네트워크와 자금 동원력을 갖고 있기 때문에 그 영향력은 클 수밖에 없다. 2000년 초 헤리티지재단은 당시 말레이시아 마하티르 모하메드 수상의 반유대주의(Anti-semitism)와 인권침해를 심하게 비판하였다. 어떤 배경이 있었는지는 모르지만 나중에 헤리티지는 미 의회 의원들을 말레이시아에 보내거나 말레이시아 관련 행사를 개최하였다. 2005년 당시 워싱턴포스트는 이에 대해 당시 홍콩 컨설팅회사가 말레이시아의 경제적 이익을 대변하던 것과 관련이 있다는 의심을 보내기도 하였다.

또 다른 싱크탱크도 말레이시아와 비슷한 관계로 의혹을 받고 있다. 현재 유명 싱크탱크에서 동남아시아 프로그램에 관여하고 있는 한 연구원은 동남아연구를 맡아 미국과 말레이시아 간의 관계개선과 말레이시아 국가 이미지 개선 활동을 하고 있다. 그는 지난 2012년 미 의회 의원회관에서 미국-말레이시아 관계 전망을 발표하는 행사를 개최하는 등 양국 간의 다각적인 유대 강화 활동을 벌였다. 그러면서 그는 버지니아 페어팩스에서 말레이시아 투자나 경제협력에 관해 자문해주는 컨설팅회사를 운영하고 있다. 동아시아 프로그램은 그의 회사가 자문해 주는 버마, 베트남, 인도네시아, 말레이시아 등 동남아 19개국 대부분을 망라하고 있다. 그는 학술적이고 독립적인 것으로 여겨지는 싱크탱크 프로그램을 진행하면서, 한편으로 동남아 정부 및 기업들과 비즈니스를 하고 있는 셈이다. 특히 그는 2009년 이 싱크탱크에 참여하기 전 자신의 컨설팅회사를 운영하면서 10여 년간 동남아시아에서 미국기업들의 권익옹호를 위한 미국 아세안재계회의 의장으로 활동하였다고 한다.

하지만 싱크탱크들은 대부분 이러한 이해상충을 방지하기 위해 자체적으로 고객들을 비밀리에 공개토록 하는 등의 프로세스를 가지고 있는 것으로 알려졌다. 워싱턴 싱크탱크는 전통적으로 권력과 밀월관계를 가지고 있다. 대다수 사람들은 이러한 밀월관계가 어떻게 작동하는지 잘 알지 못한다. 아마 그것은 많은 로비스트들이 싱크탱크 이사회 멤버로 활동해 왔던 오랜 역사 때문이다. 그들은 싱크탱크를 위해 모금을 하고 큰 틀에서 조직의 운영에 관여할 수 있다.

### 마. 싱크탱크 막강파워, 회전문 인사

싱크탱크의 존재감은 정책에 대한 영향력으로 확인할 수 있다. 싱크탱크들이 정부 인사와 직접 교류하는 것은 이를 위한 가장 직접적이고 효과적인 수단이다. 대부분 싱크탱크들은 스스로 정부를 위한 "아이디어 공장"(ideas factories)이란 것을 자랑스러워한다.

미국은 작은 정부를 지향하는 전통 때문에 특히 외부 전문가그룹에 대한 의존도가 높다. 미국 정부에는 다른 나라에 비해 전문성을 가진 장기근속 공무원이 많지 않은데다 전통적으로 대통령 공약이나 전략을 외부에서 지원하는 구조이기 때문이다.

외교 정책은 미국 대통령의 헌법상 고유 권한이지만, 실제 정책은 외부 전문가들에 의해 만들어진다. 대통령 후보자가 전 정권과 차별화할 수 있는 새로운 정책들을 제시하려면 싱크탱크와 같은 외부 전문가그룹의 도움이 절대적으로 필요하다. 이를테면 민주당 정부 정책은 브루킹스연구소, 공화당은 헤리티지재단과 미국기업연구소(AEI)가 주도하는 식이다.

게다가 미국은 다른 민주주의 국가에서 볼 수 있는 정당들의 기강이나 통제가 별로 없다. 정강정책이 크고 다양하며 때론 서로 충돌하기도 한다. 더욱 중요한 것은 정치인들이 정당의 리더십을 따르지 않더라도 상대적으로 그로 인한 손해가 크지 않다는 점이다. 미국에서는 의원 출마를 하는데 정당의 공천이 필요 없다. 이처럼 상대적으로 느슨한 미국의 정당구조 때문에 의원들 사이에서 뿐만 아니라 정당 내에서도 아이디어(정책) 경쟁이 벌어지기도 한다.

하지만 정당 스스로 혁신적이거나 비정통적인 아이디어를 내기가 쉽지 않다. 그래서 특정 정치인의 당선을 돕거나 특정 정책을 반영하기 위한 민간부문의 로비성 지출은 미국 정치에서 상당한 부분을 차지한다. 지난 수십 년 동안 이익옹호형 싱크탱크들은 미국 선거에 직접적인 영향을 주기 위해 만든 산하 또는 자매 조직의 활동이 크게 증가하였다.

미국은 행정부처 장관을 비롯한 수많은 자리를 정치적으로 임명하는 시스템이다. 매 4년마다 정권이 바뀌면 새로 당선된 미국 대통령은 장·차관을 비롯해 대사, 법관 등 2천여 명에 대한 임명권을 행사한다. 이 가운데 대통령이 지명하는 1,200명 이상의 보직은 상원 인준을 받아야 하는 자리들이다. 이처럼 미국에서 정권이 바뀌면 새로 임명할 수 있는 고위직이 1만여 개 달한다. 원칙적으로 임기가 보장되는 검찰총장 등을 제외하고 정권이 바뀌어도 자리를 유지하는 경우는 거의 드물기 때문에 신행정부로선 가용한 외부 전문가 풀(pool)이 절대적으로 필요한 것이다.

역으로 정권이 바뀌면 자리를 내놔야 하는 전 정부의 고위 관료들은 새 일자리를 찾아야 한다. 이들이 많이 가는 곳이 바로 싱크탱크들이다. 정부와 밀접한 연구 프로젝트를 진행하는 싱크탱크 입장에서도 이들은 중요한 인적자원이다. 이처럼 싱크탱크에서 관료로, 관료에서 다시 싱크탱크로 오가는 인사 관행이 이른바 워싱턴의 회전문(Revolving Door) 인사라는 것이다. 이를 통해 전직 고위 관료들은 싱크탱크로 자리를 옮긴 후 행정 관료로서 경험을 살려 전문가들과 현실성 있는 정책 연구를 하거나 소진한 지적 자산을 계발하고 보충할 수 있다.

어떤 학자들은 싱크탱크를 '대기정부(government in waiting)'라고 표현하기도 한다. 회전문 인사는 돌려막기 인사라는 비판에도 불구하고, 정책 강국 미국을 가능케 하는 강력한 전문가 풀(pool)이라고 할 수 있다. 일부 싱크탱크들은 이러한 정부 고위인사들과의 강력한 연결고리를 이어가고 소속 학자들이 행정부에 입각할 수 있도록 도와주는 모니터링 전담직원을 두기도 한다.

의회 및 행정부에서 싱크탱크로, 싱크탱크에서 행정부 등으로 오가는 관행은 워싱턴에서 새삼스러운 것이 아니다. 분명한 것은 이들 고위인사들은 대부분 풍부한 실무 경험과 실력을 갖춘 전문가들이란 점이다. 싱크탱크와 학교 등에 다양한 전문

가 그룹이 많다는 것은 미국의 또 다른 경쟁력 원천이다. 우리는 앞서 이런 회전

문 인사를 중심으로 벌어지는 각종 연구 프로젝트와 로비 사례들을 많이 보았다.

올해 새로 출범한 트럼프 행정부도 예외는 아니다. 워싱턴 외곽그룹에 속해 '아

웃라이어'로 분류되는 트럼프 대통령조차 그가 지명한 장관들 중 상당수도 싱크탱

크와 관련을 맺고 있다. 예를 들면 틸러슨(Rex Tillerson) 국무장관은 포춘 500대

기업들로 구성된 비즈니스라운드테이블(BRT) 회원이면서 국제전략연구소(CSIS)와

미국석유연구소(API) 이사로 활동했고,[22) 조지아 주지사 출신인 손니 퍼듀(Sonney

Perdue) 농무장관은 초당적 정책센터(BPC)와 주지사회의(Governor's Council)와 관

계를 맺고 있었다. 윌버 로스(Wilbur Ross) 상무장관은 브루킹스연구소, 앤드류 풋

져(Andrew Pudzer) 노동장관은 미국기업연구소 이사회 멤버로 활동하였다. 군 출신

인 매티스(James Mattis) 국방장관도 민간 컨설턴트로 활동하면서 2013년 8월부터

최근까지 후버연구소 방문연구원으로 있었다. 로펌이나 로비스트로 활동하다 입각

하는 경우도 의외로 많다. 이번 트럼프 행정부 USTR로 지명된 로버트 라이트하이

저(Robert Lighthizer)의 경우 젊었을 때는 로펌인 코빙턴, 최근에는 다른 로펌 파트

너로 있었다. 릭 페리(Rick Perry) 에너지장관은 Energy Transfer Partners 이사회

멤버로 활동하였고, 이번에 국가정보국장(DNI)으로 임명된 댄 코츠(Dan Coats)는

독일 대사를 마치고 한 때 로비스트로 활동하기도 하였다. 참고로 벳시 디보스

(Betsy DeVos) 교육장관은 암웨이 회장 부인으로 기업 활동을 하였고, 중소기업청

장으로 지명된 린다 맥마흔(Linda McMahon)은 세계 프로레슬링계(WWE) 큰 손으

로 유명하다. 한편 오바마 행정부의 존 케리 전 국무장관이 최근 카네기평화재단의

저명한 방문정치인(visiting distinguished statesman)으로 인연을 맺고 있는 것은 대

표적인 사례들이다.

---

22) 헤스오일(Hess Oil)의 회장인 존 헤스(John Hess), 듀크에너지의 CEO인 짐 로저스(Jim Rogers)는 브
루킹스연구소와 아스펜연구소 이사, 코크 그룹의 데이비드 코크(David Koch)는 케이토(Cato)연구소,
조지 W. 부시 대통령 정부 부통령을 지낸 딕 체니는 미국기업연구소(AEI) 이사로 있다.

# 제 3 장

# 통상정책결정의 이론

## 1. 통상정책의 정의

통상정책은 무역정책과 동의어로 사용하는 경우도 있지만, 대체로 무역정책을 포괄하는 넓은 의미로 사용된다. 최낙균(1995)은 "생산물, 생산요소, 서비스의 국제적 이동을 통해 국가이익을 극대화시키기 위한 정부정책으로서, 정부와 기업의 대외경제관계에 직·간접적으로 영향을 미치는 모든 정책을 포괄"하는 것으로 정의하였다.

윤식·조현태(1993)는 '무역'과 '통상'이 번역상 차이 이상의 큰 의미는 없지만, "무역정책은 무역과 관련된 국내제도와 관행을 변경시키거나 수출입을 장려 또는 억제하는 조치로, 통상정책은 국가 간의 통상문제 및 대외협상과 관련된 전략적 차원의 입장 수립을 포함하는 보다 넓은 의미"로 정의하였다.

오영호(2004)는 "국가관의 관계, 질서, 제도의 틀 내에서 수행되는 정책으로, 정책의 결정과정까지 포괄하는 것이며, 무역증진을 위한 국제무역제도의 정립과 국제협력 전략을 포함하는 개념"으로 정의하였다.

채욱·김세원·유재원 외(2006)는 "자국의 비교우위 체제를 토대로 교역상대국의 특성과 세계경제 여건 변화를 고려하여 특정 경제목적을 달성하기 위해 양국 간 또는 다국 간 무역관계의 이해 조정을 통해 자국의 이익을 극대화하기 위한 정책"으로 정의하였다. 특히 WTO 출범 이후 세계시장이 확대되고 생산, 마케팅, 인사, 연구개발 등 기업 활동이 국경을 초월하여 활동하는 다국적기업들의 등장으로 통상정책의 대상과 범위도 과거와 많이 달라졌다. 최근 통상정책은 다자간 및 양자 간 통상협정의 발효 등에 따른 상호의존 관계의 심화와 환경문제 등 인류 보편적 인 가치 공유로 일국이 독립적으로 무역정책이나 통상정책을 채택하는 것 자체가 어려워지고 있다.[1] 이러한 추세를 반영하여 각국의 통상정책도 과거보다 '보편성' 을 중시하게 되었다.

결과적으로 통상정책의 입안부터 집행에 이르는 전 과정에서 각국의 독립성과 예외적인 성격이 많이 줄어들고 초국가적인 보편적 정책의 비중이 커지게 되었 다.[2] 특히 세계화·개방화의 급진전으로 자국 산업의 이익과 상충될 경우 주권을 유지하면서 자국의 피해 계층을 최우선적으로 고려하지 않을 수 없게 되었다. 이 때문에 최근 각국의 통상정책은 대내·대외적인 이해갈등의 조정 역할도 해야 하 는 복잡성을 띠고 있다.

다자통상규범인 세계무역기구(WTO) DDA 협상이 진전을 보이지 못함에 따라 2000년 이후 급속히 확산되고 있는 자유무역협정(FTA) 등 지역무역협정(Regional Trade Agreements: RTAs)은 새로운 통상정책 패러다임으로 부상하고 있다. FTA는 상품 외에 서비스, 투자, 지적재산권, 정부조달, 환경, 노동, 분쟁해결 등 과거 정 치·외교적인 내용까지를 포함하고 있다.

이러한 일련의 국제환경과 규범 등의 변화를 종합할 때 통상정책은 "양국 간 또는 다국 간 무역관계의 이해 조정을 통해 자국의 이익을 극대화하기 위한 정책 으로, 국가 간 통상문제 및 대외협상과 관련된 전략적인 문제까지 포괄하는 것"으 로 정의할 수 있다. 따라서 무역 관련 국내제도나 관행을 변경시키거나 수출입 장 려 또는 억제 조치로 이해될 수 있는 무역정책은 통상정책 범위에 포함되는 개념 이다.

최근의 통상정책은 이에 따라 복합성, 포괄성, 상호성, 다중성, 전방위성이란 특 징을 가지고 있다(강인수 외, 2006). 첫째, 통상정책은 대외정책인 동시에 대내정책 으로서의 복합성을 가진다. 통상정책은 국제관계 조정뿐만 아니라 국내 이해관계자

---

1) 「세계는 평평하다」, 「렉서스와 올리브나무」 저자인 저널리스트 토마스 프리드먼은 "글로벌화로 개인, 기 업, 국가는 과거보다 세계에 더 멀리, 더 빨리, 더 깊숙이 그리고 더 저렴하게 갈 수 있다"고 지적하였다.
2) 채욱·김세원·유재원 외, "선진통상국가 실현을 위한 중장기 통상전략 연구", 대외경제정책연구원, 2006. pp. 92-97.

들 간의 이해 조정을 수반하며, 국내 산업정책을 지원하거나 반대로 악영향을 줄 수 있는 복합성을 가진다. 특히 최근 FTA 협상처럼 통상협상의 범위가 포괄적일 경우 구성원들의 '참여' 확대로 대내협상의 중요성도 커지고 있다.

둘째, 통상정책의 대상도 과거에는 유치산업 보호, 시장개방, 수출촉진 등 특정 산업이나 재화 중심의 무역정책이었다면, 최근에는 산업정책 등 국내 경제정책을 비롯해 환경, 서비스, 투자, 지식재산권, 노동 등으로 확대되고 있다. 통상정책의 수단도 과거 단순히 관세정책 중심에서 최근에는 무역구제, 표준, 공정경쟁 등 다양한 비관세장벽(Non-Tariff Barriers: NTBs)과 FTA 등 정치·외교적 성격까지 포괄하는 개념으로 발전하고 있다.

셋째, 통상정책은 상대성(相對性)과 다면성(多面性)을 가진다. 즉, 통상정책은 일국 또는 다수의 상대국과의 관계를 다루기 때문에 상대국의 경제적·정치적 상황을 고려하고 이해관계를 조정해야 하는 상대성이 있다. 또한 유사한 국제통상규범이라도 관련이 있는 국제기구나 국가에 따라 규범의 범위와 강도가 달라지는 다면성을 가진다.

끝으로, 통상정책은 무엇보다 그 파급효과가 전방위적이다. 통상정책은 경쟁구조에 변화를 가져옴으로써 산업구조 조정이나 성장 및 분배문제와도 밀접한 관계를 갖기 때문이다. 이 때문에 최근 통상정책은 전통적인 경제학이나 정치학 관점에서 다루는 데 한계가 있어 두 가지를 포괄하는 국제정치경제(International Political Economy: IPE)[3]의 주요 분야로 다뤄지고 있다. 오늘날의 IPE는 수장 스트랜지(Susan Strange)가 왕립국제문제연구소(Royal Institute of International Affairs)에 국제정치경제그룹(International Political Economy Group: IPEG)을 설립한 1971년으로 거슬러 올라간다. 초기에 학자, 언론인, 정책결정자 등으로 구성된 이들은 고정환율제도 회복 등과 같은 문제에 관심을 가졌다. IPEG는 후에 영국 국제연구협회(British International Studies Association: BISA) 연구그룹이 되었다. 최근 통상정책은 일국의 정치, 경제, 외교정책 대상의 영역 구분이 모호해져 경제학이나 정치학 하

---

3) Murphy, Craig N., and Douglas R. Nelson, "International Political Economy: A tale of two heterodoxies", *British Journal of Politics and International Relations* Vol. 3, No. 3, Oct. 2001, pp. 393-412.

나만으로는 이를 제대로 설명할 수 없기 때문이다. 특히 국제정치경제 또는 개방경제정치적(Open Economy Politics: OEP)[4] 접근방법이 새로운 이론적 패러다임으로 등장하고 있다는 것은 주목할 만하다(Lake, 2004; Frieden, Lake & Broz, 2009).

## 2. 이념적 · 철학적 접근

IPE는 정치적 경제와 결합된 국제관계를 분석하는 사회과학의 한 분야로 정치학, 경제학, 사회학, 역사, 문화연구 등 많은 학문 분야가 관련되어 있다. IPE는 국제경제교류의 정치학에 초점을 맞추고 있지만, 정치적 현상에 대한 경제적 모델 방법론 이상의 본질적 탐구영역이다(Frieden, Lake & Broz, 2009).

이 분야는 크게 두 가지 본질적인 질문에서 출발한다.[5] 첫째는 어떻게, 언제, 그리고 왜 국가는 상품과 서비스가 국경을 통과할 수 있도록 개방하는지, 세계화의 정치적 결정요인이 무엇인지에 관한 것이다. 여기서 개방은 종속변수이고, 설명되어야 할 결과나 광범위한 의미의 정치는 독립변수이다. IPE는 개방이 역사적으로 드물고 문제가 많으며, 그 자체적으로 설명되어야 할 현상이란 인식에서 출발한다.

둘째는 국제경제로의 통합 또는 非통합이 개인, 산업분야, 생산요소 또는 국가에 어떤 영향을 미치는가 하는 것이다. 여기서 정치는 종속변수이고, 행위자들이 국제경제 속에서 어떤 상황에 놓여 있는가는 독립변수이다. IPE의 학문적 영역은 유동적이며, 연원과 연구방법·한계 등에 관한 인식론은 여전히 논쟁거리이다. 그러나 이러한 차이에도 불구하고, 다수 학자들은 IPE가 궁극적으로 국가, 국제기구, 개인 행위자 등의 정치적 힘이 경제적 상호작용으로 표현된 체제를 만들어내고, 역으로 내부 및 외부에서 작용하는 시장과 개인의 집단적인 힘을 포함한 경제적 상호작용이 정치적 구조나 결과에 영향을 미친다는 사실에는 대체로 동의한다.

특히 IPE 학자들은 국제화에 관한 논쟁과 연구에 집중하고 있다.[6] IPE는 학파

---

4) OEP란 용어는 R. H. Bates(1997)에 의해 비롯되었다. R. H. Bates, *Open−economy Politics: Political Economy of the world Coffee Trade*, Princeton University Press, 1997.

5) Lake, David A., "Open economy politics: A Critical view", *Rev Int Organ* 4: 2009, pp. 219−244.

6) Murphy & Nelson(2001)의 경우 영국학파는 영국국제연구협회(British International Studies Association: BISA)의 IPEG(International Political Economy Group), 미국학파는 북미국제연구협회(North American International Studies Association: ISA)에서 출발해 영국학파는 저널 *Review of International Political*

의 출발과 연구대상에 따라 영국학파(British School)와 미국학파(American school) 또는 국제기구학파(International Organization: IO)로 구분하기도 한다(Cohen, 2007: 198-200; Murphy & Nelson, 2001: 393-412; Katzenstein, 2009 등 다수). IPE 연구 분야는 이 외에도 무역거래를 둘러싼 정치학, 개발, 민주주의와 시장 관계, 국제금융, 국제시장, 국경통과에 따른 경제문제 해결을 위한 다수국가 간 협력문제 등을 다룬다. 다만 전통적인 국제관계 연구와 달리, 여기서 힘은 복잡하게 얽혀있는 '경제적이며 정치적인 것'으로 이해한다. IPE는 두 가지 실질적인 세계 발전의 결과로서 1960년대 후반 1970년대 초 국제연구의 비전통적 접근방법의 하나로 등장하였다.

하나는 서방 국제경제체제의 성공이 브레튼우즈 체제를 만들어내고 국제통화기금(IMF), 세계은행, 관세 및 무역에 관한 일반협정(General Agreement of Tariff and Trade: GATT) 등 전후 체제로 구현되면서 점증하는 경제적 상호의존의 시대를 예고하였다. 1960년대 말 관세 인하를 위한 GATT 케네디 라운드 협상을 계기로, 무역 또는 통상은 모든 선진 산업국가의 중요한 경제활동의 하나로 부각됨으로써 경제적인 유대관계의 심화에 대한 정치적 영향에 주목하게 하였다(Cooper, 1968; Keohane & Nye, 1972). Kindleberger(1969: 209)는 "시민국가가 경제단위로 바뀌고 있다"고 선언할 정도로 국제정치학의 특성이 변모할 것으로 예상하였고, Keohane

---

*Economy*(RIPE)와 *New Political Economy*에, 미국학파는 *International Organization*(IO)에 주로 논문을 게재한 점에 주목해 학자들을 분류하였다. 영국학파는 세계화, 지역통합, 생산구조 변화, 노동과 자본의 관계, 파워와 지식, 성(gender), 환경, 국제금융, 비국가 행위자(non-state)의 역할과 국제정치 통신망에 관심을 가진 반면, 국제기구학파는 자유주의, 현실주의, 합리구의, 구조주의 IPE 연구에 대한 접근법을 주로 분석하였다. 반면 Cohen(2007)의 경우 미국학파는 실증주의(positivism)와 경험주의(empiricism) 두 가지 원칙을, 영국학파는 상대적으로 보다 규범적, 해석적이고 야심찬 의제를 특징으로 하며, 국제문제로 정치경제의 복잡한 연관성 분석 시 인식론, 존재론과 규범적 입장을 달리한다고 주장하였다. Maliniak & Tierney(2009)에 따르면 1980년 이후 미국학파의 IPE 논문은 37%가 IO, 22%가 *International Studies Quarterly*(ISQ), 10%가 *World Politics*에 실렸다. Germain(2009)은 미국학파를 하버드학파, Katzenstein(2009)은 '하버드 마피아'로 표현하였다. Maliniak, Daniel, and Michael J. Tierney, "The American school of IPE", *Review of International Political Economy*, 2009; Murphy, Craig N., and Douglas R. Nelson, "International Political Economy: A tale of two heterodoxies", *British Journal of Politics and International Relations* Vol. 3, No. 3, Oct 2002, pp. 393-412; Farrel, Henry, and Martha Finnemore, "Ontology, methodology and causation in the American school of International political economy", *Review of International Political Economy*, 2009; Germain, Randall D., "The 'American' school of IPE? A dissenting view", *Review of International Political Economy*, 2009; Katzenstein, "Mid-Atlantic: Sitting on the knife's sharp edge", *Review of International Political Economy*, 2009 등 다수 논문이 있다.

& Nye(1977)는 "복잡한 상호의존"(complex interdependence)과 국제레짐을 특징으로 하는 국제정치 모델을 발표하였다.[7]

다른 하나는 상호의존이 가속화되던 거의 동일 시기에 모든 경제교류가 불안정한 정치 기반에 의존하면서 개방국제경제의 정치적 기반이 와해되기 시작하였다. 미국의 재정 및 금융정책 실패로 1971년 닉슨 대통령이 달러화의 금 태환 정지를 선언함으로서 브레튼우즈 체제가 붕괴되고, 2년 후 주요 통화들 간의 유동성 증가로 전후의 환율체제가 붕괴되었다. 여기에 1973년 중동전쟁을 계기로 아랍 국가들은 1960년 설립한 석유수출국기구(OPEC)를 통한 카르텔화, 석유의 무기화로 1973년부터 1980년 사이 국제 유가가 15배나 급등하자 개발도상국들이 신국제경제질서(New International Economic Order) 확립을 요구하였다.

미국 산업계는 자유화 요구와 상호의존 심화에 따른 수입 증가로 보호무역조치를 요구하였고, 미국은 자유무역을 해치지 않으면서 산업계 요구를 충족시키기 위해 수출자율규제(voluntary export restraints: VER)를 비롯한 일련의 비관세장벽을 만들어냈다(Goldstein, 1988).[8] 국제경제관계가 정치화되면서 국제교류는 그 자체가 국가 내 또는 국가 간 협상정치의 결과물이 되었다.

IPE는 개방화된 국제경제가 고도로 경쟁적인 국가의 정책결정에 의존하며, 국제시장에서 성장과 갈등이 공존한다는 초기 IPE 학자들의 사실 인식에서 출발하였다. 사회과학자들이 정치와 경제 간의 상호 작용 방법을 찾기 시작한 것이다. 정부의 행위는 경제흐름에 영향을 주고, 이러한 흐름은 경제적 이익단체의 압력을 반영한다. 경제적 이익단체는 정부정책 결정의 중심에 있을 수 있고, 정치시스템 — 민주주의 또는 전체주의, 양당제 또는 다당제, 의원내각제 또는 대통령중심제 — 은 경제적 이익의 방향을 결정하거나 결과에 지대한 영향을 줄 수 있다.

IPE 분석가들은 많은 이질적 힘(요인)의 상호작용을 이해해야 하지만, 이러한 요인들을 단순화하면 두 가지 — ① 국제정치경제와 국내정치경제와의 관계, ② 국가와 사회적 힘의 관계 — 로 요약할 수 있다. 학자들은 국제적 힘과 국내적 힘이

---

7) Lake, David A., *op. cit.*, pp. 222.

8) Goldstein, Judith., "Ideas, Institutions, and American Trade Policy", *International Organization* 42, 1988, pp. 179−217.

중요하다는 데 동의하나 어느 쪽을 강조하느냐에 따라 그룹이 나눠진다. 국제적 힘이 국내 이해관계를 압도하는지, 국가적 관심사가 국제적 고려를 압도하는지를 달리할 수 있다.

하지만 국제와 국내의 구분은 국제정치경제의 뜨거운 논쟁거리이다. 일례로 제3세계 빈곤이 불공평한 국제경제 질서 때문이란 주장도 있지만, 개발도상국의 국내 정치·경제 자체를 비난하기도 한다. 다국적기업도 국제관계에서 강력한 독자적인 힘을 가진 존재로 보기도 하지만, 해당 국가의 연장으로 보는 시각도 있다. 1980년대 일본 자동차 수입규제 등 북미 및 서유럽의 통상정책의 변화에 대해서도 미국과 구소련의 대결 구도, 통신과 운송의 획기적 발전으로 설명하기도 하지만, 마샬 플랜(Marshall Plan), 브레튼우즈 협정, 유럽연합 등 국제정치경제기구 창립에서 찾기도 한다.

국내 정치경제적 압력이 자동차 수입규제정책을 채택하게 할 수 있지만, 지정학적·경제적·기술적 국제환경으로도 설명할 수 있다. 후자는 국제정치경제 흐름을 정치인과 정치기관, 민간의 사회적 행위로 해석한다. 국가와 사회, 정부와 사회적 힘은 IPE의 중요한 분류기준이다. 국제금융시장의 통합과 글로벌 기업의 등장은 상품과 자본의 국경이동 제한을 반대하는 민감한 이해관계를 만들어냈다. 이러한 새로운 사회적 세력은 모든 국가의 경제정책의 본질을 근본적으로 바꾸어 놓았다.

이러한 두 가지 차원은 국제정치경제에 있어서 다양하고 복잡한 이론적 접근법으로 나타났는데 이를 네 가지 관점으로 집약할 수 있다. 첫째는 국제정치적 시각으로, 국제적인 지전략적(地戰略的, geostrategic), 외교적 환경에 따른 국가적 제약을 강조한다. 협력이 바람직하고 여지도 있지만 성사되기 어려운 적대적인 세계에서 태생적인 국가 간의 갈등에 초점을 맞추고 있는 것이다.

둘째는 국제경제적 시각으로, 개별국가에 대한 외적 제약요인의 중요성을 강조하나, 정치적인 것보다는 국제적인 사회경제적 요인에 주목한다. 기술·통신·금융 및 생산의 발달은 정부의 정책결정에 영향을 미친다.

셋째는 국내 제도적 시각으로, 국제정치경제를 설명하기 위해 국가 내부를 들여다보는 접근법이다. 이 시각은 국가에 관심을 돌리며, 국제시스템보다는 국내 정책결정에서의 국가의 역할과 제도를 강조한다. 하지만 제도주의(Institutionalism)로 약

칭되는 이 시각은 국제시스템과 내부사회에서 파생되는 제약요인의 영향을 과소평가하는 경향이 있다. 즉, 국가 우선순위와 이를 달성하기 위한 정책 결정 시 국가 정책 결정자와 정치제도를 지배적인 행위자로 본다.

넷째는 국내사회적 관점으로, 국내 발달을 강조한다는 점에서 국내 제도주의와 같지만, 정치 지도자보다는 경제적, 정치·사회적 행위자를 가장 주목하며, 국제적 제약을 최소화하고 국내 경제·사회적 압력을 강조한다. 통상정책의 경우 국제정치적 시각은 국가 간의 지정학적 흐름을 통해 교역관계 변화의 흐름을 설명하고, 국제경제적 시각은 시장의 힘, 기술, 정책 환경의 변화 흐름을 강조한다.

반면 국내제도적 접근은 정치체제 내에서의 정부의 목표와 행동에 초점을 맞춰 분석하고, 국내사회적 시각은 주로 다양한 사회경제적 그룹, 무역자유화 선호그룹, 수입보호 관심그룹 등에 의해 초래되는 압력에 주목한다. 이러한 차이는 학자들에 따라 요인에 부여하는 가중치(중요도)가 다르기 때문이다. 학자에 따라 사회적 힘, 자율적 국가조치, 국제요인, 국내요인 등에서 어느 것을 주요 요인으로 보느냐에 따라 특정 사건이나 과정에 대한 설명이 달라진다. 초기 국제관계 연구가 지나치게 법, 정치학, 외교사를 강조하였고, 신고전학파도 추상성과 비역사성으로 비판받았다. 마르크스주의자나 자유주의자 모두 분석단위로서 국가가 아니라 국제체제를 강조하였다.

IPE에 대한 해석은 전통적으로 자유주의(Liberalism), 현실주의(Realism), 마르크스주의(Marxism), 구조주의(Constructivism) 등 4가지로 나눌 수 있다.[9] Iga(2002)는 제도주의(Institutionalism)까지 포함하여 신자유주의, 신현실주의, 신마르크스주의, 구조주의 등 다섯 가지로 분류하였다. 각국이 채택한 통상정책이나 국제통상 레짐의 특성에 따라 자유무역주의, 보호무역주의, 신자유무역주의로 구분하기도 한다. 자유주의적 시각은 정부의 통제나 규제로 왜곡되지 않은 시장은 희소자원의 수요와 공급을 조화시켜 결과적으로 최상의 결과를 창출할 수 있다고 믿는다. 현실주의적 시각은 자유로운 시장의 힘을 받아들이지만, 최적의 조건은 어떤 규범적 통제를

---

9) Iga, Mika., "International Trade in Education Services Under the World Trade Organization: Why do nations seek to create an international trade system for education?", Stanford University, June 2002, pp. 10－15.

행사하는 강력한 공적인 힘에 의해 얻어질 수 있다고 주장한다. 마르크스주의적 시각은 오직 강력한 공적인 힘에 의해서만 일반대중의 희생 대가로 엘리트들을 이롭게 하려는 사적 힘(파워)의 본성을 견제할 수 있다고 믿는다. 그러나 구조주의 시각은 자유주의, 현실주의, 마르크스주의 핵심 개념인 물질적 이익만으로는 경제적 상호작용이나 정책 유형을 설명하는 데 불충분하며, 경제·정치적 정체성은 경제 행동의 중요한 결정요소로 본다.

첫째, 자유주의 접근법이다.[10] 자유주의자들의 연구는 IMF, 세계은행과 같은 국제기구의 역할에 관한 것이다. 자유주의는 고전학파, 신고전학파, 오스트리아학파, 시카고학파 경제학자들의 접근법이다. 이들은 무역에 관한 정부 통제나 규제를 최소화하거나 아예 없는 정책을 선호한다. 또한 수출상품을 생산하는 어떤 조직도 민영화해야 한다고 주장한다. 하지만 사회에 유익한 국방, 재산권 보호, 불공정한 모의나 시장권력의 집중화 방지 등 정부의 공공재 공급을 일반적으로 지지한다. 또한 정부는 시장에 필요한 토대 마련을 위해 국민을 교육하고, 기간시설을 건설하며, 공통화폐를 공급하고 관리해야 한다고 주장한다. 역사적으로 자유주의적 접근법은 중상주의에 반기를 들었던 아담 스미스(A. Smith)로 거슬러 올라간다. 무역제한이 없는 국제무역은 리카르도(David Ricardo)의 비교생산비설에서와 같이 모든 국가에 이익을 제공한다에서 출발하고 있는 것이다(Ricardo, 1817; Jones, 1961; Samuelson, 1969; Jackson, 1992).

Iga(2002)는 비능률을 줄이고 국가의 간섭 없이 시장이 자유롭게 작동될 수 있도록 무역제한을 규율하기 위해 통상 레짐이 등장한 것으로 본다. 자유주의적 시각은 대체로 서구학파들에서 강하다. 자유주의적 접근은 정치사상으로서의 자유주의와 국제정치에 관한 연구방법으로서 이익집단주의가 자리 잡고 있다(성백웅, 1998).

1940년부터 1970년대 초까지는 케인즈 학파가 광범위한 지지를 받았다. 케인즈는 주로 국내 거시경제 정책에 관심을 가졌고, 정부와 개인의 힘에 대한 중도적 방법과 국제금융체제 관리를 선호하였다. 국제관계에 대한 케인즈의 접근법은 오히

---

10) 미국 국내정치에 있어서 보수주의자는 일반적으로 자유시장과 정부개입의 최소화를 지지하는 반면, 자유주의자는 성장촉진과 불평등 해소를 위해 시장에 대한 정부 개입을 옹호하는 부류나 집단이기 때문에 학술적 분류와는 혼동할 수 있다.

려 세계 금융위기가 발생한 2008년 이후부터 주목받고 있다.[11] 이들은 인간과 사회에 관한 몇 가지 기본 전제들―즉, ① 개인은 가장 중요한 행위 주체로서 ② 효용 극대화를 추구한다―에서 출발한다(Gilpin, 1987; Frieden et al., 2009). 개인 간 거래 제약이 없다면 교환은 자발적으로 이루어지고, 개개인의 후생은 재화와 용역 내에서 최상의 수준에 이른다고 가정한다. 정부 역할은 시장의 실패나 공공재 공급 등의 경우로 제한적이어야 한다는 입장이다. 또한 재화와 용역의 자유로운 국경이동은 모든 국가의 복리를 증진시킨다고 보고 있다. 이들은 자유무역이 이루어지면 모든 국가들의 총 효용이 최대가 되고, 경제적인 요인에 의한 국가 간의 갈등이나 전쟁이 없을 것이라고 믿는다. 이를 위해 '국제레짐'으로 불리는 규칙과 법규를 제정하여 이종통화 간의 교환을 관리하고 어떤 국가나 집단도 불공정한 국제경쟁으로 인한 손해가 없도록 보장해야 한다는 것이다.

둘째, 현실주의 접근법이다. 현실주의의 지적 전통은 마키아벨리(Niccolo Machiavelli), 토마스 홉스(Thomas Hobbes), 중상주의자인 콜베르(Colbert)와 리스트(Friedrich List)는 물론이고 그 출발점이 B.C. 400년 전 투키디데스(Thucydides)[12]의 저술로까지 거슬러 올라간다. 이에 의하면 국가는 권력을 추구하며, 경제는 이를 위한 수단이다. 국가는 국제정치경제의 지배적 행위자이다. 국제체제는 무정부 상태로, 국가는 주권과 그들의 행동에 유일한 판결자로서 최고의 권한을 갖기 때문에 모든 행위자들은 국가에 복종해야 한다. 국민은 타국의 상대방과 교류할 수 있지만, 이러한 교류는 국가에 의한 법률에 기초하는 것이라고 주장한다.

자유주의자들은 개인, 마르크스주의자는 계급에 중점을 두지만, 현실주의자는 시민국가에 초점을 맞춘다. 현실주의자들은 국가는 근본적으로 국제 역학관계에 관심을 갖는다고 주장한다. 이들에 의하면 국제체제는 무정부 상태이기 때문에 항상 타국에 의한 힘이나 강제력의 사용가능성이 있고, 어느 국가도 공격받는 국가를 도울 상위의 권한이 없기 때문에 개별 국가들은 자위 역량을 갖춰야 한다. 현실주의자들은 국가나 개인이 합리적 행위자이기 때문에 손익분석에 따라 행동하고 지정

---

11) Markwell, Don., "Keynes and International Economic and Political Relations", A Paper for a seminar on The Contemporary Relevance of John Maynard Keynes. The University of Melbourne, 1 April 2009.
12) 그리스 역사가로 「펠로폰네소스 전쟁사(History of the Peloponnesian War)」(8권)를 저술하였다.

학적 입장이나 역학관계에 관한 최고의 옵션을 선택한다고 가정한다.

　이러한 현실주의에서 힘의 강조는 다른 접근법과 확연히 구별된다. 현실주의자들은 적을 약화시키거나 자신의 군사 또는 외교 역량을 강화하기 위해 경제 이익을 희생할 수 있다. 일례로 국가의 정치적 힘(power)을 이유로 시장을 제한해 국가 전반의 소득 감소를 초래할 수 있는 보호무역을 선택할 수 있다. 이들의 관점은 주로 국제적인 힘의 분포 변화가 국제경제 형태와 유형에 어떻게 영향을 주는가 하는 것으로, 패권안정화이론(theory of hegemonic stability)이 대표적이다. 이 이론은 19세기 중반의 대영제국과 20세기 중반의 미국의 경험에 기초하고 있는데, 이론의 핵심은 국제경제 시장의 개방을 위해 반드시 하나의 패권국가가 필요하다는 것이다.

　Kindleberger(1973: 305)는 처음으로 1930년대 대공황과 같은 세계시장 실패를 정의하면서, 세계경제 안정을 위해 하나의 안정자(stabilizer)가 필요하다고 지적하였다. Krasner(1978)와 Lake(2009) 같은 학자도 재화와 서비스, 자본이 자유롭게 이동하는 개방국제경제는 헤게모니를 가진 주도적인 단일국가가 체제 안정과 강력한 체제를 구축할 때 존재할 수 있다고 주장한다.

　현실주의는 21세기 초까지 국가주의로 간주되었다. 역사적으로 중상주의, 국가통제주의(Statism)와 자국 산업보호를 위해 높은 관세를 부과해야 한다는 개발주의(Developmentalism)가 이 범주에 속한다고 할 수 있다. 제3세계 국가를 발전시킬 수 있는 최선의 방법은 강력하게 내수를 진작시키고 수입물품에 높은 관세를 부과해야 한다는 것으로, 제2차 세계대전 이후 등장하여 1960년대까지 인기를 끌었으나 1970년대부터 시들해졌다. 중상주의는 15세기부터 20세기 중반까지 많은 국가들이 추구했던 정책들이다. 즉, 주권국가들은 앞다퉈 무역에서 흑자를 내거나 정복을 통해 금·은괴(地金)를 축적하였고, 이러한 부(富)는 기간시설이나 군사적 역량을 강화하는 데 사용되었다.

　현실주의자들은 국제무역을 통해 윈-윈(win-win)할 수 있다는 데 동의하지만, 자국 산업이 경쟁력을 갖추기 전까지 높은 관세로 유치산업을 보호해야 한다고 주장하는 점이 자유주의자와 다르다. 제2차 세계대전 이후 개발주의적 접근법은 라울 프레비시(Raul Prebisch)[13]를 비롯한 경제학자들의 이론에 입각한 정책으로 남미에서 성공을 거두기도 하였다.

전략적 무역이론(strategic trade theory)은 현실주의적 접근법으로 간주되지만, 남북문제와 같이 세계화로 인한 문제 해결에 효과적인가에 대해서는 논란이 있다. 신현실주의(neo-realism)는 이해관계를 달리하는 국가 간 협력 문제를 해결하기 위해 국제체제가 필요하다고 주장한다(Axelrod, 1984; Grieco, 1990; Pahre, 1994).

신자유주의자들은 총 후생에 초점을 맞추고 있다면, 신현실주의자들은 통상레짐을 설명하기 위해 국제관계의 분권화 특성에 초점을 맞춘다. 게임이론에 의하면 각 교역 국가들은 죄수의 딜레마(prisoner's dilemma)와 같은 상황에 있다는 것이 신현실주의자들의 주장이다. 국제통상 레짐을 구축하는 목적은 이러한 죄수의 딜레마를 피하고 상호 이익을 얻기 위한 것이라 주장한다. 게임이론은 두 가지 가정 ― 즉 (1) 국가는 이기적이며(자신만의 이익추구), (2) 합리적(선택 가능한 최상의 옵션을 선택) ― 아래 일방적인 통상이익의 극대화를 위해 수입을 제한하고 수출을 촉진하는 방법을 추구한다.

셋째, 마르크스주의 접근법이다. 높은 관세나 통제 수단을 사용하여 시장의 힘으로부터 강력하게 보호하는 공적인 힘의 가치를 믿는다. 마르크스는 개인들 간의 교환이 사회 전체의 부를 극대화한다는 주장에 반대한다. 자본주의를 본질적으로 모순된 체제로 인식하고, 사회주의로 대체되어야 한다고 믿는다. 자본주의 경제 기초는 자본에 의한 노동의 착취이며, 자본주의는 노동 가치를 부정한다. 생산수단이 소수 자본가들에 의해 관리되기 때문에 노동자들은 그 대가 전부를 받지 못해 착취로 인한 계급 간의 갈등이 초래되어 자본가와 노동자의 관계는 적대적일 수밖에 없다고 본다.

이념 측면에서 보면 극단적으로 비슷한 국가들과의 교역을 중앙에서 직접 관리하는 것으로, 시장경제와 정반대의 명령경제이다. 소련을 세운 레닌(V. I. Lenin)은 마르크스의 사상을 제국주의와의 전쟁을 설명하는 국제정치경제 분야로 확대하였다. 레닌은 제국주의는 현대 자본주의의 질병이라고 주장하였다. 자본주의가 선진

---

13) Raúl Prebisch(1901. 4. 17~1986. 4. 29)는 경제적 종속이론의 토대가 되었던 프레비시－싱어 가설(Prebisch－Singer hypothesis)과 같은 구조주의 경제학(structuralist economics)에 기여한 것으로 알려진 아르헨티나 경제학자이다.

국에서 쇠퇴함에 따라 자본가들은 해외 자본 수출을 통해 그들의 문제를 해결하려하고, 자본은 국내외 도전자로부터 보호받아야 하기 때문에 정부는 그들의 해외투자 이익을 보호하기 위해 식민지화한다. 결과적으로 자본주의 국가들은 이러한 지역을 통제하기 위해 경쟁하게 되고 자본주의자들 간의 전쟁이 초래된다는 것이다.

오늘날 마르크스주의자들의 최대 연구과제는 두 가지이다. 하나는 다국적기업의 증가와 국제적으로 통합된 금융시장의 등장으로 노동의 경제·정치적 파워가 약화되고 있는 것이다. 일국의 노동자가 임금 인상이나 보다 나은 보건 안전조치를 요구하면 다국적 자본가들은 생산을 타국으로 옮길 수 있고, 결과적으로 보다 많은 부(富)의 분배를 요구할 노동의 자본에 대한 협상 능력의 현격한 감소를 우려한다.

다른 하나는 빈곤과 제3세계의 계속된 저개발 문제이다. 일부 마르크스주의자들은 국가의 경제발전을 희생시키며 자신들의 이익을 추구하기 위해 국내 지배계층에 의해 개발이 봉쇄되고 있다고 주장한다. 1970년대 유행했던 종속이론은 계급 분석을 국제경제로 확장한다. 이들에 의하면 국제체제는 부유한 지역(중심부 또는 제1세계), 핍박과 빈곤지역(주변부, 제3세계)으로 계층화하면서 국제자본주의는 마치 자본주의자가 노동자를 착취하듯 주변부를 착취하고 중심부에 이익을 준다고 주장한다. 이 이론은 1960년대 중남미 학자들에 의해 시작되었다. 종속이론 옹호자였던 Frank(1966)는 오늘날 빈곤국은 단지 미개발된(undeveloped) 것이 아니라, 영원히 그들에게 차별적인 국제경제에 의해 저개발(underdeveloped)되고 있다고 주장한다. 종속이론에 관한 접근법으로는 Prebisch(1964), Cardoso & Faletto(1979) 등이 있다.

신마르크스주의는 국제레짐이 오직 선진국들의 이익 추구를 위한 것으로, 개발도상국들을 착취하기 위해 국제통상체제를 만들려고 한다는 것이다(Prebisch, 1959; Frank, 1967; Wallerstein, 1979). 이들은 국제체제를 주변부(periphery)와 중심부(core) 간의 불평등을 유지·확대시키기 위한 것으로 간주한다. 이들의 가장 중요한 질문은 다국적기업, 국제금융시장 및 기구, 교역 등에 의한 착취 메커니즘과 주변부의 자율성장 및 발전을 촉진할 수 있는 전략이다. 페미니스트나 환경론자, 급진적 개발주의자들을 이 범주에 포함시키기도 한다. 자원배분이나 기술, 인프라 등 무역에 영향을 미치는 전통적인 요인보다 대화나 토론의 역할을 강조하기 때문이다.

넷째, 구조주의 접근법이다. 자유주의자는 개인, 마르크스주의자는 계급을 분석

단위로 하지만, 현실주의자는 국가를 가정한다. 자유주의자는 정치와 경제를 하나로 생각하지만, 마르크스주의자는 경제가 정치를, 현실주의자는 정치가 경제를 결정한다고 주장한다. 그러나 구조주의자들은 국제정치경제 행위자들과 그들의 이해관계는 타고난 것이 아니라 사회적 상호관계를 통해 만들어지거나 구축된 것으로 믿는다. 특정 분야나 생산요인, 계급, 국가는 고정 불변이 아니라 사회적 환경에 의해 만들어진 것으로 본다. 구조주의는 "Embedded Liberalism"로도 불린다. 구조주의 이론가들은 경제효율, 협력문제, 중심부－주변부에 초점을 맞추기보다 국내 정치질서와 국제 정치질서의 협상 결과로 통상레짐이 만들어진다고 본다. 이들은 국가가 국내 관심을 충족시키기 위해 국제적으로 제도화된 규범(norms), 이를테면 자유무역을 이용한다고 주장한다(Ruggie, 1982, 1991, 1995). 국가는 국익을 위해 국가 역량을 유지하면서 상호 파괴적 보호주의정책을 금지하는 개방형 교역시스템을 구상하며, 국내 및 국제 협상의 결과물로서 국제통상시스템 구축에 노력한다고 주장한다. 또한 규범이 국제정치경제에서 중요한 역할을 한다고 믿는다.

　　모든 행위자들은 목적적이며 기대이익에 따라 행동 방향을 결정한다고 암묵적으로 가정[14]하는 타 접근법과 달리 구조주의자들은 무엇이 옳은가, 정당한가, 사회적으로 기대되는가의 기준에 따라 행위자들이 역할과 행동을 선택한다고 가정한다. '결과의 논리'보다 '적당함의 논리'(logic of appropriateness)로 선택한다는 것이다. 또한 구조주의자들은 행위자와 그들의 상호작용은 새로운 규범의 도입이나 이해관계 또는 정체성의 이해를 통해 바뀔 수 있다고 주장한다. 일례로 1990년대 풍미하였으나 실패로 끝난 '워싱턴 컨센서스'(Washington Consensus)를 들 수 있다. '워싱턴 컨센서스'란 말은 미국의 정치경제학자인 존 윌리엄슨(John Williamson)이 워싱턴 소재 IMF, IBRD, 미 재무부 등에 의한 "표준" 개혁 패키지를 구성하고 있는 10가지 경제정책 처방을 묘사하는 말로 1989년 처음 사용하였다. 이것은 미국식 시장 경제체제, 즉 신자유주의적 경제의 대외확산이란 의미로도 사용된다. 그러나 조지 소로스(George Soros), 조셉 E. 스티글리츠(Joseph E. Stiglitz)와 중남미 학자들은 미국의 자본과 기업이 해외로 진출하기 쉽게 세계 경제 시스템을 만들어 미국

---

14) 이를 '결과의 논리'(logic of consequences)라고 부른다.

의 이익을 증진시키려는 술수라고 비판하였다.

이 네 가지 국제정치경제 시각은 경제적 효율, 계급갈등, 지전략적 및 규범적 고려사항의 중요성을 각기 다르게 평가하고 있다는 점에서 매우 유용하다. 그러나 국가가 왜 국제무역시스템을 구축하려고 하는지에 대한 구분이 불분명하다.

어떤 마르크스주의자는 국가 간의 갈등에 초점을 맞추는 현실주의자와 의견을 같이 하거나 자유주의자처럼 경제적 이해관계를 강조하며, 구조주의자들처럼 규범의 역할에 초점을 맞추기도 한다. 또한 국가 간의 전략적 상호작용을 분석하거나 마르크스주의자들처럼 계급 간 충돌을 탐구하기 위해 현실주의자들과 같은 방법으로 신고전주의적 수단들을 사용하는 다수의 자유주의자들도 많다. 특히 모든 자유주의자, 현실주의자, 마르크스주의자들은 구조주의자들이 강조하는 규범의 역할을 잘 이해한다. 그러나 Iga(2002)는 이 네 가지 시각 외에 제도주의(Institutionalism)를 추가하여 다섯 가지로 분류하였다. 그에 의하면 제도주의 모델은 국제통상 시스템의 정상화의 하나로 경제적 효율성, 협력문제, 중심부-주변부에 의한 세계구조에 초점을 맞추지 않고, 통상레짐을 국제규범과 부합할 수 있는 기회로 보았다. 제도주의 모델, 즉, 세계사회 모델(World Society Model)은 암묵적 또는 명시적인 규범이나 규칙, 의사결정절차를 국제관계의 영역으로 봐야 한다고 주장한다(Ramirez & Boli, 1987; Meyer, 1997). 국제원칙, 규범, 규칙 및 의사결정 절차는 국가 행동에 영향을 주며, 책임 있는 국제 행위자로서의 정통성과 신뢰성을 확보하기 위해 국가는 이를 따를 필요가 있다는 것이다.

## 3. 개방경제정치적 접근

1960년대와 1970년대 구 국제정치경제('old' IPE)는 경제적 상호의존의 정치적 함의를 주로 연구하였다면, 신 IPE는 비교정치와 국제경제정치를 공통의 틀로 통합한 OEP적 접근으로 구체화되었다(Keohane, 2009). OEP는 무역정책에 있어서 이익집단의 중요성을 강조한 국내 이해관계 접근법으로서 1990년대 후반 IPE의 새로운 초기 패러다임의 하나로 부상하였다.

초기 Schattschneider(1935)와 같은 학자들은 통상정책에 있어서 이익집단의 중요성을 강조하였지만, 국제정치경제에 관한 국내관계이론은 1970년대 중반부터 등장하였다. 초기 연구로는 Kindleberger(1951)의 집단행동론 및 국제무역에 관한 연구를 비롯해 Gourevitch(1977)의 대공황 연구, Caves(1976)의 통상정책결정 모델연구 등이 있다. 중요한 것은 그들이 정치적 행동을 위해 구조화·조직화하는 것보다 그들의 이해관계를 어떻게 정의하느냐는 것이다(Lake, 2009).

IPE와 OEP는 국제기구 연구라는 면에서 밀접히 관련되어 있다. 초기 많은 국제레짐에 관한 연구들은 결과로서의 제도를 중심으로 한 국제경제에 초점을 맞추었다(Krasner, 1983; Keohane, 1984). 국제제도 연구는 환경, 인권, 안전 등으로까지 확대되어 일반이론으로 발전했지만, 얼마나 그리고 언제 제도가 중요한가와 특정 제도의 규칙에 주로 초점을 맞춤으로써 연구범위가 좁아졌다. OEP 시각에서 국제 제도는 단지 광범위한 정치과정의 일부이며, 국제제도의 역할과 효과는 이런 맥락에서만 이해할 수 있다(Lake, 2009).

OEP는 신고전경제학과 국제무역이론의 가정을 받아들인다. 그러나 정치적 변수를 보다 많이 분석에 반영함으로써 정치학과 경제학을 이어주고 있다. OEP는 개인, 산업, 생산요소를 분석단위로 하며, 국제경제 내에서 경제정책에 관한 그들의 이해관계를 도출한다. 또한 이해관계를 통합하고 상충되는 사회집단 간의 협상을 구조화하는 메커니즘으로 국내 정치조직을 간주한다. 그러나 모든 분석단계에 관심을 갖기보다 한 분야, 이를테면 어떻게 사회적 이익을 결집시키며, 상대방을 어떻게 다루는지 등에 주목한다. 대신 다른 변수들은 일정(*all else held constant*)하며, 모든 요소들이 보다 완전한 하나로 연결되어 있다고 가정한다.

OEP는 통상정책과 관련하여 통화금융관계(Friden, 1988, 1991; Bernhard et al., 2003),[15] 해외직접투자(Jenson, 2006; Pinto & Pinto, 2008),[16] 이민(Leblang et al., 2009), 해외원조(Milner, 2005),[17] 전쟁과 평화(Pugh, 2005; Mesquita, 2006), 규제

---

15) Frieden, Jeffry A., "Invested Interests: the Politics of national Economic policies in a Global Finance", *International Organization* 45, 1991, pp. 425−451.
16) Pinto, Pablo M. and Santiago M. Pinto. "The Politics of Investment: Partisanship and the Sectoral Allocation of Foreign Direct Investment", *Economics & Politics*, Vol. 20, No. 2(June 2008), pp. 216−254.
17) Milner, Helen V., "Why Multilateralism? Foreign Aid and Domestic Principal−Agent Problems", 2005.

(Mattli & Woods, 2009; Richards, 1999), 기업 거버넌스(Gourevitch & Shinn, 2005), 글로벌 거버넌스(Kahler & Lake, 2003)로 영역을 확대하며 실질적인 진전을 가져왔다. OEP는 다양한 해외 경제정책을 설명하는 포괄적 접근법이다.[18]

OEP의 기초는 이해관계 또는 개인 및 집단이 특정 정책으로 어떤 영향을 받는가에 관한 것이다. Grossman & Helpman(1994, 1995, 2002) 모델의 경우 어떤 정책으로 혜택을 보는 행위자는 한계수익과 노력의 한계비용이 같아지는 수준까지 로비를 하고, 손해 보는 행위자는 반대 로비를 한다. 정치는 근본적으로 선택된 정책의 승자와 패자에 관한 것이다. 이론은 대체로 개인주의적이며 동일한 이해관계를 가진 개인들을 하나의 동질집단 또는 행위자로 간주한다.

OEP는 어떤 유형의 개인들을 동일한 이해관계를 공유한 것으로 가정할지에 관해 경제이론을 사용한다. 다만 노동과 자본을 특정 직업에 고정된 것으로 가정하느냐, 자유롭게 이동할 수 있는 것으로 가정하느냐에 따라 Ricardo-Viner(RV) 이론과 Heckscher-Ohlin-Samuelson(HOS) 이론으로 나눠진다. 특정 직업에 노동과 자본이 고정된 것으로 보는 RV 이론은 경제정책에 비슷한 이해를 가진 것으로 가정하지만, HOS 이론은 모든 요소들이 국가 내 직업 간 이동이 가능한 것으로 보기 때문에 노동과 자본은 서로 이해관계가 상충되는 것으로 가정한다. 1973년 통상법에 관한 노동과 자본의 로비행동 조사결과 Magee(1980)와 Balwin & Magee(2000) 등이 HOS 모델을 뒷받침하였다.

기업은 교역가능 여부, 재화가 수출 경쟁적인지 수입 경쟁적인지, 수입부품을 사용하는지 등에 따라 다르기 때문에 Gourevitch(1986)의 "생산현황"(production profile)을 파악함으로써 대외개방 정책의 영향을 예측할 수 있다. 생산요소는 세계경제에 대한 상대적인 희소성에 따라 영향이 달라진다(Stolper & Samuelson, 1941; Rogowski, 1989).

국내 기관 또는 단체는 상충되는 사회적 이해관계를 여러 가지 수준으로 집약하며, 반대집단들 간의 협상을 결정한다. 국제체계나 실패한 국가와 같이 약하게 구조화된 정치체계는 정치적 결과를 결정하기 위해 강제할 힘이 필요하다. 반대로

---

18) Lake, David A., *op. cit.*, pp. 219-244.

국내 정치체계와 같이 고도로 구조화된 경우 확립된 규칙과 절차는 일반적으로 장기간 집단의 영향력을 반영한다. 정치학자나 경제학자들은 국내제도가 어떻게 이해관계를 통합하는지를 면밀히 연구한다.

OEP는 비교정치제도 이론과 일치하거나 이를 원용하며, 대부분 경제정책과 직접적인 연관관계가 없다(Cox, 1997; Tsebelis, 2002). 일례로 Rogowski(1987)는 극단적으로 전국을 하나의 선거구로 하는 대규모 유권자인 경우 재화와 용역, 생산요소의 자유로운 이동을 가정한 총 후생 위주의 정책성향을 보이지만, 소규모 유권자는 보호주의 집단 위주로 편향된다는 점을 분석하였다. 정치체제 내 정책집행 봉쇄 권한을 가진 행위자가 많을수록 현상 유지될 가능성이 높아 특정 정치·경제개혁에 대한 약속의 신뢰성이 감소하고(Cowhey, 1993), 외부 충격에 효과적으로 대응할 수 있는 정부 역량도 감소한다(MacIntyre, 2001).

Martin(2000)은 대외정책 결정에 있어서 제도화된 입법과정 참가는 집행기관과 외국 상대방에게 충분한 정보를 제공하여 약속 위반이나 정책 변화에 따른 거부 가능성을 감소시키고, 상호협력의 신뢰성과 전망을 제고시킨다고 지적하였다.

Rogowski(1999)는 비례대표시스템의 경우 정치적 안정과 경직성 때문에 개혁능력이 떨어지고 외부 충격에 대한 대응역량이 낮지만, 다수결 제도는 정책 유연성과 불안정성을 갖는 대신 반대의 효과가 나타난다고 밝혔다. 타협이 부재한 상태에서 제도는 주로 정책 전환 시 집단 간 협상조건을 결정한다. Katzenstein(1985)은 유럽의 소규모 개방경제는 경제조정, 자본·노동 간 임금협력, 보상적 사회복지시스템의 촉진을 위해 협동조합(corporatist institutions)을 개발하였다고 주장한다. 국내 이해관계는 제도를 통해 국가정책으로 집약되고, 국가는 상호 간 행동에 영향력을 행사할 필요가 있거나 행동 결과를 결정하기 위해 협상한다. 국제제도는 이러한 협상이 어떻게 일어나며 결론에 도달하는가를 결정한다.

일국의 정책이 타국의 외부성(externality)을 초래할 때 국제협상이 이루어진다. 외부성은 대부분 많은 소(小)경제 행위자의 집단선택의 결과이며, 시장실패 시 개개인의 최적 선택은 집합적 부분 최적으로 이어진다. 물론 타국의 행동으로 직접 영향을 받지 않는 경우에도 "워싱턴 컨센서스"와 같이 국제규범을 촉진하고 위반자를 응징하거나 행동 변화를 도모할 수 있다(Stiglitz, 2002). 하지만 대부분 IPE 이론은 어떤 중요한 외부성의 결과로 협상이 일어난다고 가정한다. OEP 연구는 국내제도처럼 어떻게 국제제도가 협상을 구성하고 결과에 영향을 주는가에 관한 것이다.

Krasner(1991)는 상이하나 상호 보완적인 두 가지 접근법으로 협상게임을 분류한다. 첫째는 신자유주의적 제도주의(Neoliberal Institutionalism)라는 것으로, 제도는 협력을 촉진하는 규칙의 조합으로 본다. 정보를 제공하고 현안을 연계하며 거래비용을 줄여 제도가 국가로 하여금 파레토 최적협상에 도달하도록 한다(Keohane, 1984; Bagwell & Staiger, 2002). 중요한 것은 '국가가 어떻게 제도를 통해 이행의 신뢰성을 제고할 수 있는가'하는 것으로, 국가 부채나 차관 공여, 국제규칙의 이행, 투명성 등에 관한 연구가 많다(Tomz, 2007; Stone, 2002; Dai, 2007; Broz, 2002).

두 번째 제도주의적 접근은 협력 성과에 대한 협상에 초점을 맞춘다. 첫 번째 접근법이 제도를 파레토 경계선에 근접하려는 국가로 본다면, 이 학파는 경계선에서의 제로섬을 강조한다. 대부분 협상모델처럼 핵심 변수는 당사자들의 상대적인 유지비용, 시간 한계(할인율), 위협과 약속의 이행능력과 같은 것이다. 이 견해에 따르면 협력이 사회후생을 증진시키지 않을 수 있으며, 집단들은 자국 정부를 이용해 경쟁을 제한하고 지대를 창출하는 국제제도를 만들 수 있다. 일례로 대규모 커피 생산 카르텔인 국제커피기구(International Coffee Organization)나 국제운항시스템에 의한 행동 등이다(Bates, 1997; Richards, 1999).

이해관계는 국내제도에 영향을 미치고, 국내제도는 국제협상에 영향을 준다. 이러한 관계는 입법부의 제약이 많을수록 행정부의 협상력이 커진다는 이른바 '셸링의 추론'(Schelling's conjecture)[19]에서 잘 나타난다. '정부가 모든 결정권을 갖거나 정부와 의회의 의견이 일치하는 국가보다 의회의 반대 가능성이 큰 국가의 정부가 의회 승인을 받기 어려운 것을 무기로 더 많은 양보를 얻어낼 수 있다'는 것이다. Miler & Rosendorff(1977)는 게임이론으로 이를 설명하였다.[20] 국내 이해관계와 제도는 국제협상과 협력에 영향을 준다(Putnam, 1988; Milner, 1997).

---

19) Schelling, Thomas C., *The Strategy of Conflict*, Harvard University, 1960.
20) Miller, Helen V., and B. Peter Rosendorff, "Democratic Politics and International Trade Negotiations: Election and Divided Government as Constraints on Trade Liberalization", *Journal of Conflict Resolution*, Vol. 41, No. 1, 1997, pp. 117-146.

OEP가 IPE 분야의 새로운 패러다임으로 등장한 이유는 세 가지이다. 첫째, OEP는 국제경제에 있어서 역사적인 정치, 경제 추세에 초점을 맞춰 적절한 무역보호지표 개발, 비관세장벽, 환율제도 등에 주의를 기울여 강력한 실증적 토대를 마련하였다. OEP는 사례연구나 제한된 데이터를 기반으로 한 통계 검증이란 제약에도 불구, 장기간의 데이터셋(datasets)과 강력한 계량경제 도구를 사용하기도 하였다. 둘째, OEP는 정치함을 강조한다. 정치학자들은 경제학 이론들을 유용하게 활용해 왔다. 경제학자들은 정치와 정치제도를 고려하며, 정치과정에 대한 현실적 이해를 모델에 통합한다. 셋째, OEP는 각기 다른 목적으로 개발된 국제무역론, 집단행동론, 정치제도론 등을 하나의 이론으로 통합하였다. 하지만 학자마다 가정, 연구방법, 인식론이 다르고, 여타 가능한 가정들을 배제하기 때문에 논쟁도 치열한 편이다.

그러나 OEP도 비판을 받고 있다. 이해관계 개념이 지나치게 물질적이며 좁고 (Keohane, 2009; Katzenstein, 2009; Farrell & Finnemore, 2009), 제도가 가진 법적 힘을 경시하며(Katzenstein, 2009: 126), 국제경제에서의 구조적 힘을 도외시한다(Keohane, 2009)는 것이다. OEP의 핵심 가정은 '이해관계는 주로 분석 단위의 생산 현황이나 국제 노동부문의 위치에 의해 결정된다'는 것이다. 같은 방식으로 이해관계를 종교 (Scheve & Stasavage, 2006), 성별 차이(Burgoon & Hiscox, 2003; Goldstein et al., 2007) 등 사회적이고 유물론적인 것으로 이해한다. 이미 확립된 경제이론을 이용해 국제 노동 분야 이해관계를 도출하는 것은 OEP의 혁신이자 강점인 동시에 최대 약점이 될 수 있다(Lake, 2009: 232).

OEP는 보통 국제경제이론의 소(小)국가 가정에서 출발한다. 즉, 일국의 생산과 소비가 세계 전체에 비해 충분히 작아 정부 정책을 포함한 모든 조치가 국제가격에 현저한 영향을 주지 못한다고 가정한다. 그러나 사우디아라비아가 원유 생산량을 제한하여 국제가격을 높게 유지하는 것과 같이 정부는 수출 또는 수입을 제한함으로써 교역조건을 자국에 유리하게 바꿀 수 있다. 상대가격 변화로 인한 비교우위 구조는 국가 내 집단이나 요소에 영향을 미친다. 국가는 경제 및 정치적 동기에 의한 정책으로 국제가격에 영향을 줄 수 있다. 국제가격 변경에 따른 분배효과는 수출입 제한에 그치지 않고, 국내외에 중요한 영향을 줄 수 있다. 일례로 선진

산업국가에서의 농업정책은 국제가격을 왜곡시켜 자국 소비자의 비용을 증가시키고, 타국 생산자의 농산품 판매시장을 잃게 한다.

OEP는 생산요소 이론과 HOS 이론과 마찬가지로 모든 생산은 수확불변 (constant return to scale: CRS)으로 가정한다. 그러나 경제학자들은 수확체증 모델이나 산업 간 무역 증가를 설명하기 위해 규모의 경제(economies of scale: EoS)를 찾아냈다. 동일한 요소 부존과 기술, 소비 취향이라도 국가 간 교역이 일어날 수 있다는 것이다. 규모의 경제 산업은 무역자유화의 견인차가 될 수 있으며, 기업의 적정 규모와 지역 내 국가별 인위적인 규모 결정에 상당한 관련성을 가진다(Chase, 2005; Milner, 1997a). 자유무역은 선진국의 경우 시간이 경과할수록 노동의 이동을 감소시키며, 희소한 생산요소는 시스템적으로 손해보고 정치적 영향력도 감소한다. 한때 강력한 보호주의 연대를 구축했던 북미 신발산업이 좋은 예다.

WTO와 자유무역체제는 근본적으로 자유무역 지지그룹을 확대·강화시키고, 반대그룹(보호주의 세력)을 위축·약화시킴으로써 회원국의 경제 및 정치 구조를 재구조화 한다(Hathaway, 1998). 비교우위 구조는 시간이 경과할수록 변하기 때문에 항상 보호주의에 의지하는 그룹이 생겨나며, 정치적 균형추는 자유무역에 관한 초기 정책 편의(bias)를 심화시킨다.

IPE는 정치학과 경제학을 연결하는 통합 학문으로서, 폭넓게 공유하는 가정, 방법론, 인식론을 활용하여 더욱 정제되고 우수한 이론들을 정립하고 특정 가설을 검증한다. 또한 핵심적인 이론구성 방법을 개발함으로써 교역요인, 자본시장, 이민, 해외투자정책 등 다양한 국제정치경제를 더욱 잘 설명할 수 있다. 특히 국제가격 구조와 정립된 경제이론을 이용하여 이해관계를 도출함으로써 안보, 환경, 인권 및 기타 중요한 현실 문제를 연구하는 학자들은 제도 자체에 대한 모델보다 행위자의 이해관계이론 개발에 집중하도록 하였다. 나아가 OEP는 국제제도를 폭넓은 정치이론의 범주에 포함시킴으로써 좁은 이론적 시각에서 벗어나 어떻게, 언제 그리고 왜 그러한 제도들이 국가 내, 국가 간 정치작용에 영향을 주는지 구체화할 수 있다.

OEP에서 얻은 국제제도에 관한 통찰력은 협정의 신뢰도 제고를 위한 국제제도의 역할 등에도 적용되어 왔다. 그러나 국제제도가 안보 문제에 얼마나 중요한지는 논란이 있다(Mearsheimer, 1994; Haftendorn et al., 1999). Keohane(2009)은 IPE-

OEP는 이해관계가 어떻게 만들어지며, 정책이 어떻게 국제적 확산 과정에 영향을 받는가 하는 문제에 많은 관심을 기울이지 않고 있으며, 중국의 역할, 금융과 에너지시장의 변동성, 비(非)국가의 역할, 인터넷 파워 등에 주목해야 한다고 밝히고 있다.

제**4**장

# 미국의 산업로비와 통상정책 결정

## 1. 미국의 산업로비 현황과 특징

　세계가 지구촌화되면서 국내 이슈와 국제 이슈의 구분이 모호해지고 있지만, 기본적으로 정부를 상대로 한 로비 활동은 대부분 국내 이슈들이다. 앞서 살펴보았듯이 미국에서의 로비 활동은 정부의 정책과 관련한 모든 이해관계자들이 참여하는 헌법상 청원권 행사의 일환이다. 정부의 역할 가운데 연금, 건강보험, 교육, 교통인프라 등에 관한 정부의 예산 배정 등에 관한 로비는 이해관계자들에게 매우 중요한 역할을 하고 있다. 교육, 종교, 시민사회 및 이념적 정치단체 등과 달리 대부분의 산업은 정부의 통상정책 방향에 따라 이해관계가 엇갈리기 때문에 관심을 갖는다. 정책 효과의 양면성 때문이다.

　대부분의 산업들은 국가 간, 산업 간에 밀접한 공급사슬 관계로 연결되어 있어 기업별로, 때로는 산업별로 정부를 상대로 적극적인 로비 활동을 펼친다. 기업들은 이슈나 정책에 대한 이해관계에 따라 연대하거나 독자적으로 기업의 이익을 지키기 위한 로비 활동을 전개한다. 정부 정책의 영향을 받는 이해관계자들이 같은 산업군이나 업종이라고 하더라도 수입규제처럼 정부 정책에 따른 명암이 다른 경우가 있기 때문이다. 일례로 제약 업체들은 오바마케어 도입을 지지한 반면, 의사들은 이를 반대하였다. 이 때문에 이익집단들은 개별 기업 또는 동질화된 소그룹 이익집단으로 활동하기도 하고, 보다 큰 이슈인 경우 전략적인 연대를 통해 공동전선을 펴 대규모 이익집단으로 활동하기도 한다.

이익집단들은 보유한 리소스나 강점에 따라 약간씩 차이가 있지만, 가능한 모든 수단들을 동원한다. 각종 이익집단들은 현역 의원 등 정책결정자들에 대한 접근을 위해 선거자금을 기부하거나 원하는 후보자가 선출되도록 직접적인 영향력을 행사할 수 있고, 다양한 방법으로 특정 정당이나 입후보자의 정책 또는 공약에도 영향을 줄 수 있다. 또 정책 입안자들에게 정보를 주거나 지지를 선언할 수도 있다.

선거, 로비, 선거자금 기부 등을 중심으로 상호 관계를 분석한 대표적인 연구인 G-H 모델[1]은 정부의 정책 변화에 대한 이익집단의 평가를 반영하는 "기부약정"(contribution schedules)에 초점을 맞춘다. 이에 따르면 정책 입안자들은 이익집단의 이익과 공익의 가중합(加重合)을 극대화하며, 가중치가 극단적으로 크거나 작을 경우 이익집단은 최소로 기부하고, 가중치가 동일할 때 가장 많은 기부를 한다.

예를 들어 정책 입안자가 공공 후생을 강력히 선호하여 선택을 변경하는 데 막대한 비용이 들지만, 이익집단의 이익에 부합한다면 구태여 영향력을 행사할 필요가 없다. 이 같은 사실은 관련 통계나 특정 정치적 활동에 영향을 미친 동인(動因)들에서 확인할 수 있다. Center for Responsive Politics가 상원 공공기록청(Senate Office of Public Records) 자료를 분석한 바에 따르면 1998년 미국의 로비 지출액은 14억 3,000만 달러였으나 2003년에 20억 달러, 2008년에 35억 달러에 달하는 등 2008년부터는 매년 로비 지출액이 30억 달러 이상을 기록하고 있다.[2] 물론 여기에는 미 연방 의회나 법무부에 공개의무가 없는 각종 컨설팅 계약은 포함되지 않은 것이기 때문에 실제 로비와 관련된 지출액은 이보다 훨씬 많을 것으로 분석된다. 게다가 주 정부를 중심으로 이루어지고 있는 로비 산업을 포함할 경우 미국의 로비 산업은 가히 엄청난 규모라고 할 수 있다. 이는 연금과 관련한 연방 및 지방정부 예산 규모가 2016년의 경우 1조 3,700억 달러, 건강보험 예산이 1조 5,200억 달러, 교육 관련이 9,500억 달러, 국방 관련이 8,100억 달러, 교통 관련이

1) Baron, David P., "Review of Grossman and Helpman's Special Interest Politics", *Journal of Economic Literature* Vol. XL(December 2002), pp. 1221-1229.
2) Center for Responsive Politics가 상원에 등록된 로비스트 가운데 활동 중인 로비스트들의 지출액(또는 기부액)을 기준으로 추산한 것이다.

3,300억 달러 등 그 규모가 천문학적이기 때문이다. 매년 막대한 예산이 집행되기 때문에 이익집단들로서는 정부가 로비 대상이자 최대 고객이며, 정부조달시장은 놓쳐서는 안 되는 거대시장이다.

주요 거대기업과 노동조합, 기타 각종 조직들은 선출직 후보자에 대한 선거 기부금 외에도 매년 연방 의회 및 정부에 로비자금으로 수십억 달러를 사용한다. 이익집단들은 이른바 정부 비즈니스를 위해 정부 관련 업무 담당자를 로비스트로 등록해 활동하기도 하지만, 별도로 로비회사와 계약을 맺거나 직접 로비스트를 고용한다.

〈표 4-1〉 최근 10년간 부문(sector)별 로비지출액 추이(2007 ~ 2016)

| 분 야 | 로비지출액 순위 | | | | | | | | | |
|---|---|---|---|---|---|---|---|---|---|---|
| | 2016 | 2015 | 2014 | 2013 | 2012 | 2011 | 2010 | 2009 | 2008 | 2007 |
| 보건의료(병·의원, 제약 포함) | 1 | 2 | 3 | 2 | 2 | 1 | 2 | 2 | 1 | 1 |
| 기타 산업 (화학, 철강, 섬유, 도소매 등) | 2 | 1 | 1 | 3 | 1 | 2 | 1 | 1 | 2 | 3 |
| 금융·보험·부동산 | 3 | 3 | 2 | 1 | 3 | 3 | 3 | 3 | 3 | 2 |
| 방송·통신·전자 (영화, 음악, 인쇄출판 포함) | 4 | 4 | 4 | 4 | 4 | 5 | 5 | 5 | 5 | 4 |
| 에너지·천연자원 (석유가스, 광산, 전기, 폐기물 등) | 5 | 5 | 5 | 5 | 5 | 4 | 4 | 4 | 4 | 5 |
| 운송(Transportation) | 6 | 6 | 6 | 6 | 6 | 7 | 7 | 7 | 7 | 7 |
| 기타 (교육, 종교, 비영리 단체 등) | 7 | 7 | 7 | 7 | 7 | 6 | 6 | 6 | 6 | 6 |
| 정치·이념단체 (Ideological/Single-Issue) | 8 | 8 | 8 | 9 | 10 | 9 | 8 | 8 | 8 | 8 |
| 방위산업(Defense) | 9 | 10 | 9 | 10 | 9 | 8 | 9 | 9 | 9 | 9 |
| 농업(Agribusiness) | 10 | 9 | 10 | 8 | 8 | 10 | 10 | 10 | 10 | 10 |
| 건설(Construction) | 11 | 11 | 11 | 11 | 11 | 11 | 11 | 11 | 11 | 11 |
| 노동조합(Labor) | 12 | 12 | 12 | 12 | 12 | 12 | 12 | 12 | 12 | 12 |
| 변호사 및 로비스트 | 13 | 13 | 13 | 13 | 13 | 13 | 13 | 13 | 13 | 13 |

자료: Center for Responsive Politics 자료를 토대로 저자가 직접 작성.

산업 분야별 로비 지출액을 보면 병·의원과 제약을 포함한 보건의료 부문과 화학·철강·섬유·도소매 등을 중심으로 한 기타 제조·유통업종이 가장 많다. 이들 분야는 최근 10년간 로비지출액 상위 1, 2위를 다투고 있다. 그 뒤를 금융·보험·부동산 업계와 방송·통신·전자부문이 뒤따르고 있다(<표 4-1> 참조).

최근 10년(2007~2016)간 주요 부문별 로비지출액을 보면 건강보험 등 보건의료 부문이 2007년에 4억 5,150만 달러, 2008년에 4억 9천만 달러, 2011년 5억 990만 달러 등 4년간 가장 많은 로비비용을 지출했다. 그러나 화학·철강·섬유·도소매 등 기타 제조·유통업 분야는 2009년 5억 7,900만 달러, 2010년 5억 8천만 달러, 2012년 5억 5,200만 달러, 2014년 5억 5,440만 달러 등 최근 10년 중 무려 5년간 로비 지출액 1위를 차지하였다. 다만 국가적인 국민 皆(개)보험 시대를 연 오바마 케어 본격 시행 1년 전인 2013년의 경우 보험업계에서만 1억 5,450만 달러를 지출하는 등 금융·보험·부동산 부문이 4억 9,200만 달러에 달하는 로비자금을 투입함에 따라 1위를 차지하기도 하였다. 이들 3개 분야가 미국 산업로비의 대표주자라고 할 수 있다.

교육 분야는 연방정부로부터 학자보조금 지원을 받기 위한 것으로, 대학들과 공립학교 등은 개별적으로 또는 집단적으로 연방 및 지방정부를 상대로 로비를 한다. 선거에 많은 영향력을 행사하는 시민사회단체나 노동조합들도 로비 지출금액은 크지 않지만, 풀뿌리 활동을 통해 미국정치에 막대한 영향력을 행사하고 있다. 일례로 지난 2016년 대통령 선거에서 트럼프가 당선된 데는 시장개방에 따른 국제경쟁력 약화로 공장지대가 쇠락하고 실업률이 높아진 이른바 미 북부 러스트 벨트(Rust belt)가 트럼프 후보 지지로 돌아섰기 때문이다.

구체적으로 살펴보면 의약품 및 보건·의료제품 업계가 로비 활동에 가장 많은 돈을 지출하고 있다. 다음은 보험, 경제단체, 전자제조 및 장비, 전기서비스 업계가 매년 대표적인 로비 그룹을 형성하고 있다. 연방선거에서 의사와 보건관련 전문가들은 전통적으로 최대 선거자금 기부자들이었다. 정부 주도의 헬스케어를 반대하면서 의약품 제조·승인·판매 기간의 단축과 지적재산권 보호를 강화하기 위해서이다.

의사단체나 제약기업들인 제약협회(PhRMA), 병원협회(AHA), 의사협회(AMA), 바이오산업협회(BIO), 건강관리기관(HMOs) 등은 민주, 공화 양당에 모두 기부한다.

〈표 4-2〉 미국의 주요 산업별 로비자금 지출액 현황(2007 ~ 2016)   (단위: 백만U$)

| 분    야 | 2016 | 2015 | 2014 | 2013 | 2012 | 2011 | 2010 | 2009 | 2008 | 2007 |
|---|---|---|---|---|---|---|---|---|---|---|
| 보건의료(병・의원, 제약 포함) | 515 | 514 | 491 | 490 | 492 | 510 | 528 | 557 | 490 | 452 |
| 기타산업<br>(화학, 철강, 섬유, 도소매 등) | 497 | 527 | 554 | 480 | 551 | 494 | 580 | 579 | 473 | 388 |
| 금융・보험・부동산 | 493 | 489 | 501 | 492 | 489 | 483 | 480 | 474 | 456 | 426 |
| 방송・통신・전자<br>(영화, 음악, 인쇄출판 포함) | 370 | 386 | 383 | 394 | 384 | 385 | 364 | 357 | 373 | 348 |
| 에너지・천연자원<br>(석유가스, 광산, 전기, 폐기물 등) | 302 | 328 | 349 | 360 | 381 | 454 | 454 | 421 | 387 | 273 |
| 운송(Transportation) | 227 | 225 | 222 | 225 | 239 | 245 | 248 | 247 | 250 | 230 |
| 기타(교육, 종교, 비영리 단체 등) | 198 | 207 | 215 | 222 | 227 | 254 | 273 | 271 | 265 | 241 |
| 정치・이념단체<br>(Ideological/Single−Issue) | 130 | 134 | 145 | 147 | 130 | 138 | 156 | 156 | 168 | 143 |
| 농업(Agribusiness) | 128 | 134 | 128 | 154 | 142 | 133 | 127 | 140 | 145 | 112 |
| 방위산업(Defense) | 128 | 130 | 130 | 139 | 137 | 139 | 149 | 140 | 154 | 126 |
| 건설(Construction) | 53 | 55 | 52 | 49 | 48 | 52 | 54 | 59 | 58 | 49 |
| 노동조합(Labor) | 47 | 46 | 46 | 48 | 45 | 51 | 46 | 43 | 41 | 44 |
| 변호사 및 로비스트 | 20 | 19 | 18 | 21 | 23 | 29 | 31 | 30 | 33 | 30 |

자료: Center for Responsive Politics 자료를 토대로 저자가 직접 작성.

대체로 제약 기업들은 공화당, 간호사들은 민주당 지지 성향이 강한 편이다. 기업들 중에는 일라이 릴리(Eli Lilly), 파이저(Pfizer), 암젠(Amgen), 맥키슨(McKesson) 등의 로비 활동이 활발한 편이다.

　미국의 전통적인 산업로비는 제조・유통업 로비라고 할 수 있다. 제조・유통업은 섬유, 철강, 화학, 소비재, 도소매, 식음료 등으로, 미국경제에도 매우 중요한 비중을 차지한다. 1990년부터 2016년까지 이 업계가 연방선거 후보자나 정당위원회 등에 제공한 선거 기부금은 24억 달러에 달한다. 이들은 양당에 모두 기부하지만 공화당 지지성향이 강한 편이다. 2014년에는 연방선거 후보자들과 정당에 기부한 2억 2,660만 달러 가운데 62%가 공화당 후보자들이었다. 2016년 선거 때는 미국 최대 로비단체인 미국상공회의소를 비롯해 비즈니스라운드테이블, 해외투자협회

(OII) 등 경제단체가 1억 4,350만 달러를 기부하였다. 이들이 관심을 갖는 이슈는 노동 규제에서부터 제품 안전, 지적재산권, 과세 등 기업 활동과 관련이 있다. 특히 미국상공회의소는 2016년에만 1억 4백만 달러의 로비자금을 지출하는 등 1998년부터 2016년까지 지출된 로비자금이 무려 70억 달러에 달한다.

상업은행을 포함한 금융・보험・부동산 부문도 로비지출 규모가 큰 산업의 하나로, 공화당 지지성향이 강한 편이다. 금융・보험 업계는 소비자 보호에 초점이 맞춰진 금융개혁 법안인 도드-프랭크법(Dodd-Frank Act)이나 지원 법안인 긴급경제안정화법(Emergency Economic Stabilization Act)과 같이 이해관계가 걸린 새로운 법안의 도입이 추진되거나 시행을 전후해 집중적인 로비 활동이 이루어진다. 대부분 과세 문제나 헤지펀드, 파생상품 등에 대한 규제를 막기 위한 것이다.

특이하게도 언론 재벌이면서 금융 지주회사인 블룸버그(Bloomberg LP)는 금융 부문의 최대 기부자이지만, 전폭적으로 민주당을 지지한다. 2014년의 경우 자신을 포함해 블룸버그 그룹은 슈퍼 PAC인 Independence USA 등을 통해 전체 기부금의 91%를 민주당에 지원하였다. 전국부동산중개업자협회, 보험회사, 증권투자회사 등은 K-스트리트의 주요 고객들이다.

정보통신, 전자제품 제조와 인터넷, 인쇄출판, 오락 등의 업계를 포괄하는 방송・통신・전자부문은 1990년 이후 선거기부금이나 로비금액이 가장 급속히 늘어났다. 이 부문의 선거기부금은 1990년 1,780만 달러에서 2012년에는 1억 9,700만 달러 이상으로 급증하였다. 연방정부에 대한 로비 비용도 전자제품 제조 및 장비산업을 중심으로 1998년 1억 8,500만 달러에서 2013년에는 3억 9천만 달러까지 늘어났다. 이 부문은 민주당 지지 성향이 강하지만, 같은 부문 내 업계들 간에 이해관계가 충돌하는 특성이 있다. 일례로 망 중립성(Net neutrality)에 대해 통신 및 전화 업계, 컴퓨터 및 인터넷 업계 간에 이해관계가 다르다. 전통기술 산업인 전화업계와 신기술 산업인 정보통신 업계, 인터넷 기반의 기업들과 그렇지 않은 기업들 간에도 이해관계가 서로 다르다.

하지만 미국의 산업로비에 있어서 빼놓을 수 없는 것이 농업 부문이다. 농업은 미국의 전통산업일 뿐만 아니라 주요 선거에서 당락에 중요한 영향을 미친다. 로비지출액은 많지 않지만 농업, 축산, 임업분야 농민 등 지방의 많은 유권자들의 영향

〈표 4-3〉 최근 10년간 미국의 주요 업종별 로비지출액 추이

| 구 분 | 로비지출액 순위 | | | | | | | | | |
|---|---|---|---|---|---|---|---|---|---|---|
| | 2016 | 2015 | 2014[1] | 2013[1] | 2012 | 2011 | 2010[2] | 2009[3] | 2008[4] | 2007[5] |
| 의약품/보건의료제품 | 1 | 1 | 1 | 1 | 1 | 1 | 1 | 1 | 1 | 1 |
| 보험 | 2 | 2 | 3 | 2 | 3 | 2 | 4 | 4 | 3 | 2 |
| 경제 단체 | 3 | 4 | 2 | 6 | 2 | 7 | 3 | 2 | 6 | 9 |
| 전자제조 및 장비 | 4 | 5 | 6 | 4 | 6 | 5 | 6 | 6 | 4 | 3 |
| 석유·가스 | 5 | 3 | 4 | 3 | 5 | 3 | 5 | 3 | 5 | 10 |
| 전기서비스 | 6 | 6 | 5 | 5 | 4 | 4 | 2 | 5 | 2 | 4 |
| 부동산 | 7 | 13 | 10 | 13 | 12 | 17 | 18 | 16 | 15 | 13 |
| 증권·투자 | 8 | 8 | 8 | 8 | 8 | 10 | 10 | 10 | 10 | 7 |
| 병원 및 요양 | 9 | 9 | 11 | 10 | 11 | 11 | 9 | 8 | 8 | 5 |
| 공항 | 10 | 12 | 14 | 14 | 14 | 14 | 13 | 14 | 13 | 14 |
| 통신서비스 | 11 | 10 | 7 | 7 | 9 | 9 | 12 | 12 | 12 | 12 |
| 보건의료 전문가 | 12 | 11 | 12 | 11 | 13 | 13 | 14 | 13 | 16 | 15 |
| 기타 제조 및 유통 | 13 | 7 | 9 | 9 | 7 | 6 | 7 | 7 | 9 | 8 |
| 보건서비스/건강관리기관 | 14 | 15 | 15 | 16 | 17 | 15 | 15 | 15 | 19 | 19 |
| 교육 | 15 | 14 | 13 | 12 | 10 | 8 | 8 | 9 | 7 | 6 |
| 방위산업·항공 | 16 | 16 | 17 | 15 | 15 | 16 | 19 | – | 20 | 20 |
| 공무원 | 17 | 17 | 16 | 17 | 16 | 12 | 11 | 11 | 11 | 11 |
| 자동차 | 18 | 20 | – | – | 20 | 19 | – | 19 | 18 | 16 |
| TV/영화/음악 | 19 | 19 | 19 | 20 | 18 | 18 | 20 | 18 | 17 | 18 |
| 상업은행 | 20 | 18 | 20 | 18 | 19 | 20 | – | – | – | – |

주: 1) 자동차(automotive)는 20위 밖으로 밀려나고, 화학 및 관련제조가 18위를 차지함.
    2) 기타 에너지(16위), 기타 이슈(17위)가 20위 안에 들어오고, 자동차, 상업은행은 20위 밖으로 밀려남.
    3) 기타 이슈(17위), 기타 에너지(20위)가 20위 안에 들어오고, 방산·항공, 상업은행은 20위 밖으로 밀
       려남.
    4) 기타 이슈(14위)가 20위 안에 들고, 상업은행은 순위 밖으로 밀려남.
    5) 기타 이슈(17위)가 20위 안에 들고, 상업은행은 순위 밖으로 밀려남.
자료: Center for Responsive Politics 자료를 토대로 저자가 직접 작성.

력을 무시할 수 없기 때문이다.

    미국 내 17개 주에 퍼져 있는 면화업계를 비롯해 농·축·임산물 생산가공업계
의 로비자금 지출액은 1억 달러에서 1억 7천만 달러 정도로 다른 업계에 비해 낮

은 수준이다. 전체 로비 지출액에서 차지하는 비중도 3~4% 수준에 불과하다. 그러나 이것은 농·축·임업계의 로비력이 상대적으로 약하다는 것을 의미하지 않는다. 방위산업이나 노동조합, 변호사(로펌) 및 로비스트 단체들은 로비력은 강하지만 로비 지출액이 많지 않은 그룹에 속한다. 이처럼 로비 지출금액의 다과(多寡)만으로 로비 영향력을 단순히 비교하기 어렵다. 오히려 특정 현안에 대한 의견서를 제출하거나 소프트머니(soft money) 등 간접 로비 활동이 더 영향력을 발휘할 수 있다. 한－미 자유무역협정 체결을 위한 협상 때 사실상 미국에서 사양산업인 섬유 분야가 마지막까지 쟁점분야로 남아 한국 측 협상 당사자들이 애를 먹었던 것도 바로 이 때문이다.

 미 전역에 크고 작은 농업관련 단체들이 활동을 하고 있으며, 시장개방을 다루는 통상협상이나 농업정책 결정과정에 수백여 개 집단들이 다양한 방법으로 영향력을 행사한다. 이 가운데 가장 영향력이 큰 집단은 각 주 출신의 상·하원 의원에게 직접 의견을 전달할 수 있는 지역 단체들이다. 이민부터 조세정책 등 포괄적인 농업 이슈에 영향력이 큰 단체로는 미국농업인연합회(American Farm Bureau Federation: AFBF)와 전국농업인연맹(National Farmers Union: NFU)이 있고, 품목별 단체로는 미국대두협회(American Soybean Association), 전미옥수수생산자협회(National Corn Growers Association), 전미면화협회(NCC) 등이 있다. 미국농지보전협회(American Farmland Trust)나 환경단체, 싱크탱크 등도 막강한 영향력을 행사하는 주체들이다.[3]

 미국 선거에 영향을 미치는 자금에는 연방선거운동법(Federal Election Campaign Act 1971), 선거자금개혁법(Campaign Finance Reform Act 2002) 등 선거 규정에 따라 모금되는 하드머니('hard money')와 동 법에 규제를 받지 않는 소프트머니('soft money')가 있다. 소프트머니는 기업이나 단체가 정치인 개인이 아니라 지지 정당에 제공하는 후원금으로, 입후보자의 직접적인 선거활동에는 사용할 수 없다. 하지만 이 자금은 기부금액과 사용처의 규제를 받지 않아 논란이 많았다. 이 때문에 2002년 존 매케인(John McCain), 러셀 페인골드(Russell Feingold) 두 상원 의원이 이른바 'McCaine-Feingold법'(Bipartisan Campaign Reform Act 2002)을 공동 발의하였고,

---

3) 한국농촌경제연구원, "미국 농정의 변화와 도전"(연구자료 D259), 2008, pp. 6－8.

같은 해 11월부터 발효됨에 따라 기업·노동조합·개인들이 각 정당 중앙당에 대한 무제한의 정치헌금 제공이 금지되었다. 하지만 정치활동위원회(PAC), 비영리 이익단체(527s) 등을 통해 간접적인 방법으로 은밀한 정치자금들이 선거나 정치에 많은 영향력을 행사하고 있다.

미국의 산업로비는 이처럼 부문별, 산업별로도 진행되는 것이 일반적이다. 단일 이슈나 현안에 집중적인 로비 활동을 벌이는 사례도 많다. 특정 법안의 통과나 저지를 위해 로비 활동을 벌이는 것이다. 대표적으로 담배 로비, 총기 로비, 마리화나 합법화 로비, GMO 로비 등이 있으며, 단일 이슈나 현안을 대상으로 한 로비 사례는 매우 다양하다.

일례로 에너지부 폐지를 둘러싼 로비 사례를 살펴보자. 스펜서 아브라함 상원 의원[4]의 경우 의회 경력이 일천한 초선이지만, 2000년 상원 의원 선거 때 원자력 산업 관련 업체들로부터 6만 7,600달러를 기부 받았다. 그는 1999년 4월 28일 미네소타 출신 로드 그램스 상원 의원 등과 함께 당시 에너지부 폐지와 전략적 석유 비축 등에 관한 권한을 국방부로 이전하는 것을 골자로 한 법안(S.896)[5]을 발의하였다. 원자력 산업계는 초선이던 아브라함 의원에게 막대한 선거자금을 기부하는 방법으로 영향력을 행사하였다.

산업계는 주로 직접 기부금을 제공하거나 선거자금 조달 등의 방법으로 영향력을 행사하지만, 비우호적인 인사를 배제하기 위해 인사 문제에 개입하기도 한다. 국제적으로 막강한 로비력을 가진 석유업계는 지구 온난화에 따른 긴급대책을 요구하여 자신들의 이익에 반하는 주장을 한 국제기구 수장을 미 정부를 앞세워 교체한 것은 한 예라고 할 수 있다.[6] 2002년 부시 행정부와 엑슨모빌을 비롯한 에너지 업계는 영국 태생으로 1996년부터 기후변화 국제과학패널(International Scientific Panel on Climate Change) 의장으로 자신들에게 비우호적인 로버트 왓슨(Robert Watson) 박사를, 총회(IPCC)에서 에너지 업계에 우호적인 철도 엔지니어이자 환경

---

4) 레바논계 미국인으로, 1995~2001년간 미시간 주 초선 상원 의원으로 재임 중 무려 22건의 법안을 입법화하였으며, 1991~1993년간 전국공화당의회위원회(NRCC) 의장, 댄 퀘일 부통령 참모를 역임하였다. 그러나 2000년 두 번째 선거에서 당시 하원 의원이던 민주당 스타비노(Debbie Stabenow) 의원에게 패배하였다.

5) 정식 명칭은 "A bill to abolish the Department of Energy, and for other purposes"이다.

6) The Guardian지 2002년 4월 20일자 Julian Borger기자 보도내용.

〈표 4-4〉 2000년 스펜스 아브라함 의원에 대한 원자력업계 기부현황[7)]

| 회사명 | 기부액(U$) |
| --- | --- |
| Detroit Edison Company | 15,850 |
| CMS Energy | 14,000 |
| Florida Power & Light | 9,000 |
| Exelon | 5,500 |
| Southern Company | 5,000 |
| Nuclear Energy Institute | 4,000 |
| American Electric Power | 3,250 |
| Carolina Power & Light | 3,000 |
| FirstEnergy, Inc. | 2,500 |
| Dominion Resources | 2,000 |
| Entergy | 2,000 |
| Duke Energy | 1,000 |
| Xcel Energy, Inc. | 500 |
| Total | 67,600 |

자료: Public Citizen.

론자인 인도 출신 파차우리(RK Pachauri)로 교체하였다.

미 의회는 또한 1996년 대통령 직속의 이른바 '고어위원회'(Gore Commission)[8)] 의 항공안전 권고사항을 무시하고 항공 업계의 요구사항을 관철시켰다.[9)] 항공 업 계는 의회와 백악관을 상대로 공격적인 로비와 양당 지도자들에 대한 막대한 '소프 트머니'로 영향력을 행사한 것이다. 당시 미국연방항공청(FAA)은 위원회 권고사항 에 대해 5년에 걸친 이행 준비를 하였으나, 항공 업계의 강력한 로비로 의회가 설 정 시한을 맞추지 못해 결국 입법화되지 못했다.

당시 고어위원회는 항공안전 검색 업무의 질적 향상을 위해 최저 입찰금액이

---

7) Public Citizen, "Yucca Mountain: Bought and Sold", 2002.
8) 1996년 7월 17일 뉴욕 공항 이륙 12분 만에 추락해 탑승객 230명이 사망한 TWA 800(Trans World Airlines Flight 800)사건을 계기로 항공 안전문제를 다루기 위해 당시 고어 부통령을 위원장으로 한 대 통령직속 위원회로, 당시 위원장의 이름을 따 고어위원회로 불렀다.
9) Public Citizen, "Delay, Dilute and Discard: How the Airline Industry and the FAA Have Stymied Aviation Security Recommendations", *Congress Watch*, Oct. 2001.

아닌 성과 위주로 계약을 하고, 모든 공항 및 항공업체 종업원의 범죄경력 조사, FBI 지문채취, 화물과 승객의 대조 조사를 할 것을 권고했으나 비용문제를 이유로 수용하지 않았다. 당시 9개 항공사들과 항공운송협회(Air Transport Association)는 연방정부가 고어위원회 권고사항을 입법화하기 위해 활동하던 1997년부터 2000년까지 무려 6,290만 달러의 로비자금을 지출하였다. 2000년에 지출한 로비자금만 1,660만 달러에 이른다. 항공업계는 당시 의회 및 연방정부 출신 108명을 비롯해 210명의 로비스트를 총 동원하였다. 여기에는 전직 의원이 10명, 연방항공청(FAA) 관리 감독 부처인 교통부(DOT)의 전직 장관이 2명, 전직 FAA 고위 관계자가 3명, 전직 백악관 근무자 15명 등이 포함되어 있었다.

특히 2008년 금융위기 이후 월스트리트의 로비는 사상 유례를 찾아보기 어려울 정도로 대대적으로 진행되었다. 하반기 프라임 모기지 사태로 촉발된 미국의 금융위기가 세계 경제위기로 비화된 2009년의 경우 구조개혁 대상이던 금융서비스 업계의 로비는 생존이 걸린 로비였다. 퍼블릭 시티즌에 따르면 은행·투자·보험·부동산 등의 금융업계는 2009년부터 전직 의원이나 관료 출신 등 무려 940명을 로비스트로 고용하였다.[10] 로비스트로 활동 중인 약 150여 명의 전직 의원 중 최소 70명을 로비스트로 고용한 것이다.

이들 중에는 전 하원의장 데니스 해스터트, 전 공화당 대통령후보 밥 돌, 전 상원 다수당(공화) 대표 트렌트 로트, 전 하원 다수당 대표 딕 아미와 민주당 딕 게파트 의원, 전 하원 세출위원장 밥 리빙스톤, 전 하원 세입위원장 빌 토마스 등 거물급 인사들이 대거 포함되어 있었다. 특히 2002년 사베인스-옥슬리법(Sarbanes-Oxley Act) 공동 발의자 중 한 명인 전 하원 금융서비스위원장 옥슬리를 비롯해 19명이 과거 상원 금융위원회와 하원 금융서비스위원회 소속이었던 것으로 알려졌다. 월가에 대한 미 의회와 행정부가 강력한 금융규제 움직임을 보이자 이를 저지하기 위해 개별 기업으로는 비자(Visa)사가 2009년 37명, 골드만삭스 33명, 프루덴셜금융 30명, 시티그룹 29명 등 대규모 로비스트를 동원하였다(자세한 내용은 제7장 3. 월가(Wall Street) 로비 참조).[11]

---

10) http://www.citizen.org/congress/govt_reform/revolving/articles.cfm?ID=19092.
11) Public Citizen, "More Than 900 Ex-Government Officials, Including 70 Former Members of

업체들 간의 치열한 이권 경쟁은 가끔 부적절한 로비로 이어지기도 한다. 2004년 보잉사가 국방부로부터 공중급유기 수주 로비를 벌였다는 이유로 당시 필 콘디트 회장을 비롯한 경영진이 사퇴한 것은 한 예라고 할 수 있다.

## 2. 미국의 로비와 통상정책 결정과정

미국은 통상정책에 관한 권한이 의회에 있다. 미국 헌법 제1조는 의회에 대외통상 규제 및 관세부과 권한을, 제2조 제2항은 대통령에게 무역을 포함한 대외정책 권한을 부여하고 있다. 대통령은 통상문제와 관련한 정책의 선택과 추진, 통상협정의 협상 및 체결 권한을 갖는다. 대통령은 외국 정부와의 조약 체결권, 외국대사의 신임장 접수, 조약안의 수정 요구가 가능하며, 상원은 조약의 비준 권한을 가진다. 행정부는 상원 비준절차를 피하기 위해 조약이 아닌 행정협정(executive agreement)을 이용하기도 한다. 하지만 의회는 헌법 제1조 제8항에서 규정하고 있듯이 조세, 예산, 조약 및 협정의 비준 동의권을 가진 의회를 무시하고 행정부 독자적으로 통상정책을 추진할 수 없다.

통상협정은 미국 의회의 동의 방식에 따라 크게 '조약(Treaty)'과 '행정협정(Executive Agreement)'으로 구분된다. 조약은 미국 헌법 제2조 제2항에 따라 상원의 조언 및 동의('Advice and Consent')가 필요한 국제협정으로, 효력을 발휘하기 위해서는 상원에서 3분의 2의 찬성이 필요하다. '조약'과 '행정협정'을 구별하는 정확한 기준은 없으나 대체로 국방(Defense), 범죄인 인도(Extradition), 세금(tax), 휴전(Disarmament), 환경(Environment) 및 국제사법(private international law)을 다루는 국제협정은 조약으로 다루어진다. '행정협정'은 '조약' 이외의 국제협정으로, 'Sole Executive Agreement(SEA)'와 'Congressional Executive Agreement(CEA)'로 구분한다. SEA는 대통령이 의회와 독립적으로 행사할 수 있는 배타적 권한과 관련된 사항을 다루는 협정으로, 최고사령관(the Commander-in-Chief)으로서 행사하는 '휴전협정'이 있으며, 해당 협정이 입법부의 권한에 해당하는 사안인 경우 대통령은 의회의 승인(Approval)을 얻어야 하는 바, 이러한 사안을 다루는 협정을 Congressional

---

Congress, Having Lobbied for the Financial Services Sector in 2009"(http://www.citizen.org).

Executive Agreement이라고 한다.

그러나 국제통상 환경이 갈수록 복잡해지고 신속한 통상정책의 수립 및 추진이 필요해지면서 현실적으로 의회가 직접 통상정책의 권한을 행사하기가 어려워 의회의 권한 일부를 행정부에 위임하는 대신 견제와 감독권을 강화하는 형태를 취하여 왔다.

제한된 범위지만 의회가 관세인하 권한의 일부를 처음으로 행정부에 위임한 것은 1934년 대공황에서 벗어나기 위한 호혜통상협정법(Reciprocity Trade Agreement Act)이다. 1974년 닉슨 행정부는 의회의 위임을 받아 통상협정을 체결하고, 의회는 수정 없이 가부만을 결정하는 신속처리권한(Fast Track) 또는 무역촉진권한(Trade Promotion Authority: TPA)[12]을 요구하였다. 다자간협상 추진을 위해 도입된 TPA는 이후 여러 차례의 연장과 부활 입법을 거쳐 2007년 7월 1일까지 유지되었다.

미국의 산업별 통상정책은 각 부처가 결정하지만, 각 부처 및 이해관계자들 간의 의견 조율과 각종 통상협상은 대통령 직속의 미국무역대표부(USTR)가 담당한다. USTR은 각 부처로부터 국제통상 및 협상 실무에 밝은 파견 공무원들로 구성된다. USTR은 정책의 수립 단계에서 각 부처나 이익집단들의 입장을 반영 또는 조정하여 통상정책을 수립하고, 미국 정부를 대표하여 대외협상을 한다.

USTR은 각 부처 간의 의견 조정이 필요한 경우 실무자회의 → 통상정책실무협의회(Trade Policy Staff Committee: TPSC, 국장급) → 통상정책검토그룹(Trade Policy Review Group: TPRG, 차관급) → 국가경제위원회(National Economic Council: NEC) 차관회의 순으로 조정회의를 거치며, 그래도 조정이 안 되면 최종단계로 대통령이 주재하고 장관이 참여하는 국가경제위원회(NEC)에서 최종적으로 결정한다.

민간자문위원회는 행정부의 정책 수립과 개발, 정보제공, 컨설팅 등의 역할을 수행한다. 민간자문위원회는 최상위 위원회인 무역정책 및 협상자문위원회(President's Advisory Committee for Trade Policy and Negotiations: ACTPN)와 4개의 정책자문위원회, 22개의 분과별 위원회(Sectoral Advisory Committee)로 구성되어 있다.

미국은 헌법 상 국민이 나라의 주인이고, 대통령은 국민의 세금으로 뽑아놓은 일꾼이기 때문에 이해관계자이면 누구나 통상정책 결정과정에 대한 개입과 영향력

---

12) 무역증진권한, 무역진흥권한, 무역협상촉진권한, 신속협상권한 등 여러 가지로 번역되나 일반적으로 정부나 학계에서 가장 많이 사용하고 있는 것은 '무역촉진권한'이다.

행사가 가능하다. 특히 업계는 청원을 통해 행정부나 의회에 자신들의 요구를 관철 시키려 하는 등 영향력 행사에 가장 적극적이다. 예를 들어 외국의 불공정 교역이 나 시장개방으로 피해를 보는 국내기업이나, 해외 시장접근을 기대하는 수출업자들 은 행정부 및 의회를 대상으로 유리한 정책을 끌어내기 위해 영향력을 행사한다.

대통령, 의회, 행정부는 정책수립 과정에 공식적으로 참여하지만, 업계, 로비스 트, 연구소, 소비자단체, 비정부기구(NGO), 각종 민간자문위원회 등도 간접적으로 정책결정에 개입한다. 연방자문위원회법(Federal Advisory Committee Act) 및 1974년 통상법(Section 1.41 of Trade Act 1974)에 따라 구성되는 자문위원회는 행정부의 정 책결정에 영향을 줄 수 있는 체계적이고 효과적인 창구 중 하나이다.

업계는 각종 업종의 단체 및 협회, 로비스트 등을 통해서도 통상정책의 결정과 정에 적극적으로 개입한다. 이들은 각종 정부 회의나 의회 청문회, 의견서, 언론광 고 및 홍보, 언론기고 등을 통해 자신들의 이익을 적극적으로 대변하거나 요구한다.

이익집단들은 특히 정책결정 과정에 중심 역할을 하는 의원들을 설득하거나 압 력을 행사하기 위해 지역구 의원에게 직접 편지나 전화를 하는 풀뿌리 로비를 동 원한다. 또한 선거자금 기부, 로비스트 동원, 소프트머니, 성명서 발표, 정치캠페인 등 정책결정에 영향을 미치기 위해 다양한 방법들을 이용한다.

로비스트들은 고객을 대신해 의사결정을 해야 하는 복잡하고 다양한 이슈들을 연구할 시간과 지원 인력이 없는 의원들을 위해 무보수로 자문해주고, 선거자금을 모금하거나 기부금을 제공한다. 그래서 Birnbaum(1992)은 가장 영향력 있는 정책 입안자는 의원이 아니라 로비스트이며, 이익집단으로부터 선거자금을 받지 않은 정 치인이 없을 정도로 로비 게임은 정부의 전 분야에 적용된다는 것이다.[13)]

주요 로비 대상은 주로 지역구 출신 의원을 비롯해 통상정책 및 예산 관련 권 한을 행사하는 하원 세입위원회와 상원 재무위원회 및 산하 무역소위원회 위원, 그 리고 주요 상임위원회 위원들이다. 업계는 단체 등을 통해 대부분 이해관계가 같은 산업별로 로비하지만, 농업보조금, FTA 등과 같이 현안에 따라 여러 산업계가 공 동 대응하는 경우도 종종 있다.

---

13) Birnbaum, Jeffrey H., *The Lobbyist: How Influence Peddlers Get Their Way in Washington*, New York: Times Books, 1992.

법안이나 결의안은 행정부가 의원 입법 형태로 제출하거나 또는 의원들이 직접 발의하며, 의회 서기에게 제출하거나 Hopper라는 상자에 넣는 방법으로 발의한다. 제출된 법안은 제출자 이름과 함께 접수 순서대로 접수번호가 부여되며, 정부인쇄소(GAO)에서 인쇄한다. 의장은 법안의 번호와 건명을 낭독하고 토론 없이 해당 상임위원회에 회부한다. 각종 법안은 상·하원 어느 곳에나 제출할 수 있고, 동일 또는 유사한 내용을 양원에 동시에 제출할 수 있다. 상원에서는 인원 제한 없이 공동 제안할 수 있지만, 하원은 제안 의원이 25명 이내로 제한된다.

미국 대통령은 의회가 통과시킨 법률안을 발효시키지만, 이견이 있을 경우 거부

[그림 4-1] 미국의 통상정책 결정 메커니즘

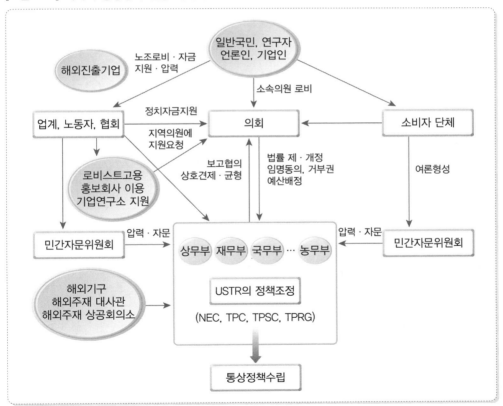

자료: 김흥률(2002) 재인용.[14]

---

14) 김흥률, "미국의 통상정책 결정 메커니즘과 한국에의 시사점", 대외경제정책연구원, 2002, p. 167.

권 행사 의사표시를 하거나 거부권을 행사해 의회를 견제할 수 있다. 하지만 의회는 3분의 2 찬성에 의한 재의결로 거부권을 무력화할 수 있다. 대통령은 의원들보다 지역구나 이익집단의 영향을 적게 받지만, 정치적 영향력이 큰 산업이나 선거자금 기부가 많은 이익집단의 보호무역 압력을 무시하기 어렵다.

'견제와 균형' 관계인 행정부와 의회는 주요 정책을 결정하지만, 정책 노선을 놓고 갈등을 빚는 경우가 종종 있다. 이 때문에 대통령과 보좌관들은 행정부가 추진하는 정책의 원활한 추진을 위해 수시로 의회 지도자, 위원회 위원들을 만나 설득하고 정보를 교환한다.

대통령은 의회 설득 전략과 병행하여 전국으로 방영되는 TV 연설, 전국 순회를 통한 국민 설득 등을 통해 직접 여론에 호소하기도 하지만, 어느 쪽도 절대적인 주도권을 행사할 수 없다. 일반적으로 FTA 등 통상협정은 서명 후 의회 상·하원 합동회의에서 다수결로 비준 동의와 함께 이행 법률안이 통과되면 대통령이 공표한다.

미국 의회는 예산권도 있다. 의회 예산안은 상·하원에 설치된 예산위원회(Budget Committee)와 세출위원회(Appropriations Committee)에서 심의한다. 예산위원회는 예산책정과 예산의 우선순위 편성과 관련한 모든 정보 및 자료를 분석한다. 하원 예산위원회 위원은 순환직이나 상원은 거의 영구직이기 때문에 상원 예산위원회는 막강한 권한을 행사한다. 제111기 미 의회의 경우 세출위원회 산하에 분야별 12개 소위원회를 두고 있으며, 정부 예산을 확정하고 계수조정 작업을 한다.

대통령이 제출한 예산안(예산교서)은 행정부가 필요하다고 판단되는 정책을 의회에서 심의·입법토록 제출하는 권고문 또는 의견서에 불과하며, 의회 의결대상이 아니다. 미국 예산은 한국과 달리 복수의 법률로서 성립하기 때문이다.

세입위원회는 "대표 없이 과세 없다(No Taxation without Representation)"라는 역사적 전통에 따라 하원에만 두고 있다(미 헌법 제1조 7항). 하원 세입위원회는 상원 재무위원회와 함께 FTA 등 통상정책 수립 및 결정에 대한 권한도 행사한다.

의원들에게 가장 인기 있는 상임위원회는 선거자금(로비자금)을 가장 많이 받을 수 있는 위원회이다. 미 의회에서 가장 인기 있는 위원회를 Blue Committee라고 부른다. 의원 한 사람이 적어도 2개 분과위원회와 관련 분과위 2개 소분과 위원회

〈표 4-5〉 미국 의회 예산안 심의일정표

| | |
|---|---|
| 2월 첫째 월요일 限 | 대통령, 예산안 의회 제출 |
| 예산안 제출 후 6주 限 | 상·하원 각 위원회, 각원 예산위원회에 예산평가보고서 제출 |
| 4. 15. 限 | 상·하원 예산결의안(Cocurrent Resolution) 채택 |
| 5. 15. | 하원, 세출예산 심의 개시 |
| 6. 10. 限 | 하원 세출위원회, 13개 세출 예산에 대한 보고서 작성 |
| 6. 30. 限 | 하원, 13개 세출 예산안 통과 |
| 7월 | 상원, 하원 통과 세출 예산안 심의 |
| 7. 15. 限 | 대통령, 수정 예산안 제출 |
| 8~9월 | 상원, 세출예산안 심의 통과<br>※ 상·하원 통과 세출예산안이 상이할 경우 양원협의회에서 단일안 작성 |
| 9. 30. 限 | 대통령 서명으로 예산 성립<br>※ 9. 30.까지 모든 조치가 완료되지 않을 경우 잠정지출결의안(Continuing Resolution) 채택 |
| 10. 1. | 회계연도 시작 |

자료: 외교통상부, 「미국개황」, 2009. p. 56.

를 선택해야 한다. 따라서 의원 한 사람은 최소 2개 상임위원회, 4개 소위원회 위원이 된다. 일례로 제111기 미 의회는 농업위원회 산하에 4개, 세출위원회 산하에 12개, 세입위원회 산하에 5개 소위원회를 두고 있는 등 대부분 2개 이상의 소위원회가 있다. 이 때문에 지출 예산을 관할하는 세출위원회, 세금을 관할하는 세입위원회, 금융을 관할하는 금융위원회 등이 의원들에게 가장 인기가 있다.[15] 주요 상임위원회는 당연히 이익집단이나 전문 로비스트들의 주요 공략대상이다.

　이익집단은 의회 및 행정부를 대상으로 자신들의 이해관계를 관철시키기 위해 로비하고, 정치인들은 최대 관심사인 재선(再選)을 위해 이들을 활용한다. 예비선거와 본 선거가 있는 미국은 각종 선거에 출마할 후보자를 중앙당 공천으로 뽑지 않고, 지역구 예비선거로 선출하기 때문에 중앙당에 대한 충성심이 별로 없다.

　대통령도 유권자가 직접 선출하지 않고, 유권자가 선출한 선거인단(electoral

---

15) 김창준, "미국 문화의 특징", 「국회보」, 2000. 1월호, pp. 89-93.

college)에 의해 선출된다. 선거인단은 연방 상원의원 100명과 하원의원 435명에다 워싱턴 D.C.를 대표하는 3명을 포함해 535명으로 구성된다. 각 정당은 대통령 및 부통령 지지를 서약한 선거인단 명단을 제시하면 대부분 주가 투표결과 다수를 득표한 정당이 선거인단 전부를 차지하는 승자독식방식(winner-takes-all)이기 때문에 선거인단 수가 많은 주를 차지하는 것이 중요하다. 이 때문에 의원들에게는 지역구 관리가 무엇보다 중요하다. 아무리 유명인사라도 지역구 관리가 소홀하면 정치생명이 위태로워지기 때문에 선거 기부금이나 풀뿌리 로비의 파워는 바로 이러한 정치적 환경에서 나온다고 할 수 있다.

이익집단들은 인지도가 낮은 도전자보다 당선 가능성이 높은 현역의원들에게 선거자금을 집중적으로 기부한다. 의회 현역의원의 재선비율이 하원은 90%, 상원은 70%를 상회할 정도로 현역 프리미엄이 매우 높기 때문이다. 상원의원 선거는 주별로 1명만 뽑는데다,[16] 언론에 노출될 기회가 많고 도전자들도 독자적인 선거자금 모금능력을 갖춘 경우가 많아 도전자가 승리할 가능성이 하원보다 높은 편이다.

미국 선거는 누가 얼마나 많은 선거자금을 모금했느냐에 따라 승패가 좌우될 만큼 많은 선거자금이 소요된다. 선거자금 모금 규모로 유력한 당선자를 예측하는 것도 이런 이유이다. 2008년 대통령선거 시 버락 오바마 후보는 7억 4,500만 달러를 모금해 7억 3,000만 달러를 선거비용으로 사용하였고, 존 매케인 후보는 3억 6,300만 달러를 모금하여 3억 3,300만 달러를 지출하였다. 2008년 대통령 선거에만 약 11억 달러의 선거자금이 소요되었다. 연방 상·하원 후보들의 선거비용 약 14억 달러(하원 9.8억 달러, 상원 4.1억 달러)를 포함하면 2008년 한 해 선거비용으로만 25억 달러(약 3,000억 원)를 쓸 만큼 돈이 선거에 미치는 영향이 지대하다.[17] 2016년 대통령 선거에서는 힐러리 클린턴 후보가 후보자위원회를 통해 5억 6,376만 달러를 비롯해 총 7억 9,490만 달러를, 도널드 트럼프 후보가 4억 840만 달러라는 천문학적인 선거자금을 모금한 바 있다.

후보자들은 개인이나 정치활동위원회(PAC), 소속정당 및 정당 지도부로부터 선

---

16) 매 선거 시 정원의 1/3만 개선(改選)한다.
17) 의원 1인당 평균 상원 310만 달러, 하원 140만 달러를 사용하였다.

거자금을 모금한다.[18] PAC은 1971년 연방선거법(Federal Election Campaign Act 1971)에 의해 합법화된 이후 급속히 증가 추세이다. 미국 노동계가 1943년 최초로 Political Action Committee이란 이름으로 정치활동을 위해 별도의 재단을 설립한 이래 1950년대 의료(American Medical Political Action Committee: AMPAC), 1960년 대 산업계(Business-Industry Political Action Committee: BIPAC) 등 잇달아 PAC이 만들어졌다. 1971년 이후 기업, 단체, 개인 등으로 허용 범위를 확대하였으며, 매 선거 때마다 후보자당 5,000달러 등 일정금액 이내로 한도를 제한하고 있다. 1998 년의 경우 약 4,600개 PAC이 5억 달러 이상을 모금해 2.2억 달러를 연방 후보자들에게 기부하였다. 기업이나 노조 등 이익단체는 직접 정치자금을 기부할 수 없기 때문에 PAC을 결성, 연방선거관리위원회(Federal Election Commission: FEC) 등록 후에 선거 기부를 할 수 있다.[19]

개인, 이익단체, 정당 등은 PAC으로 직접 기부하기보다 특정 후보와 협의 없이 TV 광고, 투표참여운동 등 소프트머니 형태로 선거에 영향력을 행사한다. 의원 등 선출직 정치인들은 이익집단들의 선거 기부와 무제한의 간접 선거활동이 로비 활동의 일환이라는 것을 알기 때문에 정책결정 시 무시하기 어렵다.

이익집단이나 로비스트의 실무 접촉창구는 주로 개인 보좌관들이다. 갈수록 의원들의 활동영역이 광범위하고 복잡한 이슈가 많아 이를 전문적으로 보좌하는 보좌관과 로비스트들의 역할이 커지고 있다. 하원 의원은 18명의 정규직 보좌관 외에 추가로 4명의 비정규직 보좌관을 채용할 수 있다. 상원 의원은 3명의 입법보좌관을 비롯해 인구 규모에 따라 텍사스, 캘리포니아 주인 경우 최대 70명에 가까운 보좌관을 채용할 수 있다. 보좌관들은 대부분 선거구 관리, 선거자금 모금 등 재선 관련 업무를 하기 때문에 영향력이 상당하다.

---

18) 개인은 특정후보에 매 선거당 2,700달러, 정당에 연간 33,400달러, PAC에 연간 5,000달러까지 기부할 수 있다. 그러나 후보 개인이나 가족의 돈은 우리나라와 달리 무제한으로 사용할 수 있다.

19) 2009년 3월부터 Honest Leadership and Open Government Act 2007(HLOGA)에 따라 연방선거 후보자 관련 PAC은 "Leadership PAC"으로 고지해야 한다(www.fec.gov).

# 제 5 장

# 로비와 협상태도 결정에 대한 연구

## 1. 해외 연구

### 가. 개 관

일반적으로 통상정책에 대한 정치경제 모델은 개인 선호도, 이익집단, 정책결정 자 선호도, 정부의 제도구조 등 4가지 요소를 포함한다([그림 5-1] 참조).[1] 수요 측 면에서는 첫째, 정책결정자들의 선택에 대한 개인들의 선호도(A)로서 헥셔-오린 (Heckscher-Ohlin) 정리나 리카도-바이너(Ricardo-Viner) 모델의 경우 개인 선호 는 자기이익에 좌우되며, 재능(factor endowments)과 요소역량(factor-specific skills) 에 따라 개인의 정책 순위를 도출할 수 있다. 둘째, 이러한 개개인의 정책 선호도 가 압력집단, 정당, 풀뿌리 운동을 통해 어떻게 정책에 대한 정치적 수요로 반영되 는가(B) 하는 것이다. 이 단계는 로비, 선거기부, 투표자 등록 등 정치적 영향력 행사 유형뿐만 아니라 정치조직 형태의 특징을 포함해 상대적으로 파악하기 어렵 기 때문에 대부분 분석 모델들의 결론이 명료하지 않다.

공급 측면에서는 첫째, 정책결정자의 선호도(C)에 관해 다룬다. 정치인들이 재 선(再選), 선호집단으로의 자원 이전, 정파적 이념이나 사회후생 극대화를 위한 행 동 여부를 판단한다. 정책결정자의 선호도가 어떻게 통상정책의 수요 측면과 상호 작용하는지 알아보기 위해 정책결정의 제도적 환경 — 즉, 비례대표제 또는 소선거

---

1) Rodrik, Dani., "What Does the Political Economy Literature on Trade Policy (not) Tell Us That We Ought to Know?", *NBER Working Paper* No. 4870, Sept. 1994.

**[그림 5-1] 통상정책 결정의 수요 및 공급구조**

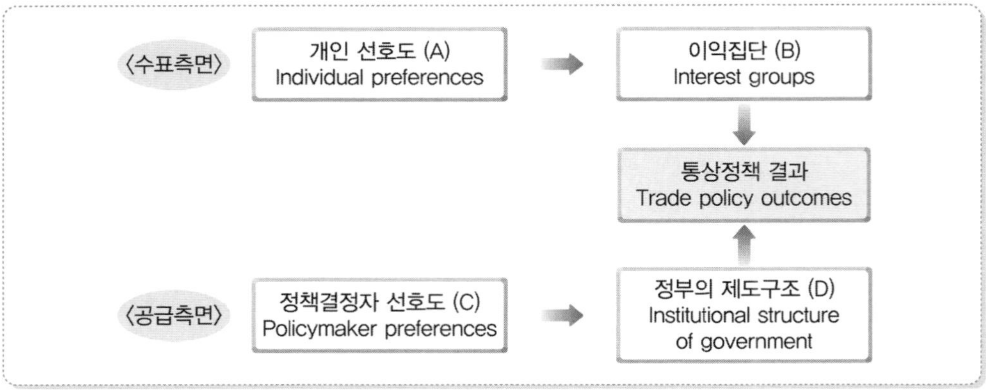

〈수표측면〉 개인 선호도 (A) Individual preferences → 이익집단 (B) Interest groups

통상정책 결과 Trade policy outcomes

〈공급측면〉 정책결정자 선호도 (C) Policymaker preferences → 정부의 제도구조 (D) Institutional structure of government

자료: Dani Rodrik(1994).

구제(first-pass-the-post) 등 — 을 명확히 한다. 그러나 지금까지의 모델들은 어느 것도 완전하지 못하지만 통찰력과 현실적 갭을 채워줄 가능성을 제공한다.

IPE 이론은 일반적으로 정책 결정자들이 어떤 분배 성과로 차별화하거나, 개인 또는 로비집단이 정책결정자 선호도에 영향을 줄 수 있다는 가정 아래 전개되며, 대표적인 통상정책 결정 모델들은 몇 가지로 분류할 수 있다.

첫째, 관세설정함수 접근법(tariff-formation function approach) 또는 로비함수 접근법(lobbying function approach)으로, 통상정책을 내생화할 수 있는 가장 직접적 방법은 통상정책수단, 즉 관세수준과 경쟁조직들이 사용한 로비자원 규모(량)를 연계하는 것이다(Findlay & Wellisz, 1982[2]; Feenstra & Bhagwati, 1982).[3]

둘째, 정치후원함수 접근법(political support function approach)이다. 이 접근법은 특정산업을 대표하는 조직화된 이익집단의 정치적 영향은 부분적이며, 교역제한의 결과도 고려한다고 가정한다. 즉, 정책 입안자들은 일반국민의 손해보다 특정산업의 보호이익을 극대화하며, 이러한 분석 툴은 사양산업 보호(Hillman, 1982)[4]와 양국 간

---

2) Findlay, R., and S. Wellisz, "Endogenous Tariffs, the Political Economy of Trade Restrictions, and Welfare", in Jagdish Bhagwati (ed.), *Import Competition and Response*, Chicago: University of Chicago Press, 1982. 이들은 관세설정함수(tariff formation function) 모델을 개발해 로비지출이 관세에 직접적인 영향을 미치며, 선거 기부는 한계로비지출액(marginal lobbying dollar)과 한계로비비용(marginal lobbying costs)을 일치시켜 로비는 이익을 극대화함에 따라 기부액이 보호에 따른 순이익과 같을 필요가 없게 된다는 것이다.
3) Feenstra, R. C., and J. N. Bhagwati, ibid.

통상양허(Hillman & Moser, 1995)[5] 등에 적용되었다. Van Long & Vousden(1991)[6]
은 정치후원이 상이한 그룹들 간의 소득수준에 좌우된다는 일반론을 제시하였다.

셋째, 중간투표자 접근법(median-voter approach)으로, 관세수준은 국민의 투표
에 의해 결정된다는 직접민주주의 모델로 Mayer(1984)[7]에 의해 개발되었다. 두 개
부문, 두 가지 요소(노동, 자본)를 상정한 Mayer의 헥셔-오린 버전에서 균형 통상
정책은 자본이 풍부한 국가는 통상에 비우호적이고, 노동이 풍부한 국가는 우호적
이라는 것이다. 그러나 실제 통상정책은 다수 투표자들에 의해 결정되는 경우가 거
의 없기 때문에 현실성이 부족하다. 반면 Dutt & Mitra(2001)[8]는 국가별 소득 불
균형 정도에 따라 절대적인 관세수준이 아닌 관세수준의 변화에 초점을 맞췄다.
즉, 자본-노동비율의 중간값(median)과 평균값(mean)의 차이가 커지면 자본우위
국가는 관세를 올리고, 노동우위 국가는 관세를 내린다는 것이다.

넷째, 선거기부 접근법(campaign contributions approach)으로, 정치인에 대한 특
정 이익집단의 자원 이전은 어떤 직접적인 역할도 하지 않는다는 지금까지의 논의
와 달리, 정치기부의 역할을 명시적으로 설명하였다(Magee et al., 1989).[9] 이 모델
은 선거에서 선호 정당의 승산을 높이기 위해 선거기부 로비를 한다고 주장하였다.
그러나 이 모델은 정당 태도(수출 선호 또는 보호 선호)의 인위적 제한, 합리적 선택
기초가 없는 확률투표 사용 등 2가지 이유로 Austen-Smith(1991)[10]로부터 비판을
받았고, Mayer & Li(1994)[11]는 이러한 비판을 수용하여 이를 수정 보완한 분석틀

4) Hillman, Arye., "Declining Industries and Political Support Protectionist Motives", *American Economic Review* 72, 1982. pp. 1180-1187.
5) Hillman, A. L., and P. Moser, "Trade liberalization as politically optimal exchange of market access", in M. Canzoneri, W. Ethier, and V. Grilli, eds., *The new transatlantic economy*, London and New York: Cambridge University Press, 1995(재인용).
6) Van Long, B., and N. Vousden, "Protectionist responses and declining industries", *Journal of International Economics* 30(1/2), Feb. 1991, pp. 87-103.
7) Mayer, M., "Endogenous tariff formation", *American Economic Review* 74(5), Dec. 1984, pp. 970-985.
8) Dutt, Pushan., and Devashish Mitra, "Endogenous Trade Policy Through Majority Voting: An Empirical Investigation", Manuscript, 2001.
9) Magee, S. P., W. A. Brock, and L. Young, *Black hole tariffs and endogenous policy theory*, Cambridge and New York: Cambridge University Press, 1989.
10) Austen-Smith, D., "Rational consumers and irrational voters", *Economics & Politics* 3(1), March 1991, pp. 73-92.
11) Mayer, W., and J. Li, "Interest groups, electoral competition, and probablistic voting for trade

을 제공하였다. 그러나 이 모델도 여전히 두 가지 불확실성 — 투표자는 두 정당의 정책 선호도를 정확히 알지 못하고, 정당은 어떤 면에서 투표자들의 선호에 대해 불확실하다 — 을 내포하는 현실적 한계가 있다.

다섯째, 정치기부 접근법(political contributions approach)이다.[12] Gawande & Krishna(2001)는 관세설정함수, 정치후원함수, 정치기부 접근법을 모두 이익집단 모델(interest group model)로 분류하였다. G-H 1994는 정치인 간의 명시적인 경쟁 을 수용하지 않지만, 총 기부액의 가중합과 총 후생을 극대화하는 현역의원이 존재 하며, Magee et al.(1989)과 달리 정치적 기부는 정책 입안자들이 선택한 정책에 직접적인 영향을 주기 위한 것으로 보았다.

이 모델에 의하면 특정 부문의 보호수준은 조직화되어 있을 때, 경쟁관계인 수입에 비해 상대적으로 성과가 높을 때, 그리고 상응하는 무역 흐름에 대한 가격 반응도가 낮을 때 더 높아진다. 통상정책에 대한 정치경제학 연구에서 가장 탁월 한 모델로 평가되는 G-H 모델은 매우 정치(精緻)한 정부와 로비 간의 상호작용 이론을 제시하였으며, 이후 많은 실증연구를 통해 예측 모델로서의 유용성이 뒷받 침되었다(Goldberg & Maggi, 1997; Gawande & Bandyopadhyay, 2000; Maggi & Rodriguez-Clare, 2000[13]; Gawande & Krishna, 2001; Eicher & Osang, 2002).

## 나. 정부와 로비와의 관계 연구

첫째, 이익집단 로비에 관한 연구로서, 로비를 지대 추구 행위로 보고 정부 규 제나 지출에 대한 막후 영향력을 행사하는 이익집단 행위에 주목한 연구는 일찍부 터 있었다(Buchanan & Tullock, 1962).[14] 지대 추구는 상품이나 서비스 제공 비용에 비해 적정이윤을 초과하는 이윤추구 행위이다. 기존 초과이윤을 유지하거나, 다른

---

policies", *Economics & Politics* 6(1), March 1994, pp. 59-77.
12) Gawande, Kishore, and Pravin Krishna, "The Political Economy of Trade Policy: Empirical Approaches", *Handbook of International Trade*(Working Paper No. 2001-38), 2001.
13) G-H 모델에서 정부에 대한 추가적인 정책 수단(수출자율규제, 쿼터)을 도입함으로써 어떻게 긍정적이 고 부정적인 효과가 나타나는지를 분석하였다. Maggi, G., and A. Rodriguez-Clare, "Import Penetration and Politics of Trade Protection", *Journal of International Economics*, 51, 2: 2000, pp. 287-305.
14) Buchanan, James, and Gordon Tullock, *The calculus of Consent*, Ann Arbor: University of Michigan, 1962(재인용).

이해단체의 지대추구로부터 자신을 방어하는 노력도 지대추구로 볼 수 있다.[15] 지대추구의 결과로 획득되는 가장 중요한 수단은 보조금 지급이나 경쟁으로부터 보호받을 수 있는 보호입법이나 규제조치의 형태를 띠기 쉽다.

1960년대 이후 이익단체 집단이 크게 증가하면서 이에 대한 연구가 이루어졌다. Leech et al.(2005)[16]은 정부의 활동범위(정책영역)의 확대와 이해관계집단의 상관관계를 분석한 결과 정부의 활동범위 및 건수의 증가는 새로운 정부 프로그램에 대한 이해관계집단의 다양한 활동유인으로 작용한다고 지적하였다. 즉, 정부 활동이 활발해지면 이익집단들은 이를 모니터링하며 영향력을 행사하거나 반대 활동이 많아진다는 것이다.

심지어 정부는 새로운 이익집단이 활동할 수 있도록 후원(Walker, 1983, 1991; Smith & Lipsky, 1993; Cigler & Nownes, 1995)[17]하고, 정부 프로그램을 통해 이익을 보호할 수 있도록 조직화 유인을 제공한다(Campbell, 2003)[18]는 것이다. 이는 특정 이슈영역에 대한 정부의 활동수준은 해당 분야 정부지출이나 기업의 수보다 이익집단의 로비 수준을 설명해 준다는 점에서 설득력을 가진다. 이에 비해 Olson(1971)[19]과 같은 학자들은 이익집단의 활동유인으로서 내부적 특성이 중요하다며 개인과 이익집단이 스스로 찾아낸 정치적 외부 환경과의 상호작용에 주목하였다.

로비 행위에 관한 연구로는 이익집단 인구에 대한 인구 생태학적 접근방식을 통해 정치적 환경(energy),[20] 안정성(stability), 이익집단 환경(area)[21]에 초점을 맞추

15) Dam, Kenneth W., *The Rules of the Global Game*, University of Chicago Press, 2001.
16) Leech et al., "Drawing Lobbyists to Washington: Government Activity and Demand for Advocacy". *Political Research Quarterly*, Vol. 58, No. 1(March 2005): pp. 19 – 30.
17) Walker, Jack L., Jr., "The Origin and Maintenance of Interest Groups in America.", *American Political Science Review* 77: 1983, pp. 390 – 406; Walker, Jack L., Jr., *Mobilizing Interest Groups in America*, Ann Arbor: University of Michgan Press, 1991; Smith, Steven Rathgeb, and Michael Lipsky, *Nonprofits for Hire: The Welfare State in the Age of Contracting*, Cambridge, MA: Harvard University Press. 1993; Cigler, Allan J., and Anthony J. Nownes, "Public Interest Entrepreneurs and Group Patrons", In *Interest Group Politics*, 4th ed., Allan J. Cigler and Burdett A. Lommies, eds, Washington, D.C.: CQ Press, 1995(이상 재인용).
18) Campbell, Andrea, *How Policies Create Citizen*, Princeton: Princeton University Press, 2003(재인용).
19) Olson, Mancur, Jr., *The Logic of Collective Action*, Cambridge, MA: Harvard University Press, 1971(재인용).
20) 잠재적인 정부의 재화, 서비스 및 규정을 의미한다.
21) 잠재적인 회원과 여타 자원조직들의 수를 의미한다.

거나(Gray & Lowery, 1996),[22] 특정조직으로 하여금 로비하도록 만드는 이슈문제를 고려하였다(Baumgartner & Leech, 1996, 1998, 2001; Hojnacki, 1997; Hojnacki & Kimball, 1998; Kollman, 1998; Leech, 1998). 또한 정책연구 결정에 있어서 의제설정이나 이슈정의의 광범위한 효과를 검토하는 연구도 이루어졌다(Baumgartner & Jones, 1993, 2002; Jones, 1995; Leech et al., 2002).

미국 의회는 매년 수천 건의 법안들을 상정하지만 관심을 끄는 것은 일부에 불과하기 때문에 로비집단들의 최대 관심사는 의회에서의 승패 문제가 아니라 자신들의 이슈가 다뤄질지가 최대 불확실성이라고 할 수 있다. 이런 이유로 Grier et al.(1994), Martin(1995)[23] 등 많은 연구자들은 무임승차(free-riding)와 조직의 부절적한 행동과 같은 문제를 다루었다. 특히 Leech et al.(2005)은 '정부가 다루는 이슈가 증가할수록 로비가 증가한다'는 가설을 시계열분석[24]을 통해 검증하였고, 이익집단 로비의 수요이론은 정부가 이전까지 중요하지 않았던 새 영역에 많이 관여할수록 새로운 이해관계가 만들어진다는 것이다(Heinz et al., 1993). 이에 따르면 정부가 어떤 이슈에 권한이 없거나 관여하지 않을 경우 로비조직이 만들어질 가능성이 거의 없기 때문에 로비 활동은 어떤 의견이나 필요가 있을 때가 아니라 어떤 의견이나 필요가 정부의 행동가능성과 교차되어야 한다고 지적하고 있다. 즉 이해관계는 물질적 부와 같은 어떤 조건이나 목표가 아니라 권한 있는 공무원에 의한 공공정책에 따라 잠재적으로 또는 실제로 영향을 받는 것으로, 이익집단에 의해 가치 있는 결과가 찾아지거나 반대할 수 있는 정치적인 이해관계로 정의한다.

1998년 선거사례 조사를 통해 로비 주체에 따라 로비 형태가 달라진다는 연구도 있다(Apollonio, 2005).[25] 즉, 유사한 정치적 목적을 가진 이익집단과 노동조합은

---

22) Gray, Virginia, and David Lowery, *The Population Ecology of Interest Representation: Lobbying Communities in the American States*, Ann Arbor: University of Michigan Press, 1996(재인용).

23) Martin, Philippe., "Free-riding, convergence and two-speed monetary unification in Europe", *European Economic Review* 39(1995), pp. 1345-1364.

24) 미국의 로비공개법(LDA)에 따라 1996년부터 2000년까지 보고된 45,000건 이상의 로비 등록 보고서와 정부활동에 따른 조치를 분석하였다. LDA는 6개월간 로비 활동에 2만 불 이상 지출한 개인이나 조직은 로비 분야(74가지로 분류), 활동이슈, 지출금액 등을 적시한 보고서를 상원 공공기록청(Senate Office of Public Records)에 제출하도록 의무화하고 있다.

25) Apollonio, D. E., "Predictors of Interest Group Lobbying Decisions", *The Forum* Vol. 3, Issue 3 Article 6, 2005.

새로운 의원을 선출하려는 목적은 같지만, 이익집단은 노동조합보다 로비자금을 적게 지출하려는 경향이 있고, 기업은 업종단체보다 로비자금을 적게 지출하려는 경향이 있다는 것이다. 이는 회원, 조직경험 등 이익집단 자원의 활용가능성이 행동의 차이를 설명해주지만, 돈에 의한 정치적 타락 우려가 과장되어 있다고 볼 수 있다.

Drazen et al.(2004)[26]은 이익집단과 정치인 간 협상 모델을 이용하여 개인이나 집단의 로비금액 제한(cap)이 로비의 수, 총 기부금액, 정치적 동기에 의한 지출을 증가시키고 사회적 후생을 저하시킬 수 있음을 밝혔다. 또한 엄격한 기부한도 제한은 PAC 숫자를 감소시키나, 기부한도를 늘리면 정(正)의 효과를 보였다.

특히 정치인 또는 정부와 로비와의 관계에 대한 연구가 많은 편이다. 미국 상·하원 의원들은 재선을 위해 유권자들의 선호도에 따라 행동(Wright, 1978; Erickson & Wright, 1980; Canes-Wrone et al., 2002)하지만, 유권자들은 의외로 통상문제에 대한 이들의 입장에 무관심하거나 관심이 낮은 것으로 분석됐다.[27]

Guisinger(2007)[28]는 2006년 미국 중간선거와 관련, 약 36,000여 명의 잠재유권자 자료를 분석한 결과 교육, 환경, 건강, 이민, 국제교역, 사회보장, 세금, 테러리즘 가운데 국제교역에 대한 관심이 상대적으로 가장 낮았다. 일례로 CAFTA의 경우 당시 언론에서 가장 많이 다루었고 선거기간 중 집중 언급되었지만 다른 이슈에 비해 현저성(salience)[29]이 낮았다. 대다수 유권자들은 다른 이슈와 달리 통상에 대한 정치인들의 입장을 몰랐고, 현저성이 높을 것으로 기대됐던 보호주의 지지그룹들도 자신들의 대표자 정견을 알지 못했다. CAFTA에 대한 상원의원의 입장을

---

26) Drazen, Allan, Nuno Limão, and Thomas Stratmann, "Political Contribution Caps and Lobby Formation: Theory and Evidence", *NBER Working Paper* 10928, Nov. 2004.

27) Wright Jr., Gerald C., "Candidates' Policy Positions and Voting in U.S. Congressional Elections", *Legislative Studies Quarterly*, Vol. 3, No. 3, Aug. 1978; Ericson, Robert S. and Gerald C. Wright Jr., "Policy representation of constituency interests", *Journal of Political Behavior* 2.1(March): 1980, pp. 91－106; Canes－Wrone, Brandice, David W. Brady, and John F. Cogan, "Out of Step, Out of Office: Electoral Accountability and House Members' Voting", *American Political Science Review*(2002), 96: 2002, pp. 127－140.

28) Guisinger, Alexandra., "Determining Trade Policy: Do Voters Hold Politicians Accountable?", ASPA August 2007.

29) 'salience'는 현저성, 돌출요소, 주목성 등으로도 표현되며, 어떤 이슈에 대한 후보자의 입장에 의해 영향을 받는 유권자들의 후보자에 대한 효용도(the extent to voter's utility)를 말한다. Wlezien(2005)에 따르면 정치행동론 연구에 이 용어가 빈번하게 사용되나 이에 대한 정의를 찾기 어렵다고 한다.

인지하고 있는지를 조사한 결과 유권자의 54%가 상원의원의 입장을 알지 못했고, 31%만 정확하게 인지하고 있었다. 특히 다른 이슈들에 비해 15%가 잘못 알고 있었다는 점이다. 후보자 입장을 알고 있는 유권자들조차도 이를 투표로 연결한 것은 미미하였다. 통상문제에 대한 유권자들의 상대적 무관심은 역설적으로 후보자가 유권자보다 로비나 로비스트에 의해 더 많이 영향을 받을 수 있음을 말해준다. 반대로 선출된 인사들은 자신을 뽑아 준 유권자의 경제적 이해관계를 완전히 인지하지 못하고, 유권자들도 자신들이 뽑은 대표자가 선택한 정책에 정통하지 않을 수 있다 (Hillman, 1989; Baldwin, 1985).[30]

로비 활동과 선거기부금이 관료들의 정책결정에 미치는 영향에 관한 연구도 있다. Drope & Hansen(2004)에 의하면 정치적으로 활동적인 기업이나 단체는 최소한 두 가지 방법 — ① 입법 과정을 통해 간접적인 영향력 행사를 위한 PAC 기부금, 소프트머니, 로비, ② 회사나 단체가 정책 결과에 영향을 주기 위해 행정부나 관료를 상대로 한 직접로비 — 으로 통상정책 결정에 영향력을 행사한다.[31] 그러나 학자들은 대통령의 경우 이데올로기에 관계없이 광범위한 유권자와 효과적인 대외 정책 실행의 필요성 때문에 보호주의 정책에 의한 국내 특정이익보다 자유시장을 선호하는 정책의 광범위한 혜택에 더 많은 관심을 갖는다고 주장한다.

관련 연구로는 기업 및 단체의 PAC 지출과 의회 감시위원회 의사표시가 정책 결과와 상관관계를 가지며(Hansen & Prusa, 1997; Moore, 1992), 이슈가 덜 가시적일수록 선거와 PAC 기부금이 정책과정에 더 영향을 준다(Jones & Keiser, 1987; Morton & Cameron, 1992; Schroedel, 1986; Wright, 1990)는 것 등이다.

특히 1991~2001년간 5회의 의회 의원선거 기간 중 농업 PAC 기부금 자료를 이용하여 농업부문의 로비지출과 농업보호 간의 상관관계를 분석한 결과, 농업 PAC에 의한 로비지출은 비관세장벽의 사용과 특별관세 간에 정(正)의 관계를 보였다(Gawande, 2005). 즉, 미국의 수출보조금 혜택을 받는 상품의 평균관세와 로비지출 간에 밀접한 상관관계를 보였으나, 농업보호와 수입침투, 생산 대비 수출비율과

---

30) Hillman, Ariel., *The Political Economy of Protection*, New York: Harwood Academic Publishers, 1989(재인용); Baldwin, Robert E., *op. cit.*

31) Drope, Jeffrey M., and Wendy L. Hansen, "Purchasing Protection? The Effect of Political Spending on U.S. Trade Policy", *Political Research Quarterly*, 2004.

같은 통상조치와는 상관관계가 없는 것으로 나타난 것은 의외로 평가된다.

둘째, 무역자유화에 대한 연구들[32]과 달리 국가 간의 FTA, 관세동맹 등 특혜무역협정의 정치·경제적 조건과 통상정책 이행에 관한 이론적 연구는 비교적 최근이다(Grossman & Helpman, 1995a; Krishna, 1998; Levy, 1997; Panagariya & Findlay, 1996).[33] 특혜무역협정(preferential trade agreements: PTA)에 관한 경제학자들의 견해는 크게 두 가지로 나눌 수 있다. Bhagwati(1991, 1993)는 PTA가 오히려 무역자유화를 어렵게 하는 제한효과(stumbling blocs)가 있으며, 특히 세계가 2~3개의 관세동맹으로 이루어지면 후생이 최소화되기 때문에 다자주의가 중요하다고 주장한다. 그래서 Bhagwati(1993)와 Krugman(1993)은 이러한 동적인 과정을 중요시한다. 반면 Summers(1991)는 PTA가 세계 무역자유화를 방해하지 않으며, 부분적인 자유화는 하지 않는 것보다 낫고, 다수 국가들을 소수 무역블록으로 통합하는 것은 다자협상을 촉진한다는 입장이다. Baldwin(1996)도 여러 국가 간의 통합 심화는 자유무역지대 접근을 원하는 국가들에게 유인을 증가시켜 무역자유화를 촉진하고 결과적으로 자유무역블록을 확대한다는 입장이다.

해리 존슨(Harry Johnson, 1953)[34]의 고전적 연구를 토대로 구축된 많은 연구결과에 힘입어 두 종류의 표준이론(Received Theory)이 정립되었다. 하나는 Bagwell & Staiger(1999, 2002)[35]의 연구로 거의 반세기 전 존슨이 제시한 연구의제를 마무리한 탁월한 모델로 평가되지만, '정치'를 통상협정 유인으로 고려하지 않았다.

다른 하나는 정치경제를 강조한 연구로 1980년대에 새로 등장하였다. 대표적인 모델인 Grossman & Helpman(1995a)[36]은 Magelby & Nelson(1990)과 Snyder

---

32) Aghion, Phillipe., Pol Antràs and Elhanan Helpman, "Negotiating Free Trade", *NBER Working Paper* 10721, Aug. 2004.

33) Grossman, Gene M, and Elhanan Helpman, *op. cit.*, Aug. 1995, pp. 675-708; Krishna, Pravin., "Regionalism and Multilateralism: A Political Economy Approach", *Quarterly Journal of Economics* 113, 1998, pp. 227-251; Levy, Philip I., "A Political-Economic Analysis of Free-Trade Agreements", *American Economic Review* 87, 1997, pp. 506-519; Panagariya, Arvind., and Ronald Findlay, "A Political-Economy Analysis of Free-Trade Areas and Customs Unions", In R. C. Feenstra, G. M. Grossman, and D. A. Irwin (eds), *The Political Economy of Trade Policy: Papers in Honor of Jagdish Bhagwati*, Cambridge, MA: MIT Press, 1996(재인용).

34) Johnson, H. G., "Optimum tariffs and retaliation", *Review of Economic Studies* 21, 1953, pp. 142-153(재인용).

35) Bagwell, K., and R. W. Staiger, ibid.; Bagwell, K., and R. W. Staiger, ibid.

36) Grossman, Gene M., and Elhanan Helpman, *op. cit.*, Aug 1995, pp. 675-708.

(1990)가 입증한 대로 이익집단은 정책 선택에 영향을 주기 위해 정치인들에게 기부한다는 가정[37]하에 협력적 및 비협력적 국제환경에서의 정책형성에 관한 연구모델을 제시하였다. 존슨은 통상협상이 부재한 상태에서 국가들은 교역에 과세함으로써 국제적인 시장지배력으로 활용하려고 하나, 이렇게 형성된 무역전쟁은 모든 국가에 비효율적이라는 것이다. 국제통상협정은 이러한 무역전쟁을 막기 위한 방편으로 볼 수 있고, 이 생각은 후에 Mayor(1981)에 의해 현대적 게임이론으로 구체화되었다.

그러나 G-H 1995 모델 이후 통상협정에 대한 실증연구는 많지 않다. 이에 관한 연구로는 Mercosur[38] 이후 역내교역의 비관세장벽에 관한 연구(Olarreaga & Soloaga, 1998), G-H(1995b) 모델의 예측성 검증을 위해 특혜무역협정에 있어서 '산업 제외'(industry exclusions)에 관한 연구(Gawande et al., 2001)[39] 등이 있다.

Gawande et al.(2001)에 의하면 G-H 모델에서의 '산업 제외'는 협상 제외를 원하는 산업목록을 협상테이블 위에 놓고 벌이는 회원국 간의 협상게임에 의해 결정되며, 어떤 국가가 더 많은 품목 예외를 얻어내느냐는 상대적인 협상력에 달려 있다.

Gawande, Sanguinetti & Bohara(2005)[40]도 G-H 1995 모델을 이용하여 어떤 산업이 FTA에서 배제될 것인가에 관해 주요 Mercosur 협정국(아르헨티나, 브라질)을 대상으로 분석하였다. 성공적으로 타결된 FTA도 정치적으로 민감한 산업이 협정대상에서 예외로 인정되지 않았다면 많은 경우 FTA가 성사되지 못했을 것으로 보았다. 이는 통상 양자 협상에서 초민감품목 또는 민감품목으로 분류되는 배경과 협상 타결과의 상관관계를 설명했다는 점에서 의미가 있다.

특히 Grossman & Helpman(2002)[41]은 이익집단이 어떻게 정책결정 과정에 영

---

37) Baldwin(1985)은 의원들이 1974년 통상법(Trade Act of 1974)에 반대하는 노동조합으로부터 기부받은 금액이 많으면 많을수록 동 법안에 반대하는 경향이 높고, Tosini & Tower(1987)는 보호주의적인 1985년 섬유법안(Textile Bill of 1985)을 선호하는 투표행위와 섬유의류 산업에 속한 회사나 노동조합으로부터의 기부금액의 크기 간에 정(正)의 상관관계가 있다는 것을 발견하였다.

38) 브라질, 아르헨티나, 파라과이, 우루과이 간의 자유무역협정을 말한다.

39) Gawande, Kishore., Pablo Sanguinetti, and Alok K. Bohara, "Exclusions for sale: Evidence on the Grossman-Helpman Model of Free Trade Agreements", Jan. 2001.

40) Gawande, Kishore., Pablo Sanguinetti, and Alok K. Bohara, "Exclusion for Sale: Evidence on the Grossman-Helpman Model of Free Trade Agreements", 2005(upgrade version).

41) Grossman, G., and E. Helpman, *Interest Groups and Trade Policy*, Princeton University Press, Princeton, 2002(재인용).

향을 주려고 하는지에 관해 처음으로 이론적 연구를 시도하였다. 이 두 학자는 자신들이 개발한 접근법들이 소국 및 대국의 관세형성, 다자통상협상, 양자 간의 FTA에 어떻게 반영되는지, 그리고 지역 및 다자통상협정의 형태와 정치적 압력에 의해 도입된 무역장벽을 우회하기 위한 기업의 해외투자를 살펴보았다.

정치적 영향을 받는 정부는 교역조건의 외부성을 다루는 통상협정만 서명한다는 표준이론과는 달리, Maggi & Rodriguez-Clare(2005)[42]는 국내 산업로비에 의해서도 통상협정을 체결할 수 있다는 연구결과를 내놓았다. 특히 표준이론에서 주목하지 않는 '정치'를 통상협정의 핵심적인 것으로 다루었다. 정부가 보다 많은 정치적인 자극을 받을 때(자본의 이동성이 높을 때)와 부문 간 자본이동이 자유로울 때 과감한 무역자유화로 귀결되고, 이 경우 정부는 일정한 관세 수준보다 상한선을 설정하는 관세 한도(tariff ceilings) 형태를 선호한다는 것이다. 동태모델에서 무역자유화는 즉각적인 관세 철폐와 점진적인 관세 감축 두 가지 단계로 진행되지만, 점진적인 무역자유화는 국내적 동기(로비)에 의해 영향을 받게 되며, 무역자유화의 속도는 부문 간의 자본이동이 용이할수록 높아진다는 것이다.

특히 G-H 모델은 이후 많은 학자들의 사례연구를 통해 예측성을 검증받았다. 대표적인 연구로는 미국(Goldberg & Maggi, 1999; Gawande & Bandyopadhyay, 2000), 터키(Mitra et al., 2002), 호주(McCalman, 2004) 등에 관한 사례연구가 있다. 이들은 관세 대신 비관세장벽 커버율(coverage ratio of non-tariff barriers)에 대한 회귀분석을 통해 수입수요탄력성이 낮거나 조직화된 산업의 보호수준이 높다는 것을 확인하였다. 하지만 미국의 보호구조에 관한 실증모델에 종종 포함되는 변수들을 회귀분석에 추가한 결과 설명력이 약한 것으로 나타났다.[43]

통상협정에 대한 비교적 최근연구로는 쿼터에 의한 교역제한(Facchini et al., 2006),[44] 대외 및 국내로비 비교(Krishna et al., 2006),[45] 업스트림 산업과 다운스트

---

42) Maggi, Giovanni., and Andeas Rodriguez-Clare, ibid. 이 연구는 두 대국이 수입경쟁적인 로비 압력을 받고 있고, 단기적으로는 자본이동이 안 되지만 장기적으로 이동이 가능하다는 가정 아래 비협력적 균형은 국내적 시간불일치 문제와 교역조건의 외부성으로 인해 야기되는 죄수의 딜레마라는 두 가지 형태의 비효율에 직면하게 된다는 것이다. 국내 이행문제가 있는 2개국 통상협정 모델에 관한 연구로 Conconi & Perroni(2005)가 있고, 점진적인 무역자유화에 관한 연구로는 Staiger(1995), Deveraux (1997) 등이 있다.

43) Grossman, Gene M., and Elhanan Helpman, *op. cit.*, 2002, pp. 11-21.

림 산업 로비(Gawande & Krishna, 2005),[46] 다자간 무역자유화에 대한 특혜무역협
정효과(Karacaovali & Limão, 2005),[47] EU의 국가 및 초국가적 로비(Belloc &
Guerrieri, 2007)[48] 등이 있다. Gawande & Krishna(2005)[49]의 경우 G-H 모델을
이용하여 미국의 통상정책에 관한 업스트림과 다운스트림 생산자 간 상반된 로비
경쟁 결과를 미국의 교역 자료를 사용하여 실증 분석하였다. 이에 따르면 조직화된
로비를 하는 산업은 보호수준이 높지만 조직화된 다운스트림 이용자들은 보호수준
이 더 낮았다. G-H 모델을 이용한 다자통상협상에 관한 연구로는 Jean et
al.(2008)[50] 등이 있다.

G-H 1994 모형을 이용하여 정치적 선거활동 기부가 미국 농업보호에 어떤 영
향을 주는가를 분석한 연구로는 Gawande & Hoekman(2006)[51] 등이 있다. 1990
년대 후반의 농업보호, 보조금, PAC 기부금에 관한 부문별 상세한 데이터 셋
(dataset)을 사용하여 이 모델의 질적 함의를 찾기 위한 것으로, 단순 모델이지만
결과는 실제 정부의 복잡한 정책결정과정과 부합하는 것으로 나타났다. 즉, 이러한
결과는 도출하기 어려운 정치 경제 균형을 지지하는 것이다.

셋째, 통상협상 예외와 취약산업이 오히려 정부 보호를 받는 이유에 관한 연구
로는 Ray(1991)[52] 등이 있다. Baldwin & Robert-Nicoud(2007)[53]는 정부의 국내산

44) Facchini, Giovanni., Biesebroeck Johannes Van, and Gerald Willmann, "Protection for Sale with
    Imperfect Rent Capturing", *Canadian Journal of Economics* 39, 2006, pp. 845−873.
45) Gawande, Kishore, Pravin Krishna, and Michael Robbins, "Foreign Lobbies and US Trade
    Policy", *Review of Economics and Statistics* 88, 2006, pp. 563−571.
46) Gawande, Kishore, and Pravin Krishna, "Lobbying Competition over US Trade Policy", *NBER
    Working Paper* 11371, 2005.
47) Limão, Nuno, and Baybars Karacaovali, "The Clash of Liberalization: Preferential vs. Multilateral
    Trade Liberalization in the European Union", *CEPR Discussion Paper* 4793, 2005.
48) Belloc Marianna and Paola Guerrieri, "Special Interest Groups and Trade Policy in the EU",
    *Open Economics Review*, 2007.
49) Gawande, Kishore, And Pravin Krishna, "Lobbying Competition over US Trade Policy", National
    Bureau of Economic Research, May 2005.
50) Jean, Sébastien., David Laborde and Will Martin, "Choosing Sensitive Agricultural Products in
    Trade Negotiations", *IFPRI Discussion Paper* 00788, International Food Policy Research Institute,
    August 2008.
51) Gawande, Kishore., and Bernard Hoekman, "Lobbying and Agricultural Trade Policy in the
    United States", *World Bank Policy research Working Paper* 3819, Jan. 2006.
52) Ray, Edward, "Protection of manufacturers in the U.S." In *Global Protection: Is the US playing
    on a level field?* Edited by David Greenaway, London: Macmillan, 1991(재인용).
53) Baldwin, Richard E., and Frédéric Robert-Nicoud, "Entry and Asymmetric Lobbying: Why

업 지원이 대부분 취약부문에 집중되는 이른바 '패자의 역설'(Losers' Paradox)에 주목, 진입 및 매몰비용(entry and sunk costs)을 G-H 1994 모델을 이용하여 설명하였다. 정책은 로비지출로 지대를 만들어내는 압력집단에 의해 영향을 받으며, 성장산업에서는 진입이 이러한 지대를 소멸시키나, 사양 산업에서는 지대가 지나치게 높지 않는 한 매몰비용이 진입을 어렵게 한다. 따라서 이러한 비대칭적 지대의 활용가능성은 패자가 더 열심히 로비를 한다는 것으로, 정부 정책이 패자를 선택하는 것이 아니라 패자가 정부 정책을 선택함을 의미한다.

Freund & Özden(2004)[54]은 G-H 1994 모델을 이용하여 loss aversion과 reference dependence가 통상정책에 대한 일반인들의 인식 형성에 중요하며, 특정산업의 이익이 증가할 때보다 하락할 때 현저하게 목소리가 커진다는 것이다. Hillman(1989)은 패자에 대한 비대칭적 보호를 통상정책 구사 시 비교우위 측면의 외생적 변화에 대한 "사회보험"(social insurance)으로, Magee et al.(1989)[55]은 "보상효과"(compensation effect)로 설명하였다.

또한 Jean et al.(2008)은 국가별로 민감품목 선정을 허용하는 기계적 방법이 없다는 점에 주목하여 국가 간 합의된 자유화원칙 하에서 민감품목 선정방식을 검토하였다. 즉, G-H 1994, 1995 모델을 이용하여 이전의 어림셈법(rules of thumb)은 예외의 영향을 지나치게 과소평가하였고, 일부품목이라도 민감품목으로 취급하는 것과 감축 완화는 후생에 악영향을 주며, 시장접근에 부정적 영향을 줄 수 있다는 것이다. 유사 연구로는 USITC의 산업피해 긍정판정과 이익 및 고용 감소 산업 간의 상관관계(Baldwin & Steagall, 1994),[56] 독일의 소득증가와 보호 축소(Glismann & Weiss, 1980),[57] 산업성장률이 보호수준에 미치는 부정적 효과(Marvel & Ray, 1983),[58]

---

Government Pick Losers", *CEP Discussion Paper* No 791, May 2007.

54) Freund, Caroline., and ÇağlaR Özden, "Loss Aversion And Trade Policy", *World Bank Policy Research Working Paper* 3385, Sept. 2004.

55) Magee, Stephen P., William A. Brook and Leslie Young, *Black Holes Tariff and Endogenous Policy Theory*, Cambridge University Press. 1989(재인용).

56) Baldwin, Robert E,. and Jeffrey W. Steagall, "An Analysis of ITC Decisions in Antidumping, Countervailing Duty and Safeguard Cases", *Weltwirtschaftliches Archiv*, 1994, Band 130, Heft 2, pp. 290－308.

57) Glismann, H,. and F. Weiss, "On the political economy of protection in Germany", World Bank Staff WP 427, 1980.

58) Marvel, H and E. Ray, "The Kennedy Round: Evidence on the regulation of trade in the US",

수입과 비관세장벽의 관계(Trefler, 1993)[59] 등이 있다.

하지만 로비와 협상태도 결정에 관한 대표적인 모델로서 후속 연구들의 근간이 되었던 G-H 1994 모델은 조직화된 로비를 주어진 것으로 간주하여 로비의 조직화에 관한 동기부여에 거의 관심을 기울이지 않았다. 이 모델은 2개국 모델, FTA의 정치적 가능성 등 분석에도 적용되었지만 기부액 자료를 조직화 지표로 사용하기 때문에 내생적 보호에 중요한 것은 조직화냐 아니면 기부액이냐는 문제를 해결하지 못했다.[60] 또한 현실정치에서 금전적 기부형태의 로비 활동 역시 일부분에 불과하다는 지적을 받았다.

Ethier(2007)[61]의 지적대로 G-H 모델을 뒷받침한 일련의 후속 연구들(Goldberg & Maggi, 1999; Gawande & Bandyopadhyay, 2000; Eicher & Osang, 2002; Mitra et al., 2002; McCalman, 2004; Facchini et al., 2006; Matschke & Sherlund, 2006)[62]은 국가가 사실상 협력적인 다자무역협정에 의해 상당한 제약을 받는다는 현실을 간과했다는 문제가 있다. 실제 통상정책에서 이 이론의 함의의 일치성을 검증한 결과 현실과 맞지 않는다는 결론을 내렸다. 특히 표준이론의 핵심요소인 교역조건의 외부성이 이러한 불일치의 유일한 이유라고 지적하였다. 그러나 통상정책에 관한 일반적인 정치·경제적 견해를 지지한다고 주장하였다. 일례로 Goldberg & Maggi(1999)는 이러한 문제가 협정보다 비관세장벽에 의해 결정된다는 점[63]에 주목하였

---

*American Economic Review*, 73, 1983, pp. 190−197.

59) Trefler, Daniel., "Trade Liberalization and the Theory of Endogenous Protection: An Econometric Study of U.S. Import Policy", *Journal of Political Economy*, 1993, Vol. 101, pp. 138−160.

60) Eicher & Osang(2002)은 영향력행사(Influence Driven) 모델의 핵심변수(로비 존재에 관한 지수)는 로비 기부액의 크기보다 중요하다고 판단한다; Eicher, Theo., and Thomas Osang, "Protection for sale: comment", *American Economic Review*, Vol. 92, 2002, pp. 1702−1710.

61) Ethier, Wilfred J., "The theory of trade policy and trade agreements: A critique", *European Journal of Political Economy* 23(2007), pp. 606−623.

62) Goldberg, P. K., and G. Maggi, "Protection for sale: an empirical investigation", *American Economic Review* 84, 1999, pp. 1135−1155; Gawande, K., and U. Bandyopadhyay, "Is Protection for Sale? Evidence on the Grossman−Helpman theory of endogenous protection", *Review of Economics and statics* 82, 2000, pp. 139−152; Eicher, T., and Osang, ibid.; Mitra, D., D. D. Thomakos, and M.A. Ulubaşoğlu, "'Protection for Sale' in a Developing Country: democracy vs Dictatorship", *Review of Economics and Statistics* 84, 2002, pp. 479−508; McCallum, P., "Protection for sale and trade liberalization: an empirical investigation", *Review of International Economics* 12, 2004, pp. 81−94; Facchini, G., Van Biesebroeck, J., and G. William, ibid.

지만 지대를 다루었다는 한계가 있다. 이들은 G-H 모델이 강력한 실증적 모델로서 상당한 정보를 가진 구조변수들에 대한 평가를 가능하게 할 뿐만 아니라 간편하고 효율적인 모델이라고 평가하였다. 이러한 이론적 접근법은 회귀분석에 어떤 변수를 포함하여야 하고, 어떤 변수들이 외생적인지 내생적인지를 제시해주며 변수들 간의 상호작용 방식을 제시하기 때문에 통상정책 결정에 영향을 미칠 것으로 보았다. 특히, 이전의 실증연구에서 입증된 보호와 수입침투 간의 정(+)의 상관관계는 조직화되지 않은 그룹에만 적용되고, 정치적으로 조직화된 부문에서는 두 변수 간에 부(-)의 상관관계이다. 즉, 이는 정치적으로 조직화된 산업의 경우 수입침투가 높을수록 보호수준이 낮아진다는 것이다. McCallum(2004) 등의 여타 연구들도 유사한 분석결과를 내놓았지만 일면만 본 측면이 있다. G-H(1994) 모델은 미국과 기타 여러 나라에서의 다양한 로비와 산업보호에 대한 미시적 분석토대를 제공하지만, 표준효용함수를 채택함으로써 왜 보호정책이 사양산업에 집중되는지 충분히 설명하지 못하였다.

넷째, 게임이론으로 통상정책을 설명하려는 연구들이다. 대표적인 것으로 Putnam (1988)의 양면게임이론으로, 협상자 관점에서 국내 이해관계 문제를 어떻게 해결할 것인가를 게임이론으로 설명하였다.[64] Putnam 모델은 협상자가 먼저 국제 이해관계에 대한 협정을 체결(level 1)하되, 국내 유권자들에게 비준될 수 있도록 승리조합 (win-set)을 구성해야 한다는 것으로, 유용한 통상협상 분석 툴로 평가된다.

그러나 실제 FTA 등 통상협상은 양자 또는 다자통상협정 추진여부를 결정하거나 협상을 시작하기 전에 먼저 내부 이해관계자 의견(level 1)을 파악한 후 이를 협상에 반영(level 2)하는 절차나 형식을 취하는 것이 일반적이다. 참고로 미국은 개인, 기업, 조합, 협회, 연구기관 등 모든 사람이 연방정부의 통상정책과 의회의 통상관련 입법과정에 간접적으로 참여할 수 있다. 미국 내 모든 이해집단은 통상정책 수립과정에서 자신들의 입장을 수시로 밝힐 수 있고, 필요하면 로비스트를 고용하

---

63) 비관세장벽을 사용한 이유는 GATT-WTO 체제에서 관세가 협력적으로 결정되기 때문에 정부가 비협력적으로 통상장벽을 설정하는 경우를 상정하였다. 특히 미국의 관세는 매우 낮고 부분 간 차이도 별로 없는 반면 비관세장벽은 현격한 차이를 보이고 있다.

64) Putnam, Robert D., "Diplomacy and Domestic Politics: The Logic of Two-Level Games", *Interantional Organizations*, Vol. 42, No. 3.(Summer, 1988), pp. 427-460.

거나 의견서(comments) 제출, 청문회(hearing)나 공청회 등을 통해 사전에 의견을 청취하는 제도를 두고 있다. Gawnade et al.(2001)은 G-H 1994 모델도 로비 (menu auction)와 후생 극대화를 위한 관세설정(tariff setting)의 2단계 게임이라고 할 수 있다고 하였다. 대부분의 경우 FTA 등 통상협상에 대한 이해관계가 복잡 다기하기 때문에 다양한 이해관계집단과 시민운동단체, 풀뿌리조직 등은 협상 방향에 영향을 주기 위해 다각적인 노력을 하게 된다. 문제는 협정체결 후 의회 비준을 받지 못하는 최악의 상황을 피하기 위해 의회, 특히 의원들에게 영향력을 행사하는 이해관계집단의 요구사항을 무시할 수 없다. 미국 면화산업계가 요구한 원사기준은 대표적인 사례 중 하나라고 할 수 있다. 로비력이 강한 이해관계 집단의 요구사항 은 결과적으로 협상 초기의 의제 설정과 대외협상 방향에 중요한 영향을 줄 수밖에 없다.

미국의 경우 대통령(행정부)에게 대외협상에 관한 무역촉진권한(TPA)을 부여한 경우 의회는 협정문을 수정하지 못하고 가부(可否)만 결정하기 때문에 의회의 요구 사항이나 협상 가이드라인은 절대적인 고려사항이다. 일례로 미국 의회는 미국이 한국, 페루, 콜롬비아 등과 체결한 FTA에 대해 비준 거부를 무기로 페루와 콜롬비 아와는 환경문제, 한국에 대해서는 쇠고기, 자동차, 환경문제 등에 대한 재협상을 요구한 바 있다.

퍼트남은 국제협상에서 '셸링의 추론'(Schelling conjecture)[65] — 국내 비준이란 제약요인은 협상 시 협상자에 유리하게 작용 — 에 대한 관심을 되살렸으나 대부분 의 후속연구(Lida, 1993, 1996; Milner, 1997; Milner & Rosendorff, 1997; Pahre, 1997)[66]

---

65) 셸링(Thomas Schelling)이 『갈등의 전략(The Strategy of Conflict)』(1960)에서 Milner(1997, 68)가 말한 국제협상에서의 '셸링의 추론'이라고 부르기 시작한 것과 같은 주장을 하였다. 즉, 셸링은 이 책에서 다음과 같이 적고 있다. (중략)… But, if the executive branch negotiators under legislative authority, with its position constrained by law … then the executive branch has a firm position that is visible to its negotiating partners(pp. 27-28). 즉, 확고한 입장은 행정부에 협상에서의 유리함을 제공하여, 그렇지 않는 상대방으로부터 양보를 얻어낼 수 있다는 것이다.

66) Lida, Keisuke, "When and how do domestic constraints matter? Two-level games with uncertainty", *Journal of Conflict Resolution* 37: 1993, pp. 403-426; Lida, Keisuke, "Involuntary defection in two-level games", *Public Choice* 89: 1996, pp. 283-303; Milner, Helen V., *Interests, institutions, and information: Domestic politics and international relations*, Princeton, NJ: Princeton University Press, 1997; Milner, Helen V., and B. Peter Rosendorff, "Democratic politics and international trade negotiations: Election and divided government as constraints on trade relation", *Journal of Conflict Resolution* 41: 1997, pp. 117-146; Pahre, Robert.,

가 협상자의 어느 일방의 제약요인만 허용하였다는 한계가 있다. '셸링의 추론'은 일반적으로 협상자에 대한 제약 정도가 높을수록 유리한 협상을 이끌어낼 수 있다는 것이다. 하지만 불완전한 정보하에서 높은 제약요인이 항상 유리하게 작용하는 것이 아니며, 정반대의 결과가 일어날 수 있고, 합의 지연으로 양측이 제약요인이 전혀 없는 경우보다 더 나쁜 결과를 얻을 수 있다.

퍼트남의 양면게임이론 관련 연구로는 FTAA 협상과정을 분석한 Hira(2002)[67] 등이 있다. Hira(2002)는 상대적인 협상력과 역내 14개 국가 중 미국, 캐나다, 브라질, 멕시코 등 주요국들의 조약 비준과정과 현재의 지역 및 양자 통상협정 망(web)을 비교하였다. Houda Haffoudhi(2004)[68]는 국제환경협정(IEAs)이란 다자협상에서 국내 정치상황이 정부 정책결정에 어떻게 영향을 미치는지를 분석한 결과 산업로비와 사회후생 간 상대적 중요도에 따라 정부입장이 달라진다는 것이다. 그는 로비가 정부의 정책선택에 영향을 미친다고 가정한 내생적 로비모델에 따라 국가를 적극 추진그룹(pushers), 방관자 그룹(bystanders), 중간 그룹(intermediate), 소극적 그룹(draggers) 4가지로 구분하였다.

그러나 퍼트남의 양면게임이론이 동태적 협상과정을 설명하지 못한다는 한계가 있기 때문에 Aghion et al.(2004)[69]은 게임트리(game tree)라는 독특한 분석방법을 통해 주도국이 다른 국가들과 순차적으로 자유무역협정(FTAs) 협상을 할지, 모든 나라와 동시에 다자협상을 할지를 내생적으로 결정하는 동태적 협상모델을 개발하였다. 이에 따르면 순차적 협상과 다자적 협상은 국가 간 연합(협정)이 가질 외부성 구조(structure of coalition externalities)에 의해 결정된다. 특히 특혜무역협정의 "building blocs" 효과와 "stumbling blocs" 효과 개념을 도입하여 특혜무역협정이 "building blocs" 효과를 형성할 수 있을 때와 "stumbling blocs" 효과를 금지하였

---

"Endogenous domestic institutions in two-level games and parliamentary oversight of the European Union", *Journal of Conflict Resolution* 41: 1997, pp. 147-174.

67) Hira, Anil, "The FTAA as a Two-level Bargaining Game", paper prepared for Regional Integration Network Meeting, Montevideo, Uruguay, Dec. 2002.

68) Houda Haffoudhi, "The logic of two-level games with endogenous lobbying: the case of international environmental agreements", LAEP, 2005.

69) Aghion, Phillipe, Pol Antràs, and Elhanan Helpman, "Negotiating Free Trade", *NBER Working Paper* 10721, National Bureau of Economic Research, Aug. 2004.

을 때에만 세계적인 자유무역에 도달할 수 있는 균형에 이를 수 있다. 논문에서 "building blocs" 효과는 세계 자유무역을 촉진하는 것으로, "stumbling blocs" 효과는 반대로 무역자유화 과정을 벗어나도록 하는 것으로 사용되었다. 'stumbling bloc' 균형(equilibrium)은 의제 설정자(agenda setter)가 세계자유무역에 도달할 수 있는 다자협상보다는 도달할 수 없는 순차협상을 선호하는 것을, 'building bloc' 균형은 반대로 의제 설정자가 현상유지의 다자협상보다 세계 자유무역에 도달할 수 있는 순차협상을 선호하는 것을 말한다.

퍼트남의 양면게임이론에서 전제한 내부 및 외부협상 구분이 현실적으로 용이하지 않고, 복잡한 상호관계의 이론화가 쉽지 않은 한계가 있다. 그러나 이 모델은 계량경제 분석의 한계를 현실적으로 선택 가능한 순차협상 모델로 설명할 수 있는 개념적 틀을 제공하고 있다는 점에서 시나리오 분석 등에 유용할 전망이다.

## 2. 국내 연구

국내에는 미국의 로비제도에 관한 연구는 일부 있으나 로비에 의한 통상정책 결정에 관한 연구는 거의 없는 편이다. 주로 2000년 초부터 미국의 로비제도를 참고로 로비제도를 한국에 도입하기 위한 논의나 제도 연구들이다(이정희, 2002, 2006; 정상호, 2006, 2008; 이우영, 2006). 특히 로비가 통상정책이나 대외협상에 어떤 영향을 주는지에 대한 연구나 특정산업에 대한 연구는 거의 없는 편이다.

본격적인 로비에 관한 연구는 아니나 원용할 수 있는 미국 통상연구로는 좌승희(1987)[70]에 의한 시장개방압력 결정요인에 관한 연구 등이 있다.

좌승희(1987)는 '시장개방'을 국제공공재로 정의하고 이에 대한 수요와 공급을 결정하는 이론적 모형을 통해 미국의 시장개방압력에 대한 정치경제학적인 분석을 시도한 바 있다. 이에 따르면 로비 활동의 효과와 강도는 로비비용, 미국 내 동종산업의 산업집중률(지대의 존재)과 요소집약도, 산업의 동질성 지수에 의해 영향을 받는 것으로 보았다.

---

70) 좌승희, "시장개방압력과 대응의 정치경제학적 분석", 「한국개발연구」 제9권 제4호, 한국개발연구원, 1987.

〈표 5-1〉 미국의 시장개방압력 결정요인[71]

| 구 분 | 주요 변수 | 기대효과 | 이론적 근거 |
|---|---|---|---|
| 미국측 요인 | (미국산업의 경쟁력 수준)<br>· 요소집약도(노동-자본비율)<br>· 기술수준(R&D)<br>· 제3국에 대한 비교우위지수<br>· 세계시장 점유율 | +<br>+<br>+<br>+ | 「헥서-올린」 정리 |
| | (로비 활동의 효과와 강도)<br>· 로비비용<br>· 산업집중도<br>· 산업의 동질성지수 | -<br>+<br>- | 압력단체이론<br>게임이론 |
| | (해당산업의 정치적 중요성)<br>· 고용자수, 출하액 등<br>· 산업의 지역적 집중도<br>· 정치·외교적 고려 | +<br>+<br>? | |
| 상대국 요인 | (기대이득-독점렌트의 존재와 크기)<br>· 시장구조: 산업집중도<br>· 무역장벽: 실효보호율<br>· 국내기업의 진입장벽의 존재 | +<br>+<br>+ | 렌트추구이론<br>전략적 무역정책론 |

자료: 좌승희(1987).

박노경(1993)은 지역경제 통합이 가시화되는 경우 역내국과 역외국의 무역마찰 해소과정에서 발생하는 경제적 '지대추구'(rent seeking activities)란 용어를 처음 사용한 Krueger(1974)[72]와 직접적인 비생산적 이익추구활동(directly unproductive profit seeking activities: DUP)이란 용어와 이론을 정립시킨 Bhagwati(1982)[73] 연구를 비판적으로 검토하였다.

전용주(2003)는 미국의 무역정책 결정과정에서 중요한 행위자인 이익집단들의 로비형태와 그 영향력의 정도를 규명하기 위해 의제 형성과정에서의 이익집단의 로비 활동 형태와 그 정책적 결과들을 샤츠슈나이더(E. E. Schattschneider)의 갈등확대(conflict expansion)와 '정책이슈 정의'(isuue definition) 논의에 기초하여 분석하

---

71) 윤식·조현태, "미국의 통상정책 결정요인", 산업연구원, 1993. p. 17(재인용).
72) Krueger, A. O., "The Political economy of Rent-seeking Society", *American Economic Review* 64, June 1974, pp. 291-303.
73) Bhagwati, J. N., "Lobbying, DUP Activities and Welfare: A response to Tullock", *Journal of Public Economics* 19, Dec. 1982, pp. 395-401; Bhagwati, J. N., "Directly Unproductive, Profit-Seeking Activities", *Journal Of Political Economy* 90, Oct. 1982, pp. 988-1002.

였다.[74] 즉, 미국의 무역자유화 정책 형성과정에서 각 이익단체들 — 특히, 자유무역 반대 이익집단들 — 이 1990년 이후 적극적 정치적 행위자로 등장해 다양한 제도적 통로를 통해 이슈 정의를 제기하고 옹호하며 갈등을 확대시키는 방법으로 영향력을 증대시켜 왔다는 점에 주목하였다.[75] 그러나 의제 형성과정에서 자신들의 이슈정의를 설득력 있게 제시할 수 있는 강력한 영향력을 가진 대통령과 의회 지도자들을 찬성·반대 집단의 범주에 포함시킴으로써 의제 형성과정에서 이익집단과 이들 간의 상호작용 문제를 다루지 않았다.

그러나 G-H 모델을 이용한 국내연구는 몇 건에 불과하다. 정재호(2001)는 두 국가 또는 다수 국가가 무역협정을 체결할 경우 해당 국가 내의 기업별 혹은 산업별 이해단체들의 로비에 의해 영향을 받을 수 있다는 G-H 1995 모델은 FTA 체결 이전에 부과하던 관세를 FTA 체결 이후에도 계속 유지한다는 등의 가정이 비현실적이라는 점에 착안하였다. 즉, FTA 가입 이후 도출된 새로운 최적관세가 두 소국의 FTA 가입 가능성을 더 낮게 한다는 것을 보여줌으로써 G-H 모델에서 관세가 외생적으로 주어졌다는 가정은 두 소국의 FTA 가입 가능성을 과장하는 요인이라는 점을 지적하였다.[76]

송원근(2008)은 G-H 모델 등을 활용하여 국내협상과 보완대책 수립에 관한 연구를 하였다. 그는 G-H모형과 Gawande(1997) 등 다양한 분석모델을 통해 이익집단이 부문별 보호수준의 결정에 영향을 미친다는 기존의 이론적 예측이 우리나라에는 작용하지 않음을 밝혀냈다.[77] 보호로 인한 이득이 높을 것으로 기대되는 수입수요가 비탄력적이기 때문이다. 즉, 보호로 인한 경제적 순손실이 낮을 것으로 예상되는 산업의 경우 조직화된 이익집단의 로비 유인이 높아 정치적 로비가 강해지고 정부의 보호비용도 낮아 결과적으로 보호수준이 높아진다는 것은 한국의 통상정책 결정에 작용하지 않는다는 것이다. 이 같은 결과가 나온 것은 산업분류가

---

74) Schattschneider, E. E., *The Semi−Sovereign People*, New York: Holt, Rinehart and Winston, 1975.

75) 전용주, "의제형성과정에서의 미국이익집단 로비형태에 관한 연구: 자유무역협정 사례들을 중심으로", 「한국정치학회보」 37집 1호, 2003.

76) 정재호, "자유무역협정 체결의 유인−Grossman & Helpman 모형의 일반화", 「재정연구」 제7권 제2호, 2001.

77) 송원근, "통상정책 결정요인의 정치경제학적 분석", 한국경제연구원, 2008.

세분화되어 있는 많은 자료의 한계와 우리나라가 1990년대 이후 지속적인 개방으로 전반적인 보호수준이 낮고 균등관세체계 지향으로 실질적 보호수준에서도 산업별, 부문별로 차이가 줄어들었기 때문으로 보고 있다. 한국의 통상정책이 농업부문 종사자들의 강력한 정치적 영향력 외에 개방에 대한 이념적 반대와 이에 영향을 받은 정부 및 정치권의 대중영합적인 정책결정 때문에 피해산업 보완대책의 정치적 효과가 크지 않고 오히려 이념적 반대 주장과 논리를 극복하는 대내협상이 중요하다는 것이다.

G-H 모델과 달리 퍼트남의 양면게임이론을 적용한 연구는 상대적으로 많은 편이다(양기웅, 2006; 김형국·윤성훈, 1999; 황광선·박형준·이인원, 2009).

양기웅(2006)은 칠레, 아세안, 미국 등과의 우리나라 FTA 사례를 양면게임이론 구조 속에서 언어와 상징 조작을 통해 통설을 만드는 힘인 언어권력(language power)과 이런 통설을 만들고 만들어진 통설에 의해 지배를 받는 정치인 언어정치(language politics)란 개념적 틀을 새로 도입하여 양면게임이론의 관점에서 협상전략을 분석하였다.[78]

김형국·윤성훈(1999)은 한국보다 상대적 강국인 미국과 행해진 담배양허, 자동차, 지적재산권에 대한 쌍무적 통상협상 과정과 결과에 대해 퍼트남의 양면게임이론을 이용하여 협박의 강도와 윈셋의 크기 변화가 협상결과에 어떤 영향을 주었는지 살펴보았다. 또한 이러한 양면게임이 농산물, 반덤핑, 서비스, 지식재산권 WTO 다자간 협상에도 적합성이 있으며, 상대적 약소국은 자국의 지속적인 윈셋 축소 노력을 통해 협상력 강화가 가능하다고 보았다.[79]

황광선·박형준·이인원(2009)[80]은 2008년 한·미의 쇠고기협상 과정을 퍼트남의 양면게임이론 모형을 적용하여 국내 관련 집단들의 반응 등 국내정치 분야를 중심으로 분석하였다. 한·미 간 쇠고기 협상에서 촛불시위와 국민적 저항을 통한 정치 쟁점화로 2국면(국내협상)에서의 윈셋 크기를 축소시켜 협상력을 높일 수 있

---

78) 양기웅, "협상이론 측면에서 본 한국의 FTA 협상 분석", 「세계정치 6(자유무역협정의 정치경제)」, 서울대 국제문제연구소, 2006, pp. 173－227.
79) 김형국·윤성훈, "양면게임과 양자간－다자간 국제협상전략", 「사회과학연구」 12권 1호, 중앙대 사회과학연구소, 1999.
80) 황광선·박형준·이인원, "양면게임모형의 적용을 통한 한·미 쇠고기 협상 정책과정 분석", 「정책분석평가학회보」 제19권 제4호, 2009, pp. 153－179.

었지만, 정부는 한·미 FTA 비준을 위해 반드시 쇠고기협상을 해야 할 입장이었기 때문에 한우농가 대책이나 쇠고기 원산지 이력추적제 등 정책 보완을 통해 사안의 성격을 재정의(윈셋 확대)함으로써 합의 가능성을 높였다고 보았다. 국제협상에서의 협상국이 갖는 상대적 협상력은 자국과 상대국의 상대적 윈셋의 크기에 영향을 받으며, 국내 윈셋(win-set)의 크기나 국내 압력의 정도가 궁극적으로 협상자가 국제무대에서 온건한 협상자세를 취할지 또는 강경한 협상자세를 취할지 결정하게

〈표 5-2〉 Putnam의 양면게임을 적용한 국내 연구사례[81]

| 분야 | 연구자 | 연구내용 |
|---|---|---|
| 통상 및 FTA | 유규열(2004) | "양면게임으로 본 한·일 FTA 협상연구": 윈셋(win-set)을 분석틀로 하여 대내외 협상전략을 분석 |
| | 백진현(2004) | "한일어업협정 체결협상": 양면게임을 사용하여 정치적 사안과 여러 복잡한 문제가 걸려 있는 어업협상을 분석 |
| | 안용흔(2002) | "농산물협상 분석": 농산물협상 외교를 선거라는 정치적 속성과 연계 분석 |
| 외교 및 국제정치 | 김관옥(2005) | "한국파병외교에 대한 양면게임이론적 분석": 베트남파병 결정과 이라크파병 결정사례를 비교분석하여 파병 정책결정과정과 결과의 변이성 원인규명 |
| | 이성훈(2004) | "이라크 추가파병 결정결정 과정 분석": 한국의 의도대로 파병정책을 관철시킬 수 있었던 원인을 양면게임을 통해 분석 |
| | 김성형(2004) | "Win-set의 결정요인 분석: 북·미 간 영변-금창리-대포동 핵·미사일 협상사례": 미국과 북한의 영변협상의 국내외적 제약조건 분석 |
| | 조화순(2004) | "한·미 정보통신 협상의 사례분석": 1989-1992, 1996-1997 두 차례 한·미 정보통신협상사례에 대한 각각의 협상차이와 원인 분석 |
| | 김정수(2004) | "스크린쿼터": 양면게임모델을 기본틀로 삼아 한미투자협정이 교착상태에 빠진 이유를 설명(비자발적 배신과 윈셋이 겹치는 부분이 없었기 때문) |
| 국내정책 | 배일섭(2005) | "행정중심도시 건설의 정책결정분석": 행정중심도시 건설 결정과정관련, 열린우리당과 한나라당의 협상 시 나타난 전략적 행동들을 양면게임으로 분석 |

자료: 황광선·박형준·이인원(2009)을 기초로 필자가 수정보완.

81) 황광선·박형준·이인원, 전게논문, pp. 153-179.

된다. 협상 당사국 간에 협의가 이루어지려면 각 당사자의 윈셋의 교집합인 합의 가능영역(Zone of Potential Agreement: ZOPA)이 존재해야 한다.

그러나 다양한 의견 수렴보다 대통령의 리더십과 정책 철학에 의해 정책이 수립되는 한국의 경우 적용에 한계가 있음도 밝혔다. 즉, 외국과의 협상을 시작하기 전에 먼저 다양한 국내 이해집단 간의 관계를 파악하여 대책을 마련함으로써 국내 집단 간 갈등 해소와 국민적 합의점을 활용한 윈셋 축소가 필요하다는 것이다.

이 밖에도 평화협상, SOFA, 남북한 군비통제, 쌀 협상, 마늘 협상, 한일어업협정 등을 대상으로 한 분석이 있다. 하지만 FTA 협상을 G-H 모형이나 양면게임이론 모형을 적용한 연구가 많지 않고, 그 마저도 대부분 한국 입장에서 국내협상 문제를 다루었으며, 협상 상대국의 국내협상 문제를 살펴봄으로써 한국의 협상전략을 모색한 연구를 찾기 어려웠다. 더욱이 로비가 정부의 통상정책 결정과정과 협상 태도에 어떤 영향을 미치는지에 관한 국내연구는 로비제도가 도입되지 않아서인지 참고할 만한 연구를 찾을 수가 없었다.

# 제6장

# 미국의 산업로비와 통상협상태도 결정관계 분석

## 1. 통상협상태도 개관

　일국의 통상정책에 영향을 미치는 요인들은 경제적 요인 외에도 정치적 요인, 국제경제적 요인 등이 있다. 첫째, 경제적 요인 중 통상정책에 영향을 미치는 최대 변수는 실업(실업률)일 것이다. 시장개방을 통한 수입증가는 자국 상품의 생산 활동을 위축시키고, 이는 자국 노동자의 실업과 생산 공장의 휴·폐업으로 이어지기 때문에 보호주의 조치를 관철시키거나 고용보장과 실업대책을 요구하게 된다. 또 실업은 재선이 중요한 정치인들에게도 직접적인 이해관계가 걸려있는 문제이다. 산업의 경제적 상태를 나타내는 가동률이나 생산량, 출하량도 주요 요인이나, 무역수지 및 경제성장률 전망도 요인이 될 수 있다. 해당상품의 수입의존도나 시장점유율 증가로 인한 피해 유무와 밀접한 시장침투율, 기술변화, 산업규모, 생산성 등도 정도의 차이는 있지만 경제적 요인에 포함된다.

　둘째, 통상정책은 안보, 개도국 지원, 환경개선 등 정치적 필요에 의해서도 영향을 받는다. 대통령 및 의원의 선거 여부, 집권 여당의 성격, 의회 다수당의 성향, 산업 및 고용의 크기, 지리적 집중도는 중요한 정치적 요인이다. 즉, 특정산업이 특정지역에 집중되어 있으면 조직화하기 쉽고 정치적 영향력도 클 수 있다. 미국의 철강 산업이 오하이오, 펜실베이니아, 인디애나 주에 집중되어 있는 것처럼 미국의 면화업계는 이른바 면화지대인 17개 주에 집중되어 있다. 통상정책은 통상정책을 관할하는 위원회 및 소위원회 소속 의원들의 선거구와 이해관계가 걸려있는 경우 직접적인 영향을 받을 수 있다. 또한 GDP에서 차지하는 해당 산업의 규모나 고용의 크기가 크면 선거에서의 정치적 영향력이 클 가능성이 많다. 의원 개개인의 정치적 성향도 중요한 요인이 될 수 있다. 이 외에도 상대적인 협상력의 차이, 경쟁국의 동향, NGO의 역할 등도 통상정책에 영향을 미칠 수 있다.

셋째, 통상정책의 방향은 국내외적 여건을 감안한 자발적인 선택 외에도 양자 또는 다자간 협상을 통해 결정되기도 한다. 국가 간의 통상협상은 통상규범, 관세 감축, 수출자율규제(VER), 자유무역지대 등이 협상의제들이다. 따라서 통상정책 형성에 관한 연구는 이러한 국제 간의 전략적인 상호작용을 고려하여야 한다. 일례로 FTA 협상 시 협상결과가 상대국 내부에 미칠 영향, 협상 결과에 영향력 행사를 원하는 국내 압력집단도 고려해야 한다. 복잡다기한 국내 이해관계, 협상 상대방의 입장과 통합 정도, 의원들의 성향이나 지역 유권자들의 요구, 양자 및 다자간협정의 존재 유무, 경쟁국의 움직임, 영향력을 확대되고 있는 국제사회 여론 등도 통상협상태도 결정에 영향을 줄 수 있다.

한 산업에 대한 보호 수준은 그 산업의 상대적 생산비중, 시장집중도, 생산의 지역적 집중, 판매지역의 분산정도 등이 클수록 높다. 이는 독점도가 높고 지역적으로 집중되어 있는 경우 생산자가 결속할 가능성이 높아지고 판매지역이 분산되어 있을수록 소비자의 결속이 어렵기 때문이다(Pincus, 1975).[1] 일반적으로 통상협상 태도는 개방의 범위나 특정산업에 대한 보호수준으로 나타난다. 정치적으로 민감하거나 이해관계가 첨예한 산업의 경우 정부는 FTA 등에서 초민감 품목으로 분류하여 협상 대상에서 제외하거나 민감 품목으로 분류하여 관세 감축기간을 대폭 늘리는 등의 방법으로 협상전략을 구사한다.

소국의 경쟁경제를 전제하는 G-H 1994 모델은 수입수요탄력성, 수입의존도, 산업의 정치적 조직화 여부 등의 변수들을 통해 보호수준의 차이를 설명한다. 즉, 산업별 이익집단과 정부 간의 게임에 의해 결정되는 산업별 보호수준은 그 산업의 정치조직화 여부, 수입의존도, 수입수요탄력성에 의해 영향을 받는다. 수입수요가 비탄력적일수록, 그리고 수입의존도가 낮을수록, 보호에 의한 전체 경제의 후생손

---

1) Pincus, J., "Pressure Groups and the Pattern of Tariffs", *JPE*, 1975, 83, pp. 757–778; 윤식 · 조현태, ibid.

실이 상대적으로 낮고 해당산업 특수요소 보유자의 이득이 커져 정치적 조직화의 유인이 크고 보호수준도 높아진다.

특히 G-H 1994 모델은 미국의 면화산업처럼 특정부문의 모든 기업이 정부에 기부할 때 마치 하나의 개체처럼 행동한다는 점에서 "정치적으로 완전히 조직화"[2] 되어 있는 것으로 가정한다. NCC로 대표되는 미국의 면화산업은 G-H 1994 모델에서 가정한 정치적으로 완전히 조직화된 전형적인 경우에 해당한다.

G-H 1995 모델은 여러 산업분야를 대표하는 이익집단들이 선거기부를 수단으로 관심을 표명하였을 때 그러한 협정의 정치경제 문제를 다루었다. 특히, 이익집단의 정치적 로비가 통상정책, 즉 보호수준의 결정에 영향을 미친다는 내생적 보호이론은 무역자유화 확대를 위한 대내협상 전략에 중요한 함의를 갖는다.

그러나 로비의 영향력은 조직화 여부뿐만 아니라 집중화 정도(Concentration Ratio: CR)[3]에 의해 측정된다. 시장집중도는 산업집중도라고도 하며, 특정 산업에서 기업 간 시장구조가 경쟁적인지 혹은 독점적인지를 판단하는 지표로 사용된다. Goldberg & Maggi(1999)는 정치조직화의 직접적 결정요인으로 판매자 집중도, 구매자 집중도, 판매회사 수, 구매회사 수, 최소효율규모, 자본스톡, 지리적 집중도, 조합화, 해당산업 실업률 등을 포함하였다. 특정산업이나 기업, 품목의 집중도 측정에는 허핀달 지수(Herfindahl Index)가 많이 사용된다.[4] 허핀달 지수의 증가는 일반적으로 경쟁의 감소와 시장지배력의 증가를 의미한다. Gawande(2005)[5]가 1991～2000년간 미국의 품목별 허핀달 지수를 분석한 것을 보면 면화가 0.355로 농산물

---

2) Goldberg & Maggi(1999)는 해당산업이 얻게 되는 수입 이상의 선거기부금을 지출하는 PAC을 가진 산업으로 정의하였으나, Gawande & Bandyopadhyay(2000)는 PAC 기부와 무역흐름 간에 정(positive)의 관계가 있는 산업으로 규정하였다. 그러나 Mitra et al.(2002)은 터키 사례를 분석하면서 선거기부에 대한 정보가 없어 터키경영자협회(Turkish Industralists and Business Association) 회원 여부에 따라 판단하였다.

3) CR은 상위 몇몇 기업의 시장점유율 합계를 의미하며, 시장점유율 1위 기업의 시장점유율은 CR1, 1～2위의 합을 CR2, 1～3위의 합을 CR3, 1～4위의 시장점유율의 합을 CR4라고 한다.

4) 허핀달 지수(Herfindahl index)는 Herfindahl-Hirschman Index(HHI)로 불리며, 시장집중도를 측정하는 데 사용된다. 동 지수는 0 또는 1/N에서 1까지로 표시한다. 계산식은 다음과 같다(N은 회사 수). $H* = \dfrac{(H-1/N)}{1-1/N}$ 동 지수는 수많은 중소기업들로 구성되어 독점적 행위자가 없는 경우(0)부터 1개 독점생산자만 있는 경우(1)까지를 0～1.0으로 표시한다.

5) Gawande, Kishore., "Structure of Lobbying and Protection in U.S. Agriculture", *World Bank Policy Research Working Paper* 3722, Sept. 2005.

가운데 집중도가 가장 높다(<표 6-1> 참조). 즉, 미국 면화산업은 어떤 품목보다
도 집중도와 시장지배력이 높고 경쟁관계가 느슨하다. 미국 면화산업은 NCC를 중
심으로 면화 생산업자뿐만 아니라 방직업자, 창고업자, 유통업자, 면화씨 파쇄업자
등 면화 관련업계를 포괄하기 때문에 타 산업에 비해 훨씬 그 집중도가 높다. 이
처럼 수직적 산업계통도에 따라 상하로 조직화되어 있는 경우 허핀달 지수가 거의

〈표 6-1〉 주요 농업부문의 Herfindahl Index(1991 ～ 2000)

|  | 1992 | 1994 | 1996 | 1998 | 2000 | 평균 |
|---|---|---|---|---|---|---|
| 밀 | 0.326 | 0.301 | 0.336 | 0.294 | 0.329 | 0.317 |
| 낙농 | 0.333 | 0.320 | 0.287 | 0.329 | 0.384 | 0.331 |
| 설탕 | 0.127 | 0.164 | 0.134 | 0.140 | 0.121 | 0.137 |
| 채소 | 0.099 | 0.084 | 0.076 | 0.084 | 0.065 | 0.082 |
| 면화 | 0.340 | 0.411 | 0.296 | 0.364 | 0.363 | 0.355 |
| 목장 | 0.143 | 0.154 | 0.144 | 0.152 | 0.152 | 0.149 |
| 기타 | 0.127 | 0.149 | 0.141 | 0.114 | 0.099 | 0.126 |
| 농업장비 | 0.593 | 0.603 | 0.463 | 0.479 | 0.538 | 0.535 |
| 농업서비스 | 0.121 | 0.113 | 0.104 | 0.130 | 0.143 | 0.122 |
| 농작물가공 | 0.986 | 1.000 | 0.976 | 0.893 | 0.901 | 0.951 |
| 유통 | 0.136 | 0.110 | 0.154 | 0.165 | 0.132 | 0.139 |
| 산림/묘목 | 0.077 | 0.059 | 0.060 | 0.075 | 0.073 | 0.069 |
| 제조 | 0.083 | 0.105 | 0.071 | 0.073 | 0.073 | 0.081 |

4－PAC Concentration Ratio(1991～2000)

|  | 1992 | 1994 | 1996 | 1998 | 2000 | 평균 |
|---|---|---|---|---|---|---|
| 밀 | 0.956 | 0.942 | 0.892 | 0.950 | 0.939 | 0.936 |
| 낙농 | 0.866 | 0.881 | 0.863 | 0.835 | 0.843 | 0.858 |
| 설탕 | 0.646 | 0.676 | 0.655 | 0.652 | 0.620 | 0.650 |
| 채소 | 0.527 | 0.512 | .0469 | 0.495 | 0.401 | 0.481 |
| 면화 | 0.953 | 0.948 | 0.887 | 0.899 | 0.897 | 0.917 |
| 목장 | 0.704 | 0.673 | 0.601 | 0.644 | 0.639 | 0.652 |
| 기타 | 0.611 | 0.597 | 0.676 | 0.569 | 0.503 | 0.591 |
| 농업장비 | 1.000 | 1.000 | 1.000 | 1.000 | 1.000 | 1.000 |
| 농업서비스 | 0.608 | 0.573 | 0.523 | 0.590 | 0.610 | 0.581 |
| 농작물가공 | 1.000 | 1.000 | 1.000 | 1.000 | 1.000 | 1.000 |
| 유통 | 0.633 | 0.551 | 0.690 | 0.694 | 0.642 | 0.642 |
| 산림/묘목 | 0.464 | 0.371 | 0.377 | 0.437 | 0.445 | 0.419 |
| 제조 | 0.513 | 0.465 | 0.456 | 0.458 | 0.451 | 0.469 |

자료: Gawande(2005), p. 20 재인용.

1에 가깝기 때문에 그만큼 강력한 로비력으로 작용함을 알 수 있다. 상위 1~4위 PAC을 대상으로 한 집중도(CR4)도 0.917로 밀(0.936)을 제외한 다른 품목에 비해 거의 2배 수준의 높은 집중도를 보이고 있다.

## 2. 미국의 통상협상태도 분석

먼저 이익집단의 로비와 정부의 통상정책 결정 간의 관계를 알아보기 위해 로비와 통상정책 결정에 관해 가장 잘 설명하고 있는 대표적 이론인 G-H 1994 모델을 통해 분석해 보자. 특히 G-H 모델은 로비와 산업정책 결정, 로비와 통상정책 결정에 관해 그 후속연구를 통해 설명력이 입증된 가장 뛰어난 모델이기 때문이다.

G-H 1994 모델에서 로비는 해당산업의 이익을 대변한다. 즉, 로비는 정부가 선택할 통상정책에 대한 암묵적인 사전적 기부(prospective contributions) 제안이다. 정부는 사회적 총 후생과 총기부액의 가중합을 극대화하는 방향으로 정책을 결정하고,[6] 이익집단들은 정부의 환심을 사기 위한 로비 활동을 전개한다. 따라서 이 과정에서 선거기부금을 기대하는 정치인들은 "protection for sale"하는 것과 유사하다.

특히 PAC 기부는 통상정책을 결정할 수 있는 현역의원에 주로 제공되지만, 후보자나 현역의 재선 가능성도 고려한다고 볼 수 있다.[7] 1996년부터 2008년까지 선거가 있었던 해에 PAC이 현역의원에 기부한 금액이 절대적으로 많고, 정당별로는 민주당의 경우 최소 1.81배에서 최대 9.55배, 공화당은 최소 2.04배에서 최대 26.88배에 달한다(<표 6-2> 참조).

---

6) 정부의 목적함수는 다음과 같이 표시할 수 있다. $G = \sum_{i \in L} C_i(p) + aW(p)$ $a \geq 0$, 여기서 $W$는 사회적 총 후생 가중합(총소득+무역관세+소비자잉여), $C_i$는 총 선거기부액, $L$은 정치적으로 조직화된 부문을 의미한다.

7) Magelby & Nelson(1990)은 "PAC 자금은 선거 목적 이상의 이해관계가 걸려 있는 돈"(PAC money is interested money with more than electoral objective in mind)이라고 지적하였다. 동 연구에 따르면 (1) 미국 PAC은 1988년 선거 시 3/4 이상을 현역에게 기부하였고, (2) 현역은 도전자보다 6배 이상을 받았으며(공석 제외), (3) PAC 선거기부의 60% 이상이 도전자가 결정되기 전인 선거 초기에 이루어졌으며, (4) PAC은 처음 패자를 지원했더라도 선거기부 대상자를 선거 후 승자로 바꾸었다. 하지만 의회 민주정치에서 이익집단들은 한 정당에 몰아주기보다 양당에 기부하는 경우도 많다.

〈표 6-2〉 미국 1996 ~ 2008 선거기간 중 PAC 기부현황　　　　(단위: 천 U$)

| 연도＼구분 | 정당 | 상원(Senate) | | | | 하원(House) | | | |
|---|---|---|---|---|---|---|---|---|---|
| | | 현역(A) | 도전자(B) | 공석 | A/B | 현역(A) | 도전자(B) | 공석 | A/B |
| 1996 | D | 4,874 | 2,671 | 9,061 | 1.82 | 49,847 | 16,548 | 10,932 | 3.01 |
| | R | 14,486 | 4,274 | 10,273 | 3.39 | 63,842 | 4,723 | 9,136 | 13.52 |
| 1998 | D | 15,590 | 1,632 | 3,519 | 9.55 | 59,751 | 7,984 | 9,914 | 7.48 |
| | R | 18,723 | 4,921 | 3,668 | 3.80 | 64,157 | 6,859 | 9,845 | 9.36 |
| 2000 | D | 9,459 | 5,221 | 4,016 | 1.81 | 76,006 | 12,871 | 9,299 | 5.91 |
| | R | 24,020 | 1,863 | 7,327 | 12.89 | 74,081 | 6,964 | 13,659 | 8.14 |
| 2002 | D | 18,036 | 4,886 | 2,505 | 3.69 | 78,731 | 9,103 | 14,726 | 8.65 |
| | R | 18,944 | 9,272 | 5,581 | 2.04 | 82,198 | 4,675 | 17,313 | 17.58 |
| 2004 | D | 19,090 | 2,037 | 7,271 | 9.37 | 80,886 | 8,565 | 9,198 | 9.44 |
| | R | 20,201 | 3,529 | 11,573 | 5.72 | 106,260 | 7,027 | 13,307 | 15.12 |
| 2006 | D | 18,633 | 6,400 | 3,598 | 2.91 | 92,521 | 21,102 | 11,272 | 4.38 |
| | R | 29,088 | 3,642 | 4,731 | 7.99 | 136,822 | 5,091 | 12,275 | 26.88 |
| 2008 | D | 20,278 | 7,701 | 5,921 | 2.63 | 149,897 | 24,680 | 11,064 | 6.07 |
| | R | 37,465 | 5,285 | 3,196 | 7.09 | 103,580 | 11,045 | 7,767 | 9.38 |

자료: 미국 연방선거관리위원회(FEC).

　미국 면화업계의 경우도 선거자금을 많이 기부한 상위 30명의 의원들은 모두 현역의원이다. 지역은 면화지대인 조지아, 텍사스, 캘리포니아 출신 의원이 각 5명에 달하는 등 선거기부와 지리적 집중도 간에 유사성을 보이고 있다(<표 6-3> 참조).

　그리고 특정부문의 정치력은 수입 대비 국내생산 비율을 반영한다.[8] 수입 대비 국내 생산비중이 절대적인 미국 면화업계는 국내가격 인상으로 이익을 보게 되고, 수입물량이 작을 때 수입수요탄력성이 일정하다면 보호로 인한 경제손실이 상대적으로 적기 때문이다. G-H 1994 모델은 또한 로비가 정치적 기부약정을 하는 1단계와 정부가 정책을 결정하는 2단계가 동시에 이루어지는 비협력 게임의 정치적 균형에 주목하며 세 가지 경우를 예로 들었다.[9]

　첫째는 어떤 산업에서 특정요소 보유자들의 이익을 대변하며 정치적으로 활동

8) Grossman Gene M., and Elhanan Helpman, *op. cit.*, 2002, pp. 111-137.
9) ibid.

**〈표 6-3〉 미국 면화업계 의원 기부현황**(상원: 2001. 1 ～ 2008. 2 / 하원: 2005. 1 ～ 2008. 2)

| 순위 | 의원 명 | 소속[1] | 지역 | U$ | 순위 | 의원 명 | 소속[1] | 지역 | U$ |
|---|---|---|---|---|---|---|---|---|---|
| 1 | Saxby Chambliss[10] | S, R | GA | 116,914 | 16 | Sanford Bishop | H, D | GA | 17,000 |
| 2 | Thad Cochran | S, R | MS | 40,300 | 17 | Jo Ann Emerson | H, R | MO | 16,484 |
| 3 | Henry Bonilla | H, R | TX | 29,820 | 18 | James Talent | S, R | MO | 14,900 |
| 4 | Blanche Lincoln | S, D | AR | 28,650 | 19 | Dianne Feinstein | S, D | CA | 14,500 |
| 5 | Bob Corker | S, R | TN | 25,500 | 20 | Pat Roberts | S, R | KS | 14,262 |
| 6 | Bob Etheridge | H, D | NC | 25,450 | 21 | John Barrow | H, D | GA | 14,000 |
| 7 | Randy Neugebauer | H, R | TX | 23,500 | 22 | K.Michael Conaway | H, R | TX | 13,450 |
| 8 | Robert Berry | H, D | AR | 21,750 | 23 | Jefferson Sessions | S, R | AL | 13,300 |
| 9 | Jerry Moran | H, R | KS | 21,504 | 24 | Terry Everett 2) | H, R | AL | 13,200 |
| 10 | Collin Peterson | H, D | MN | 21,000 | 25 | Jack Kingston | H, R | GA | 13,000 |
| 11 | Jim Costa | H, D | CA | 20,500 | 26 | George Radanovich | H, R | CA | 12,500 |
| 12 | John Cornyn | S, R | TX | 18,950 | 27 | Richard Pombo | H, R | CA | 12,000 |
| 13 | John Isakson | S, R | GA | 18,750 | 28 | Henry Cuellar | H, D | TX | 11,200 |
| 14 | Robert Goodlatte | H, R | VA | 17,750 | 29 | Lamar Alexander | S, R | TN | 11,000 |
| 15 | James Marshall | H, D | GA | 17,500 | 30 | Dennis Cardoza | H, D | CA | 11,000 |

주: 1) S는 상원, H는 하원, R은 공화당, D는 민주당 의원을 표시, 지역표시는 약어표 참조.
  2) 1992년 하원의원으로 선출. 2010. 8월 현재 현역의원이 아님.
자료: http://maplight.org 참고로 저자 정리.

하는 로비집단이 오직 하나만 있는 경우(A Single Organized Lobby: *SOL*)이다. 이
상황에서 균형점은 각 로비와 정부의 통합후생을 극대화하게 되고, 통합후생은 생
산보조금이 없는 경우보다 있는 경우에 더 높아지게 된다. 왜냐하면 생산보조금은
통상정책보다 더 적은 사중손실을 발생시키기 때문이다. 이 경우 정치인들은 영향
력 행사비용을 지불하지 않고 자유무역을 허용함으로써 얻는 만큼의 실리(효용)를

---

10) 2004. 9. 1～2010. 8. 31 기간 중 챔블리스 의원에게 가장 많이 기부한 이익집단은 면화를 비롯한 농
   산물 생산가공업계(827,711불)이다(정당 및 기타 후보자 제외. 자료 http://maplight.org 참조).

끌어낸다. 즉, 경쟁적인 이해관계자들로부터 아무런 반대가 없는 로비여서 정부와 정치적 관계로부터 얻게 되는 모든 잉여를 챙기게 된다.

둘째는 정치과정에서 모든 유권자들이 여러 형태의 로비그룹으로 대변되는 경우(All Voters Represented as Special Interests: *AVRSI*)이다. 정부가 통상정책만을 사용할 때 정치적 균형으로서 자유무역과 같은 자유방임이 균형점이 될 수 있다. 하지만 단지 통상개입만 허용되는 체제에서의 자유무역보다는 보조금 지원하의 균형점에서의 자유방임적 결과를 얻기 위해 더 많은 정치기부를 하여야 한다. 이 상황하에서 개별 이익집단은 정치적 힘이 거의 없기 때문에 정부와 손잡는 것을 선호하게 된다. 이 경우는 앞으로 더 나빠지지 않도록 정부에 적극 선거기부를 하게 되며, 모든 유권자들이 영향력을 사는 과정에 적극 참여하게 된다. 경쟁관계인 이익집단들 간의 대립관계가 심화되고, 정부가 정치적 관계로부터 발생하는 모든 잉여를 갖는다. 또한 경쟁자와의 정치적 파워에 따라 로비자금을 지출하고, 모든 산업이 대칭적이어서 완전히 비탄력적 공급함수를 가진 경우 요소 보유가 적을수록 더 많은 정치적 기부를 해야 한다.

셋째는 요소 보유자들이 고도로 집중화되어 이익집단 구성원(멤버)들이 전체 유권자 중에 무시할 만한 비중을 차지하는 경우(Represented Special Interests are Highly Concentrated: *RSIHC*)이다. 이 경우 정치적 균형은 모든 조직화된 부문들을 보호하지만 각 이익집단 구성원들은 무시할 만한 정부의 이전지출과 소비자잉여를 받는다. 이 경우에는 자신의 부문 외에 어떤 부문도 무역개입을 위해 로비할 의사

〈표 6-4〉 미국의 면화 생산, 소비 및 교역 현황                  (단위: 천 M/T)

| 구 분 | 2006/7 | 2007/8 | 2008/9 | 2009/10 | 2010/11[1] |
|---|---|---|---|---|---|
| 생 산 | 4,700 | 4,182 | 2,790 | 2,654 | 4,109 |
| 국내소비 | 1,074 | 998 | 781 | 754 | 784 |
| 수 입 | - | - | - | - | - |
| 수 출 | 2,822 | 2,968 | 2,887 | 2,621 | 3,375 |
| 연말재고 | 2,064 | 2,188 | 1,380 | 642 | 588 |

주: 1) 10월말 기준. 통상 면화는 8월 1일부터 시즌 시작.
자료: 미국 농무부(USDA), "Cotton: World Markets and Trade"(Oct. 2010).

가 없게 된다. 오히려 정부에 특정산업 보호비용을 보상해 주어야 한다. 그러나 이익집단들 간에 정치적 경쟁관계가 없기 때문에 각 산업집단은 정부와의 정치적 관계를 통해 얻는 모든 잉여를 향유하게 된다.

미국 면화산업의 경우 면화를 중심으로 수직적·정치적으로 조직화되어 하나의 개체처럼 활동하고 있는 데다 국내생산 비중이 절대적이기 때문에 *SOL*과 가장 가깝다고 할 수 있다. 미국의 면화업계는 수입 장벽으로 인해 면화 관련 제품 가격이 인상되면 소비자들이 반대하게 되지만, 다양한 정부 보조금을 통해 이러한 문제를 상당부분 상쇄한 데다 수입이 확대될 경우 실업이 증가하는 부정적 효과 때문에 면화업계의 로비에 반대하는 이익집단이 거의 없다. 게다가 면화라는 원자재부터 이를 원료로 하는 가공생산, 유통 및 유관 업계까지 하나로 조직화되어 있기 때문에 로비를 직접적으로 반대할 마땅한 이익집단이 없다. 하지만 수입업계와 소비자, 자유무역을 선호하는 각종 비정부기구(NGO)들의 시장개방과 자유무역 요구

〈표 6-5〉 주요 생산국의 면화 공급탄력성(cotton supply elasticities) 추정치

| | Poonyth et al.(2004) | Gilbert & Modena (2004) | Gillson et al.(2004) | Hugon (2005) | Sumner (2003) | Araujo Bonjean et al.(2006) | Shepherd (2006) |
|---|---|---|---|---|---|---|---|
| 호주 | 0.8 | | 0.68 | | 0.3 | 0.62 | 0.46 |
| 베냉 | 0.8 | 0.13 | 0.25 | 0.22/0.50 | | 0.75/0.88 | 0.02 |
| 부르키나파소 | 0.8 | 0.09 | 0.32−0.58 | 0.10/0.74 | | 0.47 | 0.01 |
| 브라질 | 1.2 | | | | 0.4 | 0.5 | 0.63 |
| 카메룬 | 0.2 | | 0.35−0.47 | −0.35/0.10 | | | 0.39 |
| 챠드 | 0.8 | 0.13 | 0.36 | 0.07/0.74 | | | 0.24 |
| 중국 | 1.2 | | 0.48 | | 0.14 | 0.32/0.45 | 0.14 |
| 코드디부아르 | 0.8 | | 0.46−0.57 | −0.83/0.16 | | 0.67 | 0.00 |
| 말리 | 0.8 | 0.14 | 0.34−0.59 | −0.36/−0.03 | | 0.46/0.90 | 0.20 |
| 토고 | 0.2 | 0.21 | 0.47−0.75 | −0.26/0.04 | | | 0.19 |
| 미국 | 0.8 | | | | 0.361/0.424 | | 0.16 |
| 세계 | | | | | | | 0.18 |

주: 슬래시(/)는 단기 및 장기 추정치, 대시(−)는 추정범위를 나타냄.
자료: Shepherd, Ben., and Claire Delpeuch, "Subsidies and Regulatory Reform in West African Cotton: What are the Development Stakes?", Groupe d'Economie Mondiale at Sciences−Po Policy Brief GEMPB−2007−01, March 2007.

도 완전히 무시할 수 없다는 점에서 *AVRSI*의 특징도 일부 가지고 있다.

그러나 <표 6-5>의 Sumner(2003) 연구에서 보듯이 미국의 면화 공급탄력성
은 낮은 수준으로 보기 어렵다. 더욱이 WTO 체제 등을 통한 시장개방과 생산·
가공·유통기술의 발전 등으로 미국의 면화산업도 점차 면화 농장과 이를 원료로
하는 생산 공장의 통합화, 대형화로 동 산업에 종사하는 인구 비중이 줄면서
*RSIHC*의 경향도 점차 확대되고 있다고 할 수 있다.

G-H 1994 모델은 선거자금과 평균적 유권자들의 후생에 관심 있는 정치인(정
책입안자)과 회원들의 후생만 생각하는 조직화된 이익집단 간의 정치적 상호작용에
초점을 맞추고 있다. 정치인(또는 후보자)에 대한 선거 기부는 선거결과에 영향을
주기보다 정부의 정책 "방향"에 영향을 주기 위한 수단이자 암묵적 제안에 가깝다.

또한 무역보호 구조는 정치적 선호도에 대한 경쟁결과를 반영한다. 일반적으로
면화를 원료로 사용하거나 면화 관련 중간재를 사용하는 생산자는 수입 장벽으로
인한 원부자재 가격 인상에 정치적으로 강력히 반대하는 것이 일반적이다. 원자재
공급자는 가능한 비싸게 공급하려 하고, 수요자인 제조가공업체는 가능한 싸게 사
려할 것이기 때문이다.

미국의 면화산업처럼 면화 생산자뿐만 아니라 방적·방직과 같은 중간재 생산
자, 의류와 같은 완제품 생산자까지 한 목소리로 "보호"(수입장벽)를 바라는 것은
보기 드문 사례이다. 이것은 미국이 자유무역에 맡기기보다 정부가 다양한 면화 프
로그램을 통해 생산보조금을 지원하고, 면화업계는 선거기부를 함으로써 면화업계
와 정부의 총 후생이 더 커지기 때문이다.

또한 WTO 체제의 출범과 NAFTA 등 자유무역의 추진으로 이익집단들의 목소
리가 커지고 국제통상 분쟁에도 적극 개입하면서 국내정치가 국제경제관계에 상당
한 영향을 미치고 있다. 정치학에서는 최근까지 정태적 이론이 대외경제정책 분석
에 주류를 차지하였다. 즉, 행정부 엘리트 그룹이나 공무원에 초점을 맞춰 국제정
치에서 국가는 독립적으로 국가목적(세력균형 등)을 위해 정책을 결정한다고 보았
고, 경제학에서도 자율권을 가진 정부의 행동과 상호작용에 초점을 맞췄다. Harry
Johnson(1954)은 자유무역협정을 두 정부 간 관세게임의 비협력적 균형으로, Mayer
(1981)와 Riezman(1982)은 두 정부의 협상게임 결과로 보았는데 두 경우 모두 정

부를 국가이익을 위한 선의의 봉사자로 보았다. 최근 들어 통상정책은 반드시 총 후생을 극대화할 필요가 없는 정치과정의 결과로 보는 것이 일반적이다.[11]

따라서 이익집단 로비를 중심으로 한 국내정치가 정치과정의 결과로서 자국정 부의 대외협상 태도에 어떤 영향을 미치는지 G-H 1995 모델을 중심으로 살펴보 자. G-H 1995a 모델[12]은 G-H 1994와 달리 이익집단과 국내정치인과의 전략적 상호작용뿐만 아니라 국제무대에서의 정부 간 전략적 상호작용까지 고려한다. 또한 동 모델은 Putnam(1988)이 제시한 양면게임 경로를 따라 일국의 정치 환경이 타국 의 정책결과에 어떻게 작용하는지, 정치인에 대한 국내 정치적 압력이 해외 상대방 과의 관계를 어떻게 규정(결정)하는지를 함께 검토하였다. Hillman & Moser(1995) 도 통상정책을 정치적인 동기가 부여된 정부 간의 상호작용의 결과로 본 것은 G-H 모델과 같지만, 정부의 목적을 축소된 정치후원 함수로 분석하고 있어, G-H 1995a 모델과 약간 다른 접근을 하였다. G-H 1995a 모델은 정책선택과 정치후원 간의 특수 관계를 결정하는 이익집단의 행동을 모델화하였고, 분석대상도 1개 부 문을 다루지 않고 여러 상품을 대상으로 협력적 및 비협력적 균형에서의 보호 구 조를 고려하였다는 점에서 보다 포괄적인 모델이라고 할 수 있다.

일반적으로 민주국가에서 통상정책은 대통령이나 의원 등 선출된 대표자들에 의해 결정된다. 그러나 일반 대중은 통상이슈에 관한 정보를 잘 알지 못하고 선거 에서 많은 이슈를 다루기 때문에 선출된 대표자들은 유권자들의 후생을 극대화하 는 정책을 반드시 선택할 필요가 없다. 현실 정치에서 정치인들은 오히려 재선이나 다른 목적에 도움이 될 정책을 선택할 가능성이 높다.

MBY(1989)[13]는 로비를 정치인들의 정책 입장을 보고 단지 선거결과에 영향을 미치기 위한 것으로 보았지만, G-H 1995a는 자신들이 선호하는 정치적 입장을 스스로 발표하도록 영향을 주기 위한 선제적 기부제안으로 보았다.[14] 많은 선거 기 부 중 각각은 전체에서 차지하는 비중이 상대적으로 작기 때문에 선거결과에 미치 는 영향은 제한적일 수밖에 없기 때문에 선거 기부는 선거결과에 영향을 주기보다

---

11) Grossman Gene M., and Elhanan Helpman, *op. cit.*, 2002, p. 140.
12) Grossman, Gene M., and Elhanan Helpman, *op. cit.*, 1995, pp. 675–708.
13) Magee, Stephen P., William A. Brock, and Leslie Young, ibid.
14) Grossman Gene M. and Elhanan Helpman, *op. cit.*, 2002, p. 142, 186

정책 선택의 '방향'에 영향을 주기 위한 것으로 보는 것이 현실적이라고 본 것이다. 하지만 양자 모두 로비를 정치과정으로 본 점에서는 동일하다.

　　G-H 1995a는 여타 조직화된 로비그룹의 기부약정을 주어진 것으로 보고, 로비 그룹 구성원들의 총 후생을 극대화하는 것이 기부약정이라고 가정한다. G-H 1994 모델에서 정부 간의 상호작용과 일국의 이익집단이 타국의 정책결과에 영향을 줄 수 있다는 가능성을 배제하지만, G-H 1995a 모델은 먼저 정치적 동기에 움직이는 두 정부 간 비협력적 게임의 내쉬 균형(Nash Equilibrium)[15]의 특성을 밝힌 후 국제협상에서의 협상 상황을 고려한다. 즉, 로비는 기부약정 형태의 요구사항의 표현이라고 가정한다. 이들의 요구에는 정치인들이 어떤 통상협상 과정에서 외국 정부로부터 끌어내려는 양보까지를 포함한다. 그러나 정치적으로 조직화되어 있지 않은 개인들은 선거기부로 정책에 영향을 미칠 수단이 없고 투표자로서만 참가한다고 가정한다. 각 국가가 가능성이 있는 다양한 정책결과와 연계된 기부약정을 먼저 하고, 동일한 산업과 상대국의 여타 로비약정이 주어진 상태(가정)에서 동시에 비협력적으로 로비가 작동하여 정부가 국가 통상정책을 결정하는 것이다. 다만 일국의 정치인과 이익집단 간의 암묵적 계약(기부약정 등)은 상대국 정부에서 파악할 수 없다고 가정한다.

　　동 모델에 따르면 비협력적인 무역전쟁(trade wars)하에서 정치적으로 동기화된 정부는 조직화된 이익집단이 선호하는 통상정책으로 경도된다. 또한 수출입에 있어서 일국의 이익집단 관심사항에 대한 정부 민감도가 증가할수록 해외 상대방의 희생을 대가로 한 해당국의 조직화된 요소 보유자들의 이익이 증가한다. 이는 국내 정치 환경이 국가 간의 전략적 상호작용에 어떻게 작용하는지를 보여준다. 즉, 이익집단의 이해관계가 실업, 안보 등의 이유로 첨예한지 아닌지, 유권자가 많은지 아닌지, 지역적으로 집중 또는 분산되어 있는지 등이 중요한 국내정치적 요인으로 작용한다. 미국의 면화산업처럼 정치적인 조직화 여부는 매우 중요한 정책요소이다.

　　FTA, DDA 농업협상 등에서 미국의 통상협상 태도는 면화산업처럼 '정치적으로

---

15) 주어진 조건에 따라 각자의 이익을 극대화할 수 있는 균형점을 찾을 때의 선택을 말한다. 자신의 선택이 상대방의 선택에 어떻게 영향을 미치고, 상대방의 전략이 어떻게 자신에게 영향을 미치는지를 고려해 게임 참가자가 어떤 결정을 내리는지를 이론적으로 설명한다.

조직화된 이익집단'의 로비가 의도하는 방향으로 경도될 수 있다. 특히 미국 선거에서 선거 판도를 판가름하는 경합지역(swing state)이나 유권자(swing vote)는 통상협상에서도 매우 중요한 고려대상이다. 이른바 면화지대 상당수가 대통령 선거 및 의회 선거에서 전략지역에 해당하기 때문에 정치적 영향력이 배가될 수 있다.[16]

그러나 정치인들은 비협력적으로 각국의 통상정책을 결정할 경우 상호 간에 회피 가능한 정치비용을 부담하려 하기 때문에 정치적으로 동기화된 정부 간에 통상협상을 하게 된다. 이 경우 이익집단은 그들의 요소 소득과 정치적 기부금액을 고민하기 때문에 협상게임에서 조직화된 로비는 선거기부를 국제협상을 통해 등장할 정책과 연계하게 된다. 즉, 기부는 통상정책 스케줄의 함수이다.

일반적으로 전체 인구에서 차지하는 로비집단의 멤버들의 수가 얼마 안 되고 수령 또는 기부하는 금액도 무시할 만하기 때문에 자국 정부는 총 선거기부액과 공공이익에 대한 정부의 관심정도, 1인당 후생을 극대화하기 위한 협상을 하게 된다.[17]

2개국 간의 게임은 소국에서 정책을 설정하는 G-H 1994와 거의 동일한 구조를 갖고 있다. 양국이 선거기부가 가능한 경우 모든 선거 기부는 영향력 행사가 가능한 단일정부에 집중된다. 즉, 각 산업은 어디에 소재하든 평균투표자 후생에 더 큰 비중을 두는 정부에는 기부하지 않고, 선거자금에 대한 투표자 후생의 균형을 더 잘 맞추는 정부의 협상태도에 영향력을 행사하는 데 노력을 집중한다.

자유무역에 비해 협상에 의한 통상협정은 상대적으로 정치적 영향력이 더 큰 산업에 우호적이다.[18] 정치적 파워를 측정하는 요소로 여러 가지가 있지만, 무엇보

16) 1992년 부시(George H. W. Bush)와 클린턴(Bill Clinton) 간의 대통령선거에서 경합지역 17개 주 가운데 테네시, 루이지애나, 조지아, 노스캐롤라이나, 버지니아 등 면화지대 8개 주, 1996년 클린턴과 밥 돌(Bob Dole) 간의 대통령선거에서는 11개 경합지역 가운데 테네시, 애리조나, 조지아, 버지니아, 텍사스 등 6개 주가 Swing State로 분류되었다.

17) $G = \sum_{i \in L} C_i(\tau, \tau^*) + a[W(\tau, \tau^*) + R]$, $\sum_{i \in L} C_i(\tau, \tau^*)$은 선거기부 총액($\tau, \tau^*$은 통상정책 스케줄), $a$는 공공이익에 대한 정부의 관심도를 나타내는 매개변수, $W(\tau, \tau^*)$는 1인당 후생, $R$은 이전지출을 나타낸다. Grossman Gene M., and Elhanan Helpman, *op. cit.*, 2002, p. 159.

18) $\tau_i^0 - \tau_i^{*0} = \left( -\frac{I_{iL} - \alpha_L}{a + \alpha_L} \frac{X_i}{\pi_i M_i} \right) - \left( -\frac{I_{iL}^* - \alpha_L^*}{a^* + \alpha_L^*} \frac{X_i^*}{\pi_i M_i^*} \right)$, $i = 1, 2, ..., n$. 즉, 오른쪽 첫 번째 괄호가 두 번째 괄호보다 클 경우 $\tau_i/\tau_i^* > 1$, 두 번째 괄호가 첫 번째보다 클 경우 $\tau_i/\tau_i^* < 1$이 된다. 자유무역에서 $\tau_i/\tau_i^* = 1$이 되고, 일국(상대국)의 국내가격은 $\tau_i/\tau_i^*$ 함수에 따라 증가(감소)하기 때문이다. 여기서 $\tau_i$는 $i$부문의 통상정책(관세), $a$는 선거기부 대비 총 후생에 부여하는 정부의 가중치, $I_i$는 $i$부문의 총 노동공급, $L$은 조직화된 산업, $\alpha$는 투표자 수, $X_i$는 $i$부문의 재화, $M_i$는 $i$부문 수입을 나타낸다(*표시는 상대국). Grossman Gene M., and Elhanan Helpman, *op. cit.*, 2002, p. 164.

다 정치적 파워는 정치과정에서의 대의권(代議權)에서 나온다. 만일 어떤 산업의 특수요소 보유자가 조직화되어 있고 상대국이 그렇지 않다면 조직화된 그룹이 더 많은 것을 얻게 된다. 특수요소 보유자들이 양국 모두 조직화되어 있다면 협상에 더 큰 이해관계가 있는 집단, 평균적 후생에 낮은 가중치를 두는 정부에 속한 집단, 해당정책 관련 투표인구 비중이 낮은 국가에 속한 그룹이 더 강력한 파워 그룹이다.

또한 특정산업 이해집단은 자국의 수입 수요나 수출 공급이 상대국에 비해 가격에 덜 민감하다면 상대국보다 정치적으로 유리하다. 가격민감도가 높으면 정부의 가격왜곡 비용을 증가시켜 결과적으로 정부가 해당산업의 보호 요구에 적극적이지 않게 되기 때문이다. 이 때문에 협상에 의한 무역협정은 자유무역에 비해 상대적으로 정치적 영향력이 더 큰 산업집단에 우호적이다.

통상협정으로 야기되는 총 후생의 손실은 단순히 양국 이익집단의 존재 때문이 아니라 이익집단이 행사할 수 있는 정치적 압력 정도의 차이에서 발생한다. 일례로 Tosini & Tower(1987)는 보호주의적 내용을 담은 Textile Bill of 1985와 섬유·의류산업에 속한 기업 및 조합의 기부규모 간에 正의 연관성이 있음을 발견하였다. 또한 앞서 제3장 제1절에서 농업계로부터 선거기부를 받은 의원들이 이해관계가 민감한 주요 농업법의 제·개정 과정에서 보여준 투표행태에서도 확인할 수 있다.

정부가 비협력적으로 통상정책을 결정할 경우 각 당사자는 그 정책이 외국의 요소 보유자와 정치인에 미칠 영향을 무시한다. 이 경우 모든 것이 동일하다면 미국의 면화산업처럼 정치적으로 조직화된 산업에 고율관세를 설정하고, 보호비율은 특정요소의 이해관계에 따라 달라질 수 있음을 예측할 수 있다.

그러나 비협력적 통상정책 결정에 따른 정치적 부담을 피하기 위해 정부 간 협력적으로 통상정책을 결정하는 경우가 많다. G-H 1997 모델에 따르면 통상정책 협상 시 국내 이익집단이나 이익집단의 선거기부 등 국내 영향은 정부의 협상전략에 영향을 미친다. 로비단체들은 협상 개시에 앞서 자신들에게 유리한 협정이 체결되도록 선거기부를 계획한다. 최상의 기부제안은 협상이 이루어지는 제도적 구조를 활용하는 것이다. 일반적으로 협상 시 특정산업에 대한 양국의 이해관계는 상충되기 때문에 협상자에게 더 큰 정치적 영향력을 행사하는 쪽이 승자가 된다. 일례로 섬유산업이 A국에는 조직화되어 있고, B국은 안 되어 있다면 자유무역에 비해 A 국은 긍정적, B국은 부정적 보호를 받게 된다.[19]

Grossman & Helpman은 이러한 예측이 실증적인 분석방법에 의해 얼마나 잘 입증할 수 있을지 평가하기 어렵다고 지적하였다. 그동안 산업별 보호 결정요인에 대한 계량경제 연구가 많지만 외국의 정치·경제적 조건에 관한 어떤 회귀변수도 포함하지 않는 등 결점이 많기 때문이다.[20] 국제협상 시 보호비율은 단지 국내 이익집단의 정치적 영향력뿐만 아니라 상대국 동일산업 이익집단의 정치적 영향력을 반영하여야 한다.[21] 이익집단의 정치적 영향력은 정치활동의 정도, 순 교역 대비 국내생산비율, 국내수입수요 또는 수출 공급 규모 등으로 가늠할 수 있다.

최근 여러 나라가 경쟁적으로 양자 또는 지역무역협정을 추진하고 있지만, Putnam(1988)의 주장대로 순차적으로 2가지 전략적인 상호작용 단계를 거치지 않는다. 먼저 각국의 이해관계자 간 정치적 경쟁에 의해 정부의 정책선호도가 결정되고, 그 다음에 국제 간 균형이 결정되는 주고받기 단계가 이어진다는 주장은 비현실적이다. 어느 단계도 국내문제와 국제문제를 동시에 고려하지 않으면 안 되기 때문이다.

실제 한국과 미국 양국은 2006년부터 한·미 FTA 협상 착수에 앞서 산업별 손익분석과 다양한 이해관계집단의 의견을 청취하였다. 미국 의회는 이와 관련, 사전에 다양한 전문가, 이해관계자 및 이익집단의 의견 등을 반영한 협상 가이드라인을 행정부에 제시하였고, 한국도 사전 검토단계에서 업계 간담회, 공청회, 세미나는 물론 국회 내에 초당적인 감독 특별위원회인 한미FTA체결대책특별위원회를 설치하여 사실상 국내 및 국제협상을 동시에 진행하였다.

---

19) 앞서 살펴본 바와 같이 A국과 B국은 $\tau_j^A - \tau_j^B = \frac{I_j^A - \alpha_L^A}{a^A + \alpha_L^A}\frac{X_j^A}{(-\pi_j M_j^{A'})} - \frac{I_j^B - \alpha_L^B}{a^B + \alpha_L^B}\frac{X_j^B}{(-\pi_j M_j^{B'})}$ 을 충족시키는 균형정책 벡터를 만족시켜야 한다. $\tau_j^A$와 $\tau_j^B$는 정책변수로서 A국과 B국 간 수출국에서 수입국으로의 직접이전지출을 의미한다. 이 공식은 $\tau_j^A/\tau_j^B$의 상대적 가치를 결정하게 되며, j산업의 정치력지수가 A국이 더 크다면 A국산업만 보호를 받게 된다(Grossman Gene M., and Elhanan Helpman, op. cit., 2002, p. 173-198).

20) Grossman Gene M., and Elhanan Helpman, op. cit., 2002, p. 168.

21) 상호의존적인 세계화의 심화로 한국 등 대부분의 나라는 통상정책을 결정할 때 무역보복 우려 때문에 주요 교역 상대국의 입장을 고려하는 것이 일반적이며, 일방적인 조치를 내리는 경우는 현실적으로 드물다.

G-H 1995b 모델[22]은 따라서 두 단계의 전략적 상호작용을 하나의 연속적 게임으로 통합하여 분석하였다. 국제적인 상호의존성은 국내정치 경쟁의 변수로서 국내 정치 환경은 정부의 국제 활동을 제약하기 때문이다. 로비그룹은 자신의 정치적 목적에 부합하도록 결정하는 정치인에게 선거기부 제안을 하고, 일국의 정책 태도는 이익집단들의 상대적인 정치파워와 평균적 유권자들에 대한 정부의 관심의 정도를 반영한다. 이 모델도 G-H 1994, 1995a와 같이 모든 부문이 정치적으로 조직화되어 있다고 가정한다. FTA를 고려하는 정부는 이에 반대하는 이해관계자들을 달랠 수 있어야 한다. 이를 위해 양허기간을 길게 하거나 협상대상에서 제외하는 것이 방법이지만 그러자면 상대국과의 충돌이 불가피하다. 누구든 모든 잠재적 수출확대를 위해 시장접근 기회는 얻되 정치적으로 막강한 산업을 보호하려 하기 때문이다.

따라서 균형 협상은 각 정부의 정치적 파워를 반영하는 것인 동시에 협상과정에서의 주고받기이다. 높은 보호수준(enhanced protection)에서 수출산업은 상대국의 높은 국내가격에 따른 이익을 얻고, 낮은 보호수준(reduced protection)에서 수입경쟁 산업은 상대국으로부터의 무관세 수입 증가로 국내가격이 하락한다.

모든 정부는 국내 정치적 비용을 부담해야 하는 부문은 협상대상에서 제외하려고 한다. 정치적 비용은 수입경쟁관계 이익집단의 격렬한 반대나 비효율적인 무역전환효과로 인해 유권자들이 입게 될 피해를 반영한다. 정부는 FTA 협상대상에서 민감 부문을 제외함으로써 반대를 분산시킬 수 있다. 합의된 협정은 협상 상황에서 양국 정부가 느낀 정치적 압력을 반영한다. 협상 예외는 수출국의 시장접근에 따른 정치적 이익과 수입경쟁으로 예상되는 수입국의 정치적 손실의 가중합이 부(−)일 때 용인된다. 또한 일국의 이익과 상대국의 손실에 대한 가중치는 양국 정부의 협상력을 반영한다. G-H 1995b 모델이 협정과 관련된 정치적 비용 보상으로 직접적인 이전지출을 제안할 수 없다고 가정한 것은 비현실적이라고 할 수 있다.

---

22) Grossman, Gene M., and Elhanan Helpman, "The Politics of Free Trade Agreements", *American Economic Review* 105, Sept. 1995, pp. 667−690.

## 3. 분석결과 해석 및 시사점

통상정책 모델에서 다루는 분야는 주로 개인 선호도, 이익집단, 정책결정자 선호도, 정부제도 구조 등 4가지이다. 이 가운데 관심은 이익집단의 이해관계가 로비를 통해 어떻게 통상정책, 특히 대외협상태도에 영향을 주는가 하는 것이다. G-H 1994 모델은 동일한 기호를 가진 개인들과 각기 다른 요소 보유자들로 구성된 소국경제로 규모에 대한 수확불변이며, 모두 정치적으로 조직화되어 있다고 가정한다. 이 모델에 의하면 특정부문의 보호수준은 조직화되어 있거나 경쟁관계인 수입에 비해 상대적으로 성과가 높을 때, 그리고 상응하는 무역흐름에 대한 가격반응도가 낮을 때 높아진다.

일반적으로 로비는 적정이윤을 초과하는 이익추구 행위인 지대추구로서, 기존의 초과이윤을 지키거나 다른 이해관계자들의 지대추구 행위로부터 자신을 방어하는 노력을 포함한다. 정부 정책은 로비지출로 지대를 창출하는 압력집단에 의해 영향을 받으며, 성장산업에서는 진입이 이러한 지대를 소멸시키나, 미국의 면화산업과 같이 사양산업은 지대가 지나치게 높지 않는 한 매몰비용이 진입을 어렵게 한다.

하지만 대외협상태도를 결정하는 통상정책 이슈는 미국 선거에서 교육, 환경, 이민, 사회보장, 테러리즘 등에 비해 현저성이 상대적으로 낮아 후보자의 입장을 아는 유권자가 적고, 설령 안다 하더라도 투표로 연결되는 경우가 드물다(Guisinger, 2007). 기업이나 단체가 이해관계를 관철시키는 방법은 PAC 기부금, 소프트머니, 로비를 통해 입법과정에 간접적으로 영향력을 행사하거나, 정책결과에 영향을 주기 위해 행정부 관료나 의회를 상대로 직접 로비를 하여 통상정책 방향에 영향을 주는 방법이다(Drope & Hansen, 2004).

미국 면화산업의 막강한 로비력의 원천 가운데 가장 두드러진 특징은 첫째, 막강한 정치적 조직화다. G-H 1995a 모델에 의하면 이익집단이 정치적으로 조직화된 산업에서 관세율이 높아질 수 있으며, 보호수준과 정치적 조직화 정도는 정(正)의 관계에 있다. 정치적으로 조직화되어 있고, 수입경쟁적인 부문의 관세(또는 비관세장벽)는 수입대비 국내 생산비율과 정(+)의 관계이며, 수입 대비 국내생산 비중이 높은 조직화된 미국 면화산업의 경우 낮은 여타 산업보다 더 많은 보호 혜택을 보게 된다(Gawande & Bandyopadhyay, 2000).

미국의 면화산업은 NCC를 중심으로 면화 생산업자뿐만 아니라 일반적으로 이해관계가 다른 방직·방적업자, 창고업자, 면화씨 파쇄업자, 유통업자는 물론 농기계, 비료 등 유관업체까지 하나의 정치적 연합체로서 막강한 정치적 파워를 행사한다. 한·미 FTA, WTO DDA 농업협상 등에서의 미국의 통상협상 태도가 면화산업처럼 '정치적으로 조직화된 이익집단'의 로비가 의도하는 방향으로 경도될 수 있다.

둘째, 미국 면화산업은 고도로 집중화되어 있다. 산업이 집중화될수록 정치적 파워가 강해진다. 1991~2000년간 미국 농업부문의 품목별 허핀달 지수(Herfindahl Index) 조사에서 면화는 0.355로 농산물 가운데 가장 높다. 미국의 면화는 어떤 품목보다 집중도가 높아 면화산업은 시장지배력이 높고 경쟁관계는 느슨하다.

지역적으로도 캘리포니아, 텍사스, 조지아, 노스캐롤라이나 등 17개 면화지대에 집중되어 있으며, 주별 지역경제와 고용에 미치는 영향도 상대적으로 집중화되어 있다. 특히 미국 면화산업 로비조직은 수직적 산업계통도에 따라 상·하 유관업계가 하나로 조직화, 집중화되어 있어 허핀달 지수가 거의 1에 가깝다고 할 수 있다.

셋째, 미국 면화의 절대적인 국내 생산비중이다. 특정부문의 정치력은 수입대비 국내 생산비율을 반영한다. 미국 면화산업은 국내 생산비중이 절대적이다. 수입이 없고 국내 면화 생산량은 내수에 충당하고도 남아 연간 생산량의 50% 이상을 수출한다. 게다가 미국의 면화업계는 면화 생산농장과 이해관계를 달리할 수 있는 면화 수요 및 유통업체까지 한 목소리를 내기 때문에 이들의 로비에 맞설 이익집단이 없고, 소비자단체나 자유무역을 선호하는 NGO들의 목소리도 실업 증가 우려 때문에 크지 않은 편이다.

넷째, 선거기부를 기대하는 정치인들의 성향은 "Protection for Sale"과 유사하며, 미국 면화업계 선거기부도 주로 현역의원에게 제공된다. 미국 면화업계가 가장 많이 선거자금을 기부한 상원(2001. 1~2008. 2)과 하원(2005. 1~2008. 2) 의원 상위 30명 모두 현역의원으로 나타났다. 정치적 파워는 정치과정에서의 대의권에서 나오며, 이를 통해 이익집단이 행사할 수 있는 정치적 압력정도는 매우 중요한 요소이다.

로비그룹은 자신의 정치적 목적에 부합하는 정치인에게 정책과 연계해 선거기부 제안을 하고, 일국의 정책태도 또는 통상협상태도는 이러한 이익집단들의 상대적인 정치 파워와 평균적 유권자들에 대한 정부의 관심도를 반영하기 때문이다. 이같은 사실은 앞서 살펴본 주요 농업법안에 대한 의원들의 선거기부 전·후 투표행태에서도 확인할 수 있다. 게다가 대체로 미국 면화업계와 정치인들의 이해관계가 일치한다. 자유무역에 맡기기보다 보호를 함으로써 정부는 다양한 면화 프로그램에 따라 생산보조금을 지원하고, 면화업계는 선거기부를 함으로써 면화업계와 정부의 총 후생이 더 커지기 때문이다.

마지막으로, 모든 정부는 국내적으로 정치적 비용을 부담해야 하는 부문을 협상대상에 제외하려고 한다. 미국의 면화산업과 같이 정치적으로 조직화되어 있고, 국내생산 비중이 높으며, 현역의원에 대한 선거기부로 막강한 정치적 파워를 가진 경우 수입 경쟁 관계에 있는 이익집단의 격렬한 반대나 정치적인 타격을 우려해 협상대상에서 제외하거나 점진적인 자유화를 선택한다. 점진적 무역자유화는 국내적 동기(로비)에 의해 협상과정에서 많은 영향을 받게 된다.

그러나 산업별 보호요인에 대한 계량경제 분석에 의한 연구가 많지만, 이에 의한 예측이 실증적으로 얼마나 잘 증명될 수 있을지 평가하기 어렵고, 수입수요와 수출공급 탄력성에 대한 이렇다 할 연구가 없는 실정이다. 또한 통상협정 또는 통상조약에 반영되는 정책들이 협정(또는 조약) 협상시 정부가 직면한 압력을 반영하는지, 반영한다면 어떻게 반영하는지에 대한 실증연구가 여전히 과제로 남는다.

# 제 7 장

# 주요 로비사례

## 1. 이스라엘 로비

이스라엘 로비(Israel Lobby)[1]란 이스라엘을 위해 미국의 정책에 직·간접적으로 영향을 미치기 위한 공식, 비공식 활동을 말한다. 이스라엘 로비를 어떻게 정의하느냐는 매우 민감할 수 있다. 역사적으로 유대인들은 차별과 편견, 박해, 反유대주의(anti-semitism)로 고통을 겪고 있는 데다 일부 학자들은 이를 미국의 중동정책 등에 대한 부정적인 영향력을 표현하는 용어로 사용[2]해 논란을 빚기도 했기 때문이다. 그래서 유대인들의 로비 활동은 거의 종교적 열정에 가깝다.

이스라엘 로비는 크게 2개의 축으로 구성되어 있다. 하나는 외국 정부 및 기관으로서의 이스라엘 정부 및 관련 단체들에 의한 로비 활동이고, 다른 하나는 미국에 살고 있는 유대계 미국인에 의한 로비 활동이다. 엄격한 의미에서 전자(前者)만이 이스라엘 로비로 볼 수 있지만, 상호 밀접한 관련을 맺고 있기 때문에 미국인(유대계 미국인)에 의한 로비 활동도 함께 살펴보고자 한다. 이스라엘은 역사적으로 나라도 없이 흩어져 살다가 1948년 어렵게 팔레스타인에 나라를 세웠지만, 이후 지정학적으로 지속적인 생존 위협에 시달리고 있다. 이 때문에 이스라엘의 로비는 생존을 위한 절박한 노력의 일환이라고 할 수 있다.

---

1) 이스라엘 로비는 시온주의자 로비(Zionist lobby) 또는 유대인 로비(Jewish lobby)로도 불린다. 하지만 친이스라엘 로비 활동을 하는 사람 중에는 비유대인도 있기 때문에 이스라엘 로비로 표현하였다.
2) Mearsheimer, John and Stephen Walt, *"The Israel Lobby and U.S. Foreign Policy"*, 2007. 8(Farrar, Straus and Giroux).

미국 내 이스라엘(Pro-Israel) 로비는 조직화된 로비그룹들과 정치활동위원회 (PAC), 싱크탱크 그리고 미디어 감시그룹이 주축을 이룬다. 각 지역 이스라엘 PAC 들은 일반적으로 기부자들의 출신지역 이름을 따서 명명하며, 전국적인 네트워크를 가지고 미국 정치에 영향력을 행사한다. 이들의 공통된 활동 목표는 미국과 이스라 엘 간의 관계를 강화하고, 인근 아랍 국가들과의 협상이나 군사 충돌 시 이스라엘 을 지원하도록 하는 것이다.

이스라엘 로비의 대표적인 활동 그룹으로 다음 3개 조직을 꼽을 수 있다. 미국 내 크리스천들로 구성된 활동 그룹으로, 그 규모가 최대인 크리스천연합(Christian United for Israel), 약 10만여 명의 회원을 바탕으로 미 의회에 막강한 로비력을 행 사하는 미-이스라엘공공정책위원회(The American Israel Public Affairs Committee: AIPAC), 미국 내 50개 유대인 조직들을 총괄하며, 유대인 커뮤니티와 미국 행정부 간 의 주요 접점 역할을 하는 미국유대인조직대표자회의(The Conference of Presidents of Major American Jewish Organization) 등이다. 크리스천연합이 전국복음주의크리 스천협회(National Association of Evangelicals) 등과 연계한 종교적인 로비 활동을 한다면, AIPAC은 풀뿌리 운동을 통해 막강한 영향력을 행사한다. 물론 이들 외에 도 다양한 분야에서 로비 활동을 하는 친(親)이스라엘 단체는 많다.

미국 인구의 약 2% 수준에 불과한 유대인 로비는 미국의 정치 판도를 바꿔놓 을 수 있을 정도로 막강한 것으로 평가된다. 미국 내 친이스라엘 로비 활동은 이 스라엘 정부가 미국 정부를 대상으로 한 로비에도 든든한 뒷배가 되고 있다. 특히 이스라엘 로비처럼 국제적인 이슈에 대한 원활한 자금조달과 적극적인 활동으로 괄목할 성과를 낸 사례를 찾기 힘들다. 하지만 겉으로 드러난 이스라엘 정부의 공 식 로비는 본국 정부와 대사관, 영사관, 그리고 유대인 활동기구로 매우 단순하다. 이스라엘의 미래는 자신들의 복잡한 금전적 이해관계와 맞물려 있는 데다 사안 자 체가 너무나 까다롭고 복잡하며, 국내정치에도 중요한 영향을 미치기 때문이다.

미국 법무부가 연방 의회에 보고한 자료[3]에 따르면 2015년 이스라엘 주미대사

---

3) U.S. Department of Justice, *"Report of Attorney General to the Congress of the United States on the Administration of Foreign Agents Registration Act of 1938, as amended"*, for the six months ending June 30, 2015 / December 31, 2015.

관은 다양한 금융수단과 메커니즘, 국제이슈, 미국 법과 규정, 과세·무역·관세·
경제 및 금융 관련 정책에 관한 자문과 채권 발행 및 증권거래위원회, 국제개발처
(USAID)의 대출보증 프로그램 활용 등에 대한 자문을 받기 위해 약 158만 달러를,
이스라엘 본국 정부는 이스라엘 관련기관의 미국 내 활동에 필요한 부동산 임대와
고용계약 협상 등에 대한 자문을 받기 위해 약 35만 달러를 각각 지출하였다. 이
스라엘 대사관은 이러한 종합적인 자문을 받은 것 외에도 각종 소송사건을 대리하
도록 하였다. 이스라엘 관광부는 홍보를 위해 2015년 하반기에 3.9만 달러를 지출
하였고, 필라델피아에 위치한 이스라엘 영사관은 언론 및 일반인을 대상으로 주도
적인 홍보전략 수립을 위해 4.5만 달러를 사용하였다.

　하지만 이스라엘 로비는 정부보다 오히려 이스라엘 해외동포청(Jewish Agency
for Israel: JAI)과 세계시온주의자기구(World Zionist Organization: WZO) 양대 기관이
주도하고 있다. 이 두 기관은 단순히 미국에 국한하지 않고 전 세계를 대상으로 활
동한다. 이스라엘 해외동포청은 미국 내에서의 교육, 문화 및 기타 활동을 위해 지
방의 미국 내 조직들을 직·간접적으로 지원하고 있다. 이를 위해 2015년의 경우
약 350만 달러를 지출하였다. 이 해외동포청과 연계해 쌍두마차로 활동하는 세계시
온주의자기구(WZO)는 같은 해 대외 홍보를 위해 연간 650만 달러를 사용하였다.

　최대 유대인 비영리조직인 이스라엘 해외동포청(JAI)은 준 정부기관이지만, 정부
에서 자금지원을 받지 않고, 북미유대인연합(Jewish Federation of North America),
시온활동조직의 주요 재원조달을 맡은 Keren Hayasod, 주요 유대인 커뮤니티와
재단, 이스라엘 및 세계 기부자들로부터 자금을 조달한다. 이 기관은 전 세계 유대
인, 유산, 땅을 연결하고, 그들로 하여금 유대인들의 미래를 개척하고 강한 이스라
엘을 건설하는 것을 목표로 한다. 특히 이 기관은 이스라엘 국가 건설을 위해 전
세계로 흩어진 유대인과 그의 가족들을 이스라엘로 정착시키는 역할로 잘 알려져
있다. 이스라엘 독립을 선언한 1948년부터 이스라엘(팔레스타인)로 정착시킨 사람이
약 300만 명에 이르고, 이를 통해 약 1천 개의 도시 또는 마을이 만들어졌다. 최
근 이스라엘 해외동포청(JAI)은 이스라엘 정착지원 외에도 방문체험, 교육, 다양한
청년들의 활동을 지원하고 있다.

　세계시온주의자기구(WZO)는 1897년 스위스 바젤에서 개최된 제1차 시온주의자

회의에서 시온주의자기구(Zionist Organization: ZO)로 창립되었다가 1960년에 현재의 이름으로 바꾸었다. 이 기구의 목표는 바젤 프로그램, 즉 공법에 의거 팔레스타인에 안전한 유대민족의 나라를 세우는 시온주의 운동을 전개하는 것이다. 시온주의자기구는 발족 후 Keren Hayasod, 유대인 국가펀드, 유대인 식민펀드(Jewish Colonial Fund)와 은행 등 이를 실천에 옮길 회사나 조직을 많이 만들었다. 이 기구에는 바젤 프로그램을 받아들이고 과거 유대인들이 사용하던 통화인 시온주의자 세켈(shekel)을 구입하면 누구나 회원으로 가입할 수 있다. 세켈을 구입한다는 것은 회비를 낸다는 의미다.

하지만 이스라엘 로비의 진수는 미국에 살고 있는 유대인들의 로비 활동이다. 어떤 형태의 선거이든 미국 선거에서 이스라엘 로비는 절대적으로 빼놓을 수 없다. 특히 개별 의원이나 후보자들을 대상으로 한 맞춤식 로비와 슈퍼 PAC(Super PAC) 형태의 강력한 친(親)이스라엘 로비는 미국 선거에 막강한 영향력을 발휘한다. 거액 기부자인 셸든 아델슨(Sheldon Adelson)이란 사람은 2012년 공화당 슈퍼 PAC에 무려 9,280만 달러 이상을 기부하였다. 당시에 단일 기부로는 최대 금액이었다.

이스라엘 정치활동위원회(PAC)는 전국적인 네트워크를 가지고 있다. 이스라엘 정치활동위원회(PAC)는 미국 정치과정에 막대한 로비자금을 제공함으로써 이스라엘 주변국을 대상으로 친이스라엘 정책을 입안하고 시행하도록 지원한다. 이를 위해 루이스 브랜다이스(Louis Brandeis)와 같은 시온주의자의 정치적 영향력을 적극 활용해 왔다.

최근 이스라엘 로비는 보다 강력한 양자관계 구축과 이스라엘에 대한 미국의 군사 및 경제적 지원을 얻어내는 데 맞춰져 있다. 특히 양국 간의 경제 관계는 1985년 미국이 최초 서명한 자유무역협정(FTA)인 미국-이스라엘 FTA 이후 급속히 통합되었다.

현재 미국에는 수십여 개의 자생적인 친이스라엘 조직들이 활동하고 있다. 미국 27개 주에 조직되어 있는 유대인 커뮤니티를 비롯해 다양한 분야에 활동 조직을 두고 있다. 가장 대표적인 친(親)이스라엘 로비 활동 조직은 1947년 설립된 풀뿌리 시민운동 단체인 AIPAC이다. AIPAC은 1949년 9개 전국 시온주의자 조직의 대표기관으로 설립된 미국시온주의자협의회(American Zionist Council: AZC)에서 파생되었다. 특히 매년 초 AIPAC 주최로 워싱턴에서 개최되는 AIPAC 연례회의(conference)

에는 수만 명이 참여할 정도로 그 규모가 대단하다. 이 행사가 열릴 때는 워싱턴 컨벤션센터(WCC)를 비롯한 주변 호텔은 모두 참가자들로 넘친다. 특히 이 행사 기간 중에는 미국 대통령을 비롯해 행정부, 상·하 의원 대다수가 참가해 미국 의회를 옮겨놓은 것으로 착각할 정도이다. 보통 3박 4일간 지속되는 이 행사는 대대적인 그룹별 모금 활동과 함께 다양한 교육 및 네트워킹 행사가 개최되고, 행사 마지막 날에는 행사 시간 중 교육받은 활동 목표와 메시지를 들고 수천 명이 의원들의 사무실을 방문하는 풀뿌리 로비 활동인 도어낙(door-knock) 행사를 벌인다. 이 행사의 최종 목적지이자 꽃인 셈이다.

현재 미국에는 전 세계 1,400만 명의 유대인 중 약 41%인 약 600여 만 명이 살고 있다. 이들은 미국 인구의 2.2%에 불과하다. 하지만 이들은 대통령 당선 매직 넘버인 270명의 선거인단 중 244명을 좌우하는 10개 핵심 주에 대부분 살고 있고 투표율도 매우 높다. 이들은 돈과 표로서 후보자들에게 영향력을 행사한다. 이들의 눈 밖에 나서는 살아남을 수 없다고 할 만큼 영향력은 막강하다. 심지어 미국에서 AIPAC 도움 없이는 아무도 선출직 정치인이 되기 어렵다고까지 말할 정도이다.

미국 유대인들의 초당적 활동 조직인 AIPAC은 미국-이스라엘 양국의 안보 강화를 위해 양국 관계를 강화, 유지 및 확대하는 데 활동 목표를 두고 있다. 이것은 2차 세계 대전 때 미국이 빨리 전쟁에 개입했더라면 수만 명의 목숨을 앗아간 홀로코스트(대학살)와 같은 비극을 막을 수 있었을 것이란 유대인들의 자각에서 출발하였다. AIPAC 직원들과 활동가들은 매일 정책 결정자들과의 관계를 통해 양국 간의 결속과 강력하고 안전한 이스라엘이 미국의 국익에 부합한다는 점을 환기시킨다. 또한 가치 공유를 통한 관계 증진과 더불어 유대인, 흑인, 히스패닉, 기독교인, 진보주의자, 퇴역군인과 학생단체 등 친(親)이스라엘 지도자들의 활동 공간을 마련함으로써 양국 간의 동맹을 확대해 나가는 활동을 한다. 특히 최근에는 이스라엘이 독자 방어능력을 갖출 수 있도록 안보 지원을 강화하고, 공동 미사일 방어 프로그램 개발을 지원하고 있다. 동시에 팔레스타인 평화 구축 노력에 대한 국제사회의 지지를 얻어내기 위한 다각적인 활동도 벌이고 있다. 이 외에도 기술, 에너지, 사이버보안, 국경 안보, 정보공유 및 농업 부문에 대한 전략적인 협력을 촉진하는 역할도 맡고 있다.

AIPAC은 협상을 통한 양자 간의 해결방식을 선호한다. AIPAC은 미 의회 의원들로 하여금 해외원조, 정부 간 파트너십, 테러리즘 공동대응, 평화 진흥 활동을 통해 이스라엘을 지원할 것을 요구한다. AIPAC의 이러한 활동 때문에 이스라엘의 제2 외무부로 불린다. AIPAC은 개인 기부자들로부터 로비자금을 모금하며, 외국대리인등록법(FARA)에 따라 외국대리인(FA)으로 등록되어 있지만, 이스라엘 정부나 어떤 조직으로부터도 지시나 금전적 지원을 받지 않는다.

AIPAC은 정치활동위원회(PAC)가 아니며 후보자를 평가하거나 지지, 후원을 하지 않는다. 일반적인 인식과 달리 AIPAC은 미국의 모든 선거를 모니터링 하지만 선거운동에 직접 관여하지 않는다. 그럼에도 막강한 영향력을 발휘할 수 있는 것은 이스라엘 및 미국 내 자생 조직들과의 역할 분담과 미국 전역에 조직화된 다양한 유대인 풀뿌리 활동 단체들의 체계적이고 효과적인 활동, 각계에 포진한 유대인 리더들의 네트워크를 통한 체계적인 활동과 미 의회에 대한 조직적인 전방위 로비 덕분이다. 이들 조직들 간의 느슨한 연대는 언론이나 행정부에도 지대한 영향력을 갖고 있다. 특히 AIPAC은 미 의회의 목줄을 쥐고 있다고까지 말한다. 자신들의 의제를 지지하는 의원들에게는 확실히 보상을 해주고, 그렇지 않은 의원들을 낙선 활동 등으로 응징하기 때문이다.

일례로 지난 2013년 이스라엘 로비로 지출된 약 380만 달러 중 AIPAC이 약 300만 달러를 지출하였다. 당시 미국-이스라엘의 전략적 동반자 관계에 관한 법안을 통과시키기 위해서였다. 이 법안의 골자는 이스라엘 국민에 대한 미국 비자를 없애자는 것으로, AIPAC의 역할이 컸다. 2015년에는 친(親)이스라엘 로비 조직들이 약 450만 달러를 사용하였고, 이 가운데 AIPAC의 활동 자금은 약 80%인 360만 달러였다. 현재 미국에서 공개적으로 활동하고 있는 이스라엘 로비조직은 AIPAC 등 10여 개로 미 법부부나 의회에 신고된 활동 금액은 2012년 358만 달러에서 2014년 389만 달러, 2015년 454만 달러로 계속 증가하고 있다.

AIPAC을 위해 활동하고 있는 등록 로비스트 수는 약 30여 명이다. 최근 AIPAC이 주력하고 있는 활동 목표는 이란의 핵무기 획득 방지, 헤즈볼라 등 이란 및 친이란 활동 척결, 팔레스타인과의 평화공존, 2018년 31억 달러의 안보 지원을 포함한 이스라엘에 대한 원조, 미-이스라엘 미사일 프로그램 지원, 미국과의 전략적 군사협력 강화, 양국 간의 국토안보, 에너지 및 교역 분야 협력강화 등이다.

〈표 7-1〉 2015 ~ 2016년 친이스라엘 로비조직의 활동 현황

| 주요 親이스라엘 활동조직 | 2016 | | 2015 | |
|---|---|---|---|---|
| | 금액 | 로비스트 | 금액 | 로비스트 |
| Alliance for Israel Advocacy | 55,000 | n/a | − | n/a |
| American Israel Public Affairs Cmte | 3,602,343 | 11명 | 3,388,700 | 11명 |
| American Jewish Cmte | 150,000 | 2명 | 110,000 | 2명 |
| Christians United for Israel Action Fund | 50,000 | 1명 | − | n/a |
| J Street | 400,000 | 4명 | 400,000 | 6명 |
| Republican Jewish Coalition | 80,000 | 1명 | 80,000 | 1명 |
| US Israel Science &Technology Fdtn | − | n/a | − | 1명 |
| Zionist Organization of America | 200,000 | 2명 | 210,300 | 2명 |
| 총 액 | 4,537,343 | 23명[1] | 4,189,000 | 31명[2] |

주: 1) 활동한 개인 로비스트 숫자.
　　2) Williams & Jensen 소속 로비스트 등 실제 활동한 로비스트.
자료: opensecret.org를 토대로 저자가 작성.

〈표 7-2〉 2012 ~ 2016년 미 의회에 대한 AIPAC 로비 현황

| 구 분 | 로비액($) | 로비스트 | 로비 분야 (괄호안, 관련 법안 수) | 대상 기관 |
|---|---|---|---|---|
| 2016 | 3,602,343 | 11명 | 연방예산(4), 국방(2), 에너지 및 원자력(4), 외교관계(4), 통상(3), 항공(1), 국가안보(1) | 의회(상,하원), 국가안보회의(NSC), 국방부, 에너지부, 국무부, 재무부, 국토안보부 |
| 2015 | 3,388,700 | 11명 | 연방예산(4), 국방(4), 에너지 및 원자력(1), 외교관계(4), 통상(4) | 의회(상,하원), 국가안보회의(NSC), 국방부, 에너지부, 국무부, 재무부, 국토안보부, 상무부 |
| 2014 | 3,060,332 | 11명 | 연방예산(4), 국방(4), 에너지 및 원자력(3), 외교관계(4), 국가안보(1) | 의회(상, 하원), 국가안보회의(NSC), 에너지부, 국무부, 재무부, 국토안보부 |
| 2013 | 2,977,742 | 12명 | 연방예산(4), 국방(4), 에너지 및 원자력(4), 외교관계(4), 국가안보(4), 통상(2) | 의회(상, 하원), 국가안보회의(NSC), 에너지부, 국무부, 재무부 |
| 2012 | 2,761,388 | 12명 | 연방예산(4), 국방(4), 에너지 및 원자력(3), 외교관계(4), 국가안보(4) | 의회(상, 하원), 국가안보회의(NSC), 에너지부, 국무부, 재무부 |

자료: Senate Office of Public Records.

AIPAC은 이를 위해 최신 뉴스와 중동지역 분석, 미 의회 동향에 관한 자료를 제공하고 상시 자문 역할을 한다. AIPAC이 발간하는 자료는 중동지역 뉴스인 *Daily News Digest*, 중동지역의 주요 이슈를 분석한 *Issue Memos*, 미국의 중동정책에 관한 대표적인 발간물인 *Near East Report*, 미－이스라엘 방위협력에 관한 월간 *Defense Digest*, 미－이스라엘 간의 국토 안보 협력에 관한 격월간 *Homeland Security Monitor*, 미국과 이스라엘 간의 에너지 안보에 관한 *Energy Matters* 등이다. 이 외에도 산하 자선단체인 미국·이스라엘 교육재단(American Israel Education Foundation: AIEF)과 공동으로 미 의회 스텝들을 대상으로 양국 간의 핵심 이슈에 관해 AIPAC 고위 관계자나 전문가들이 설명하는 브리핑을 정기적으로 갖고 있다.

미국에서 활동하는 유대계 로비자금은 1990년대 초까지만 해도 주로 민주당에 집중 지원되었으나, 시간이 갈수록 민주·공화 양당이 비슷해지고 있다. 미국의 정치자금 추적조사를 전문으로 하는 비영리 기관인 CRP(Center for Responsive Politics)에 의하면 개인들의 기부 비중과 공화당에 대한 지원 비중이 꾸준히 증가하는 추세를 보이고 있다. 1990년 이전까지만 해도 개인보다 PAC 기부 비중이 컸으나, 이후 개인 기부액이 지속적으로 증가해 2016년에는 개인 기부액이 약 80%를 넘어섰다. 친이스라엘 활동조직의 전체 기부액 중 개인이 차지하는 비중이 1990년 4.2%에 불과했으나, 1996년 56.1%, 2006년 71.2%로 계속 늘더니 2016년에는 무려 80.2%에 달하였다. 정당별 기부액도 1990년대 초만 해도 민주당에 대한 기부비중이 최대 75%에 달했으나, 최근에는 민주와 공화 비율이 대체로 6대 4 비율을 유지하고 있다. 최근 들어 공화당 비중이 지속적으로 늘고 있는 것이다.

미국 내에서 활동하고 있는 친이스라엘 정치활동위원회(PACs)는 약 30~40여 개로, *J Street PAC*, *National Action Committee*, *National PAC*, *Center for Middle East Peace/Econ Coop*, *National Californians for Good Govt*, *Citizens Organized PAC* 등이 대표적이다. 이들 PAC은 특정 후보에게 직접 기부를 할 수 없으며, 특정 후보자나 정책, 법안에 대해 찬성 또는 반대 활동만 할 수 있다.

[그림 7-1] 1990 ~ 2016년 정당별 친이스라엘 로비지출액 현황

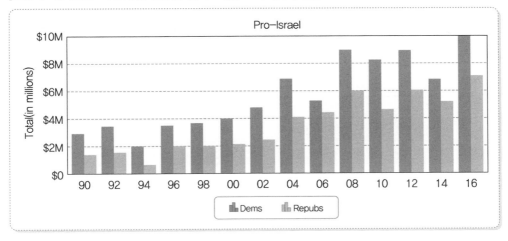

〈표 7-3〉 1990 ~ 2016 친이스라엘 활동자금의 정당별 기부 추이　　　　(단위: 천불)

| 구 분 | 총 기부액 | 개인기부액 | PAC기부액 | 기타 | 민주당 | 공화당 | 민주당(%) | 공화당(%) |
|---|---|---|---|---|---|---|---|---|
| 2016 | 17,097 | 13,711 | 3,388 | − 2 | 9,969 | 7,122 | 58 | 42 |
| 2014 | 12,145 | 9,226 | 2,918 | | 6,876 | 5,248 | 57 | 43 |
| 2012 | 15,102 | 12,107 | 2,971 | 24 | 8,967 | 6,056 | 59 | 40 |
| 2010 | 13,300 | 9,962 | 3,187 | 151 | 8,305 | 4,657 | 63 | 35 |
| 2008 | 15,019 | 11,625 | 3,394 | | 9,013 | 6,003 | 60 | 40 |
| 2006 | 11,028 | 7,851 | 3,176 | | 5,292 | 4,451 | 48 | 40 |
| 2004 | 10,986 | 7,599 | 3,387 | | 6,928 | 4,056 | 63 | 37 |
| 2002 | 7,192 | 4,246 | 2,946 | | 4,788 | 2,402 | 67 | 33 |
| 2000 | 6,104 | 4,153 | 1,950 | | 3,968 | 2,133 | 65 | 35 |
| 1998 | 5,630 | 3,405 | 2,104 | 121 | 3,650 | 1,979 | 65 | 35 |
| 1996 | 5,469 | 3,072 | 2,387 | 10 | 3,473 | 1,996 | 64 | 36 |
| 1994 | 2,665 | 69 | 2,386 | 210 | 2,009 | 655 | 75 | 25 |
| 1992 | 4,947 | 869 | 4,049 | 29 | 3,433 | 1,513 | 69 | 31 |
| 1990 | 4,267 | 181 | 4,086 | | 2,908 | 1,359 | 68 | 32 |
| 총계 | 130,950 | 88,076 | 42,330 | 544 | 79,579 | 49,629 | 61 | 38 |

자료: Center for Responsive Politics(openscret.org).

친이스라엘 자금의 기부 대상은 상, 하원 모두 평균적으로 민주당에 대한 기부
비중이 높지만 선거에 따라 차이를 보이고 있다. 정당보다는 사람, 즉 후보자의 성
향을 보고 지원하기 때문이다.

〈표 7-4〉1990 ～ 2016년 정당별 친이스라엘 기관들의 상원의원 기부액 현황

| 구 분 | | 민주 | 공화 | 무소속 | 합계 |
|---|---|---|---|---|---|
| 2016 | 의원 수 | 19 | 32 | 0 | 51 |
| | 평균 기부액 | 63,705 | 116,351 | 0 | 96,738 |
| | 총 기부액 | 1,210,407 | 3,723,253 | 0 | 4,933,660 |
| 2014 | 의원 수 | 29 | 17 | 0 | 46 |
| | 평균 기부액 | 92,881 | 104,472 | 0 | 97,165 |
| | 총 기부액 | 2,693,553 | 1,776,035 | 0 | 4,469,588 |
| 2012 | 의원 수 | 27 | 17 | 1[1] | 45 |
| | 평균 기부액 | 95,750 | 49,486 | n/a | 76,101 |
| | 총 기부액 | 2,585,264 | 841,274 | n/a | 3,424,538 |
| 2010 | 의원 수 | 31 | 16 | 2[2] | 49 |
| | 평균 기부액 | 90,050 | 58,633 | 51,375 | 78,213 |
| | 총 기부액 | 2,791,559 | 938,138 | 102,750 | 3,832,447 |
| 2008 | 의원 수 | 26 | 28 | 1[3] | 55 |
| | 평균 기부액 | 155,479 | 108,982 | 2,500 | 129,027 |
| | 총 기부액 | 4,042,472 | 3,051,507 | 2,500 | 7,096,479 |
| 2006 | 의원 수 | 22 | 26 | 1[4] | 49 |
| | 평균 기부액 | 99,546 | 68,612 | 1,263,640 | 106,890 |
| | 총 기부액 | 2,190,013 | 1,783,937 | 1,263,640 | 5,237,590 |

주: 1) King, Angus(메인)
   2) Lieberman, Joe(코네티컷), Murkowski, Lisa(앨라스카)
   3) Lieberman, Joe(코네티컷)
   4) Joe Lieberman은 민주당 코네티컷 예비선거에서 Ned Lamont에 패배 후 무소속으로 출마해 당선
자료: Center for Responsive Politics(openscret.org) 자료를 저자가 정리.

[그림 7-2] 상원에 대한 친이스라엘 로비현황

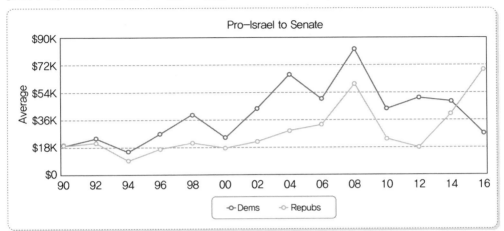

반면 하원인 경우 2006년을 제외하고 최근 10년간 민주당 후보자에 대한 지원 비중이 높은 편이다. 게다가 특이한 것은 최근 10년간 전체 100명의 상원 의원 중 약 절반인 45~55명을, 전체 435명의 하원 의원 중 약 절반인 180~257명에 대해 지원을 했다는 점이다. 물론 친이스라엘 활동 조직들이 기부하고 있는 의원들의 숫자도 놀랍지만, 미 의회 대부분의 법안 의결정족수가 과반 이상이라는 점을 감안하면 지원하는 의원 수가 흥미롭다. 이들이 지원하고 있는 하원 의원 수가 매년 증

[그림 7-3] 하원에 대한 친이스라엘 로비현황

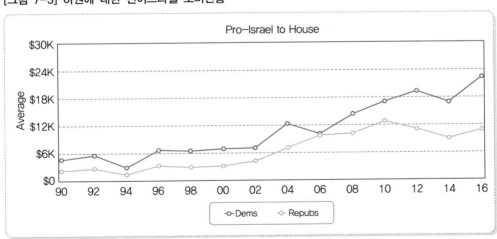

〈표 7-5〉1990 ~ 2016년 정당별 친이스라엘 조직의 하원의원 기부액 현황

| 구 분 | | 민주 | 공화 | 무소속 | 합계 |
|---|---|---|---|---|---|
| 2016 | 의원 수 | 144 | 108 | 0 | 252 |
| | 평균 기부액 | 29,448 | 25,091 | 0 | 27,581 |
| | 총 기부액 | 4,240,595 | 2,709,903 | 0 | 6,950,498 |
| 2014 | 의원 수 | 134 | 123 | 0 | 257 |
| | 평균 기부액 | 25,554 | 17,370 | 0 | 21,638 |
| | 총 기부액 | 3,424,293 | 2,136,578 | 0 | 5,560,871 |
| 2012 | 의원 수 | 126 | 116 | 0 | 242 |
| | 평균 기부액 | 30,610 | 23,243 | 0 | 27,079 |
| | 총 기부액 | 3,856,944 | 2,696,246 | 0 | 6,553,190 |
| 2010 | 의원 수 | 149 | 69 | 0 | 218 |
| | 평균 기부액 | 29,759 | 33,715 | 0 | 31,011 |
| | 총 기부액 | 4,434,095 | 2,326,403 | 0 | 6,760,498 |
| 2008 | 의원 수 | 126 | 76 | 0 | 202 |
| | 평균 기부액 | 27,302 | 27,304 | 0 | 27,303 |
| | 총 기부액 | 3,440,053 | 2,075,118 | 0 | 5,515,171 |
| 2006 | 의원 수 | 86 | 93 | 1* | 180 |
| | 평균 기부액 | 23,189 | 24,124 | 10,700 | 23,603 |
| | 총 기부액 | 1,994,301 | 2,243,589 | 10,700 | 4,248,590 |

주: * 버몬트 주 버니 샌더스(Bernie Sanders)의원.
자료: Center for Responsive Politics(openscret.org) 자료를 저자가 정리.

가 추세이기 때문에 앞으로 그 영향력은 더욱 커질 것으로 예상된다.

연방의회 제115기 현재 유대계 의원은 30명으로 약 6%이다. 상원 의원은 뉴욕주 척 슈머(Chuck Schumer) 민주당 원내대표를 비롯해 무소속 버니 샌더스(Bernie Sanders, 버몬트), 론 와이든(Ron Wyden, 오레곤), 알 프랭켄(Al Franken, 미네소타) 등 8명으로 샌더스 의원을 제외하고 모두 민주당이다. 하원 의원은 미시간 주 출신으로 한미 FTA 반대론자인 샌더 레빈(Sander Levin) 의원을 비롯해 캘리포니아 출신 하원 정보위원회 랭킹 멤버인 아담 쉬프(Adam Schiff) 의원 등 모두 22명으로 대부분 민주당이고, 공화당은 리 젤딘(Lee Zeldin, 뉴욕), 데이빗 쿠스토프(David Kustoff,

테네시) 2명뿐이다. 제114기(2015~2016)는 29명(상원 10명, 하원 19명), 제113기는 34명(상원 12, 하원 22명), 제112기는 40명(상원 13, 하원 27명)이었다.

이스라엘을 위해 활동하는 미국 내 주요 친이스라엘 조직들은 이념 성향에 따라 주요 기부대상이 달라진다. 일례로 중동지역에서의 미국 이익 확보를 위해 외교를 최우선(Diplomacy-first approach)으로 해야 한다고 주장하는 활동조직인 J Street는 2016년 선거 기간 중 친이스라엘 활동조직 전체의 약 19%에 해당하는 340만 달러를 지원했지만, 그 대상이 대부분 러스 페인골드(위스콘신), 매기 하산(뉴햄프셔) 등

〈표 7-6〉 2016년 친이스라엘 활동조직의 기부액 현황

| 기부자 | 금액($) |
|---|---|
| J Street PAC | 3,337,316 |
| NorPAC | 1,455,381 |
| Republican Jewish Coalition | 269,914 |
| Florida Congressional Cmte | 209,750 |
| Joint Action Cmte for Political Affairs | 202,871 |
| National Action Cmte | 195,125 |
| Citizens Organized PAC | 165,000 |
| Desert Caucus | 150,000 |
| Maryland Assn for Concerned Citizens | 125,500 |
| Friends of Israel | 123,500 |
| National PAC | 122,500 |
| To Protect Our Heritage PAC | 99,127 |
| SunPAC | 77,500 |
| Washington PAC | 74,000 |
| Louisiana for American Security | 69,400 |
| Heartland PAC | 68,500 |
| Americans United in Support of Democracy | 66,300 |
| Grand Canyon State Caucus | 65,000 |
| World Alliance for Israel | 60,000 |
| Because I Care PAC | 44,100 |

민주당 의원이나 후보자들이다. 반면 보수 성향인 Republican Jewish Coalition (RJC)은 2012년 대통령 선거 때 오바마 대통령 낙선 활동에 슈퍼 PAC을 포함해 600만 달러 이상을 지출한 것으로 알려졌다. 이 RJC에는 홈디포(Home Depot) 공동 창업자인 버니 마커스(Bernie Marcus), 카지노계 거물인 샌즈(Sands) 그룹의 셀든 아델슨(Sheldon Adelson) 회장이 이사회 멤버로 참여하고 있다. 특히 아델슨은 트럼프 후보의 최대 후원자로 대통령 당선에도 지대한 역할을 한 것으로 알려지고 있다. 하지만 대부분의 친이스라엘 활동단체들은 민주, 공화 양당에 골고루 지원하고 있는 것으로 알려지고 있다. 이들은 이념적 성향에 따라 지원이나 기부를 하고 있지만, 이스라엘과 관련한 법안에 관해서는 같은 목소리를 내고 있다.

## 2. 일본의 미국 로비

일본 로비는 2차 대전 이전부터 시작되었다. 19세기말 20세기 초 일본에 근무했다가 미국으로 돌아간 선교사들이 중심이 돼 일본의 독특한 문화와 일본의 정치 발전을 통한 아시아 모델 개발을 목표로 한 활동이 그 시작이다. 이들 선교사들은 주로 일본을 기독교화하고 일본인의 반이민 법률 폐지, 일본의 영토 확장 노력을 저지하는 데 초점을 맞추었다.

일본 로비는 그 형태와 참여자들이 다양해 실체를 파악하기 쉽지 않다. 일본의 로비 참여자들은 일본에 우호적인 인식을 심어주기 위한 문화 · 교육기관에서부터 전문 경제단체, 직접로비에 이르기까지 다양하다. 일본은 일찍부터 대학, 재단, 자선단체에 대한 기부와 장학금 지급을 통한 지적인 접근("Intellectual America")으로 상당한 성과를 거두었다. 일본 문화에 우호적인 미국인의 목소리도 최대한 활용하였다. 일본은 전직 정부관료, 전문 로비스트, 유명 변호사, 정치 컨설턴트 등 워싱턴 인사이드들을 적절히 고용함으로써 상당한 성과를 거두었다. 하지만 일본은 산업경쟁력에 대한 불안이 감소하고 오히려 중국이 새로운 미국의 경쟁자로 부상하면서 일본 로비의 위상이 위축되는 경향을 보이고 있다. 로비의 필요성이 그만큼 줄었기 때문이다.

2차 대전 이전에는 일본 정부는 물론, 일본과 거래 관계가 있던 미국 기업들에 의해 로비가 이루어졌다. 2차 대전 이후 일본 로비는 공산주의 위협과 태평양 지역에서의 미국 국익에 초점을 맞추었다. 당시 미국 기업인들은 일본이 미국제품의 잠재시장으로 재건되기를 원했다. 특히 친일본 미국 활동조직인 일본위원회(American Council on Japan: ACJ)는 초기에 일본을 미국의 안보체계에 편입시키고, 일본 재건에 미국 재계가 역할을 할 수 있도록 하였다.

일본계 미국인들의 단체인 JACL(Japanese American Citizens League)에서 오랫동안 대변인을 했던 마이크 마사오카(Mike Masaoka)라는 사람은 1950년대 중반 워싱턴 D.C.에 일본의 통상이익을 대변하기 위한 컨설팅 로비회사를 설립하였다. 당시 미국 사람들은 일본에 대한 부정적인 인식을 갖고 있었기 때문이다. 그는 미-일 관계에 대한 책무라며 일본을 미국편에 두려는 노력을 하였다. 일본계 변호사인 윌리엄 타나카(William Tanaka)라는 사람도 일본 업계의 이익을 대변하기 위해 워싱턴 D.C.에 처음으로 법률회사를 설립하였다. 사실 그는 일본계 최고의 로비스트라고 할 수 있다. 일본 정부도 당시 거물급 인사를 로비스트로 고용하였다. 일본 정부는 1959년 일본산 면화제품에 대한 규제를 해소하기 위해 1948년 공화당 대통령 후보였던 토마스 듀우이(Thomas E. Dewey)를 로비스트로 고용하였다. 그 대가로 5년간 50만 달러를 지불하였다.

일본은 특히 미-일 간의 섬유제품 관련 통상 분쟁 해소를 위해 1950년대부터 미국식 로비 활동을 전개하였다. 미국식으로 문제를 해결하기 위해 여러 개의 전위조직들을 만들었다. 그 중 하나가 마사오카가 만든 미국섬유수입업자협회(American Textile Importers Association: ATIA)였다. 이 단체는 일본의 섬유제품 생산업자들과 이해관계를 같이 하는 미국기업들로만 구성되었다. 당시 워싱턴에서 활동하던 스티트(Nelson Stitt)와 허멘딩어(Hemmendinger)라는 전직 관료출신 두 변호사도 나중에 일본 로비에 중요한 역할을 했던 미-일 무역위원회(U.S.-Japan Trade Council: UJTC)라는 일본의 이익을 대변하는 조직을 만들었다. 이 조직은 미국 정책결정자들에게 신뢰할 만한 정보를 제공하기 위한 것으로, 일본 외무성이 연간 30만 달러 예산의 대부분을 지원하였다. 이 조직은 나중에 일본경제연구소(Japan Economic Institute: JEI)로 이름을 바꾸었다.

일본의 미국 로비는 1975년 통상법(1975 trade Act)의 통과로 한층 강화되었다.

보다 복잡해진 미국의 통상정책 환경에 대응하기 위해서였다. 일본은 미국 통상전
문가를 고용해 공격적으로 로비 활동을 전개하였다. 그 때 고용했던 사람 중에는
포드 행정부의 특별무역 부대표를 역임했고, 1975년 통상법 입안자 중 하나였던
헤럴드 맘그린(Harald Malmgren)도 포함되어 있었다. 그는 일본이 고용한 전문가
로비스트 중 한 사람이다. 그는 1978년 일본 TV에 부과될 세금을 성공적으로 막
아내는 데 지대한 역할을 하였다. 그는 3개월간 활동한 대가로 30만 달러를 받았
다. 맘그린은 그 이후에도 일본의 통상이슈에 관한 활동을 하였고, 2002년 죽을
때까지 일본과 미국을 연결하는 주요 창구 역할을 하였다. 일본은 1960년대부터
어떻게 미국의 정치와 정책에 영향을 줄 수 있는지를 자문해 줄 미국 고문을 고용
하기도 하였다.

　　일본의 미국 로비는 크게 문화, 경제 및 정치 로비로 구분해 볼 수 있다. 과거
일본의 문화로비는 워싱턴 D.C.에 소재한 일미우호기금(Japan—US Friendship
Commission: JUSFC), 재팬 소사이어티(Japan Society), 미일재단(United States—Japan
Foundation) 등이 주도하였다. 이 가운데 일미우호기금(JUSFC)은 성격이 특이하다.
미—일 양국 간의 이해증진과 협력을 촉진하기 위해 미국 정부가 만든 독립적인
기구이기 때문이다. JUSFC는 워싱턴에 본부를 두고 있다. 이곳에서는 미국 내 일
본연구, 일본 내 미국 연구와 일본 콘텐츠와 관련한 예술 활동을 지원한다. JUSFC
는 미 의회가 1975년 오키나와에 있는 미국시설의 비용 지급을 위해 일본 정부가
일부 조성한 신탁기금 관리를 위해 설립했다가 후에 일본에 넘겨주었다. 당시
JUSFC의 연간 예산은 약 3백만 달러로, 미국 상·하 의원을 비롯해 국무부, 교육
부, 양국의 국가예술기금 대표 등이 참여하는 미국 위원회에서 운영하였다. 이 기
금 예산은 주로 일본연구 전문가가 되기를 원하는 차세대 젊은 학자들이나 양국의
소장학자를 양성하는 데 사용하였다. 대학원생들을 위한 프로그램도 진행하였다.
이들을 위한 장학금(fellowship)을 비롯해 대학원 교육과정 개발, 도서관 지원, 공동
연구 프로젝트 지원, 일본어 교육 등에 대한 지원을 담당하였다. 물론 이곳에서
일반인을 위한 교육 프로그램도 운영하였다. 하지만 미국은 예산상의 제약 때문에
일본 내 미국 연구, 의원 교환방문, 의원보좌관 일본 파견 등을 집중적으로 지원하
였다.

1907년 뉴욕에 설립된 재팬 소사이어티는 일본에 대한 미국인들의 이해증진을
위해 여러 재단과 양국 기업들의 지원을 받아 운영하고 있다. 이 단체는 미국에서
활동하고 있는 가장 오래되고 큰 일본의 문화 활동조직이다. 재팬 소사이어티는 미-
일 양국 간의 문화교류를 위해 설립하였지만, 양국 간의 정치, 경제적 갈등을 완화
하는 데도 중요한 역할을 하고 있다. 재팬 소사이어티는 교육 프로그램은 물론 양
국 관계에 영향을 미치는 정치, 경제, 사회 이슈 등에 대한 다양한 토론의 장과 프
로그램을 제공한다. 매년 1백회 이상의 토론회와 국제학술회의는 물론, 상호 간의
이해 증진을 위해 교환 방문사업도 진행한다.

일본은 미일통상우호조약 체결 100주년을 기념해 1960년 미국 각지에서 활동하고
있는 재팬 소사이어티의 전국 조직인 미일소사이어티총연합회(National Association of
Japan-America Societies: NAJAS)를 발족시켰다. NAJAS에는 미국 32개 주에서 활동
하고 있는 일본 관련 40여 개 조직들이 참여하였다. 재팬 소사이어티는 캐나다를
포함해 미국 북부, 중부 및 서부에 각 10개, 남부에 7개가 각각 활동하고 있다.

일례로 미국 북부 권역에는 뉴욕과 워싱턴 D.C.(Japan-America Society of
Washington DC)를 비롯, 인디애나폴리스(인디애나), 보스톤(매사추세츠), 더블린, 신
시내티(이상 오하이오), 먼로빌, 필라델피아(이상 펜실베이니아), 디트로이트(미시간)와
캐나다 토론토에 별도의 조직들이 각각 활동하고 있다. 미국 남부권역에는 버밍햄
(앨라배마), 걸프 프리즈(플로리다), 애틀랜타(조지아), 잭슨(미시시피), 프랭크포트(켄
터키), 내쉬빌(테네시), 채플 힐(노스캐롤라이나)에 각각 이름은 조금씩 다르지만 재
팬 소사이어티(日米協會)가 설립되어 활동하고 있다. 서부 권역에는 샌디에고, 샌프
란시스코 등 캘리포니아 주에 3개, 콜로라도 주에 2개가 있으며, 워싱턴, 오리곤,
뉴멕시코, 네바다, 하와이에도 재팬 소사이어티가 활동하고 있다.

이처럼 미국 전역을 커버하는 NAJAS는 일본의 비영리 민간조직이다. NAJAS는
처음 뉴욕 재팬 소사이어티와 같은 건물을 사용하다가 최근 워싱턴 D.C.로 사무실
을 옮겼다. NAJAS는 매년 800회 이상의 공개 행사 프로그램과 500개 기업 프로그
램, 25만 명 이상의 학생들이 참가하는 160개 문화 교육 행사를 진행하고 있다.
여기에는 1만 5천여 명의 개인, 1만 5천 명 이상의 기업 대표자, 그리고 매년 25
만 명 이상의 학생들이 교육 아웃리치 프로그램에 참여한다. 2006년에는 일본대사

관, 일본 경단련(經團聯)과 공동으로 미국 전역에서 "Speaker caravans"라는 시리즈 프로그램을 진행하였다. NAJAS는 명예회장인 월터 먼데일(Walter F. Mondale), 토마스 시퍼(J. Thomas Schieffer) 전 주일대사를 비롯해 이사회에는 양측 인사 12명이 참여하고 있다.

재팬 소사이어티는 이 외에도 다양한 교환 프로그램을 운영하고 있다. 뉴욕의 재팬 소사이어티는 폴 볼커(Paul A. Volcker) 전 연방준비제도이사회(FRB) 의장, 피터 피터슨(Peter G. Peterson) 블랙스톤 그룹 창업자 겸 피터슨재단 회장, 헨리 맥키넬 주니어(Henry A. McKinnell, Jr.) 파이자 그룹 전 회장을 비롯해 5명의 평생 이사, 글로벌 기업과 로펌, 교수, 재단 관계자 등 양측의 유명인사 45명이 이사회 멤버로 참여하고 있다. 특히 2015년 연례보고서를 보면 트럼프 행정부 상무장관인 윌버 로스(Wilbur L. Ross, Jr.)도 재팬 소사이어티에 25만 달러 이상을 후원하였고, 미 교육부도 5만 달러 이상 후원자로 올라 있다. 재팬 소사이어티 활동 중 특이한 것은 네트워킹 활성화를 위해 John D. Rockefeller 3rd Circle, Leadership Circle, Benefactor Circle, Patron Circle과 같이 여러 형태의 교우회(circle of friends)를 운영하고 있다는 점이다. 재팬 소사이어티는 1990년대 말 미국인을 일본에 보내 일본을 배우게 하는 미-일 리더십 교환프로그램(US-Japan Leadership)을 10여 년간 운영하는 등 미국에 대한 일본 알리기에 상당한 역할을 하였다.

미일재단(米日財團)은 양국 간의 문화 외교 확대에 지대한 역할을 하고 있다. 뉴욕에 거점을 두고 있는 이 재단은 1980년 사사카와평화재단(Sasakawa Peace Foundation: SPF) 창업자인 사사카와 료이치(笹川良一)와 듀크 부부(Angie & Robin Duke)가 공동 설립한 비영리 민간재단으로, 글로벌화, 미일 통상관계, 외교정책 현안 등의 분석에도 큰 역할을 하고 있다. 특히 소장학자들의 일본연구를 지원하는 데 많은 관심을 쏟고 있으며, 다양한 교환 프로그램을 지원한다. 2006년 이사회 멤버에 전직 대통령이 포함되었다는 사실은 미국에서 일본재단이 얼마나 의욕적으로 활동했는지를 말해준다.

일본국제교류센터(Japan Center for International Exchange: JCIE)는 국제관계에서 일본의 역할을 모색하기 위해 1970년에 설립된 민간단체이다. JCIE는 일본과 미국에 사무소를 두고 있으며, 정치 교환프로그램, Global ThinkNet, CivilNet 등 상호 밀접한 관련이 있는 세 가지 프로그램을 운영하고 있다. 특히 JCIE는 의회 교환프로그램을 통해 연방의원 및 보좌관, 주 및 지방의회 의원 등 지금까지 1,150명 이상을 일본으로 초청하였으며, 미일 다이얼로그, 한일포럼 등 다양한 국제행사도 주관하고 있다.[4]

일본의 경제로비는 주로 기업이나 싱크탱크를 중심으로 이루어지고 있다. 일반적인 경제 통계와 분석, 싱크탱크, 업종단체를 통한 활동 등이다. 워싱턴에 기반을 두고 왕성한 활동을 했던 일본경제연구소(Japan Economic Institute of America: JEI)는 미일통상협의회(US－Japan trade Council)의 후신으로, 일본에 관한 경제 및 산업분석 자료를 제공하였다. JEI는 일본 외무성이 설립한 것으로, 일본과 관련된 경제통상 이슈에 대한 분석과 관련 세미나를 개최하는 등의 활동을 하였다. JEI는 일본의 금융정책, 재정정책, 국방, 통상, 교육, 은행, 외교관계, 산업정책, 노동, 정치개혁, 미일 통상관계, 보건정책, 여성의 지위 등 다양한 일본 문제에 관해 정기적인 보고서를 발표하였다. 이 외에도 일본에 대한 미국 여론주도층의 이해를 높이기 위해 주간 일본경제보고서(Japan Economics report), 월간 일－미 비즈니스 리포트(Japan－US Business Report) 및 일본경제조사(Japan Economic Survey)를 발간하였다. 하지만 JEI는 이러한 왕성한 활동에도 불구하고, 2001년 외무성의 예산 감축으로 문을 닫았다.

일본은 또한 일찍감치 싱크탱크를 통한 정보 수집과 간접적인 로비 활동을 벌여왔다. 일본은 1980년대부터 국제경제연구소(IIE, 현재 PIIE)에 많은 연구자금을 지원함으로써 미－일 양국 간의 경제관계에 구심점 역할을 하도록 하였다. 일본 로비의 최대 목표는 항상 정보를 제공하는 것이었다. 때문에 일본의 로비는 막강한 정보수집 네트워크를 기반으로 하고 있다. 일본이 수집·활용한 정보는 정치, 사회, 경제 등을 망라하였다. 이 때문에 미국에서의 일본 정부의 로비자금은 대부분 정보를 수집하고 분석하는 데 들어갔다. 특히 일본 정부는 미국 내 대사관과 17개 영사관을 통해 다양한 형태의 자료와 여론을 수집하고 있다. 통산성 산하 일본무역진흥회(JETRO)가 이런 정부의 역할을 보완하고 있다. JETRO는 일본기업들의 비즈

---

4) 홈페이지(http://www.jcie.or.jp/jcie/index.html) 참조.

니스 활동에 대한 지원뿐만 아니라 이러한 정보를 활용해 민간외교 활동을 하고 있다. 초기 일본기업들의 로비 활동은 소니그룹 회장인 아키오 모리타(Akio Morita)가 미국에 투자한 일본의 160여 개 기업들을 모아 설립한 Council for Better Investment in the US를 통해 이루어졌다. 일본기업의 미국 투자법인과 여러 이해관계자, 직원 및 지역사회와의 우호적인 관계 개선을 목적으로 결성된 이 단체는 1989년 일본 경단련 산하 사단법인인 기업시민협의회(Council for Better Corporate Citizenship: CBCC)로 이름이 바뀌었다.

일본의 미국로비는 주로 경제적 갈등이 많았던 1980년대와 1990년대 가장 활발하였다. 당시 일본은 자국의 이익을 대변해 줄 막강한 로비스트를 대거 고용하였다. 일본을 위해 활동한 로비스트 중에는 전직 무역대표부(USTR) 대표, CIA 국장, 백악관 안보보좌관, 민주·공화 양당의 전국위원회 위원장, 국무장관, 전직 각료 등 거물급들이 많았다. 심지어 전직 대통령까지 로비스트로 활용했을 정도였다. 1986년 미국회계감사원(GAO) 조사에 따르면 1980년부터 1985년간 연방공무원을 그만 두고 로비스트로 등록한 76명 가운데 8명의 대통령 특별보좌관과 5명의 보좌관을 비롯해 대통령 자문위원, 백악관 부대변인, 부통령 비서실장, 미국무역위원회(USITC) 위원장 및 부위원장, 6명의 전 상원 의원, 9명의 전 하원 의원, 4명의 퇴역장성 등이 포함되어 있었다. 이들은 52개국과 2개 국제기구, 166명의 고객들을 대리하고 있었고, 이 가운데 무려 20명이 일본의 로비스트로 활동하였다.[5] 일본은 1980년대 매년 미국 1천여 명의 로비스트를 고용하는 등 로비 비용으로 최소 1억 달러를 지출하였다. 일본은 미국 내 우호적인 여론 조성을 위한 풀뿌리 정치 네트워크 구축 활동을 위해 3억 달러를 사용하는 등 연간 4억 달러 이상을 쏟아부은 것으로 알려졌다.[6]

당시 일본이 고용한 로비스트 수는 미국 최대 로비단체인 미국상공회의소, 미국제조업자협회(NAM), 비즈니스라운드테이블(BRT) 등 막강한 영향력을 가진 5개 미국 민간단체가 고용한 로비스트보다 많고, 로비지출액도 1988년 미 상·하 의원

5) Pat Choate, *"Political Advantage: Japan's Campaign for America"*, Harvard Business Review September—October, 1990.
6) Pat Choate, ibid.

선거에서 양당이 지출한 선거비용과 맞먹는 것이었다. 일본은 이를 통해 일본의 경제적 이익을 확보하려고 하였다. 일본은 우호적인 미국의 통상정책을 유도하고 나아가 특정산업 분야의 미국 시장 진출을 지원하기 위해 노력하였다.[7]

1993년의 경우 일본은 무려 125개 이상의 로펌과 컨설턴트, 홍보회사들을 고용하였다.[8] 특히 미국 의회 의원과 스텝들에 대한 집중적인 로비는 상당한 효과를 거둔 것으로 평가된다. 당시 주미 일본대사관은 전담직원 4명을 의회에 투입한 것으로 알려졌다. 미일 양국은 안보관계뿐만 아니라 경제관계가 가장 중요한 이슈였다. 특히 막대한 미국의 대일 무역적자는 심각한 갈등요인이었다. 이 때문에 일본은 외무성, 문부성 등 정부 차원에서 미국을 상대로 전방위 로비 활동을 전개하였다. 일본 문부성은 일본에 우호적인 여론을 조성하기 위해 여러 가지 프로그램을 도입하였다. 미국 초중등 학생 프로그램을 비롯해 가정용 방송물 제작과 다양한 커뮤니티 문화행사를 개최하고, 미국 내 유수대학 지원 활동을 전개하였다. 또한 다양한 일본 초청방문 프로그램도 진행하였다. 일본 재무성은 세계적인 통상 전문가 100명 이상이 포함된 대규모 비공식 경제자문위원회를 가동시켰다. 이 가운데 52명이 미국인이었다. 당시 미국에서 운영했던 일본 관련 프로그램 예산의 80% 이상이 일본에서 지원되었다. 특히 미국 유수대학 내 일본 연구 프로그램이나 일본센터 설립을 지원하기 위해 수천만 달러를 투입하였다. 하버드, 예일, UC버클리, 워싱턴, 미시건 대학 등이 주요 지원 대상이었다.

일본재단이나 기업재단들도 새로운 지원 사업에 참여하였다. 기업 재단들은 토요타, 혼다, 히타치, 닛산, 미쓰이를 비롯해 주로 미국에 투자한 기업들이 설립한 것이었다. 다른 대학들에 대해서도 일본어 연구나 강의, 일본에 관한 연구 후원 프

---

7) 당시 일본이 로비 활동을 통해 주장한 메시지는 6가지였다. 이른바 일본의 '6가지 변명'(Japan's Six Excuses)이란 것으로, ① 미국 일자리창출(Japan Creates Jobs for Americans), ② 일본 비판자들은 인종주의자들이다(Japan's Critics are Racists), ③ 미국의 통상문제는 열악한 품질, 게으른 노동자, 예산적자 등 미국 잘못이다(It's America's Fault), ④ 미국의 자존심과 안보논리는 단일세계경제로 가고 있는 글로벌화에 배치되는 시대에 뒤떨어진 주장이다(Globalization), ⑤ 일본을 차별대우 말라(Japan is Unique), ⑥ 일본은 변화 중이다(Japan is Changing) 등이다.

8) Hrebenar, Ronald J., Valerie Ploumpis, and Clive S. Thomas, "What Happened to the Japanese Lobby in Washington? The Decline of the Japanese Lobby and the Rise of the New China Lobby" in *Interest Group Politics*, 7th ed., eds. Alan J. Cigler and Burdett A. Loomis(Washington DC: CQ Press, 2006), p. 322－39.

로그램을 지원하였다. 일본 정부는 또한 '일본 알기' 프로그램의 일환으로 미국의 정치인, 언론인, 학교 교사, 연방 및 주 정부 공무원을 일본으로 초청하는 프로그램도 만들어 진행하고 있다.

무엇보다 주목할 것은 미국 내 일반인들의 여론을 우호적으로 만들기 위한 다양한 노력들이다. 이를 통해 이미 일본에 우호적인 미국인들의 목소리를 극대화하려는 것이다. 일본은 그동안 자신들의 지지자들에게 금전적인 지원과 함께 이들에게 일본의 입장을 대변할 수 있는 포럼 등 다양한 발표 기회를 제공하였다. 피터 피터슨(Peter G. Peterson) 전 상무장관, 프레드 버거스텐 전 국제경제연구소(IIE) 소장, 스테판 보즈워스(Stephen Bosworth) 전 대사 등은 일본의 입 역할을 했던 대표적인 인물들이다. 특히 닉슨 행정부 상무장관을 지냈던 피터슨은 뉴욕 소재 투자은행인 블랙스톤 그룹 회장으로, 이 투자은행은 소니, 브리지스톤, 미쓰비시가 미국 기업을 인수하는 데 관여하였다. 니코증권은 당시 블랙스톤에 1억 달러를 투자한 것과 별도로 1억 달러를 기금으로 제공하였다. 피터슨은 또한 미국의 대표적인 싱크탱크인 미국외교협회(CFR)와 국제경제연구소(IIE, 현 PIIE) 이사회 회장을 지냈다. 그는 연설이나 기고 등을 통해 "미국은 일본의 자본이 필요하며, 일본 투자에 대한 정책을 바꿔서는 안 된다"며 일본 입장을 뒷받침하였다. 당시 버그스텐이 소장으로 있던 국제경제연구소는 1980년대 예산의 약 10%를 미일재단 등 일본으로부터 지원받았다. 나중에 주한 미국대사를 역임(1997~2001)했던 보즈워스 전 대사는 당시 미일재단 회장을 맡고 있었다. 이들 세 사람은 원래부터 자유무역 지지자들로, 일본과 관계를 맺은 후 일본에 우호적인 여론을 조성하는 데 지대한 역할을 한 것으로 평가된다.

당시 일본이 고용한 로비스트는 영국이나 캐나다보다도 훨씬 많았다. 워싱턴 인사이더들과 로비스트와의 네트워크, 미국 전역에 광범위하게 구축한 지역 기반의 풀뿌리 네트워크, 언론인들을 통한 경제이슈 측면 지원, 대학 및 싱크탱크 오피니언 리더들의 지원은 막강한 일본 로비를 가능하게 만들었다. 일본은 민관이 합심해 일본기업들의 이해관계와 국가전략에 부합하는 로비 전략을 구사하였다. 로비를 통한 이러한 일본의 정치게임은 성공적이었다. 일본은 이를 통해 슈퍼컴퓨터, 공구류, 광섬유, 인공위성, 바이오테크, 항공, 정보통신, 반도체, 법률 및 금융서비스, 자동차

(트럭) 등의 분야에서 일본의 주장을 관철시킬 수 있었다.

1990년 초 미－일 관계는 교역과 투자에 관한 갈등이 비등하던 때라 찰린 바셰프스키(Charlene Barshefsky), 미키 캔터(Micky Cantor), 칼라 힐스(Carla Hills) 등 미국무역대표부(USTR) 대표들과 워싱턴 로비스트들이 뒤엉켜 열심히 자신들의 역할들을 할 때였다. 당시 의원들은 일본 기업들이 미국 제조업체들과의 불공정 경쟁을 하고 있다고 비난하였다. 주요 미국 신문들은 미국산 철강, 섬유제품, 소고기, 사과, 자동차 및 부품, 반도체, 슈퍼컴퓨터, 의약품, 의료기기, 기계공구, 유통 등에 대한 일본의 비관세장벽을 앞다퉈 성토하였다. 형상기억합금의 지적재산권, 북미자유무역협정(NAFTA) 이전의 TV 브라운관의 관세, 워싱턴 주의 사과 수출물량, 일본산 판유리의 가치에서부터 후지－코닥 분쟁, 베타멕스－소니 표준, NTT 조달계약 등 당시 여러 가지 굵직굵직한 통상 이슈들도 쏟아졌다. 이 때문에 미국 세관의 차별적 조치나 해사운송규정, 미국산 우선구매("Buy Amerca") 조항, 가혹한 미국의 반덤핑 및 상계관세 규정, 특허절차, 제3국 구매자에 대한 제한적 수출통제, 특정제품에 대한 관세, 제3국과의 무역제재, 미국 방송국의 외국인 소유 금지 등에 대응하기 위해 일본의 주장을 대변하기 위한 수만 페이지의 보고서들이 작성되었다.

당시 일본기업들은 대부분 6명 내외의 유명 로펌 로비스트와 여러 컨설턴트들을 고용하고 있었다. 헨리 키신저 전 국무장관이나 윌리엄 콜비(William Colby) 전 CIA 국장은 당시 일본을 위해 활동한 거물급 워싱턴 인사이더들이었다. 심지어 전직 고위인사들이 일본을 위한 로비스트로 활동하면서, 미국무역대표부가 일본을 위한 로비스트 양성기관으로 여겨질 정도였다. 일례로 1973년부터 1990년까지 USTR를 그만둔 통상 공무원 중 3분의 1이 로비스트로 등록하였고, 이들 중 상당수가 일본의 로비스트로 활동하였다.

하지만 일본경제의 거품이 빠지기 시작한 1990년대부터 미국의 관심이 일본에서 중국과 인도로 넘어가면서 일본 로비도 급격히 시들해지기 시작하였다. 미국인 임원을 고용하던 일본회사들은 본사에서 파견된 소수 임원으로 대체되었고, 로비의 중심지 K-스트리트에 있던 사무실도 다른 지역으로 옮기거나 축소되었다. 후지은행, 니치맨, 토멘, 미쓰비시자동차 등 일본기업들은 아예 워싱턴 사무소를 폐쇄하였다. 1987년 미국에 투자한 일본기업들이 미국의 보호주의적 입법조치로 인한 피해를 사전에 막기 위해 만들어진 국제전자제조소비자협회(IEMCA)도 2004년 공식적으로 문을 닫았다. 이 단체에는 소니, 후지쯔, 도시바, 샤프, 히타치 등 일본기업들이 회원이었다.

일본경제연구소(JEI) 소장을 역임했던 로버트 엔젤(Robert Angel)은 일본 로비에 대해 민관이 밀접하게 공조한다는 점을 특징으로 꼽았다. 그들은 로비대상과 계획, 활동들을 공유하며, 본국에서 중요한 결정을 내리고 거의 모든 자금도 지원한다. 일본은 정부 및 대행기관을 비롯해 준 정부기관, 민간단체, 업계 및 기업조직, 학술연구기관, 일본계 싱크탱크, 출판업계, 홍보업체들, 심지어 정당과 개인 정치인까지 전방위적으로 로비 활동에 참여한다.

특히 일본 로비책임자들은 일본 정부로부터 직접 로비자금을 받는 것이 불편한 거물급 로비스트를 위해 여러 개의 재단들을 설립해 운영하고 있다. 일본의 모든 부처들은 국내외에 정책 노선을 홍보하고, 기업 홍보 부서나 재단들은 이를 적극 지원한다.

일본 재단들은 미국에서 신망받는 전문가나 기관들이 일본에 우호적인 의견이나 평가를 할 수 있도록 자금을 지원한다. 지난 1972년 일본 외무성 산하에 설립된 일본재단은 일본 로비에 있어서 빼놓을 수 없는 핵심조직 중 하나이다. 곤란한 이슈나 중요한 사안에 대해 일본에 긍정적으로 평가되거나 다뤄질 수 있도록 비정부 민간조직(NGO)과 준정부 재단, 언론들도 서로 협력한다.

외무성은 특히 공공외교에 상당한 신경을 쓰고 있다. 주미일본대사관은 일본과 관련된 행사나 프로젝트 지원을 위해 상당한 자금을 워싱턴 소재 싱크탱크에 쏟고 있다. 1970년대부터 정부와 재단, 기업들이 구축해 놓은 미국 내 영향력을 가진 일본 네트워크는 미국 내 다양한 이슈를 해결하는 데 빛을 발하고 있다. 특히 미국 내 일본 네트워크는 미국에서 벌어지고 있는 각국들의 치열한 공공외교전에서 매우 강력한 무기가 되고 있다.

공공외교란 다른 나라 정부나 국민들이 자국의 정책과 입장을 지지하거나 유리하도록 설득하고 이끌어가는 것이다. 많은 국가들이 CNN 등에 많은 돈을 들여 홍보하는 국가 홍보 광고(informercials)[9]도 그 일환이다. 조용하지만 입체적인 일본

외교의 성과는 일본에 대한 미국인들의 인식 변화로도 읽을 수 있다. 2차 대전 종전 70주년을 맞아 미국의 퓨 리서치(Pew research)가 사사카와평화재단과 공동 조사[10]한 바에 의하면 미국인들의 무려 61%가 일본은 2차 대전에 대해 충분히 사과(37%)하였거나 더 이상 할 필요가 없다(24%)고 생각하고 있는 것으로 나타났다. 놀랍게도 위안부, 역사 왜곡 등 오히려 침략 역사를 없애고 있는 일본이 진정성 있는 사과와 보상, 반성을 하고 있는 독일(54%)보다 더 긍정적인 평가를 받고 있는 것이다. 이것은 일본의 광범위하고 지속적인 로비의 성과라고 할 수 있다.

일본 로비는 또한 과거의 인연을 최대한 활용한다. 오바마 미국 대통령은 일본과의 안보협력의 근간인 신(新)미일안보조약[11] 50주년을 맞는 2010년 1월 19일 양국 간의 대규모 협력의 필요성과 흔들리지 않는 안전보장을 강조하는 성명을 발표하였다. 그 이후 과거 일본에 근무했던 고위 장성급들로 구성된 미군일본향우회(U.S. Millitary Japan Alumni Association: USMJAA)가 만들어졌다. 이를 위해 당시 미국 내 15개 일본총영사관은 물론 워싱턴 소재 일본대사관과도 긴밀한 협력을 하였다. USMJAA는 2015년 사사카와평화재단과 주미일본대사관, 미일소사이어티총연합회(NAJAS)의 공동노력에 힘입어 일미군사프로그램(Japan US Military Program, JUMP)으로 확대 발전하였다. 이 프로그램은 과거 일본에 근무했거나, 현재 근무중인 미군 및 가족, 공무원들을 서로 연결해주는 네트워킹 사업이다. 이것은 현재 양국 간의 막강한 동맹과 안보협력 관계를 유지하는 근간이 되고 있다. 양국 간의 안보조약에 따라 현재 일본에 3만 5천 명 이상의 미군이 근무하고 있다. 군인가족들까지 포함하면 연간 일본 거주 인원이 약 8만 명에 이른다. 이러한 노력은 강력한 미일동맹 유지는 물론, 지속적이고 돈독한 우호관계를 더욱 발전시켜 나가는 원동력이 되고 있다.

USMJAA 출범 당시 규약 발기인으로, 리차드 마이어스(Richard Myers) 대장, 피터 페이스(Peter Pace) 대장, 랄프 에버하트(Ralph Eberhart) 대장, 폴 헤스터(Paul

---

9) information＋commercial의 합성어.

10) Pew Research Center, "Americans, Japanese: Mutual Respect 70 Years After the End of WWII"(Pew 2015. 4).

11) 공식명칭은 'Treaty of Mutual Cooperation and Security between the United States and Japan'(일미 상호협력 및 안전보장조약)으로 1960년 1일 19일 체결되었고, 같은 해 6월 23일 발효되었다. 이 조약 발효로 1952년 4월 28일 발효한 일본과 미국 간의 안전보장조약(구 미일안보조약)이 대체되었다.

Hester), 로버트 네트(Robert Natter) 해군제독, 존 홀(John Hall) 중장, 토마스 와스코우(Thomas Waskow) 중장, 조셉 인게(Joseph Inge) 중장, 브루스 라이트(Bruce Wright) 중장, 테리 머레이(Terry Murray) 소장 등 양측에서 14명이 참여하였고, 미국에서 11명이 참여하였다. 이들은 미국 내 막강한 일본 우호 세력이자 사실상 로비스트들인 셈이다.

하지만 막대한 자금을 투입했던 일본 로비도 1990년대부터 시작된 경제침체로 인해 소강 국면을 맞았다. 이런 추세는 최근까지 이어지고 있다. 아베 내각 이후 최근 다시 일본의 로비 활동이 강화되고 있지만 예전 수준에는 못 미치고 있다. 지난 2015년 일본 정부는 무려 5억 달러에 달하는 공공외교 예산을 책정한 바 있다. 일본은 2014년 초 환태평양경제동반자협정(Trans-Pacific Strategic Economic Partnership: TPP)에 관한 로비를 위해 대표적인 풀 서비스 로펌인 애킨 검프를 고용해 미 의회에 미국-일본 의회 코커스(US-Japan Congressional Caucus)를 발족시켰다. 설립 당시 캘리포니아 출신 공화당 데빈 누네스(Devin Nunes) 의원과 텍사스 출신 민주당 조아퀸 카스트로(Joaquin Castro) 의원이 공동의장을 맡았다. 누네스 의원은 트럼프 행정부 출범 후 하원 정보위원장으로서, 트럼프 캠프와 러시아 간 커넥션 의혹을 조사하다 객관성이 문제되자 최근 위원장을 사임하였다. 일본은 애킨 검프에 63만 8천 달러 등 2014년 한 해에만 230만 달러 이상의 로비자금을 투입한 것으로 알려지고 있다.

현재 미-일 코크스에는 양당에서 무려 100명 이상 의원들이 참여하고 있다. 이는 한국에 우호적인 의원모임인 코리아 코크스(Congressional Caucus on Korea) 참여 의원 수의 2배가 넘는다. 일본은 2015년 아베 총리의 미국 방문에 맞춰 로비 회사, 홍보회사, 로펌 등에 120만 달러 이상의 로비 자금을 사용하였다. 이들은 미국의 주요 정부 인사, 싱크탱크 정책 전문가, 기업로비스트, 언론인들과의 면담 섭외 등의 역할도 맡았다. 일본은 현재 유명한 미국 로비회사뿐만 아니라 최근 상원 다수당 대표를 지냈던 톰 대슐이 운영하는 로비 컨설팅회사인 대슐 그룹도 고용하고 있다.

지난 2015년 일본은 본국 정부(외무성, 농림수산성)와 대사관, 총영사관, 일본무역진흥회(JETRO), 지방자치단체(縣), 업종단체 및 기업들을 통해 약 3천만 달러 정도의 로비자금을 지출하였다. 이는 일본 로비가 가장 활발했던 때에 비해 약 3분의 1에 불과한 수준이다. 미국 법무부에 신고한 로비금액만으로 보면 한국[12]보다 훨씬 적은 금액이다. 물론 이 금액은 미국에 현지화되어 있는 사사카와평화재단 등 각종 일본의 재단들과 현지 진출 일본기업들의 로비비용을 제외한 금액이다. 게다가 KOTRA가 신고한 금액은 로비자금이 아니라 현지 무역관 활동자금이라는 것을 감안하면, 일본이 여전히 로비 활동 참여 주체나 활동 내역 면에서 한국보다 훨씬 다양하고 전문적이라고 할 수 있다(<표 7-7> 참조).

　참고로 한국은 대사관을 비롯해 9개 기관이나 단체가 로비 활동에 참여하고 있다. 일본은 본국 정부를 비롯해 주미대사관, 지자체 등 20여 개가 넘고 고용한 미국 로비 및 컨설팅업체는 40개사를 웃돈다. 로비 활동 지역도 워싱턴 D.C.에만 머물지 않고 버지니아, 아이오와, 매사추세츠, 뉴욕, 뉴햄프셔, 조지아, 캘리포니아, 워싱턴 주 등 지방으로까지 확대되어 있다. 일본의 공식 로비는 몇 가지 특징이 있다. 하나는 정부기관의 경우 직접 전면에 나서지 않고 고용한 주요 로비 대행업체를 통해 홍보나 정보수집, 조사 분석 업체를 간접 고용하는 형태를 취하고 있다는 점이다. 일례로 일본 정부는 대표적인 로비대행사인 호간 로벨스(Hogan Lovells)를 통해 미국정책, 샌프란시스코조약 등 양국관계와 관련된 정보수집과 분석, 자문 업무를 담당할 업체를 고용하였다. 일본대사관도 대표적인 로비 대행사인 애킨 검프를 통해 조사연구 및 홍보회사를 각각 간접 고용하는 형태를 취하고 있다. 또한 지자체인 후쿠오카, 이시카와, 카나가와, 고베, 오키나와 5개 현(縣)이 투자유치와 경제시장 동향 조사, 홍보 등을 위한 활동을 하고 있고, 자동차 등 업종단체와 대학 등도 독자적인 활동을 하고 있다.

　하지만 일본의 미국 로비는 공식 로비보다 오히려 사사카와평화재단(SPF)을 비롯해 국제교류기금(Japan Foundation), 일본재단(Nippon Foundation) 등 각종 정부 및 민간 재단, 미국 진출 일본기업들에 의해 더 활발히 이루어지고 있다. 국제교류기금은 일본 문화·예술의 해외 전파 및 교류를 위해 1972년 외무성 산하기관으

---

12) 한국은 미국에 8개 무역관을 두고 있는 대한무역투자진흥공사(KOTRA) 약 2,900만 달러를 포함해 약 5,320만 달러를 로비자금으로 지출했다고 미 법무부(FARA)에 신고했다. 참고로 일본무역진흥회(JETRO)는 미국에 KOTRA보다 2개 적은 6개 지부를 두고 있으며, 신고금액도 약 1,850만 달러로 1천만 달러 정도 적다.

로 설립되었다가 2003년 10월부터 독립적인 기관으로 재탄생하였다. 이 기금은 일본의 문화예술 교류 촉진, 일본어 교육 확대, 일본연구 및 학자 교류 촉진 등의 업무를 하고 있다. 이 기금은 동경 본사와 교토 사무소 외에 2개의 일본어 연구소를 비롯해 23개국에 24개의 해외 사무소를 두고 있다. 미국에는 뉴욕과 LA에 사무소가 있다. 외국인들의 일본어 능력시험(JLPT)도 이곳에서 주관한다. 또한 1973년부터 펠로우십 프로그램을 시작하였다. 1986년에는 일－영사전 영문판, 1996년에는 아시아 리더 펠로우십 프로그램(Asia Leadership Fellowship Program), 2002년에는 일－중－한 미래 리더 포럼(Future Leaders Forum: Japan-China-Korea), 2006년에는 일－미 카트리나 재건협력 대화(Japan-US Dialogue for Cooperation in Reconstruction after Hurricane Katrina) 등을 발족시켰다. 특히 일본어 교육 확대에 힘입어 2006년 기준으로 세계 각국 일본어 학습자들이 360만 명에 달한다고 한다.

국제교류기금은 780억 엔의 정부 기금 외에 매년 정부보조금, 투자수익, 민간 부문의 기부 등을 통해 재원을 조달하고 있다. 특히 국제교류기금은 일본 예술작품을 소장한 미국 및 유럽 박물관을 지원하고 있다. 또한 스스로 일본을 이해할 수 있도록 하기 위해 일본어 교육 확대에도 많은 노력을 투입하고 있다. 이 기금은 미국 초중등 교육기관에 일본어 보조교사를 파견하고, 단기 및 장기 일본어교사 훈련프로그램을 운영하고 있다. 뿐만 아니라 해외 일본 연구 학자와 연구자들의 연구 활동도 지원한다. 미국만을 위한 글로벌 파트너십 센터(CGP)는 일본인 자원자를 2년간 미국에 파견해 미국 남부와 중서부 지역에서 재팬 소사이어티, 대학, 비영리 단체와 연계해 풀뿌리 교류 활동을 지원하는 아웃리치(Japan Outreach Initiative: JOI)를 전개한다. 또한 주요 현안과 이슈에 대한 공동 연구나 네트워킹 강화를 위한 풀뿌리 프로그램을 진행하는 미국기관을 대상으로 보조금 지원(CGP Grant Program) 사업도 하고 있다.

정부기관인 국제교류기금과 달리 일본재단(Nippon Foundation)은 1962년 사사카와 료이치가 설립한 민간 비영리 단체로 직원이 100명이 넘는다. 이 재단은 모터보트 경정(競艇) 수입자금으로 일본 조선 산업의 재건과 자선사업 지원을 위해 설립되어, 그동안 다양한 조선 해양산업과 퇴직자 복지문제 등을 지원해 왔다. 1971년부터는 재난구호, 해외스포츠 후원, 기근 퇴치 원조 등 해외사업을 본격적으로 추진하기 시작하였다. 특히 일본재단은 1987년부터 동경재단(Tokyo Foundation)과 공동으로 사사카와 청년리더 펠로우십 펀드(Sasakawa Young Leaders Fellowship Fund: Sylff) 프로그램을 시작하였다. 이 Sylff 프로그램은 전 세계 인문사회과학 분야 대학원생을 지원하기 위한 것으로, 지금까지 44개국 69개 대학 및 컨소시움에 각각 100만 달러씩 지원하였다. 최근까지 이 프로그램을 통해 장학금(fellowship)을 수혜한 대학원생 수가 무려 1만 5천여 명에 달한다.[13]

Sylff는 1987년 미국 터프츠(Tufts) 플레쳐 스쿨(Fletcher School of Law and Diplomacy)을 시작으로, 1989년에 UC버클리, 프린스턴, 예일 등 3개 대학, 1991년에 미시건, 콜롬비아, 오리곤, UC 샌디에고, 텍사스 오스틴, 하워드 등 6개 대학, 1998년에는 줄리아드 음대 등 10개 대학에 각각 100만 달러씩 지원하였다. 1991년부터 1994년까지 3년 동안 북경대, 난징대, 복단대 등 11개 중국 대학에도 집중 지원하였다. 그러나 2000년 이후부터 Sylff는 지역별 미팅이나 포럼 등의 형태로 전환하였고, 2014년부터는 새로운 방식으로 대학원생들에게 장학금을 지급하고 있다. 자연스럽게 일본을 위해 활동해 줄 수 있는 친일본 리더들을 양성하고 있는 것이다.

일본재단의 해외 활동 비중은 유럽 24%, 북미 20%, 중남미 11% 순이다. 이러한 일본재단의 활동들은 일본 비공식 로비의 중요한 부분을 차지하고 있다. 일본재단은 창립자인 사사카와 료이치의 아들 사사카와 요헤이(笹川 陽平)가 회장을 맡고 있으며, 사사카와평화재단을 비롯해 18개 재단이나 단체들과 직·간접인 연계를 맺고 있다.

하지만 일본 로비는 사사카와 부자와 직·간접적으로 관련을 맺고 있는 조직들이 중요한 역할을 하고 있다. 사사카와 이름이 들어간 재단이나 단체만 해도 사사카와평화재단(SPF), 영국사사카와재단(Great Britain Sasakawa Foundation), 사사카와아프리카협회(Sasakawa Africa Association), 사사카와인도나병재단(Sasakawa India Leprosy Foundation), 사사카와기념보건재단(Sasakawa Memorial Health Foundation), 사사카와스포츠재단(Sasakawa Sports Foundation) 등 10여 개에 이른다. 이 가운데

---

13) 동경재단 홈페이지(www.tokyofoundation.org).

일본 민간로비의 핵심은 역시 사사카와평화재단이다.

사사카와재단은 1986년 9월에 설립된 민간재단이다. 2015년 조선해양재단(SOF)과 통합하였고, 2016년 자산 규모가 645억 엔에 달하였다. 연간 사업규모는 약 43억엔 정도이다. 이 사사카와재단이 미국과의 관계 개선과 우호 증진을 위해 추진하고 있는 1년 이상 프로젝트만 10여 개에 달한다. 일례로 미국 관점에서의 미−일 관계 개선 강화를 위한 프로젝트는 1년짜리로 3.9억 엔, 일−미 오피니언 리더들과의 대화(Japan-US Opinion Leader's Dialoue)는 3년짜리 프로젝트로 1억 6,720만 엔, 미−일 교환 프로그램 활성화(Enriching the US-Japan Exchange Program) 프로젝트는 연간 4,840만 엔, 3년 단위 아시안계 미국인 포럼(Asian American Forum)에는 1,980만 엔의 예산을 배정하고 있다. 사사카와재단은 이 외에도 미일소사이어티총연합회(NAJAS)가 시행하는 Japan Update, 미국진보센터(CAP)가 주관하는 동남아시아에서의 미−일협력 강화, 매케인국제리더십연구소가 주관하는 차세대 지도자(Next Generation at the McCain Institute), 독일마샬펀드가 주관하는 소장전략가 포럼(Young Strategists Forum), 사회과학연구협회(SSRC)가 주관하는 새로운 일본의 목소리(New Voices from Japan) 등 아시안 계 미국지도자, 여론 주도층, 소장학자 및 전략가 등과의 긴밀한 친일 네트워크 구축과 우호적인 공감대 조성을 위한 사업에도 유관기관들과 활발히 협력하고 있다.

사사카와재단은 특히 미국과의 일−미 교환프로그램(Japan-US Exchange Program)에 많은 관심을 쏟고 있다. 미국의 각계 각층의 사람들과 기관, 연구 활동을 지원함으로써 장기적이고 객관적인 관점에서 양국 간의 관계를 강화하고 지역 및 글로벌 이슈에 효과적으로 대응한다는 것이다. 지원 형태는 직접적인 인적 교류, 프로젝트 후원, 펠로우십, 심포지움과 세미나, 연구프로젝트 등이다. 그동안 사사카와재단이 제안서 심사를 거쳐 선정한 프로젝트를 지원한 싱크탱크나 기관들을 보면 2014년에 미일소사이어티총연합회, 미일위원회(US-Japan Council, USJC), 국제전략연구소(CSIS), 윌슨센터, 독일마샬기금(GMF), 스탠포드대학 아태연구센터, 미국전략연구아카데미 등 14개 기관에 약 2.3억 엔을 지원했다. 2015년에는 미일위원회, CSIS, GMF를 비롯해 매케인연구소, 전략예산평가센터(CBSA), 동서센터 등 9개 기관에 약 1.9억 엔을, 2016년에는 미일소사이어티총연합회, 미일위원회를 비롯해 미국진보센터(CAP), 매케인연구소, GMF 등 6개 기관 프로젝트에 약 1.2억 엔을 지원하였다. 2012년에는 국제전략연구소(CSIS), 프로젝트2049연구소, 윌슨센터 등 8개 기관 프로젝트에 8,900만 엔, 2013년에는 스탠포드대학, CSIS, 브루킹스연구소, 맨스필드재단, 윌슨센터 등 13개 기관 프로젝트에 약 2억 엔을 지원하였다.

미일위원회(USJC)는 일본계 미국인들이 주축이 돼 2008년 워싱턴 D.C.에 설립한 비영리 교육단체로, 2012년부터 캘리포니아, 하와이, 도쿄에 지사를 두고 있다. 특히 도쿄 미일위원회는 2013년부터 TOMODACHI Initiative[14]를 운영하고 있다. 미일위원회에는 미국인 512명을 비롯해 업계, 정부, 교육계, 비정부기구, 법률 전문가 등 600여 명이 회원으로 가입되어 있다.

TOMODACHI(친구)는 2011년 동일본 대지진 구호 및 복구 지원을 위해 출범한 정부－민간 파트너십(PPP)으로, 양국의 차세대 지도자 양성과 네트워킹을 지원하는 프로그램이다. 이 프로젝트는 양국의 기업, 각종 단체 등의 지원 아래 주일미국대사관과 미일위원회가 주관하고 있다. 미일위원회는 매년 개최하는 총회를 비롯해 일본계 미국리더 방일프로그램, 아시안계 미국리더 방일프로그램, 여성리더십 등 대표사업을 비롯해 실리콘벨리 재팬 플랫폼, 미국 주요 주(州)지사와 일본 현(縣)지사들 간의 네트워킹 프로그램인 Governor's Circle 등 양국 간의 우호관계 증진과 다양한 네트워크 구축사업들을 진행하고 있다. 또한 사사카와재단은 미국과 일본 소장학자들을 대상으로, 장학금 지급과 펠로우십 프로그램 운영을 통해 매년 20여 명씩 연구 및 네트워킹을 지원하고 있다. 특히 국제전략연구소(CSIS) 부속기관인 Pacific Forum CSIS[15]과 공동으로 미－일 동맹 확대 및 강화방안을 연구하는 차세대 전문가들을 위한 펠로우십(SPF Fellowship) 프로그램을 운영하고 있다.

Pacific Forum은 아태지역 연구소들과도 광범위한 네트워크를 구축하고 있다. 이를 바탕으로 아태지역의 정치, 안보, 경제, 비즈니스, 해양 정책 등에 대한 분석과 각계 지도자들과의 대화를 통해 도출된 결과물이나 권고안을 아시아지역 리더들과 정부, 공무원 등에게 배포하고 있다. 이 포럼의 국제운영위원회는 각국 저명

---

14) 홈페이지(http://usjapantomodachi.org/).
15) Pacific Forum CSIS(www.pacforum.org)는 비영리 민간 외교정책연구소로, 국제전략연구소(CSIS) 부속기관으로 1975년 하와이 호놀룰루에 설립되었다.

인사 총 38명으로 구성되어 있으며, 위원장은 리차드 아미티지 전 국무부 부장관과 조셉 나이 전 국방부 차관이 맡고 있다. 참고로 한국에서는 최신원 SK네트웍스 회장, 현홍주 전 주미대사, 김진현 세계평화포럼 이사장이 운영위원으로 들어 있다.

사사카와재단은 또한 민간차원에서 국가안보, 중국, 한국, TPP 등 일본이 직면한 중장기 정책 과제들에 관한 공동연구 프로젝트를 지원함으로써 맞춤식 정책 권고, 양국 지도자들 간의 긴밀한 네트워킹 확대 등을 도모하고 있다. 이 재단은 2009년 10월부터 3년간 일본 소장학자들이 미국 전문가들과 공동으로 향후 20년간의 국제상황과 미국의 아시아정책을 전망하는 '일본의 전략적 지평과 미-일 관계' 연구 프로젝트를 지원한 바 있다. 2011년부터는 동일본 대지진으로 촉발된 후쿠시마 원자로 사건 이후 양국 간의 협력 방안을 검토 분석하는 연구를 지원하고 있다. 또한 2012년부터 국제전략연구소(CSIS)와 공동으로 양국 정책결정자들과 학자들로 구성된 '동맹의 미래에 관한 미일위원회'(U.S.-Japan Commission on the Future of the Alliance)를 발족시켜 '미래 일-미 안보협력에 관한 연구프로젝트' (Research Project on Future Japan-U.S. Security Cooperation)를 진행하고 있다. 여기에는 전 국무부 부장관으로, 트럼프 행정부에서 유력한 국무장관 후보로 거론됐던 리차드 아미티지(Richard Armitage), 존 햄리(John Hamre) CSIS 회장 겸 소장, 료조 카토 전 일본 미국대사가 공동 의장을 맡고 있다. 이를 통해 2030년까지의 미-일 동맹에 관한 권고안을 마련하였다. 이들은 동 위원회 발족 후 2015년 6월까지 4차례 만나 일본과 미국의 안보정책, 중국에 관한 안보정책과 경제 추이, 한반도 전개상황, 에너지 협력, 환태평양경제동반자협정(TPP) 등에 대해 토론하였다. 2014년 7월에는 중간 보고서가 발표되었다. 2009년부터 다양한 연구 프로젝트를 진행하고 있는 사사카와재단은 2013년 4월부터 양국 간의 전략적 토론을 촉진하기 위해 경제정책 현안에 대한 일련의 '일-미 경제포럼'(Japan-U.S. Economic Forum) 을 진행하고 있다. 2014년 4월 워싱턴 D.C.에서 첫 포럼을 개최한 이후 현재까지 20여 회에 이르고 있다. 사사카와재단은 미국 외에도 태평양군도, 아시아, 중동, 중국과의 국제 교류, 협력 및 이해증진을 위해 기금을 만들어 비정부기구(NGO)들을 통한 프로젝트도 지원하고 있다.

**〈표 7-7〉 2015년 일본 정부 및 유관기관의 미국로비 현황**

| 로비 주체 | 로비업체(고용) | 고용 비용 | | | 활동 분야 | 비고 |
|---|---|---|---|---|---|---|
| | | 상반기 | 하반기 | 합계 | | |
| 일본 정부 | Hogan Lovells US LLP | 216,895.29 | 252,038.59 | 468,933.88 | 미국 의회, 행정부의 입법 및 정책, 조치, 영향, 양국관계, 국제통상 자문 및 로비대행 | 워싱턴 D.C. |
| | Hecht, Latham, Spencer & Associate, Inc. | 90,000 | 97,500 | 187,500 | 일본관련 미국정책 동향, 양국관계, 1951년 샌프란시스코평화조약, 대정부 관계 분석 및 자문 | 일본정부 로비 대행사 Hogan Lovells US LLP와 공동 활동 |
| | Daniel J. Edelman, Inc. | 117,038.20 | – | 117,038.2 | NTT광고 협력업체, 모니터링 | 시카고 |
| | Dynamic Strategies Asia, LLC | N/A | N/A | N/A | 대사관 및 Dentsu (덴쓰, 광고회사) 홍보 | 워싱턴 D.C. |
| 일본 정부(내각) | McBee Strategic Consulting, LLC | N/A | 26,476.25 | N/A | 홍보(PR)서비스 | 워싱턴 D.C. Dentsu 대행 |
| 일본 정부/ JETRO | MITA Group, Inc. | 45,000 | N/A | N/A | 미국의 태평양지역 국가에 대한 통상, 안보정책 조사, 분석, 보고 | 워싱턴 D.C. |
| 주미 일본 대사관 | Akin, Gump, Strauss, Hauer & Feld, LLP | 384,000 | 350,000 | 734,000 | 무역통상 자문 및 아웃리치 | 워싱턴 D.C. |
| | Daschle Group, LLC | N/A | 75,000 | N/A | 정치, 정책이슈 자문 | 워싱턴 D.C. |
| | DCI Group AZ, LLC | N/A | 60,000 | N/A | 홍보(PR) | AGSHF[1] 통해 고용 |
| | Friedlander Group | 11,200 | 11,200 | 22,400 | 상, 하원 의원 및 스텝 미팅 | 뉴욕 |
| | Greenfield & Kress, P.A. | N/A | 15,000 | N/A | 홍보(PR) | 메릴랜드 |
| | Holland & Knight | N/A | 23,750 | N/A | TPP자문, 주요인사 미팅선 | 워싱턴 D.C. |
| | KP Public Affairs, LLC | 30,492.50 | 120,000 | 150,492.5 | 일본무역관련 홍보, TPP협정 등 조사연구 | AGSHF 통해 고용, 새크라멘토 |
| | Larson Shannahan Slifca Group, LLC | N/A | 7,500 | N/A | 홍보(PR) | 디모인 (아이오와) |
| | McGuireWoods Consulting, LLC | N/A | 15000 | N/A | 홍보(PR) 서비스 | 리치몬드 (버지니아) |
| | Parvin, C. Landon | 70,000 | 70,000 | 140,000 | 스피치라이팅, 편집 및 홍보 | 버지니아 |
| | Podesta Group, Inc. | 77,500 | 122,500 | 200,000 | 이슈관련 전략분석, 미국정책자문, 미정부 활동, 정치동향 등 | 워싱턴 D.C. |
| | Quinn Thomas Public Affairs, LLC | N/A | 15,000 | N/A | DCI Group AZ 대행, 홍보 | 오레곤 DCI Group AZ대행 |
| | Rasky Baerlein Strategic | 180,000 | 180,000 | 360,000 | 양국관계, 미일 경제통상이슈에 관한 | 보스톤 (매사추세츠) |

| | | | | | | |
|---|---|---|---|---|---|---|
| | Communications, Inc. | | | | 홍보, 언론관계, 아웃리치 | |
| | Reed, T. Dean | 236,905 | 140,000 | 376,905 | 디지털 및 쇼셜미디어 홍보 지원, 양국관계 여론조사 및 인터뷰 | 버지니아 |
| | Sorini, Samet & Associate, LLC | 10,000 | 22,500 | 32,500 | 미국 및 미국통상정책 연구자문 | 힌스데일 (일리노이) |
| | Southwest Strategies, LLC | N/A | 30,000 | N/A | KP Public Affairs 대행하는 통상진흥 아웃리치 활동 | 샌디에고 |
| 뉴욕 총영사관 | Marathon Strategies, LLC | N/A | 48,000 | N/A | 홍보(PR) | 뉴욕 |
| 보스턴 총영사관 | Policy Agency, LLC. | 5,000 | 5,000 | 10,000 | 뉴햄프셔 정치동향, 연방 및 주정부관계자 면담 등 | 베드포드 (뉴햄프셔) |
| 외무성 | Global Communicators, LLC | 4,000 | 6,000 | 10,000 | 언론관계(美언론인 일본방문) | 일본PR협회 (Kreab Gavin Anderson K.K) |
| 외무성, 대사관 | Akin, Gump, Strauss, Hauer & Feld, LLP | N/A | – | N/A | 자기부상열차(DC – 볼티모어) | 워싱턴 D.C. |
| | Orin Strategies LLC | 169,032 | 240,000 | 409,032 | 양국관계 강화를 위한 홍보 아웃리치 안내 및 지원 | 워싱턴 D.C. |
| 농림수산성 | Faegre Baker Daniels, LLP | 13,000 | 26,000 | 39,000 | 조사, 보고 및 자문 | 〃 |
| 일본무역 진흥회 (JETRO) | JETRO(뉴욕) | 8,557,997 | 5,536,413 | 14,094,410 | 양국교역 조사연구, 박람회·전시회·쇼 등 각종 행사 개최, 양국경제관련 정보자료 배포 | 뉴욕 |
| | (JETRO, 뉴욕) Washington Research & Analysis LLC | 22,500 | 22,500 | 45,000 | 미국 정책, 무역, 비즈니스, 의회관련 조사보고 | 워싱턴 D.C. JETRO뉴욕 시행 |
| | JETRO(샌프란시스코) | 793,400 | 910,400 | 1,703,800 | 양국 간 무역통상 및 투자, 조사분석, 양국관계 | 샌프란시스코 |
| | Global Policy Group, Inc. | 20,025 | 20,025 | 40,050 | 연금 등 이슈, 보고서, 정치동향 | 뉴욕 |
| | JETRO(애틀란타) | 334,624.46 | 216,865 | 551,489.46 | 미일 경제무역관련 정보·자료제공, 미국경제 및 시장동향 모니터링 | 애틀란타 |
| | JETRO(시카고) | 520,400 | 810,000 | 1,330,400 | 미국의 대외무역동향, 무역정보제공, 양국 간의 통상진흥 행사 개최 | 시카고 |
| | JETRO(휴스턴) | 413,134.09 | 280,172.75 | 693,306.84 | 양국무역관련 시장조사, 박람회조직, 행사개최, 대미통상진흥을 위한 일본산업, 비즈니스관행 등 자료 배포 | 휴스턴 |
| | JETRO(LA) | N/A | 1,184,300 | N/A | 무역 및 통상진흥 | LA |

| | | | | | | |
|---|---|---|---|---|---|---|
| 日本國家旅遊國(관광) | 日本國家旅遊國, LA | 263,269.44 | 254,061.87 | 517,331.31 | 일본관광 진흥 | LA |
| | 日本國家旅遊國, 뉴욕 | 563,464.60 | 566,617.40 | 1,130,082 | 관광홍보, 조사분석, 박람회참가 | 뉴욕 |
| 후쿠오카 현 | Fukuoka Center for Overseas Commerce in America | 76,646.72 | 101,367.05 | 178,013.77 | 투자유치 | 캘리포니아 (서니베일) |
| 이시카와 현 | JETRO(뉴욕) | N/A | N/A | N/A | 이시카와 현 정보자료 제공, 미국시장경제 동향 조사 | 뉴욕 |
| 카나가와 현 | JETRO(뉴욕) | N/A | N/A | N/A | 호혜적인 경제통상진흥, 미국경제·시장동향 모니터링 | 뉴욕 |
| 고베 현 | Kobe Trade Information Office | 101,164.14 | 119,069.91 | 220,234.05 | 고베 현 공무원 미국방문 지원, 홍보자료 배포 | 시애틀 |
| 오키나와 현 | Mercury Public Affairs, LLC/dba Mercury/ Clark & Weinstock | N/A | 109,681.65 | N/A | 대정부 관계, 방위 및 안보관련 미 의원대상 로비 | 워싱턴 D.C. |
| 대일무역투자촉진협회(MIPRO) | 대일무역투자촉진협회(MIPRO) | 213,491.04 | 209,802.97 | 423,294.01 | 역할 홍보, 대일 투자 유치 및 수출기회 발굴 | 워싱턴 D.C. |
| 일본자동차 공업회 | Maseng Communications | 36,149.17 | 39,228.83 | 75,378 | 전략적 커뮤니케이션 자문 | 실버스프링 (메일랜드) |
| 일본수산회 | Hastings, Jay Donald | 16,795.15 | 16,795.15 | 33,590.3 | 미국 수산정책모니터링 및 자문 | 브레인브리지아 일랜드(워싱턴주) |
| 도쿄전력 (TEPCO) | Hill and Knowlton Strategies, LLC | 21,705.19 | 18,231.99 | 39,937.18 | 언론모니터링 및 보고, 자문 | 워싱턴 D.C. |
| Global Guardian Trust | Garvey, Schubert & Barer | 18,946.90 | – | 18,946.9 | 공해 어업관련 이슈자문, 로비 | 시애틀 |
| 일본PR협회 | Finsbury, LLC | N/A | 15,989.77 | N/A | 홍보(PR) | 뉴욕 |
| 일본경유 (鯨類) 연구소 | Butterfield Carter and Association | 18,305 | 20,402.30 | 38,707.3 | 미국 고래정책 | 워싱턴 D.C. |
| JNG Shareholders Group | NHK Cosmomedia America, Inc. | 1,447,005 | 1,395,931 | 2,842,936 | 일본TV프로그램 재방송, DBS 주공급사인 Echostar를 통한 일본어 프로그램판매, 일본 및 미국방송프로그램 구매 | 뉴욕 |
| 오사카 대학교 | 오사카대학교, 샌프란시스코사무소 | 122,676.68 | 96,131.54 | 218,808.22 | 북미지역 동문관리, 외국인학생 교환프로그램, 학교직원 훈련 | 샌프란시스코 |

주: 1) AGSHF: Akin, Gump, Strauss, Hauer & Feld, LLP.
자료: 미 법무부의 미 의회 보고자료(FARA)를 토대로 정리. 일본기업의 현지법인은 미국기업으로 제외.

**〈표 7-8〉 주요 일본기업들의 미국로비 현황**

| 회사(그룹)명 | | 2016 | 2015 | 2014 | 2013 | 2012 | 2011 | 2010 | 로비주체 |
|---|---|---|---|---|---|---|---|---|---|
| 토요타 | 로비 | 5,388,000 | 4,680,000 | 4,713,000 | 4,584,000 | 3,400,000 | 4,425,000 | 4,170,000 | Toyota Motor Corp Toyota Motor Manufacturing Toyota of Orange Toyota Tsusho Corp |
| | 기부 | 825,606[1) | 0 | 370,514[1) | 0 | 177,445[1) | 0 | N/A | |
| 토요타 PACs | 기부 | 239,000 594,000 | 0 | 282,000 284,000 | 0 | 180,500 — | 0 | 35,800 — | Gulf States Toyota Toyota Motor North America |
| 혼다 | 로비 | 2,354,972 | 2,400,277 | 2,046,704 | 2,308,853 | 2,117,351 | 2,308,712 | 2,142,999 | Honda Motor Co. Honda North America |
| | 기부 | 3,869 | 0 | 5,250 | 0 | 4,441 | 0 | N/A | |
| 닛산 | 로비 | 2,380,000 | 2,540,000 | 2,490,000 | 2,380,000 | 2,220,000 | 2,310,000 | 2,640,000 | Mossy Nissan Nissan Nissan North America |
| | 기부 | 120,869[2) | 0 | 31,457[2) | 0 | 46,648[2) | 0 | N/A | |
| 일본 자동차 공업회 (JAMA) | 로비 | 260,000 | 270,000 | 250,000 | 190,000 | 170,000 | 120,000 | 120,000 | 로비대행 Willkie, Farr & Gallagher 고용비용(2012년~) 포함 |
| 소니 | 로비 | 1,980,000 | 1,990,000 | 2,050,000 | 2,190,000 | 3,258,000 | 3,610,000 | 3,680,000 | Sony Music Entertainment Sony Pictures Entertainment Sony Corp of America |
| | 기부 | 870,045 | 0 | 460,113 | 0 | 812,241 | 0 | N/A | |
| 계 | | 14,422,361 | 11,880,277 | 12,699,038 | 11,652,853 | 12,386,626 | 12,773,712 | 12,788,799 | |

주: 1) Toyota Motor Corp, Toyota Motor Manufacturing, Toyota of Orange의 기부금 합계.
　　2) Nissan, Mossy Nissan, Nissan North America의 기부금 합계.
자료: Center for Responsive Politics 자료를 토대로 직접 정리(미쓰비시, 마쓰다 등은 불포함).

일본은 본국 정부와 대사관, 지방자치단체, 민간단체와 재단 등 민관 차원의 다양한 로비 활동 외에도 미국에 투자 진출한 일본기업들에 의한 로비도 매우 활발하다(〈표 7-8〉 참조). 일본 토요타자동차는 정치인들에 대한 기부금을 포함해 2016년에 700만 달러 이상의 로비자금을 지출하였고, 혼다와 닛산도 각각 240만 달러 상당을 로비자금으로 사용하였다. 이들 일본 자동차 3사와 소니 그룹이 로비를 위해 2016년 1년간 공식적으로 사용한 돈만 해도 1,440만 달러(약 165억 원)에 달하였다.

## 3. 월가(Wall Street) 로비

미국에는 大馬不死(대마불사)("Too big to fail", TBTF)란 말이 있다. 심지어 최근에는 有錢無罪(유전무죄)("Too big to jail")라는 말도 생겼다. 10년 전 세계경제를 위기에 빠트렸던 월가가 막대한 피해를 입었음에도 여전히 건재하다는 뜻이다. 2008년 미국에서 촉발된 금융위기에도 불구하고, 여전히 월가는 말 그대로 막강한 영향력을 유지하고 있다.

2008년 미국의 금융위기는 어느 날 갑자기 일어난 것이 아니라 미국 금융제도가 가지고 있었던 제도적, 관행적인 문제 때문이었다. 2001~2004년 미국 주택시장의 호황과 서브프라임 모기지 대출 급증, 2004년 6월부터 시작된 미국 연방준비제도이사회(FRB)의 17차례에 걸친 기준금리 인상으로 인한 미국 주택가격의 하락과 모기지 채권 연체율의 증가는 2007년 초 미국의 최대 모기지 전문 대출회사인 뉴 센추리 파이낸셜(New Century Financial)의 파산 신청을 가져왔다. 이것은 미국과 세계 경제위기의 사실상 서막이었다. 이어서 터진 부채담보부증권(CDO)에 투자한 헤지펀드의 위기설과 서브프라임 CDO에 대한 3대 신용 평가회사들의 무더기 신용등급의 하향 조정은 채권시장을 얼어붙게 만들었다.

이러한 불안은 미국 모기지 대출관련 금융상품에 투자한 독일의 중소기업은행인 IKB, 네덜란드 투자은행인 NIBC, 프랑스 최대 은행인 BNP 파리바스 등으로 확산되면서 세계 금융기관들 간의 신뢰 위기로 이어졌다. 결국 2008년 9월 15일 세계 4대 투자은행으로 당시 158년 역사의 리먼 브라더스(Lehman Brothers) 지주회사가 파산 신청을 냈고, 94년 역사의 메릴린치(Merrill Lynch)가 뱅크 오브 아메리카에 매각되면서 전 세계는 공포 속으로 빠져들었다. 이로 인해 미국은 가계 금융자산이 약 20조 달러, 가계 당 평균 10만 달러가 사라졌고, 4.7%였던 실업률은 10.7%까지 치솟아 2009년까지 약 900만 명이 일자리를 잃었다. 특히 2008년부터 2012년 중반까지 주택채권 4개 중 1개꼴로 부도가 나 약 1,100만 명이 모기지를 내지 못해 집을 빼앗겼다. 이 중에는 금융기관들이 모기지 상환 능력이 떨어지는 대상을 골라 일종의 약탈적 대출로 피해를 입은 희생자들도 있었다. 저금리 정책과

주택 붐을 타고 은행, 보험 등 금융기관들이 고수익을 올리기 위해 자신들도 투자
위험을 예측할 수 없는 주택저당증권(MBSs), 부채담보부증권(CDOs), 신용부도스왑
(CDS) 등 파생상품들을 패키지로 대거 판매하면서 위기를 키운 것이다. 특히 주로
신용이 좋지 않은 사람들이 이용하는 서브프라임의 경우 2002년 전체 모기지의
10% 이하였으나, 3년 뒤에는 약 25%에 달했다.

당시 미국의 금융 산업은 1930년대 대공황 이후 저축은행과 투자은행으로 업무
영역을 엄격히 구분했던 글래스-스티글법(Glass-Steagall Act)이 1999년 금융서비
스선진화법(FSMA) 발효로 구분이 없어지면서 상업은행과 투자은행, 보험업무까지
할 수 있는 대형 은행들이 등장하였다. 더욱이 이들 대형 금융기관들은 서로 밀접
한 여수신 거래를 하고 있었다. 이 때문에 한 대형 은행이 망하면 다른 대형 은행
이 연쇄 파산할 우려가 확산되었다. 이에 따라 미국 정부는 2008년 7천억 달러 규
모의 부실자산 구제 프로그램인 TARP(Troubled Asset Relief Program)를 통해 19개
은행에 2,200억 달러, 기타 은행에 410억 달러 지분을 매입하는 등 긴급 금융구제
프로그램을 시행하였다. 2009년에는 추가적인 양적 완화를 통한 미국 경제 재건을
위해 8,310억 달러 규모의 경제부흥 법안인 ARRA(American Recovery and
Reinvestment Act)가 의회를 통과하였다. 이 자금은 실업률 증가 등으로 세수가 감
소한 주 및 지방정부에도 지원되었다. 특히 연방은행의 양적 완화조치로 2012년
말에는 매달 연방은행이 사들인 부실자산 규모가 무려 평균 400억 달러에 달했다.

도드-프랭크 법안은 2010년 이러한 금융위기 해소를 위해 만들어졌다. 이에
따라 금융기관의 레버리지 한도 축소, 투명성 제고, 인수합병 제한 등 월가에 대한
개혁을 추진하는 동시에 그동안 여러 금융 감독기구에 분산돼 있던 소비자 보호기
능을 통합한 금융소비자보호국(Consumer Financial Protection Bureau: CFPB)도 새로
출범하였다.[16] 특히 자산규모가 일정 규모 이상으로 영향력이 큰 대형은행인 경우
'시스템적으로 중요한'("systemically important") 금융기관으로 지정해 다른 은행보다
엄격한 연방은행 관리를 받도록 하였다. 특히 도드-프랭크법 953(b) 조항에서는

---

16) PHH 코퍼레이션이라는 금융회사가 지난 2014년 11월 CFPB의 1억 900만 달러 벌금 부과에 반발해
　 CFPB 설립이 위헌이라는 취지의 소송을 제기하면서 소송이 시작돼 미국 워싱턴 D.C. 연방항소법원
　 (Court of Appeal) 전원합의체는 CFPB의 위헌 여부를 놓고 심리를 진행 중이다.

경영층에 대한 과도한 보상과 도덕적 해이를 막기 위해 CEO 보수와 직원들의 평균 소득과의 비율을 미국증권거래소(SEC)에 공개하도록 규정하였다.

20세기 초 JPMorgan Chase의 창업자인 존 피어폰트 모건(John Pierpont Morgan)은 당시 은행을 창업하면서 "가장 많이 받는 은행가의 월급이 가장 적게 받은 직원의 20배를 넘어서는 안 된다"고 생각했다. 하지만 이러한 계획들은 월가의 집중적인 로비로 무뎌지고 희석되었다. 월가는 도드-프랭크법으로 인해 금융기관의 비용 부담이 커지고, 미국 금융 산업의 성장과 일자리 창출을 어렵게 한다며 반대하였다. 심지어 규정이 너무 복잡하고 상호 모순적인 내용을 담고 있다고 비판하였다. 월가는 이를 막기 위해 집요한 로비에 나섰고, 그 노력이 먹혀들기 시작하였다. 일례로 규제당국은 당초 1억 달러 또는 총액의 8분의 1인 경우 적용하도록 했던 부도신용스왑(CDO)에 대해 2012년에는 연간 8억 달러 이하인 경우 적용하지 않기로 하였다.

월가는 2010년에 2억 5,100만 달러의 로비자금과 2,533명의 로비스트를 미 의회에 대거 투입하는 등 이 법안 통과를 저지하기 위해 대대적인 전방위 로비 활동에 나섰다. 최고경영자(CEO)들의 보수를 공개하는 것에 대해서도 유통업계리더협회(RILA),[17] COEC(Center on Executive Compensation), 포춘 500대 기업들을 대표하는 로비회사인 ABC(American Benefits Council) 등 4개 대표자 단체들이 963(b) 조항을 반대하는 로비 활동을 벌였다. 이들 4개 그룹은 전직 관료 출신 37명을 포함해 47명의 로비스트를 투입해 2010년 한 해 450만 달러의 로비자금을 뿌리고 66만 달러 이상의 선거자금을 기부하였다. 특히 이런 식으로 미국의 금융업계가 도드-프랭크 법안 통과를 저지하기 위해 쏟아 부은 로비 자금만 10억 달러가 넘을 것으로 추정하고 있다.[18]

2008년 금융위기 이후 250여개 소비자, 노동자, 시민사회단체가 참여해 출범한 진보 성향의 비영리 단체인 금융개혁을 위한 시민모임(Americans for Financial Reform: AFR)은 당시 월가의 강력한 로비 활동을 '숫자를 통해 본 월가의 영향력'

---

17) Retail Industry Leaders Association(RILA)는 10만개 이상 점포를 운영하며 1조 5천억 달러 이상의 매출액을 올리는 200개 이상의 유통업체들로 구성된 유업업계 단체로 버지니아 주에 본부가 있다.

18) Gary Rivlin, "How Wall Street Defanged Dood-Franl", the Nation(2013. 4. 30.).

이란 제목으로 잘 정리하고 있다.[19] 즉, 미국의 금융 산업은 의회에 영향력을 행사하기 위해 매일 140만 달러를 지출하였다. 2008년 3월 베어 스턴즈(Bear Sterns) 퇴출 이후에는 6개 대형 은행과 관련 단체가 로비와 단체의 활동, 정치적 기부 등에 6억 달러를 지출하였다. 이를 위해 월가는 202명의 전직 의회 스텝을 포함해 전직 정부관료 243명을 로비스트로 고용하였다는 것이다. 또한 연방차원에서 6개 은행, 뉴욕 검찰총장이 8개 은행에 대한 조사가 진행되고 있는 상황에서도 헤지펀드 운영자와 월가 임원들은 의회의 월가 개혁 작업을 무력화하기 위해 당시 상원 소수당(공화) 리더였던 미치 맥코넬 상원의원과 공화당 상원선거위원회 위원장이던 존 코닌 상원의원을 25차례나 만났다.

도드-프랭크법이 통과된 이후에도 월가는 대형 은행을 중심으로 18개 워킹 그룹으로 나누어 법안의 주요 조항별 각개격파 식 활동에 들어갔다. 이를테면 한 워킹 그룹은 주식·채권 형태로 거래되고 있는 파생상품 개혁을 봉쇄하는 데 초점을 맞추고, 다른 그룹은 이른바 '볼커 룰'을 무력화하는데, 또 다른 그룹은 모기지나 신용카드 등 월가의 사기성 영업 행태로부터 소비자를 보호하기 위해 새로 출범할 금융소비자보호국(CFPB)을 무력화하는 역할을 맡는 식이다.

동 법안 통과를 저지시키는 데 실패한 월가는 대대적인 로비자금을 쏟아 부었다. 이를테면 웰스파고, 시티그룹, JP모건 등 상업은행들은 도드-프랭크법이 발효된 이후 5,500만 달러를 로비자금으로 사용하였고, 2011년과 2012년에도 로비자금으로 6,100만 달러를 썼다. 미국은행가협회(ABA)는 91명의 로비스트를 고용한 것을 비롯해 JP모건은 60명, 골드만삭스는 51명의 로비스트를 각각 고용하여 집중적인 무력화 로비를 벌였다. 또한 미국 최대 로비기관인 미국상공회의소도 183명의 로비스트를 투입해 동 법안의 무력화를 위한 로비 활동을 도왔다. 여기에는 월가의 강력한 개혁을 주장해 온 매사추세츠 주 출신의 민주당 엘리자베스 워렌(Elizabeth Warren) 상원의원이 신설될 금융소비자보호국(CFPB)의 첫 수장으로 임명되는 것을 저지하는 활동도 포함되어 있었다.

규제기관들은 동 법안의 규제조항들을 사수하기 위해 힘을 쏟았고, 월가는 로비

---

19) http://ourfinancialsecurity.org/2010/05/wall-street-influence-by-the-numbers/.

스트를 비롯한 변호사들과 법안에 자신들의 고객들이 빠져나갈 구멍(loophole)을 만들기 위한 두 진영 간의 치열한 공방전은 거의 3년간 지속되었다. 물론 실탄 격인 활동자금이나 전투원이라 할 수 있는 로비스트의 활동 수준은 비교가 되지 않았다.

더 네이션(Nation)誌(지)가 조사한 2012년 한 해 동안 상위 다섯 개 금융업계와 소비자단체가 도드ー프랭크 법안을 놓고 벌인 로비 파워 게임을 보자. 미국 최대 로비단체인 미국상공회의소가 금융 업계를 위한 로비 활동을 위해 1억 3,630만 달러, 미국은행가협회(ABA)가 900만 달러, JP모건 810만 달러, 웰스파고 680만 달러, 골드만삭스 350만 달러 등 상위 5개 기관이 3억 달러에 달하는 로비자금을 지출하였다.

반면에 160만 명 이상의 전·현직 공무원들을 회원으로 두고 있는 최대 소비자 단체인 전국공무원노동조합(AFSCME)이 270만 달러를 비롯해 비영리 교육 및 연구 단체인 CRL(Center for Responsible Lending)이 59만 5천 달러, 소비자들의 목소리를 대변한다는 PIRG(Public Interest Research Group)가 23만 6,800 달러, 미국소비자연합(CFA)이 5만 달러 등 반대 진영의 총 지출 규모가 358만 달러에 불과하였다. 화력 면에서 비교 자체가 의미가 없을 정도이다. 심지어 금융위기 이후 의욕적으로 발족한 금융개혁을 위한 시민모임(AFR)은 로비자금으로 1달러도 지출하지 못했다. 또한 도드ー프랭크법이 통과된 2010년 7월부터 2013년 4월까지 약 3년 동안 양측 로비스트들이 정부기관 관계자를 만난 횟수도 마찬가지이다. 소비자측은 시민모임 47회, 소비자연합 41회 등 모두 116회에 불과하지만, 금융 업계는 골드만삭스 238회, JP모건 222회, 모건스탠리 189회 등 무려 901회에 달하였다.

월가의 강력한 로비로 당초 계획했던 개혁조항들이 희석되거나 삭제되면서 도드ー프랭크 법은 2013년 말까지 원안 중 불과 40% 정도만 최종적으로 채택되었다.[20] 규제기관의 후속조치가 필요한 398개의 규정 중 불과 148개만이 마무리가 된 것이다.

로비스트들이 새로 도입되는 제도나 입법 활동을 저지하기 위해 동원하는 로비 활동은 크게 4단계로 이루어진다. 첫 번째 단계는 법안 자체가 입안되지 못하도록

---

20) Goodwin et al., "*15. The Financial Crisis and the Great Recession*" in Macroeconomics in Context(2013. 12), pp. 343-362, Tufts University.

하거나 법안 통과를 저지시키는 로비 활동이다. 두 번째 단계는 의회를 설득하거나 로비 활동을 벌여 법 시행을 담당하는 시행기관의 예산을 주지 않도록 하거나 대폭 삭감해 시행을 방해하는 것이다. 이것마저 여의치 않으면 유능한 변호사를 고용해 법안의 위법성을 문제 삼아 소송전을 벌이는 것이다. 영향력 행사가 가능한 의회 해당 상임위원회를 동원하거나 특별위원회를 만들어 청문회 등에 수시로 불러내 괴롭히는 것도 종종 활용하는 방법이다. 이러한 방법을 통해 법 시행 자체를 저지시키거나 지연시키는 것이다.

일례로 월가에 우호적인 공화당이 2010년 중간선거에서 하원 다수당이 된 후 첫 번째로 통과시킨 법안(HR 1)[21]이 시행기관인 상품선물거래위원회(CFTC)의 예산을 3분의 1로 삭감한 것이었다. 하원 금융서비스위원회는 당시 겐슬러(Gary Gensler) CFTC위원장을 4년 동안 무려 51회나 청문회에서 증언하도록 하였다. 인준 청문회를 거친 후 매월 한 번 이상을 의회 청문회에 불려나온 것이다. 미 하원 금융서비스위원회는 공화당이 다수당이 된 후 불과 2년 동안에 도드-프랭크 법안과 관련해 무려 65차례나 청문회를 개최하였다.

월가의 로비나 지연 방해활동은 이것으로 끝나지 않았다. 동 법안이 통과된 이후 CFTC는 골프만삭스 방문자와 31회, 모건스탠리 방문자와 20회 등 위원회 내에서 월가 관계자나 거물 로비스트들과 2천회 이상의 미팅을 가졌다고 한다. 대부분이 부작용을 지적하며 법안 시행을 하지 말아 달라는 요구들이었다. 특히 동 법안 통과 9개월 후 CFTC가 마련한 시행 초안에 대해서도 시행 전 이해관계자의 의견을 청취하도록 법 규정을 활용, 장문의 의견서를 무더기로 제출하는 방법으로 괴롭혔다. 대형 은행들과 헤지펀드, 관련 단체들은 전문가를 고용해 300페이지가 넘은 의견서를 냈다. 1946년 행정절차법(1946 Administrative Procedures Act)에 따라 제기되는 이슈나 의견에 대해 수용 또는 거절 이유를 밝히도록 하고 있기 때문에 제출되는 의견서가 많아질수록 이를 검토하느라 법 시행이 늦어지게 되는 것이다. 이런 식으로 2013년까지 CFTC가 접수받은 의견서는 3만 9천 건이 넘고, 분량은 무려 100만 페이지가 넘었다.

---

21) 미 의회는 새 회기가 시작될 때 다수당은 가장 중점을 두고 있는 정책을 1호 법안으로 올린다.

법 시행을 늦추기 위한 소송전도 도드-프랭크법안이 통과된 불과 2개월 뒤인 2010년 9월 시행기관 중 하나인 증권거래위원회(SEC)를 상대로 월가에서 고용한 변호사에 의해 시작되었다. 이 과정에서 SEC가 법 시행에 앞서 포춘 500대기업을 사실상 대표하는 비즈니스라운드테이블의 손익분석 보고서를 참고하지 않았다는 이유로 DC항소법원에서 패소하는 일이 벌어졌다. 당시 동 법과 관련해 제기된 7개 소송 건의 쟁점은 손익분석을 했는지 여부가 되어버렸다. 이때부터 SEC, CFTC 등 연방정부 기관들은 새로운 규정을 도입하려면 반드시 대규모 손익 분석을 하지 않으면 안되는 상황을 맞게 되었다.

월가는 아울러 도드-프랭크 법안을 무력화시키기 위해 일종의 이이제이(以夷制夷)식 법안을 새로 도입하는 방법도 동원하였다. 2013년 5월 하원 금융서비스위원회는 오바마 행정부의 반대와 우려에도 불구하고, 도드-프랭크(Dodd-Frank) 월가 개혁법[22]을 사실상 무력화할 수 있는 3개 법안을 새로 통과시켰다. 3개 법안에 모두 반대한 의원은 61명의 위원회 의원 중 민주당 의원 6명뿐이었다. 대다수 의원들이 전 세계를 위기로 몰고 갔던 파생상품 등에 대한 규제를 무력화하는 법안에 찬성한 것이다. 그 이유는 월가와 의원들 간의 밀접한 관계 때문이다. 하원 금융서비스위원회 소속 의원들은 전년도인 2012년 선거 때 금융서비스 및 금융부문으로부터 약 1,480만 달러의 선거자금 기부를 받았다.

지난 2015~2016년 선거 기간 중 대형 은행과 헤지펀드, 금융관련 기관 등 월가는 로비와 선거자금 기부 등으로 무려 20억 달러를 썼다. 워싱턴에서 활동하고 있는 금융개혁을 위한 시민모임(AFR)이 조사한 바에 의하면 선거자금 기부로 11억 달러, 로비스트 활동비로 8억 9,800만 달러를 사용하였다. 이것은 선거자금 기부 규모로는 가장 많고, 로비 지출액은 3번째에 해당하는 것이다. 물론 여기에는 무제한 기부할 수 있지만 공개의무가 없는 자금으로, 광고 등을 통해 선거에 지대한 영향을 줄 수 있는 비공개 자금("dark money")은 포함되지 않은 금액이다. 당시 공화당에 돈이 많이 들어간 것은 분위기 상 트럼프의 당선을 거의 기대하지 않았지

---

22) 원래 법안 이름은 'Dodd-Frank Wall Street Reform and Consumer Protection Act'로 2010년 7월 21일 오바마 대통령이 서명함으로써 발효되었다. 공동 발의한 민주당 크리스 도드(Chris Dodd) 상원의원과 바니 프랭크(Barnet Frank) 하원의원의 이름을 따서 'Dodd-Frank Act'로 부른다.

만, 금융규제를 강화하겠다는 힐러리 후보보다는 금융규제 완화를 약속한 트럼프와 공화당 의원들이 고마웠기 때문이다.

이에 보답이라도 하듯 2017년 2월 도널드 트럼프 대통령은 행정명령을 통해 2008년 금융위기 이후 시행된 주요 은행 관련 규정을 재검토하라고 지시했다. 은행의 자기매매 즉, 고수익을 올리기 위해 자사의 자산이나 차입금으로 채권과 주식, 파생상품 등에 투자하는 행위를 제한하고, 헤지펀드, 사모펀드를 소유·투자하는 것도 금지한 이른바 '볼커 룰'("Volker Rule")에 의한 자본 요건과 거래 규정을 완화하라는 것이다. 역대 재무장관들이 대부분 월가 출신인 데다 트럼프 신정부 재무장관으로 임명된 스티브 무느신(Steve Mnuchin)도 골드만삭스 최고경영자 출신이고, 트럼프의 규제완화를 돕고 있는 국가경제위원회 개리 콘(Gary Cohn) 국장도 같은 골드만삭스 출신이다. 트럼프와 월가의 밀접한 관계를 간접적으로 짐작해 볼 수 있는 대목이다.

일반적으로 은행가와 정치인들은 공생 관계에 가까운 것으로 평가된다. 은행가들은 정치인들보다 금융에 대해 잘 알고 있고, 정치인들은 선거자금 기부 등 그들에게 필요한 투자를 원한다. 은행가들이 자본요건을 강화하는 것은 은행 대출을 어렵게 하고 경제성장을 둔화시킨다고 주장해도 정치인들은 반박하기 어렵다. 선거자금 지원이 필요한 은행가들과의 공생관계를 깨고 싶지 않기 때문이다.[23] 게다가 금융 산업을 규제하거나 감독하려면 전문성이 있어야 하는데, 그 전문성을 가진 인사는 금융업계에서나 찾을 수 있고, 정부가 전문가를 통해 금융업계를 규제하고 싶어도 나중에 이들이 회전문 인사를 통해 금융 업계로 되돌아 갈 것을 염두에 두고 제대로 규제하기를 원하지 않는다.

심지어 은행가들은 은행을 규제 감독하거나 정책을 입안하는 지역 연방준비은행의 임원으로 활동하는 경우가 많아 심각한 이해상충(conflicts of interest) 문제를 야기한다. 이들은 로비나 정치자금 기부를 통해 정치인이나 정부 고위인사들에게 영향력을 행사함으로써 규제기관이 금융기관을 통제하려 할 경우 의회가 해당 정부기관 예산을 삭감함으로써 그 의욕을 좌절시키는 전략을 구사한다. 금융 산업은

---

23) http://billmoyers.com/2014/06/13/bankers−and−politicians−a−symbiotic−relationship/.

다른 산업과 달리 비효율적인 규제나 감독에 따른 구체적인 피해 규모를 산정하기 어려운 데다 일반 대중들은 조직화되어 있지 않고, 금융개혁을 통해 개인적으로 얻을 수 있는 가시적인 이익이 없기 때문에 금융규제 완화 시도에 대한 반대 로비나 활동에 매우 소극적이다.

참고로 도드-프랭크 법은 여러 가지 방해에도 불구하고, 미국 월가의 비즈니스 관행을 바꾸는 개혁 법안으로서 중요한 역할을 하였고, 여러 가지 발전적이고 진보적인 조치들도 포함하고 있다. 이를테면 채굴·채광권 대가로 외국 정부에 지불내역을 공개토록 한 反(반)뇌물(anti-bribery) 조항, DR 콩고 산 주석과 텅스텐을 사용하지 못하도록 한 분쟁광물("conflict minerals") 조항, 직불카드(debit card) 거래수수료 한도 조항 등이 대표적인 성과로 꼽힌다.

제**2**부

# 미국의 면화산업 로비와 협상태도 연구

제2부는 '미국의 산업로비에 의한 통상협상태도 결정과 대외협상전략 수립 연구 – 면화산업 사례를 중심으로'라는 제목의 박사학위 논문의 일부 내용만을 추린 것으로, 사례 연구자들이나 후학들이 참고할 수 있도록 각주 등 가능한 논문의 형식을 유지하였다. 다만 참고문헌 등은 자료가 너무 많아 생략하였다.

# 제1장

# 미국의 면화산업 지원정책과 로비

## 제1절 미국의 면화산업 지원정책

### 1. 미국의 면화산업에 대한 역사적 지원 배경

전통적인 면화산업에 대한 미국의 지원정책은 역사적으로 농업 정책과 직결되어 있다. 첫째는 농업의 구조적 변화에 따른 지원이다. 20세기 초 미국 농업은 전체 인구의 절반 이상이 소규모 농업에 종사하는 노동집약 산업으로서, 2,200만 마리의 동물과 전체 노동력의 약 절반이 농업에 종사하며 5가지 품목을 주로 생산하였다. 남북전쟁 이후 노예해방으로 인해 면화 생산비용이 증가하고, 1800년대 말~1900년대 초 면화 바구미 피해와 미시시피 강 홍수, 1930년대 초 가뭄으로 어려움을 겪었다. 하지만 21세기 농업 부문은 전체 인구의 1/4도 안 되는 인구가 거주하는 농촌지역의 소수 대규모 농장으로 집중화되었다. 기계화된 농장들은 미국 노동력의 극히 일부분을 고용하게 되고, 과거 말과 당나귀는 500만 대의 트랙터로 교체되었다.[1]

---

1) Carolyn Dimitri, Ann Effland, and Neilson Conklin, "The 20th Century of U.S. Agriculture and Farm Policy", EIB-3, Economic Research Service/USDA, June 2005.

**〈표 1-1〉 미국 농업의 기계화 추이**

| 구 분 | 1900 | 1930 | 1945 | 1960 |
|---|---|---|---|---|
| 농업용 가축수(백만) | 21.6 | 18.7 | 11.6 | 3 |
| 트랙터 수(백만) | – | 0.92 | 2.4 | 4.7 |

자료: 미국 농무부.

미국 농무부(ERS)가 센서스 조사를 토대로 집계한 바에 따르면 말과 같은 농업용 가축 수는 1960년대 들어 급속히 감소한 대신 트랙터 수가 급증하는 기계화 과정을 거쳤다. 1960년대 후반에는 사탕무(sugar beets), 면화, 토마토 등에 대한 기계적인 수확이 보편화되었다. 이러한 구조조정의 결과로 미국 농업은 더욱 효율적인 산업구조로 변모하여 미국 경제성장에도 기여하였다. 소비자들은 미국 농장들의 괄목할 만한 생산 증가로 식품소비 지출 비중을 줄일 수 있었으며, 인구의 대부분이 비농업 부문에 종사하게 되었다. 기술혁신과 시장여건의 변화로 촉발된 이 같은 구조조정은 국가경제에 있어서 농업 생산의 역할을 점차 축소시켰다. 광의의 식량 및 농업 부문은 여전히 국가경제에서 중요한 역할을 담당하지만, GDP에서 차지하는 비중과 노동력의 고용 비중은 점차 감소하였다. 미국 농무부에 따르면 미국 경제에서 농업이 차지하는 위치는 갈수록 줄어 2000년에는 GDP의 0.7%, 총 고용의 1.9%에 그쳤다.

**〈표 1-2〉 시대별로 본 미국 농업의 위치**

| 구 분 | 1900 | 1930 | 1945 | 1970 | 2000/02 |
|---|---|---|---|---|---|
| 고용 비중(%) | 41 | 21.5 | 16 | 4 | 1.9 |
| GDP 비중(%) | N/A | 7.7 | 6.8 | 2.3 | 0.7 |

자료: 미국 농무부(USDA ERS).

특히 1930년대 세계 대공황으로 농민들은 심각한 어려움에 직면하였다. 1929년부터 1932년 사이 농산물 가격은 50% 이상 하락하고 농가소득은 급격히 감소하였다. 이처럼 농촌과 농민들의 사정이 어려워지자 의회는 뉴딜 정책의 일환으로 농업조정법(Agricultural Adjustment Act 1938: AAA)[2]을 제정하는 한편, 정부에 공격적인

정책 개입을 주문하였다.[3]

당시 농민들은 소득 수준이 낮고 다른 직업으로의 전환도 쉽지 않아 미국 정부는 상품별 가격유지 정책과 공급관리 방식으로 문제를 해결하고자 하였다. 수요와 공급을 조절하여 가격안정과 농민들의 생계유지 소득을 보장하기 위해 면화 생산을 줄여 시장의 과잉생산을 해소하려 하였다. 이 법은 이후 헌법 불합치로 판정되었지만 면화 농부를 비롯한 농가의 소득 향상에 매우 중요한 역할을 하였다.

또한 이것은 면화 생산 농민들이 자신들의 권익을 위해 조직화하는 계기를 제공하였다. 정부 프로그램의 실패와 1937년 기록적인 면화 생산으로 인해 면화에 대한 수요공급 조절방법의 하나로 1938년 전미면화협회(NCC)를 설립하였다. NCC는 면화와 면화 관련 제품의 소비를 촉진함으로써 생산업자, 방적업자, 창고업자, 유통업자, 면실 파쇄업자 등 모든 면화 관련업계의 권익을 대변하기 위해 설립되었다.[4] NCC는 세계 경제가 성장하고 합성섬유가 개발됨에 따라 업계 최초로 만들어진 단일 품목 특화조직이다.

1950년대부터 미국 면화 생산업자들의 우위가 끝난 것도 면화 업계를 더욱 조직화하게 만든 요인이었다. 미국 면화 농가는 1920년대와 같은 수준을 생산할 때 해외 생산업자들은 1920년대의 3.5배를 생산했기 때문이다. 또한 동 기간 중 인조합성섬유 생산이 32,000베일에서 5,500만 베일 수준으로 급증함에 따라 면제 의류의 매출 비중이 1920년 88%에서 1957년에는 66%로 하락하였다.

그러나 미국인들의 의류 소비가 1930년대 가처분 소득의 9%이던 것이 1956년에 6% 수준으로 감소함에 따라 NCC 자체에도 문제가 생겼다. 의류 공장의 경우 면화뿐만 아니라 합성섬유로 의류와 기타 제품을 보다 싸고 쉽게 만들 수 있게 되는 등 NCC 내 생산, 방적, 유통, 면실 등 이익집단 간에 이해관계가 달랐기 때문

---

2) 대공황기인 1930년 미국이 당시 생산 감소와 실업 급증으로 붕괴된 내수기반 회복을 위해 수입관세율을 최고 400%까지 올릴 수 있도록 하는 보호관세법을 시행하였는데, 이 법안을 주도한 스무트, 홀리 두 의원의 이름을 따서 '스무트-홀리 관세법'이라 일컫는다. 그러나 미국이 시작한 보호무역조치가 경쟁적으로 영국, 프랑스 등 유럽 국가들의 수입관세 인상으로 이어지면서 오히려 대공황으로 이어졌다는 평가를 받고 있다.

3) Farm Commodity Legislation: Chronology, 1933-2002 edited by Geoffrey S. Becker.

4) 각자의 이익을 보호하기 위해 거부권이 주어졌으며 모든 결정은 2/3의 찬성으로 통과되었다. 자세한 내용은 제3장 제2절에서 후술한다.

이다.

미국 면화산업은 제2차 세계대전 이후 급속한 기계화와 화학기술의 접목으로 농장수가 줄고 비중도 감소했지만, 정부가 지원에 집착한 이유는 생산성 급증에 따른 공급과잉 때문이었다. 이에 따라 1950년대에 들어 그동안 유지해 왔던 고가격 지지정책과 공급관리(통제) 지속 여부 등 농업정책의 재조정 문제를 놓고 논쟁이 벌어졌다.[5] 이에 대한 타협안이 1965년 농업법[6]이다. 미국 농민들이 증가하는 세계시장 수출 수요를 최대한 활용할 수 있도록 시장친화적인 정책이 필요했던 것이다.

미국의 공급관리정책은 1996년 농업법(Federal Agriculture Improvement and Reform Act: FAIR)의 제정으로 종료되었고, 생산과 연계되지 않는 새로운 형태의 소득보전 보조금이 과거의 소득보전 프로그램을 대체하였다. 2002년 농업법은 시장가격이 목표가격 이하로 떨어질 경우 지원하는 가격보전직불(counter-cyclical payments: CCP)[7] 등을 새로 도입하였다. 미국 농업정책의 근간이 공급관리와 고가격 유지정책에서 자원 배분의 비효율성을 개선하고 농업 프로그램으로 인한 가격왜곡 문제 해소를 위한 직불금(Direct Payments: DP) 형태로 전환된 것이다. 이 같은 변화는 규모의 경제를 가능하게 했던 기술 발전과 소비자의 영향력 증대, 미국 농업의 글로벌 시장으로의 통합에서 그 배경을 찾을 수 있다.

1949년 농업법은 이후 새로운 프로그램들이 추가되고 일부 수정되었지만 농업조정법(AAA)과 더불어 농업법의 근간을 이루었다.[8] 농업지원 프로그램은 가장 오래된 전통산업의 하나인 면화를 비롯해 옥수수, 밀, 대두 등을 주요 정책지원 대상으로 하고 있다.

둘째는 미국의 면화산업은 아직도 생산과 수출, 고용 면에서 중요한 산업이다. 전국섬유단체연합(National Council of Textile Organizations: NCTO)[9]에 따르면 섬유

---

5) Carolyn Dimitri, Ann Effland, and Neilson Conklin, *op. cit.*, 2005.
6) Food and Agricultural Act of 1965. 이 법안은 소득보전을 위해 가격지지 정책을 축소하는 대신 소득 지원제도를 도입하되 공급관리는 계속하는 것이 골자이다.
7) 역자에 따라 경기변동대응보조 또는 시장보전직불이란 용어로도 사용되고 있다.
8) 한국농촌경제연구원, "미국 농정의 변화와 도전"(연구자료 D259), 2008, p. 17.
9) 전국섬유단체연합(NCTO)은 섬유에서부터 최종제품, 섬유기계 제조업체, 전력 공급업체를 총망라하는, 면화하주협회, 섬유제조협회, CALCOT 등 71개 단체 및 업체로 구성된 섬유산업 전체를 대표하는 조직으로써 미국의 섬유산업을 대변한다. NCTO는 미국 섬유산업계의 이익을 위해 강력한 연대와 연합을 도모하고 있으며, 섬유(fiber), 직물(fabric), 공급자(supplier), 원사(yarn) 4개 분과위원회에서 이사회

제조, 면화·모·인조섬유 공급부문, 섬유기계 및 비료·살충제 등 화학기계산업, 의류 산업의 고용 인구는 약 100만 명으로, 미국 전체 인구의 0.34% 수준이다. 그러나 미국 섬유산업은 거의 전국에 산재하며 제조업에 중요한 역할을 하고 있다. 2005년의 경우 섬유 부문만 230억 달러 이상의 GDP를 기록하였고, 2006년에는 20억 파운드 이상의 미국산 면화를 소비하였다.

특히 미국의 섬유 공장은 주로 남동부 지역의 조그만 농촌에 위치해 고용과 세수의 주요 원천이다. 섬유 공장 하나가 문을 닫으면 지방경제, 교회, 정부 등 커뮤니티 전체에 타격을 줄만큼 여성과 소수 인종에게 중요한 고용산업이다. 섬유 공장의 일자리는 서비스나 소매산업보다 많으며, 건강보험과 연금 등 많은 혜택을 제공한다.

섬유공장 근로자의 평균 주급은 500달러로 323달러인 소매점 근로자보다 64% 가량 많다. 미국 섬유산업은 2006년의 경우 시장규모 1억 달러 이상인 19개국을 포함해 50개국에 주로 원사와 직물 등을 160억 달러 이상 수출하였다.

미국 면화산업 종사자는 기술발달과 기계화 등에 따른 농장의 대형화로 전반적인 감소 추세이지만, 세계시장에서 차지하는 수출 비중은 오히려 증가하고 있다. 2004년 이후 4년간 미국이 세계 총 면화생산에서 차지하는 비중은 <표 1-3>에

**〈표 1-3〉 미국의 면화생산, 소비 및 수출입 현황**                                    (단위: 천 M/T)

| 구 분 | 2004/5 | 2005/6 | 2006/7 | 2007/8 | 2008/9(10월) |
|---|---|---|---|---|---|
| 생 산 | 5,062(19.2)[1] | 5,201(20.5) | 4,700(17.7) | 4,182(15.9) | 2,985(12.1) |
| 소 비 | 1,457(28.8)[2] | 1,278(24.6) | 1,074(22.9) | 1,004(24.0) | 958(32.1) |
| 수 입 | 0 | 0 | 0 | 0 | 0 |
| 수 출 | 3,143(62.1)[3] | 3,821(73.5) | 2,833(60.2) | 2,973(71.1) | 2,830(94.8) |
| 연말재고 | 1,196 | 1,321 | 2,064 | 2,154 | 1,350 |

주: 1) 세계 총 면화 생산에 차지하는 비중(%).
 2) 미국의 면화생산량 중 국내소비가 차지하는 비중(%).
 3) 미국의 면화생산량 중 수출이 차지하는 비중(%).
자료: USDA FAS(Foreign Agricultural Service).

멤버를 선출하도록 하고 있다. 이익단체인 NCTO는 미국 섬유산업에 이해관계를 가진 단체와 업계의 영향력을 이용하여 미국 의회에 영향력을 행사하며 무역균형과 공정무역 환경 조성을 위해 제네바, 북경 등에 해외조직을 두고 있다.

서 보듯이 2004년 19.2%에서 2007년 15.9%로 감소 추세지만, 수출 비중은 62.1%에서 70% 이상으로 급증하고 있다. 미국 내 면화 생산·가공 등 다운스트림 산업의 해외 이전과 경쟁력 약화로 국내 면화소비가 둔화되어 수출을 적극 지원하기 때문이다.

미국의 섬유산업은 방위산업에도 매우 중요한 공급자이다. 군복에서부터 하이테크 의류에 이르기까지 매년 8,000개 이상의 섬유제품을 납품하고 있다.

셋째로 면화산업에 대한 지원은 면화지대 경제의 위축에 따른 정치적 압력 때문이다. 면화생산 및 가공 공장들의 휴·폐업 등으로 이들 지역 경제가 위축되고 실업자가 양산됨으로써 유권자들은 정부 지원과 수입규제, 시장개방 반대 요구가 비등했기 때문이다. NCTO에 따르면 1997~2009년간 노스캐롤라이나 231개, 사우스캐롤라이나 120개, 조지아 72개 등 모두 649개 섬유 공장이 문을 닫았다.

이는 이곳 출신의 상원 및 하원 의원들에게 시장개방에 보수적인 태도를 요구함으로써 보조금 지원 등 각종 지원을 위한 입법 활동과 행정부에 대한 압력을 강화하였다. 이들 지역은 면화를 비롯한 전통적인 농업지역으로서 농업계 이익을 대변해 온 거물 정치인들이 많은 노스캐롤라이나 및 사우스캐롤라이나, 조지아 등 3개 주에만 13년 동안에 섬유 공장 423개가 문을 닫았다. 이러한 공장 폐업은 정치적으로 가장 민감한 일자리 감소로 이어졌다. 미국 통계청에 의하면 2005년 섬유

**〈표 1-4〉 연도별 섬유공장 폐업 추이[10]**

| | 2009 | 2008 | 2007 | 2006 | 2005 | 2004 | 2003 | 2002 | 2001 | 2000 | 1999 | 1998 | 1997 | 1997 -2009 |
|---|---|---|---|---|---|---|---|---|---|---|---|---|---|---|
| 미국 전체 | 40 | 31 | 27 | 72 | 49 | 41 | 82 | 48 | 124 | 38 | 42 | 34 | 21 | 649 |
| 노스캐롤라이나 | 12 | 13 | 10 | 37 | 16 | 11 | 33 | 19 | 35 | 14 | 16 | 9 | 6 | 231 |
| 사우스캐롤라이나 | 6 | 7 | 6 | 4 | 16 | 5 | 16 | 7 | 29 | 9 | 5 | 4 | 6 | 120 |
| 조지아 | 6 | 3 | 4 | 6 | 5 | 6 | 5 | 2 | 17 | 6 | 5 | 7 | 0 | 72 |
| 버지니아 | 1 | 2 | 0 | 2 | 3 | 3 | 2 | 3 | 4 | 1 | 3 | 2 | 1 | 27 |
| 앨라배마 | 3 | 4 | 5 | 14 | 2 | 1 | 5 | 1 | 7 | 0 | 0 | 0 | 1 | 43 |
| 기타 주 | 12 | 2 | 2 | 9 | 7 | 15 | 21 | 16 | 32 | 8 | 13 | 12 | 7 | 156 |

자료: www.ncto.org.

---

10) http://www.ncto.org/ustextiles/closings.asp.

〈표 1-5〉 최근 5년간 미국의 섬유의류 일자리 감소 추이 (단위: 천 명)

| 구 분 | 고용자 수 | 변화 추이 | | | | | |
|---|---|---|---|---|---|---|---|
| | | 2005 쿼터폐지 이후 (2004.12-2009.10) | | 최근 1년간 (2008.11-2009.10) | | 최근 5년간 (2004.11-2009.10) | |
| | 2009.10 | 고용 | 증감율 | 고용 | 증감율 | 고용 | 증감율 |
| 섬유의류 노동자 수 | 411.2 | -259.3 | -38.6% | -61.7 | -13.0% | -267.0 | -39.4% |

주: 의류 포함.
자료: Bureau of Labor Statistics.

〈표 1-6〉 최근 5년간 미국의 섬유 일자리 감소추이 (단위: 천 명)

| | 고용자 수 | 변화 추이 | | | | | |
|---|---|---|---|---|---|---|---|
| | | 2005 쿼터폐지 이후 (2004.12-2009.10) | | 최근 1년간 (2008.11-2009.10) | | 최근 5년간 (2004.11-2009.10) | |
| | 2009.10 | 고용 | 증감율 | 고용 | 증감율 | 고용 | 증감율 |
| 미국 전체 | 247.0 | -159.9 | -39.3% | -302.0 | -13.4% | -163.9 | -39.9% |
| 앨라배마 | 7.8 | -15.4 | -66.4% | -3.5 | -31.0% | -15.3 | -66.2% |
| 조지아 | 51.5 | -21.1 | -29.1% | -5.6 | -10.0% | -21.7 | -29.6% |
| 노스캐롤라이나 | 38.5 | -33.3 | -46.4% | -6.0 | -13.5% | -33.7 | -46.7% |
| 사우스캐롤라이나 | 21.7 | -25.3 | -53.8% | -3.9 | -15.2% | -25.4 | -53.9% |

주: 의류 불포함.
자료: Bureau of Labor Statistics.

쿼터 제도가 폐지된 이후 2009년 10월까지 섬유의류 분야 노동자 수가 25만 9,300명(38.6%)이 감소하였다. 2008년 11월부터 2009년 10월까지 1년 동안에만 6만 1,700명(13.4%)의 일자리가 줄었다(<표 1-5>, <표 1-6> 참조).

## 2. 미국 농업법의 제·개정 추이

앞서 살펴보았듯이 1920년대 들어 미국 농업의 침체에 따라 의회가 1933년 제정한 농업조정법(AAA)은 이후 반세기 이상 미국 농업정책의 토대를 제공하였다. 미국은 농가소득 안정을 위해 경작면적 제한, 출하 시기 통제 등 공급관리정책을 실시하였으나 농업 생산성이 수요 증가율을 앞서 공급과잉 현상이 더욱 심

해졌다. 그러나 1970년대 초 미국 달러 가치 하락으로 미국 농산물의 국제경쟁력
이 높아져 수출이 급증하였다.[11] 하지만 1981년 미국 달러 가치가 급상승하면서
미 농산물의 국제경쟁력이 약화되어 수출이 5년 동안에 무려 40%나 감소하는 위
기를 촉발시켰다.

1985년 농업법은 미국 농산물의 국제경쟁력 회복과 금융위기 극복에 초점이 맞
취졌다. 동 법은 농가소득의 안정을 위해 정치적으로 결정한 목표가격과 시장가격
또는 융자단가 중 높은 가격과의 차이를 지급하는 부족불(deficiency payments) 제
도를 새로 도입하였다. 미국 농산물의 국제경쟁력 회복을 위해 융자단가도 국제시
장가격 평균의 85%까지 줄였다. 또한 마케팅융자 제도를 도입하여 미국상품신용공
사(Commodity Credit Corporation: CCC)가 면화와 쌀에 대한 융자단가와 시장가격의
차이를 융자부족불(Loan Deficiency Payment: LDP)로 지급하도록 하였다. 대신 융자
부족불로 인해 과잉 생산이 초래되지 않도록 실제 생산과 연동하지 않고 과거 평
균 단수와 경작면적에 따라 지불하였다.

1990년 농업법도 농민이 받을 LDP에 영향을 주지 않도록 품목별 과거 기준
경작면적을 따르도록 하였다. 그러나 소득보전지불(Income Support Payments)과 시
장가격 간의 연계를 폐지하고, LDP를 포기하는 농민들을 위해 생산유연화계약
(Production Flexibility Contract: PFC)에 따른 지불을 허용하였다.

클린턴 행정부는 1996년 농업법 제정을 위하여 1995년 4월에 2주간 지방 순회를
통해 수렴한 여론과 백악관 등 행정부 내 관련 부처의 의견을 종합한 '1995년 농업
법 행정부지침(Blue Book)'을 발간하였다. 상 · 하 양원은 행정부 안을 토대로 토론
과 청문회를 거쳐 확정한 단일 농업법안을 1996년 3월 29일 통과시켰다. 이 법안은
같은 해 4월 4일 클린턴 대통령의 승인으로 확정(Federal Agriculture Improvement
and Reform Act 1996: P.L. 104 - 127)[12]되었다.

이 농업법의 가장 특징적인 변화는 목표가격과 부족불 제도를 폐지하고, PFC에
의한 직불제(DP)를 도입한 것이다. 1990년 농업법의 정책 품목인 밀, 옥수수, 면화

---

11) Thompson, Robert L. "The 2007 U.S. Farm Bill and the WTO Negotiations", 2005.
12) 이 법의 명칭은 Freedom to Farm Act 또는 1996 U.S. Farm Bill, 1996 Act로 불린다. 이 법은
    Agricultural Adjustment Act of 1933, Agricultural Adjustment Act of 1935, Soil Conservation and
    Domestic Allotment Act of 1936, Agricultural Marketing Agreement Act of 1937을 포함하고 있다.

등을 대상으로 한 생산유연화계약금은 일정 면적에 대한 휴경 의무를 면제하고 토양 보전을 위한 몇 가지 조건만 지키면 지급받을 수 있게 하였다.[13]

2000년 순회 공청회 등을 거쳐 입법화된 2002 농업법은 2002년 5월 13일 부시 대통령이 서명함으로써 발효되었다. 2001년 2월부터 5월까지 접수된 농민단체의 제안 내용을 보완된 하원 농업법안(Farm Security Act 2001: H.R. 2646)은 7월 27일 상정되어 10월 5일 하원에서 291대 120으로 통과되고, 11월 9일 상원으로 이첩되었다.

같은 해 11월 2일에는 톰 하킨 의원의 농업법(Agriculture, Conservation, and Rural Enhancement Act 2001: ACRE)이, 12월 11일에는 이에 대한 대슐(Daschle) 의원의 수정안이 제출되었다. 상원 농업법안(H.R. 2646)은 2002년 2월 13일 58대 40으로 통과됨에 따라 상·하원 합동회의에 회부되었다. 합동회의를 거쳐 4월 26일 상·하원 단일안으로 확정된 2002년 농업법(The Farm Security and Rural Investment Act 2002)은 5월 1일 하원에서 280대 141, 5월 8일 상원에서 64대 35로 가결되었다. 동 법은 2002년부터 2007년까지 6년간 적용되었다.[14]

2002 농업법은 품목정책, 환경보전, 농산물교역, 식품영양, 금융, 농촌개발, 연구, 삼림, 에너지, 기타 등 10개의 편(titles)으로 되어 있다. 특히 이것은 입법 과정에서 WTO 협정과의 합치성 논란을 불러일으킨 최초의 농업법이다. 주요 내용을 보면 1996 농업법에 비해 직불금 지급을 확대하고, 가격보전직불(CCP)을 새로 도입하며, 마케팅 융자를 유지하고 2002~2011년간 735억 달러를 추가 지원한다는 것이다.

동법 입법과정에서 하원은 생산 중립적인 직불금의 지원 확대를, 상원은 융자가격 인상을 통한 지원 확대를 요구함에 따라 직불금과 융자단가 모두 상원안과 하원안의 중간선에서 결정되었다. 상원은 새로운 낙농지원 프로그램을 도입하고 농가당 지원액 상한을 46만 달러에서 36만 달러로 낮추었다.[15] 2002 농업법은 1985년부터 1996년까지 10년간 시행된 정책을 연장한 측면이 있지만, 전체적으로 1998~

---

13) 최정섭·권오상, "미국의 1996 농업법", 「농촌경제」 제19권 제2호(1996, 여름), 한국농촌경제연구원.
14) 최정섭·권오복·다니엘 A. 섬너, "미국의 2002 농업법", 「농촌경제」 제25권 제3호(2002, 가을), 한국농촌경제연구원.
15) 최정섭·권오복·다니엘 A. 섬너, 전게논문.

2001년간 시행된 특별법에 맞게 보강된 것이다. 특히 마케팅 융자 대상 작물 중 옥수수와 밀에 대한 융자단가를 높이고 대두는 낮추었다.[16]

2008년 농업법은 콜린 피터슨(Collin Peterson) 의원이 발의해 행정부와 의회의 줄다리기 끝에 2008년 6월 18일 확정되었다. 이 법은 2007년 5월 22일 'Farm, Nutrition, and Bioenergy Act 2007'로 하원 농업위원회에 넘겨져 7월 27일 하원을 통과하였다. 상원에서는 2007년 10월 25일 'Food and Energy Security Act'란 이름으로 상원 농업위원회, 12월 14일 상원 전체회의를 통과하였다. 양원은 이에 따라 2008년 4월 법안의 통합조정 협상을 거쳐 만든 단일안을 2008년 5월 22일 하원, 6월 5일 상원을 통과시켰다.

부시 행정부는 과도한 농업예산의 절감과 WTO DDA 농업협상에서의 보조금협상 세부원칙(Modalities) 논의 내용 등을 감안하여 농업법의 개정 협조를 의회에 요청하였으나 받아들여지지 않아 6월 18일 거부권을 행사하였다. 그러나 하원은 같은 날 찬성 317표, 반대 109표, 상원은 찬성 80표, 반대 14표로 재 가결함으로써 법률(Food, Conservation, and Energy Act 2008: P.L. 110 – 246)로 확정하였다. 2008년 농업법은 2012년까지 5년간 농업 프로그램으로 3,070억 달러를 지출하게 된다.[17]

2008년 농업법은 품목별 소득보조정책에 대한 부시 행정부의 개혁 의지를 무산시키고 협정 위반이라는 WTO 회원국들의 비난을 무시함으로써 "대외협상의 결과가 국내 정책에 영향을 미칠 수 없다"는 의회 입장을 반영한 것이다. 의회는 동 법을 통해 마케팅 융자, DP, CCP 등 기존 프로그램을 종전대로 유지하고, 일부 품목에 대해 최저 보장가격인 융자단가 및 목표가격을 오히려 인상하였다. 또한 품목별로 일정 수입을 보장해주는 수입보전직불(Average Crop Revenue Election: ACRE)을 새로 도입함으로써 경영 안정과 농산물의 수출 지원을 강화하였다.[18]

국제사회가 WTO 협정 위반이라고 비난한 2002년 농업법의 기조를 미국 의회가 오히려 유지 강화한 것은 결과적으로 WTO DDA 협상에서 '보다 자유롭고 시장지

---

16) 한국농촌경제연구원, *op. cit*, p. 22 – 24.
17) 이 법안은 하원의 예산증액 견제장치인 "pay – as – you – go" 규칙을 유예했기 때문에 논란이 많았다. 특히 UN과 WTO, 케이토연구소, NGO인 옥스팜 아메리카 등은 공정경쟁을 저해하는 농업보조금 연장을 비난하였다.
18) 임정빈·안동환·김규호, "미국 2008년 농업법의 특징과 농가지원정책의 변화", 「한국국제농업개발학회지」 21권 3호, 2009, pp. 141 – 150.

향적인 농산물 교역 질서 구축'을 주장해 온 행정부의 기본 입장과 배치되는 결과를 초래함으로써 미국의 협상력과 리더십에 상당한 타격을 줄 것으로 예상된다.[19]

## 3. 미국 면화산업에 대한 시기별 정부 지원정책 비교

### 가. 1996년 농업법(1996 ~ 2001)

#### 1) 국내 지원

1996년 농업법에서 면화 등에 대한 미국의 지원정책은 DP, 시장손실지원(Market Loss Assistance: MLA), 마케팅 융자와 마케팅 지원 프로그램 등 다양한 형태로 되어 있다.[20] 미 행정부의 농업 지원정책은 행정부 및 의회에 대한 농업계 로비의 성과물이라고 할 수 있다. 첫째, 가장 대표적인 국내 보조정책인 직불금(DP)은 면화를 비롯해 특정 작물에 지급되었다. 이 자금은 1991~1995년간 어느 한 해라도 소맥, 옥수수, 보리, 수수, 귀리, 면화, 쌀 프로그램에 참여한 농가는 한번 계약을 맺으면 7년까지 PFC에 참여할 수 있다.

품목별 '기준 생산량'은 '0.85×기준면적×기준단수'로, 품목별 단위 생산량에 대한 지급액은 품목별 연간 총 지불 계약액을 해당 품목의 참여농가 전체 기준생산량으로 나누어 결정하였다. 개별 농가의 품목별 연간 계약 지불액은 품목별 단위생산량당 지급액에다 해당 품목의 기준 생산량을 곱한 것으로, 품목별 지불액을 모두합친 것이 한 농가에 대한 지불액이다. 그러나 이 금액은 농가당 지불액 한도를 초과할 수 없다. 각 품목별 지급액비율은 옥수수(46.22%)와 소맥(26.26%)이 가장 많았지만, 면화도 11.63%로 세 번째로 많았다.[21]

둘째, 미국 의회는 추가 입법을 통해 면화 등에 대해 시장손실지원(Market Loss

---

19) 상게논문.
20) 미국 농무부의 농업자원관리연구(Agricultural Resource Management Study: ARMS)에 따르면 1997년 전체 면화농가의 총 비용은 운영비 38센트를 포함, 파운드당 평균 73센트로 나타났다. 1997년 전체 생산의 62%를 차지하는 45%의 면화농가는 파운드당 평균 73센트이거나 이보다 낮았다. 1997년 평균적으로 경작 에이커당 총 비용 42달러 이상의 수익이 보장되었다. Meyer, Leslie and Stephen MacDonald, "Cotton: Background and Issues for Farm Legislation", USDA CWS-0601-01, July 2001, pp. 6-8.
21) 각 회계연도의 총 지불액은 1996년 55억 7,000만 달러, 1997년 53억 8,500만 달러, 1998년 58억 달러, 1999년 56억 300만 달러, 2000년 51억 3,000만 달러, 2001년 41억 3,000만 달러, 2002년 40억 800만 달러로 책정되었다.

Assistance: MLA)을 1998~2001 작물연도 중 실시하였다. 지불액은 PFC 지불액에 비례하되 작물연도별 지불 총액은 1998년 28억 5,700만 달러, 1999년 55억 달러, 2000년 54억 6,500만 달러, 2001년 46억 달러였다. 계약 면적은 1996년의 기초면적에 보전유보정책(Conservation Reserve Program: CRP) 참여가 종료된 기초면적을 더하고 새로 CRP에 참여한 기초면적을 뺀 면적으로, 농가는 계약가능 면적의 일부만 참여할 수도 있다. 직불금은 계약 면적의 85%에 대해 지급되었다.

셋째, 마케팅 지원 융자(Marketing Assistance Loan: MAL) 및 LDP로 마케팅융자 형태의 변제의무 면제 융자제도를 유지하였다. PFC 농가가 생산하는 정책 농산물은 모두 융자 대상이며, 면화를 비롯한 소맥, 사료곡물에 대한 융자단가 상한선을 그대로 유지하였다. 마케팅융자 때문에 시장가격이 융자단가보다 낮을 때 융자금을 원금에 이자를 합친 금액보다 낮은 수준에서 상환할 수 있고, 융자기간은 통상 9개월이나 면화는 10개월 이상 초과 적용하였다.

면화 융자단가는 현물시장 5개년 올림픽 평균가격의 85% 또는 북유럽 가격의 90% 중에서 낮은 가격으로 하되, 상한은 파운드당 0.5192달러, 하한은 파운드당 0.5달러이다. 마케팅융자 상환단가는 소맥, 사료곡물, 유지작물의 경우 지역별 공시가격(posted county prices: PCPs), 쌀과 면화는 국제가격을 기초로 하였다.[22]

넷째, 마케팅을 촉진하기 위한 LDP 제도이다. 행정비용을 줄이기 위한 LDP는 품목별 시장가격이 융자단가에 못 미칠 때 적용하는 것으로, 품목별 융자단가와 마케팅 론 상환가격의 차액만큼 지급하였다. LDP는 ELS 면화를 제외한 모든 정책품목에 적용하였다.

## 2) 수출 지원

미국의 농산물 수출지원 정책은 면화 등 농작물의 해외시장 개척과 수출 확대에 초점이 맞춰져 있다. 첫째, 수출신용보증 프로그램(Export Credit Guarantee Programs)이다. 미 농무부는 CCC를 통해 농작물을 대상으로 상업금융을 제공하는 수출신용보증 프로그램을 관리하고 있다. CCC는 2002년까지 보증기간에 따라 GSM-102(General Sales Manager 102)와 GSM-103(General Sales Manager 103)

---

22) PCP는 정부에 의해서 매일 공시되는데 쌀과 면화에 대한 국제가격도 매주 공시되었다.

〈표 1-7〉 미국의 수출신용보증 프로그램 현황

| 프로그램 | GSM-102 | GSM-103 | SCGP |
|---|---|---|---|
| 내 용 | 승인된 외국은행에 대한 미국 은행의 신용보증 | 승인된 외국은행에 대한 미국 은행의 신용보증 | 해외 고객에 대한 미국 수출업자의 단기 신용보증 |
| 기 간 | 3년 이내 | 3~10년 | 180일 이내 |
| 신용증권 | 미 달러화로 표기된 신용장 | 미 달러화로 표기된 신용장 | 수입업자의 약속어음 |
| 보증범위 | 원금과 이자의 98% | 원금과 이자의 98% | 원금과 이자의 65% |
| 적용대상 | 대부분의 미국 농산물 | 미국산 축산물과 유전자원 (특정국에 수출되는 곡물포함) | 대부분의 미국 농산물 |

자료: 미국 농무부(USDA).

프로그램에 의해 수출신용을 제공한 금융기관에 대한 상환보증 등 면화를 비롯한 농가에 직접 혜택이 돌아가는 지원을 하였다.

매 회계연도 보증한도액이 55억 달러로 설정되었으며, 프로그램 간에 신축적으로 배분하였다. 신용보증 대상은 미국산 원료가 중량기준 90% 이상인 고부가가치 농산물이다. 수출신용보증 프로그램은 미 농무부 산하 해외농업청(Foreign Agricultural Service: FAS)이 운영하는 수출지원 프로그램 중 가장 규모가 크다.

둘째는 해외시장 진출 확대 지원프로그램이다. 면화 등 농작물의 해외시장 진출 지원을 위한 시장접근 프로그램(Market Access Program: MAP)의 지급 상한은 1996~2002 회계연도 중 매년 9,000만 달러로, 농산물 관련 비영리단체, 지역 협회, 민간 기업들이 이 제도를 이용하였다. 해외시장개척 지원프로그램(Foreign Market Development Program: FMD)도 2002년까지 매년 2,750만 달러를 지급하였다.

또한 1996~2002 회계연도 중 신규시장 진출 지원프로그램(Emerging Markets Program)을 통해 CCC가 최소 10억 달러를 신용보증 지원하여 농산물의 물류 개선과 마케팅 강화, 저장, 수입 농산물의 유통시설 개선 등에 사용할 수 있도록 하였다.

수출보조금을 지원하는 경쟁국에 대응하기 위한 수출확대 프로그램(Export Enhancement Program: EEP)을 운영하였으며, 각 회계연도 별 EEP 한도가 정해져 있었다.[23] 농산물 수출보조금은 UR 협정에서 약속한 6년간 36%를 감축하되 수출

---

23) 각 연도별 지원한도는 1996년 3억 5천만 달러, 1997년 2억 5,000만 달러, 1998년 5억 달러, 1999년 5

촉진 프로그램은 1996년 농업법에 그 골격이 대부분 유지되었다.[24]

### 〈표 1-8〉 1996년 농업법에 의한 면화 지원프로그램[25]

| 구 분 | MAL rate(센트) | Support Payment rates(센트) | PFC contract acres enrolled | PFC contract payment yields |
|---|---|---|---|---|
| 1996/1997 | 51.92 | 8.882 | 16.2 | 610.0 |
| 1997/1998 | 51.92 | 7.625 | 16.2 | 608.0 |
| 1998/1999 | 51.92 | 8.173 | 16.4 | 604.0 |
| 1999/2000 | 51.92 | 7.880 | 16.4 | 604.0 |
| 2000/2001 | 51.92 | 7.330 | 16.3 | 604.8 |
| 2001/2002 | 51.92 | 5.990 | 16.2 | 605.3 |

자료: 미국 농무부(USDA).

### 〈표 1-9〉 면화에 대한 미국의 정부프로그램(2000년 기준)

| 프로그램 종류 | 내 용 | 지불액(억U$) |
|---|---|---|
| 생산유연화계약(PFC) | 7개년 프로그램('96-'02), 농민에게 에이커당 일정액 지불 | 6.16 |
| 시장손실보전(MLA) | 1999년부터 PFC 비율에 따라 농민에게 지급 | 6.13 |
| 마케팅지원대출(MAL) | 상품신용공사(CCC)에 대한 농민의 포피팅지원 | 25.47 |
| 융자부족지불(LDP) | 조정국제가격(AWP)이 MAL단가보다 낮을 때 지원 | 6.72 |
| Step-1 | MAL 디폴트를 막기 위해 AWP를 낮추는 것 | 없음 |
| Step-2 | 미국산 면을 소비하거나 수출하는 국내공장 및 수출자 지원 | 4.58 |
| Step-3 | 특별수입쿼터 적용(농무부) | 없음 |
| 창고료 및 이자 유예 | AWP가 대출단가보다 낮을 경우 CCC가 창고료 및 MAL이자 유예 | 2.03 |
| ELS경쟁력지지지원 | ELS면을 소비 또는 수출하는 국내공장 및 수출자 지원 | 0.0035 |
| 총 지원액 | | 36.34 |

자료: 미국 농무부(USDA FSA).

---

억 5,000만 달러, 2000년 5억 7,900만 달러로 증액하여 오다가 2001년과 2002년에는 각 4억 7,800만 달러로 약간 감소하였다.
24) 최정섭·권오상, 전게논문.
25) http://www.ers.usda.gov/Briefing/FarmPolicy/data.htm.

## 나. 2002년 농업법(2002 ~ 2007)

### 1) 국내 지원

2002년 농업법에 따른 국내 농업지원은 DP, CCP, 마케팅융자 등 3가지 정책 프로그램이 품목별 농가 소득지원의 핵심이다. 2002년 농업법(FSRI Act 2002)에 의해 처음 도입된 DP는 면화를 비롯해 밀, 옥수수, 보리, 대두, 땅콩 등 11개 정책대상품목에 대해 매년 일정금액을 지불하는 고정직불제도(직불금)로 유지되었지만, 지급 면적은 소폭 하향 조정되었다. 특히 LDP 제도하에서 생산자는 실질적으로 융자절차를 거치지 않고 융자단가와 시장가격의 차이만큼 보조를 받고 농산물을 시장에 판매할 수 있도록 하였다.[26] 2002년 농업법에서도 면화, 소맥, 옥수수, 보리 등 특정작물 생산농가는 매년 계약에 의해 경작면적에 따라 직불금 혜택을 받았다.

면화에 대한 직불단가는 파운드당 0.0667달러였다. 농장 소유주들은 자신의 기준면적 계산방식을 한 번만 선택할 수 있다. 만일 산정방법을 선택하지 않을 경우 직불금 프로그램의 기준면적은 2002년 PFC 면적과 동일하게 적용하였다.

CCP는 정책대상 품목의 유효가격이 목표가격에 미달한 경우 지급하는데 유효가격은, ① 유통연도의 전국 평균가격 또는 해당 품목의 융자단가 중 높은 가격과 ② 해당품목에 대한 직불단가를 합친 가격이다. 개별 농가에 대한 지급액은 '기준단가×기준면적×기준단수'에 의해 계산된다.

면화의 CCP 목표가격은 2002~2003년과 2004~2007년 모두 파운드당 0.724달러로 같다. 미 농무장관은 CCP 요건이 충족되면 해당 작물의 작물연도가 끝나는 즉시 시행하며, 수확된 해의 10월에 최고 35%까지 선급금을 지급할 수 있고, 익년 2월 1일 이후 최고 70%에서 선급금을 뺀 2차 지불액을 지급하였다.

### 2) 수출 지원

1996년 농업법과 같이 수출신용보증 프로그램과 신규시장 프로그램을 2007년까지 연장하였다. MAP는 유지하고, 지원금 상한은 2002 회계연도 1억 달러, 2003년

---

26) 임송수·이재옥·서진교·김상현, "WTO/DDA 농업협상 모델리티 평가와 국내 대응방향", 한국농촌경제연구원, 2003, pp. 105-110.

1억 1,000만 달러, 2004년 1억 2,500만 달러, 2005년 1억 4,000만 달러, 2006년
및 2007년 2억 달러로 매년 증액하였다. 주로 고부가가치 농산물의 신규시장 진출
을 지원하는 해외시장개척 프로그램(Foreign Market Development Program: FMD)의
경우 3,450만 달러 한도 내에서 CCC 자금을 사용하였다. EEP도 2007년까지 종전
수준을 연장하고 불공정 무역 관행에 대한 감시항목을 확대하였다.[27]

〈표 1-10〉 2002년 농업법에 의한 면화 지원프로그램[28]

|  | MAL Rate | Target Price | Income Support Payment rates | PFC contract Acres enrolled | DP/CCP yields |
|---|---|---|---|---|---|
| 2002/2003 | 52.00¢ | 72.40¢ | 6.67/13.73¢ | 18.9 | 604.3/638.9 |
| 2003/2004 | 52.00¢ | 72.40¢ | 6.67/13.73¢ | 18.8 | 604.7/639.3 |
| 2004/2005 | 52.00¢ | 72.40¢ | 6.67/13.73¢ | 18.7 | 601.4/636.1 |
| 2005/2006 | 52.00¢ | 72.40¢ | 6.67/13.73¢ | 18.5 | 600.1/635.0 |
| 2006/2007 | 52.00¢ | 72.40¢ | 6.67/13.73¢ | 18.4 | 598.9/633.9 |
| 2007/2008 | 52.00¢ | 72.40¢ | 6.67/6.43¢ | 18.3 | 598.3/633.5 |

자료: 미국 농무부(USDA).

## 다. 2008년 농업법(2007 ~ 2012)

### 1) 국내 지원

2008년 농업법은 주요 농작물 재배농가에 대한 소득지원정책인 DP, CCP, MAL
등 2002년 농업법의 3가지 프로그램 골격을 유지하였다. 2009년부터 가격기준 보상
방식인 CCP를 보완하기 위해 ACRE를 도입하여 농가소득 안정장치를 마련하였다.[29]

또한 기후변화, 지구 온난화 등으로 인한 농업재해 증가에 대비하여 5개 농업
재해지원 프로그램(Supplemental Agricultural Disaster Assistance: SADA)을 신설, 긴

---

27) 적시한 불공정한 무역관행은, ① 정상적 무역거래와 상거래 관행을 벗어난 국영기업의 무역거래, ② 미
국의 수출점유율을 잠식하거나 시장을 왜곡시키는 보조금, ③ 부당한 무역제한 또는 생물학적 기술 등
신기술을 저해하는 표시제도 등 요구, ④ 부당한 SPS 관련 요구, ⑤ 부당한 무역관련 기술장벽(TBT),
⑥ TRQ 운영상 미국농산물 수입을 불공평하게 제한하는 행위, ⑦ 미국과의 기존 무역협정을 준수하지
않는 행위 등이다.

28) http://www.ers.usda.gov/Briefing/FarmPolicy/data.htm.

29) WTO 협정문상 농업보조금 감축 면제가 가능한 허용보조금(Green Box)이나 DDA 농업협상에서 논의
중인 새로운 형태의 감축대상보조(Blue Box)화를 위한 것이다.

급 재해 발생 시 농가의 수입 손실을 신속히 보상해 주는 추가적인 수입지원직불제(Supplemental Revenue Assistance Payment)로 소득안전망을 확충하였다.[30]

그러나 대규모 상업농이나 취미농이 보조금 수혜를 받지 못하도록 2002년 농업법에서 연소득 250만 달러 이하이던 보조금 수혜 자격요건을 1인당 농외소득 50만 달러 초과 또는 1인당 농업소득 75만 달러 초과, 영농면적 10에이커 이하인 경우 대상에서 제외하였다. 직불금 수혜한도는 4만 달러, 파운드당 직불금은 0.0667달러로 2002년과 동일하나 중복 보조를 받지 못하도록 3경영체 규정(3-entity rule)[31]을 폐지하였다.

면화 등 직불 대상품목의 수혜 한도의 경우 2009년부터 2011년까지는 지불면적이 기준면적(base acres)의 83.3%로 종전의 85%보다 줄었으며, 농가 신청에 따라 2011년까지 직불금의 22%를 선급금으로 지불할 수 있게 하였다.

MAL 프로그램은 2002년 골격을 유지하되, 대상품목을 11개에서 20개 품목으로 확대하였다. 면화에 대한 마케팅융자 단가는 파운드당 0.52달러로 2002년 농업법과 같다. MAL은 수확기 농민들의 집중 출하를 방지하기 위해 농민이 농작물을 담보로 9개월간 정부가 정한 융자단가에 따라 상환의무면제 융자를 받는 제도이다.

가격에 연동하여 유효가격보다 목표가격이 낮을 때 그 차액을 보전해 주는 CCP 대상품목은 면화를 비롯해 대두, 밀, 쌀 등 15개 품목이다.[32] 면화 목표가격은 2002년 농업법에서 0.724달러였으나, 2008년 농업법은 0.7125달러로 하향 조정하고, 2009년부터 정책대상품목에 건조완두 등 4개 품목을 추가하였다.

2008년 농업법은 가격보전방식인 CCP 대신 목표수입과 실제수입의 차이를 보전해 주는 ACRE를 신설하여 2009년부터 시행하였다. 흉작으로 농가소득이 줄어도 가격 상승으로 인해 보조금을 못 받거나 풍작으로 소득이 늘어도 가격 하락에 따라 보조금을 받게 되는 문제점을 해소하기 위해 농가가 CCP와 ACRE 중 하나를 선택할 수 있게 하였다.

---

30) 임정빈·안동환·김규호, 전게논문.
31) 농업인이 별도의 법인을 구성하거나 다른 농업인과 공동 경작하는 경우 보조금 대상으로 경영체 3개까지 인정해 주는 것을 말한다.
32) 지불단가는 목표가격에서 유효가격을 뺀 값이다. 유효가격은 해당 품목의 12개월 전국 평균 시장가격(National Average Market Price: NAMP)과 전국 평균 마케팅지원 융자단가(marketing loan rate) 가운데 높은 금액에 직불금(DP)을 합한 가격이다.

〈표 1-11〉 2008년 농업법에 의한 면화 지원프로그램[33]                    (단위: ¢/lb, 에이커)

| | MAL Rate | Target price | Income Support Payment rates | ACRE Guarantee price | Acres enrolled | DP/CCP yields |
|---|---|---|---|---|---|---|
| 2008/2009 | 52.00¢ | 71.25¢ | 6.67/12.58¢ | | 17.8 | 595.2/630.6 |
| 2009/2010 | 52.00¢ | 71.25¢ | 6.67/――¢ | 54.00¢ | ―― | ――/―― |
| 2010/2011 | 52.00¢ | 71.25¢ | 6.67/――¢ | ―― | ―― | ――/―― |
| 2011/2012 | 52.00¢ | 71.25¢ | 6.67/――¢ | ―― | ―― | ――/―― |
| 2012/2013 | 52.00¢ | 71.25¢ | 6.67/――¢ | ―― | ―― | ――/―― |

자료: 미국 농무부(USDA).

## 2) 수출 지원

2008년 농업법은 2007년까지 시한을 연장한 중기(中期) 수출신용보증제도(GSM-103)와 공급자 신용보증 프로그램(Supplier Credit Gurantee Program: SCGP), EEP를 폐지하였다. 대신 해외 시장개척을 지원하기 위한 FMD 프로그램을 확대하고 국제 신용원조 예산을 증액하였다.[34] 톰 빌삭(Tom Vilsack) 농무부 장관은 2009년 11월 2일 "70여 개 무역협회는 2009년 회계연도에 미국 식품 및 농산물 수출촉진을 위해 2억 3,400만 달러 이상을 받을 것"이라 밝혔다.[35] 이 자금은 MAP와 FMD 프로그램에 따라 배분된다.

MAP는 비영리 농업무역협회, 주 단위 통상그룹, 협동조합과 협력하여 시장조사, 소비촉진, 기술전수, 해외 소비자 교육 등 해외시장 개발·촉진 활동을 위해 CCC 자금을 사용한다. CCC는 FMD 프로그램에 따라 비영리 농업무역협회와 파트너십을 구축해 전체 산업을 대표하거나 전국 규모의 단체에 우선적으로 자금을 공급한다.

NCC의 수출업무 담당기관인 CCI[36]는 2009년 MAP 및 FMD 프로그램에 따라 70여 개 단체(기관) 중 가장 많은 2,003만 1,257달러(10.02%), FMD 협력프로그램

---

33) http://www.ers.usda.gov/Briefing/FarmPolicy/data.htm.
34) 어명근, "미국 2008년 농업법의 주요 내용과 의미", 「KREI농정연구속보」 제51권, 2008, pp. 1-32.
35) Agricultutal Secretary Tom Vilsack Announces $234 Million to Promote U.S. Food and Agricultural Exports(www.usda.gov).
36) Cotton Council International로 Cotton USA라고도 한다.

에 따라 418만 7,329달러(12.14%)를 배정받아 최대 규모의 수혜를 받았다.

## 4. 주요 농업법안에 대한 의원별 투표행태와 특징

산업계나 이익단체 등의 로비 활동은 입법화하거나 입법 추진 중인 법안에 대한 찬성 또는 반대의 형태로 표출된다. 이해관계가 얽힌 법안에 대한 의원들의 투표 형태는 정치적 이념, 가치관과 철학, 지역구 유권자들의 성향, 출신구의 이해관계[37] 등과 로비 활동의 결과가 어떤 형태로든 반영될 가능성이 높다.

미국의 경우 입법안, 수정안, 결의안 등 연간 1만여 건의 법안이 의회에서 처리되어 법안 전체를 검토하는 것이 현실적으로 어렵기 때문에 주요 농업법을 중심으로 의원들의 투표행태를 살펴보자. 농업계가 농업법 제·개정 등과 관련해 주요 하원 의원들[38]에게 제공한 정치자금 기부현황과 기부 전(前)과 후(後)의 의원들의 투표 행태를 비교함으로써 로비와의 연관성을 살펴볼 수 있기 때문이다.

출신 주 및 선거구별 유권자들의 특성이 법안 투표에 어떻게 반영되었는지, 소속 상임위원회와의 연관성이 있는지도 비교 검토할 대상이다.[39] 또한 투표 당시 대통령의 소속정당과 의회 다수당, 의회와 대통령의 관계, 민주·공화 양당 간의 관계 ─ 우호적인지 또는 대결적인지 ─도 고려해야 할 부분이다.[40]

예를 들어 거의 동일 사안에 종전과 다른 투표성향을 보였다면 그것이 로비 활동의 결과인지 당론투표 등 이념적 대결의 결과물인지, 다른 이유 때문인지 검토하고 해당 법안과 대통령 선거 등 주요 선거와 연관성이 있는지[41]도 검토대상이다.

---

37) 의원들은 법안에 대한 가부를 투표할 때 당의 의견보다는 출신 지역구민들의 여론에 더 많은 영향을 받는 것이 일반적이다. 재선을 위해 유권자인 선거구민의 의사를 반영할 수밖에 없기 때문이다.

38) 특히 하원의원들의 투표성향을 보고자 하는 것은 상원의원과 달리 하원의원의 경우 임기가 2년으로 짧아 다음 선거를 위한 자금조달이 필요해 로비영향을 상대적으로 많이 받을 수 있고, 법안의 통과여부도 의원 개개인의 투표성향에 많이 좌우되는 경향이 있다. 그러나 상원의원은 누구나 필리버스터를 통해 지도부에 거의 준하는 영향력을 행사할 수 있는 점을 반영하였다.

39) PAC 기부에 있어 중요한 요인 중 하나는 유권자들의 성향이다. 출신지역구 유권자들의 선호도는 의원의 위원회 선택과 다양한 특수이해관계에 부합하는 투표성향을 보일 가능성이 높다(Denzau & Munger, 1986; Grier & Munger, 1991, 1993).

40) 자유무역주의나 보호무역주의에 대한 미국의 민주당과 공화당의 성향이 대통령의 당적 변화, 정당의 지리적 기반 변화, 지역별 수입민감성의 변화 등에 따라 변화하여 왔다. 김민전, "美 민주·공화 양당의 통상정책 변화와 그 원인 연구", 「한국정치학회보」, 제29집 1호, 1995.

41) 대통령 선거가 있는 해에는 미국 내 업계의 지원 요구가 드세어지고, 대통령이나 의원들은 업계나 지역 주민의 지지를 얻기 위해 이들의 요구를 받아들일 수밖에 없다.

그러나 의원들의 투표 행태가 모두 로비와 직접적인 상관관계가 있다고 보기 어렵고, 이를 입증한 실증연구도 찾기 어렵다. 하지만 미국 정치 특성상 농업계의 로비 활동과 의원들의 투표행위 간에 유의미한 상관성을 보일 가능성이 높다.

노동 PAC 등의 경우 특정 위원회와의 매칭이 불분명[42]한 반면, 농민집단을 대표하는 PAC인 경우 농업위원회와 세출위원회 농업소위원회 등과 직접적으로 연결되기 때문이다. 미국의 전통산업인 섬유, 의류, 철강, 자동차 산업은 정치적인 영향력이 강하고, 우호적인 의원들을 많이 확보하고 있는 경우가 많다.[43]

일반적으로 PAC이 기부대상 의원 선정 시 당선 횟수(seniority, 選數)를 중요시하며, 일단 관계를 맺은 의원들과는 소속 위원회를 옮기더라도 오랫동안 관계를 유지 발전시키는 경향이 있다.[44]

Romer & Snyder(1994)의 PAC 기부에 대한 동태적 실증분석 연구에 의하면 협동조합 PAC(cooperatives PAC)을 비롯한 농업 PAC[45]과 농업위원회는 매우 밀접한 상관관계가 있으며, 위원회 내 역할뿐만 아니라 특정위원회의 경험과 전문성, 선수 등을 중요시한다는 것이다. 기업(corporate) 및 협회(trade associations) PAC과 의회 위원회 간에는 강력한 연관성이 존재하며, 기업 PAC은 하원 세입위원회나 에너지·통상위원회를 중시한다. 반면, 노동 PAC은 직접적인 관련성을 갖는 위원회를 찾기 어려워 특정위원회보다 여러 위원회 내 리더들을 중시하는 경향을 보였다.[46]

---

42) 노동 PAC의 경우 특정 상임위원회와 매칭이 어려운 대표적인 경우이다. 이 때문에 Gopoian(1984)은 노동 PAC과 위원회 매칭을 위해 저명한 의회학자 5명의 자문을 받아서 분석을 하였고, Munger(1989)와 Grier & Munger(1991)는 의회 디렉토리(Congressional Directory)와 하원규칙 등을 참고하였으나 주관적 판단이 들어갈 수밖에 없었다. Gopoian, J. David., "What Makes PACs Tick? An Analysis of the Allocation Patterns of Economic Interest Groups", *American Journal of Political Science* 28: 259－81, 1984; Grier, Kevin B., and Michael C. Munger, "Committee Assignments, Constituent Preferences, and Campaign Contributions to House Incumbents", *Economic Inquiry* 29: 1991, pp. 24－43.

43) 김홍률, 전게논문, p. 59.

44) Grenzke(1989. 12)는 의원들이 특정 PAC에 우호적인 입장을 가지도록 바꾸는데 최소한 8년 이상의 기부가 필요하며, Snyder(1992)는 장기적인 관계는 대다수 PAC에 매우 중요하다는 PAC의 기부형태를 발견하였다; 자세한 사항은 Grenzke, Janet M., "PACs and the Congressional Supermarket: The Currency Is Complex", *American Journal of Political Science* 34: 1989, pp. 2－24; Snyder, James M., "Long－Term Investigating in Politicians, or Give Early, Give Often", *Journal of Law and Economics* 35: 1992, pp. 5－44.

45) 농업 PAC은 농산물, 축산물, 농업서비스, 식품 및 가공제품, 담배제조 등을 포함한다.

46) Romer, Thomas, and James M. Snyder, Jr., "An Empirical Investigation of the Dynamics of PAC Contributions", *American Journal of Political Science* Vol. 38, No. 3(Aug, 1994), pp. 745－769.

**〈표 1-12〉 농업부문의 연간 로비자금 지출액 추이**  (단위: 천 U$)

| 연 도 | 총 규모 | 산업전체 | PAC | 소프트머니 | 민주당 | 공화당 | 민주(%) | 공화(%) |
|---|---|---|---|---|---|---|---|---|
| 2008 | 64,975 | 39,719 | 25,256 | N/A | 24,724 | 40,136 | 38 | 62 |
| 2006 | 44,645 | 22,634 | 22,011 | N/A | 13,877 | 30,548 | 31 | 68 |
| 2004 | 53,090 | 34,055 | 19,035 | N/A | 15,124 | 37,877 | 28 | 71 |
| 2002 | 53,990 | 17,427 | 17,543 | 19,021 | 14,246 | 39,695 | 26 | 74 |

자료: Center for Responsive Politics.

미국 농업계가 대통령 선거 및 중간 선거 기간 중 지출하는 로비자금은 연간 4,500만 달러에서 6,500만 달러에 이른다(<표 1-12> 참조). 직접 선거자금을 지원하지 않지만 호·불호(好不好)를 충분히 짐작할 수 있는 광고 등의 방법으로 선거에 영향을 미치는 소프트머니까지 포함하면 연간 5억 달러가 넘을 것으로 추산된다.[47]

정당별로는 1996년 이후 공화당에 지불한 로비자금 비중이 전체의 70% 이상으로 민주당보다 압도적으로 많았으나, 2006년 중간 선거를 기점으로 공화당은 감소하고 민주당은 증가하는 추세이다. 지난 2002년 대선 때 공화당에 대한 로비자금 지출비율이 74%였으나 2006년 68%, 2010년 53%로 매년 감소하고 있다.

미국 농업은 전략적인 수출산업이지만 부시 행정부 이후 공화당 정부가 수출시장 확보 등을 위해 FTAA, WTO DDA 농업협상, FTA 등 적극적인 시장개방 정책을 추진함에 따라 미국 농업계는 시장개방에 비우호적인 민주당에 과거보다 많은 로비자금을 제공한 것이다.

이러한 추세는 산업계, 노동계 및 이익집단들이 지지하는 정치인을 위한 자금 모금과 정치자금 기부를 위해 만든 PAC의 기부 비율에서도 비슷한 양상을 보인다. 농업부문 선거기부액이 2002년 1,652만 3,000달러였으나 2008년 2,297만 3,000달러로 증가하고, 농업 PAC 숫자도 77개에서 87개로 많아졌다(<표 1-13> 참조).

정당별 기부 비율도 공화당에서 민주당으로 옮겨가고 있다. 2002년 민주당 후보자에 대한 농업 PAC 기부비율이 2008년 대통령선거 때는 무려 45%로 급증하였다.

---

47) 1988년 약 4,200개 PAC이 선거 때 1억 3,200만 달러를 주로 현직 의원들에게 기부하였으나, 10년 후인 1998년에는 PAC 숫자가 약 4,600개로 증가한 데다 지원금액도 모금액 5억 300만 달러 가운데 약 4억 7,100만 달러를 기부한 것으로 나타났다. http://www.answers.com/topic/political-action-committee 참조.

〈표 1-13〉 연방후보자에 대한 농업(Agribusiness) PAC 기부현황 (단위: 천 U$)

| 구 분 | 2002 | 2004 | 2006 | 2008 |
|---|---|---|---|---|
| 기부 총액 | 16,523 | 17,150 | 19,952 | 22,973 |
| 민주당 의원 | 5,192 (31%) | 5,457 (32%) | 6,628 (33%) | 10,445 (45%) |
| 공화당 의원 | 11,324 (69%) | 11,690 (68%) | 13,257 (66%) | 12,522 (55%) |
| 기부 PAC수 | 77 | 80 | 88 | 87 |

자료: Center for Responsive Politics.

반면 과거 주요 로비 대상이던 공화당에 대한 기부 비율은 2002년 69%에서 2008년에는 55%로 하락, 민주당 대 공화당 비율이 4.5대 5.5로 좁혀졌다. 2008년 대통령 선거에서 버락 오바마 민주당 대통령 후보가 유력한 차기 대통령으로 부상하면서 집권당이 될 민주당으로 로비 자금이 몰린 측면도 있으나, FTA나 DDA 등 시장개방에 반대하는 민주당 정책기조가 자신들의 이익과 부합했기 때문으로 분석된다.

### 가. 2002년 기부 전 · 후

2002년 주요 농업법안에 대한 기부 수혜 상위 20명 의원들의 투표 현황은 다음과 같다. 농업계 선거자금을 받은 상위 20명의 의원 모두 기부받기 전에 상정된 2002년 농업법(H.R. 2330)과 기부를 받은 이후 발의된 종합세출법안(Omnibus Appropriation Bill: H.J.Res.73)에 대해 모두 찬성하였기 때문에 의원별 투표성향 차이를 알기 어렵다. 각 의원들이 소속 상임위원회나 출신지, 정당에 관계없이 모두 찬성표를 던졌기 때문이다.

2002년 농업법은 텍사스 출신 공화당 헨리 보닐라(Henry Bonnila) 의원의 단독 발의로 2001년 6월 27일 하원 세출위원회에 상정되어 2001년 7월 11일 하원 전체 회의에 찬성 414표, 반대 16표, 기권 3표로 통과되었다. 상원에서도 2001년 10월 25일 찬성 91표, 반대 5표, 기권 4표의 압도적인 지지로 통과되어 2001년 11월 28일 발효(P.L. No. 107-76)되었다.

H.J.Res.73은 2003년 10월 20일 공화당 빌 영(Bill Young) 의원이 단독 발의한 결의안으로, 2003년 10월 21일 하원에서 수정 없이 찬성 397표, 반대 19표, 기권

18표로  통과되었다.  이  결의안은  2004년  농업법(Agricultural,  Rural  Development, Food and Drug Administration, and Related Agencies Appropriations Act 2004)을 비롯해 주요 부처 세출법안 등 6개 법안의 발효를 골자로 하고 있다.

〈표 1-14〉 2002년 농업부문의 상위 20위 기부대상 하원(House) 의원

| 순위 | 의원 이름<br>(출마자) | 2002년<br>기부금액(U$) | 전<br>H.R. 2330[1] | 후<br>H.J.Res.73[2] | 비고 |
|---|---|---|---|---|---|
| 1 | Chambliss, Saxby(R-GA) | 666,102 | Y | — | |
| 2 | Stenholm, Charles W(D-TX) | 429,477 | Y | Y | |
| 3 | Bonilla, Henry(R-TX) | 337,264 | Y | Y | |
| 4 | Berry, Marion(D-AR) | 298,519 | Y | Y | |
| 5 | Combest, Larry(R-TX) | 291,420 | Y | — | |
| 6 | Thune, John(R-SD) | 273,459 | Y | — | |
| 7 | Pombo, Richard W(R-CA) | 258,383 | Y | Y | |
| 8 | Graham, Lindsey(R-SC) | 227,965 | Y | — | |
| 9 | Latham, Tom(R-IA) | 204,214 | Y | Y | |
| 10 | Dooley, Cal(D-CA) | 201,867 | Y | Y | |
| 11 | Kennedy, Mark(R-MN) | 200,363 | Y | Y | |
| 12 | Pickering, Charles Jr(R-MS) | 195,345 | Y | Y | |
| 13 | Hayes, Robin(R-NC) | 181,704 | Y | Y | |
| 14 | Graves, Sam(R-MO) | 176,200 | Y | Y | |
| 15 | Boyd, Allen(D-FL) | 164,866 | Y | Y | |
| 16 | Nussle, Jim(R-IA) | 156,594 | Y | Y | |
| 17 | Etheridge, Bob(D-NC) | 152,300 | Y | Y | |
| 18 | Walden, Greg(R-OR) | 151,560 | Y | Y | |
| 19 | Emerson, Jo Ann(R-MO) | 150,703 | Y | Y | |
| 20 | Blunt, Roy(R-MO) | 147,801 | Y | Y | |

주: 1) Agriculture, Rural Development, Food and Drug Administration, and Related Agencies Appropriations Act, 2002.
　2) Omnibus Appropriation bill.
자료: Center for Responsive Politics 등 자료조사 취합.

## 나. 2004년 기부 전·후

2005년 농업법(H.R. 4766)[48]은 헨리 보닐라 의원이 단독 발의한 것으로, 2004년 7월 7일 하원 세출위원회 상정 후 상임위 검토를 거쳐 13일 하원 전체회의에서 찬성 389표, 반대 31표, 기권 13표로 통과되었다. 이 법안은 2005년 농무부를 중심으로 한 예산 등 주로 농업 관련 프로그램에 대한 세출예산이다.

이전 년도인 2003년 H.J.Res.73 결의안에 찬성한 의원 가운데 공화당의 리차드 버 의원이 반대표를, 같은 공화당 의원인 조니 이삭슨 의원과 데이빗 비터 의원이 기권했을 뿐, 나머지 의원들은 모두 이 법안에 찬성하였다. 동 법안은 찬성률이 89.4%로 전폭적인 지지를 받았다. H.R. 4766에 반대 또는 기권한 3명의 의원은 상원으로 옮겨 투표하지 못했다.

기부 상위 20명의 하원 의원 중 2004년 농업법에 반대했거나 기권한 의원은 모두 공화당이다. 이전 농업법안에 찬성했던 의원이 선거기부를 받은 이후에도 반대하거나 기권한 것은 2004년 대통령선거 공약과 관련이 있을 것으로 분석된다. 당시 공화당은 DDA 협상 등에서의 외국의 비난과 예산 부담이 과도한 농업보조금 문제 해소를 위해 각종 정부보조금 감축을 골자로 한 농업개혁을 주장하였다.

2006년 농업법(H.R. 2744)도 2005년 6월 3일 텍사스 출신 공화당의 헨리 보닐라 의원이 단독 발의한 후 145건의 수정안이 제시되는 등 활발한 논의를 거쳐 2005년 6월 8일 하원, 9월 22일 상원을 통과하였다. 하원에서 찬성 408표, 반대 18표, 기권 7표로 통과된 동 법안은 2005년 11월 10일 발효(Public Law No. 109-97)[49]되었다.

---

48) Agriculture Department and Rural Development FY 2005 Appropriations Bill이라고도 한다.
49) 동 법안은 ① Agriculture Department FY 2006 Appropriations bill, ② Appropriations bill FY 2006, Agriculture, ③ Agriculture, Rural Development, Food and Drug Administration, and Related Agencies Appropriations Act, 2006 등으로도 불린다.

〈표 1-15〉 2004년 농업부문의 상위 20위 기부대상 하원(House) 의원

| 순위 | 의원 이름<br>(출마자) | 2004년<br>기부금액(U$) | 전<br>H.J.<br>Res.73 | 후 | |
|---|---|---|---|---|---|
| | | | | H.R.<br>4766[1] | H.R.<br>2744[2] |
| 1 | Stenholm, Charles W(D−TX) | 689,829 | Y | Y | − |
| 2 | Burr, Richard(R−NC) | 557,809 | Y | N | − |
| 3 | Bonilla, Henry(R−TX) | 455,516 | Y | Y | Y |
| 4 | Nunes, Devin Gerald(R−CA) | 364,839 | Y | Y | Y |
| 5 | Goodlatte, Bob(R−VA) | 347,656 | Y | Y | Y |
| 6 | Nethercutt, George R Jr(R−WA) | 338,076 | Y | Y | − |
| 7 | DeMint, James W(R−SC) | 293,018 | Y | Y | − |
| 8 | Hastert, Dennis(R−IL) | 268,641 | − | − | − |
| 9 | Boyd, Allen(D−FL) | 257,226 | Y | Y | Y |
| 10 | Isakson, Johnny(R−GA) | 254,274 | Y | 기권 | − |
| 11 | Walden, Greg(R−OR) | 241,055 | Y | Y | Y |
| 12 | Berry, Marion(D−AR) | 227,450 | Y | Y | Y |
| 13 | John, Chris(D−LA) | 208,137 | Y | Y | − |
| 14 | Neugebauer, Randy(R−TX) | 203,653 | Y | Y | Y |
| 15 | Vitter, David(R−LA) | 200,315 | 기권 | 기권 | − |
| 16 | Burns, Max(R−GA) | 191,338 | Y | Y | − |
| 17 | Pombo, Richard W(R−CA) | 185,858 | Y | Y | Y |
| 18 | Pearce, Steve(R−NM) | 181,383 | Y | Y | Y |
| 19 | Hayes, Robin(R−NC) | 180,738 | Y | Y | Y |
| 20 | Cardoza, Dennis(D−CA) | 176,965 | Y | Y | Y |

주: 1) Agriculture, Rural Development, Food and Drug Administration, and Related Agencies Appropriations Act, 2005.
　　2) Agriculture, Rural Development, Food and Drug Administration, and Related Agencies Appropriations Act, 2006(P.L. 109−97).
자료: Center for Responsive Politics 등 자료조사 종합.

## 다. 2006년 기부 전·후

2008년 농업 관련 세출법안(H.R. 3161)은 코네티컷 출신 민주당 의원인 로사 드 로로(Rosa DeLauro)가 2007년 7월 24일 단독 발의한 것으로, 하원 세출위원회를 거쳐 2007년 8월 2일 제110기 하원 총회에서 찬성 237표, 반대 18표, 기권 178표로 어렵게 통과되었으나 상원에서 부결되었다.

H.R. 3161은 부시 행정부가 요청한 균형예산 책정 요구를 무시하고 오히려 세출예산을 과다하게 증액함으로써 행정부와 알력을 빚었던 법안이다. 부시 행정부는 2006년 중간 선거를 통해 민주당이 다수당이 된 의회에 2007년보다 600억 달러가 늘어난 9,330억 달러의 2008년 예산 승인을 요청하였으나, 행정부의 요청보다 오히려 220억 달러를 증액 예산을 편성하려 했기 때문이다.[50] 이 때문에 상위 20명의 고액 기부 대상 의원 중 민주당 의원들은 H.R. 3161 법안에 전원 찬성했으나 대다수 공화당 소속 의원들은 반대도 찬성도 아닌 기권을 하는 투표행태를 보였다.

2006년 농업계 기부 상위 20명 의원 중 찬성표를 던진 공화당 의원은 노스캐롤라이나 주 출신인 하이에스, 캔자스 주 출신인 모란 의원 2명뿐이다. 민주당이 의회 다수당이 되기 전인 2006년 상반기에 표결에 부쳐진 H.R. 2744 법안에 전원 찬성했던 의원 대다수가 기권한 것은 이념이나 정책노선, 유권자들의 이해관계 변화 등에 따른 것보다 당시 정치적 요인 때문으로 해석된다. 왜냐하면 이러한 투표 경향은 이후에도 비슷한 투표 성향을 보여주기 때문이다.

일례로 2007년 5월 22일 미네소타 주 출신 민주당 콜린 피터슨(Collin Peterson) 하원 의원이 농업법 연장법안(Farm Bill Extension Act of 2007)을 처음 발의하였으나 'Farm, Nutrition, and Bioenergy Act of 2007'로 개칭, 같은 해 7월 27일 하원에서 찬성 231표, 반대 191표, 기권 10표로 통과되었고, 이후 상원에서 발의된 법안과 통합하여 단일화된 2007년 농업법(Food, Conservation, and Energy Act of 2008, H.R. 2419)[51]의 경우 하이에스를 제외한 공화당 의원 전원이 반대하였다. 상당한

---

50) Executive Office of the President Office of Management and Budget, "Statement of Administration Policy: H.R. 3161 - Agriculture, Rural Development, Food and Drug Administration, and Related Agencies Appropriations Act, 2008"(2007.7.31.), http://www.whitehouse.gov/omb/legislative/sap/110 - 1/hr3161sap - h.pdf 참조.

선거자금을 받았지만 H.R. 3161에 기권했던 공화당 의원들이 모두 반대한 것이다.

〈표 1-16〉 2006년 농업부문의 상위 20위 기부대상 하원(House) 의원

| 순위 | 의원 이름 (출마자) | 2006년 기부금액(U$) | 전 | | 후 | |
|---|---|---|---|---|---|---|
| | | | H.R. 4766 | H.R. 2744 | H.R. 3161[1] | H.R. 2419[2] |
| 1 | Pombo, Richard W(R-CA) | 693,384 | Y | Y | - | - |
| 2 | Bonilla, Henry(R-TX) | 673,873 | Y | Y | - | - |
| 3 | Nunes, Devin Gerald(R-CA) | 440,814 | Y | Y | 기권 | N |
| 4 | Peterson, Collin C(D-MN) | 388,186 | Y | Y | Y | Y |
| 5 | Goodlatte, Bob(R-VA) | 378,170 | Y | Y | 기권 | N |
| 6 | Kennedy, Mark(R-MN) | 342,759 | Y | Y | - | - |
| 7 | Cardoza, Dennis(D-CA) | 247,446 | Y | Y | Y | Y |
| 8 | Hayes, Robin(R-NC) | 242,441 | Y | Y | Y | Y |
| 9 | Boehner, John(R-OH) | 238,876 | Y | Y | 기권 | N |
| 10 | Costa, Jim(D-CA) | 237,741 | - | Y | Y | Y |
| 11 | Moran, Jerry(R-KS) | 235,569 | Y | Y | Y | N |
| 12 | Berry, Marion(D-AR) | 232,666 | Y | Y | Y | Y |
| 13 | Radanovich, George(R-CA) | 230,412 | Y | Y | 기권 | N |
| 14 | Gutknecht, Gil(R-MN) | 224,917 | 기권 | Y | - | - |
| 15 | Hastert, Dennis(R-IL) | 208,488 | - | - | 기권 | - |
| 16 | Melancon, Charles(D-LA) | 207,250 | - | Y | Y | Y |
| 17 | Putnam, Adam H(R-FL) | 186,500 | Y | Y | 기권 | N |
| 18 | Walden, Greg(R-OR) | 182,972 | Y | Y | 기권 | N |
| 19 | Neugebauer, Randy(R-TX) | 177,700 | Y | Y | 기권 | N |
| 20 | Latham, Tom(R-IA) | 172,550 | Y | Y | 기권 | N |

주: 1) Agriculture, Rural Development, Food and Drug Administration, and Related Agencies Appropriations Act, 2008.
  2) Farm, Nutrition, and Bioenergy Act(P.L. 110-234).
자료: Center for Responsive Politics 등 자료조사 종합.

---

51) 동 법안은 ① Agricultural Security Improvement Act of 2008, ② CFTC Reauthorization Act of 2008, ③ Haitian Hemispheric Opportunity through Partnership Encouragement Act of 2008, ④ Heartland, Habitat, Harvest, and Horticulture Act of 2008, ⑤ HOPE II Act, ⑥ Housing Assistance Council Authorization Act of 2008, ⑦ Small Business Disaster Response and Loan Improvements Act of 2008 등으로 불리는 종합법안이다.

동 법안은 2012년까지 5년간 안전한 식품공급, 농지보전, 농촌 보호 및 활성화, 신재생 에너지 개발 등 2,860억 달러의 농업부문 자금지원을 골자로 한 중요 법안임에도, 정치적 이해관계에 따라 민주당 의원은 전원 찬성, 공화당 의원은 대부분 반대하였다. 캘리포니아, 텍사스, 노스캐롤라이나 등 전통적인 농업 지역 출신의원들은 유권자들의 이해관계보다 정치적, 이념적인 이유로 반대표를 던졌다고 볼 수 있다.

이전에 축산업에 종사해 2006년 농업계로부터 가장 많은 69만 3,384달러를 받았던 캘리포니아 주 출신 폼보 의원,[52] 텍사스 출신으로 농업관련 입법안을 많이 낸 보닐라 의원, 미네소타 주 출신인 케네디 의원과 굿트네흐트 의원은 2006년 선거에서 낙선해 H.R. 2419 법안 투표에 참여하지 못했다. 1999년부터 2007년까지 최장수 하원의장을 지냈던 해스터트 의원도 동 법안에 대한 투표에 참여하지 못했다.

### 라. 2008년 기부 전·후

2008년 농업계 기부금을 많이 받은 의원들의 H.R. 2419 법안 투표 성향을 보면 민주당 의원 전원이 찬성하여 2006년 이후 친 농업적인 투표성향을 보인데 비해 공화당 의원들은 기권 또는 반대표를 던진 비율이 여전히 높았다. 그러나 공화당 의원 가운데 뉴멕시코 출신 스티브 피어스, 노스캐롤라이나 출신 로빈 하이예스, 버지니아 출신 밥 굿라테 의원 등은 찬성표를 던져 같은 당에서도 다른 투표 성향을 보였다. 이는 'H.R. 3161'과 'H.R. 2419' 법안의 경우 민주·공화 양당 간에 현격히 양분되는 경향을 보였으나, 'H.R. 6124' 법안에는 이러한 양상이 완화되는 모습을 보였다.

선거구 유권자들이 민주당 성향이 강하고 노스캐롤라이나 주에서 양말 공장을 운영하는 등 친농업 정서를 가진 하이예스 의원(공화)의 경우 대부분의 농업 관련 법안에 찬성표를 던졌다. 2003년부터 2007년까지 농업위원회 위원장을 맡았던 굿라테 의원과 농가 출신으로 농업위원회 등에 소속된 적이 있는 퍼트남 의원의 투

---

52) 캘리포니아 출신 공화당 하원의원, 1993년부터 2007년까지 의원으로 활동하며 보수적인 투표성향을 보였다.

표 성향도 개인적인 출신 배경과 관련이 있는 것으로 보인다.

　H.R. 2997 법안의 경우 기부 상위 20명 의원 중 찬성 9명, 반대 8명이었고, 공화당 의원 중 찬성표를 던진 의원은 퍼트남 의원이 유일했다. 공화당 피어스 의원과 하이예스 의원과 민주당 팀 마호니 의원은 2008년 선거 낙선으로 투표하지 못했다.

　정당별로는 공화당이 보조금 감축 등 농업부문의 개혁을 지지한 반면, 민주당은 전통적인 농업보조금 지급과 같은 보호주의적인 투표 성향을 보였다. H.R. 3161 법안 이후 농업 관련 다섯 차례의 투표에서 캘리포니아 출신의 넌즈 의원, 오하이오 주 출신의 존 뵈이너, 텍사스 주 출신의 론 폴 의원은 모두 반대표를 던졌다. 2008년 농업계가 기부한 상위 20명 중 공화당 11명, 민주당 9명으로 공화당이 4명 줄었다.

　H.R. 2419 법안은 2007년 7월 27일 통과 당시 제외되었던 무역편(trade title)을 추가하여 상·하원 단일 법안인 'H.R. 6124'로 2008년 5월 22일 하원, 6월 5일 상원에서 각각 통과되었으나, 부시 대통령이 거부권을 행사함에 따라 양원 재투표에서 2/3 찬성으로 2008년 6월 18일 발효(Public Law No: 110-246)되었다.[53]

　H.R. 6124 법안(Food, Conservation, and Energy Act of 2008)[54]은 하원 1차 투표에서 찬성 306표, 반대 110표, 기권 19표로 통과되었고, 대통령의 거부권 행사로 6월 18일 2차 투표에서도 찬성 317표, 반대 109표, 기권 8표로 재가결되었다.[55] 민주당이 행정부와 의회를 장악한 이후인 2009년 6월 23일 민주당 드로로 의원이 발의한 H.R. 2997 법안은 7월 9일 하원에서 찬성 266표, 반대 160표, 기권 6표, 8월 4일 상원에서 찬성 80표, 반대 17표, 기권 3표로 통과되었다. 양원의 통합 조정을 거친 법안은 2009년 10월 21일 발효(Public Law No: 111-80)되었다.[56]

---

53) http://clerk.house.gov/evs/2007/roll756.xml.
54) 'Agricultural Security Improvement Act of 2008'이라고도 한다.
55) 상원에서는 2008년 6월 18일 2차 투표에서 찬성 80표, 반대 14표, 기권 6표로 통과되었다. 그러나 H.R. 2419(P.L. 110-234) 법안은 수정법안인 H.R. 6124 법안의 발효로 폐기되었다.
56) 이 법안은 상원에서도 찬성 76표, 반대 22표, 기권 2표로 통과되었다.

〈표 1-17〉 2008년 농업부문의 상위 20위 기부대상 하원(House) 의원

| 순위 | 의원 이름<br>(출마자) | 2008년<br>기부금액<br>(U$) | 전<br>H.R.<br>3161 | 당해년도<br>H.R.<br>6124[1]<br>(1차) | 당해년도<br>H.R.<br>6124[1]<br>(2차) | 후<br>H.R.<br>2997[2]<br>(1차) | 후<br>H.R.<br>2997[2]<br>(2차) |
|---|---|---|---|---|---|---|---|
| 1 | Peterson, Collin C(D-MN) | 543,334 | Y | Y | Y | Y | Y |
| 2 | Nunes, Devin Gerald(R-CA) | 363,831 | 기권 | N | N | N | N |
| 3 | Pearce, Steve(R-NM) | 353,132 | 기권 | Y | Y | - | - |
| 4 | Etheridge, Bob(D-NC) | 340,342 | Y | Y | Y | Y | Y |
| 5 | Moran, Jerry(R-KS) | 326,722 | Y | N | N | N | N |
| 6 | Costa, Jim(D-CA) | 320,814 | Y | Y | Y | Y | Y |
| 7 | Hayes, Robin(R-NC) | 317,089 | Y | Y | Y | - | - |
| 8 | Goodlatte, Bob(R-VA) | 310,699 | 기권 | Y | Y | N | N |
| 9 | Putnam, Adam H(R-FL) | 303,250 | 기권 | Y | Y | Y | Y |
| 10 | Cardoza, Dennis(D-CA) | 296,570 | Y | Y | Y | Y | Y |
| 11 | Berry, Marion(D-AR) | 282,693 | Y | Y | Y | Y | Y |
| 12 | Graves, Sam(R-MO) | 254,733 | 기권 | Y | Y | N | N |
| 13 | Latham, Tom(R-IA) | 240,989 | 기권 | Y | Y | N | N |
| 14 | Boehner, John(R-OH) | 236,000 | 기권 | N | N | N | N |
| 15 | Mahoney, Tim(D-FL) | 224,723 | Y | Y | Y | - | - |
| 16 | Paul, Ron(R-TX) | 210,884 | N | 기권 | N | N | N |
| 17 | Walden, Greg(R-OR) | 209,252 | 기권 | 기권 | Y | N | N |
| 18 | Boyd, Allen(D-FL) | 205,916 | Y | Y | Y | Y | Y |
| 19 | Salazar, John(D-CO) | 199,960 | Y | Y | Y | Y | Y |
| 20 | DeLauro, Rosa L(D-CT) | 185,750 | Y | Y | Y | Y | Y |

주: 1) Food, Conservation, and Energy Act of 2008.
　　2) Agriculture, Rural Development, Food and Drug Administration, and Related Agencies Appropriations Act, 2010.
자료: Center for Responsive Politics 등 자료조사 종합.

　　하지만 대통령 선거가 있던 2008년 전체로 보면 공화당 대선 후보였던 존 매케인 상원 의원이 가장 많은 328만 9,774달러의 정치자금을 받았다. 민주당 대선 후보였던 오바마 상원 의원은 225만 5,558달러로 2위, 상원 농업위원회 랭킹멤버인 챔블리스 의원은 146만 달러 등으로 대부분 대통령 후보이거나 상원 의원이었다

(<표 1-18> 참조).

기부 상위 20명 의원에 속한 4명의 하원 의원은 모두 친농업계 인사들로서, 농업계가 대선 주자나 의회 유력인사들에게 선거자금을 기부한 것은 특정 법안의 통과나 저지보다 정책 전반에 포괄적인 영향력을 행사하기 위한 것으로 분석된다.

〈표 1-18〉 2008년도 농업부분(Agribusiness) 기부 상위 20위 후보자 명단[57]

| 순위 | 후보자(Candidate) | 소속 | 기부금액(U$) |
|---|---|---|---|
| 1 | McCain, John(R) | 상원 | 3,289,774 |
| 2 | Obama, Barack(D) | 상원 | 2,265,558 |
| 3 | Chambliss, Saxby(R-GA)[58] | 상원 | 1,460,020 |
| 4 | Clinton, Hillary(D-NY) | 상원 | 917,558 |
| 5 | McConnell, Mitch(R-KY) | 상원 | 811,962 |
| 6 | Romney, Mitt(R) | 대선후보 | 784,200 |
| 7 | Coleman, Norm(R-MN) | 상원 | 738,123 |
| 8 | Giuliani, Rudolph W(R) | 대선후보 | 719,169 |
| 9 | Harkin, Tom(D-IA) | 상원 | 553,029 |
| 10 | Peterson, Collin C(D-MN) | 하원 | 543,334 |
| 11 | Roberts, Pat(R-KS) | 상원 | 539,192 |
| 12 | Cornyn, John(R-TX) | 상원 | 531,331 |
| 13 | Baucus, Max(D-MT) | 상원 | 467,040 |
| 14 | Johanns, Michael O(R-NE) | 대선후보 | 462,049 |
| 15 | Smith, Gordon H(R-OR) | 상원 | 454,425 |
| 16 | Richardson, Bill(D) | 대선후보 | 393,313 |
| 17 | Dole, Elizabeth(R-NC) | 상원 | 378,522 |
| 18 | Nunes, Devin Gerald(R-CA) | 하원 | 363,831 |
| 19 | Pearce, Steve(R-NM) | 하원 | 353,132 |
| 20 | Etheridge, Bob(D-NC) | 하원 | 340,342 |

자료: Center for Responsive Politics.

---

57) http://www.opensecrets.org/industries/recips.php?cycle=2008&ind=A.
58) 뉴트 깅그리치(Newt Gingrich)와 함께 조지아 주를 대표하는 보수계 인물로, 1995년부터 2003년까지 하원 의원으로 활동하다 2003년 상원 의원에 당선되어 2008부터 두 번째 임기를 맞고 있다. 현재 상원 농업위원회(Committee on Agriculture, Nutrition, and Forestry) 랭킹멤버로써 농업계 이익을 대변하는 대표적인 인물로 꼽힌다.

미국의 면화산업 로비 사례와 특징

## 1. 미국 면화산업 로비의 역사적 고찰

면화는 가장 오랜 전통을 가진 산업이다. 1789년 미 의회는 섬유산업 로비에 따라 처음으로 국내산 면화 생산자와 의류 제조업체 보호를 위해 높은 관세장벽을 친 이후 면화산업 보호는 정책 기조가 되었다. 미국 면화산업은 보호주의자들에게 '우는 아이'(crying baby)로서 정책결정 시 최우선 고려사항이었다. 미 의회가 1789년 7월 4일 처음으로 면화, 가죽, 옷, 장갑, 모자 등 수입에 관세장벽 설치에 관한 입법을 하였고, 1816년에는 뉴잉글랜드 면화 로비에 따라 관세스케줄을 상향 조정하였다.[59]

당시 면화제품과 양모제품에 대한 관세는 1930년 스무트－홀리 관세법(Smoot-Hawley Tariff Act of 1930, P.L. 71-361)에 따라 각각 46%, 60%에 달했다. 자국 농업 보호에 초점을 맞춘 농산물 무역정책은 건국 이후 농업 지원정책의 중요한 요소였으며, 농산물 수출 지원 역시 중요한 위치를 차지하였다.

미국 농업의 역사는 이처럼 식민지 시대까지 거슬러 올라가지만, 구체적인 농업 프로그램이 시행된 것은 비교적 최근이다. 1932년 심각한 불황 속에서 대통령에 당선된 루스벨트는 1933년 3월부터 6월 16일까지의 특별의회를 소집하여 '100일 의회'라고 불리는 특별회기 동안 불황대책의 일환으로 중요 법안들을 입법화하였고, 미국의 농산물에 대한 지원 프로그램도 만들었다.

1933년에는 농업조정법(AAA)을 제정, 1949년에는 AAA와 더불어 이후 미국 농업 지원 프로그램의 근간인 농업법(Agricultural Act 1949)이 제정되었다.[60] 미 행정부는 이후 도입된 각종 농산물 지원프로그램 예산으로 비축, 부족불 지불, 수출보조금, 휴경지 지정 등에 지출하였다.

미국의 면화산업 로비는 보호 입법과 정부 지원 확대와 함께 대외 통상활동에

---

59) Greg Rushford, "The World's Oldest Infant Industry", 2003.(www.rushfordreport.com 참조)
60) 이 법은 1954, 1956, 1958, 1961, 1964, 1970년에 같은 농업법(Agricultural Act)으로 개정되었고, 이후에는 명칭이 바뀌었으나 기본골격은 대부분 유지되고 있다.

도 영향력을 행사하였다. 1955년 아이젠하워 정권의 덜레스 국무장관은 당시 나세르 이집트 수상이 이스라엘과의 평화협정을 돕도록 하기 위해 아스완댐(Aswan High Dam) 건설자금을 지원할 계획이었으나 미국 남부의 주요 면화지대 출신 상원의원들의 반대로 무산되었다. 이 댐으로 인해 이집트의 면화 생산이 늘어나 미국과의 면화 수출경쟁을 격화시킬 수 있다며 이 계획을 철회하도록 만들었다.[61] 또한 미 의회는 1956년 아이젠하워 대통령을 압박해 섬유의류 수입을 제한하였다.

1960년대 미국이 자국 섬유산업의 보호를 위해 주요 타깃으로 한 국가는 일본이었다. 존 F. 케네디 대통령은 일본 섬유제품의 수입을 억제하기 위해 1961년 1년짜리 단기 면화협정[62]을 체결하였다. 1968년 닉슨 대통령 후보자는 섬유산업 지도자들에게 "당선되면 섬유의류 수입을 제한하겠다"는 약속의 대가로 남부 핵심주들로부터 상당한 선거자금을 받았다는 사실이 닉슨 핵심참모들의 메모를 통해 밝혀졌다.[63]

또한 1970년 7월 9일 백악관에서 가진 핵심참모와 의회 지도자들과의 사적 미팅에서 의회 핵심지도자 중 한 명인 윌버 밀스(Wilbur Mills) 하원 세입위원회 위원장은 '섬유산업이 피해를 보고 있기 때문에 보호가 필요하다'는 취지의 발언을 했다고 당시 국가안보위원회(NSC) 보좌관이던 프레드 버그스텐(Fred Bergsten)[64]이 회의록에서 밝혀 그 당시도 섬유산업은 정치적인 문제였던 것으로 드러났다.

또한 1974년 닉슨 대통령 때 발효된 다자간섬유협정(Multi-fiber Arrangement: MFA)[65] 쿼터는 4차례나 연장되었다. 1985년 미국 섬유의류산업 로비스트들은 "보

---

61) 이 사건은 당시 나세르 수상을 격노하게 만들어 소련이 중동지역에서 서방의 독점적인 무기판매 판도를 깰 수 있는 계기가 되었을 뿐만 아니라 중요한 파워 국가로 등장하는 계기가 되었다. 최근 조시 W. 부시 대통령이 외교 전략의 일환으로 파키스탄에 섬유 및 의류 쿼터를 늘리려다가 미 의회 'Textile Caucus'의 반대로 무산되기도 하였다. Greg Rushford, "The World's Oldest Infant Industry", 2003.

62) 이후에 장기면화협정(Long-Term Cotton Agreement)으로 전환되었다.

63) 의회관계 로비스트인 윌리엄 티몬스(William Timons)와 공화당 정치전문가인 해리 덴트(Harry Dent)의 1970년 6월 4일 메모 내용이다. The Rushford Report, "Trade history as Déjà vu", 2003. 2.

64) 현재 피터슨국제경제연구소(PIIE) 소장으로 1969~1971년간 국가안보위원회(NSC)에서 헨리 키신저 전 국무장관의 국제경제문제 보좌관으로 근무하였다.

65) 1974년 GATT에서 합의된 다국 간 또는 다자간협정으로, 섬유교역의 발전과 수출입시장에서의 질서 확립을 목적으로 한다. 이 협정은 두 국가 간의 협정을 포함한 기존의 모든 제한을 철폐하는 대신 섬유수입에 의해 시장이 교란될 경우 관계 수출국과 협의하여 세이프가드(긴급수입제한) 조치를 발동할 수 있도록 하였다. 이 협정은 그 후 여러 차례 수정과 연장을 하였으며, 가입국은 이 협정의 목적과 원칙에 합치되는 2국 간 협정을 자유로이 체결할 수 있도록 하였다.

호받지 못하면 전체 섬유산업과 400만 명의 일자리는 더 이상 존재하지 않을 것" 이라고 경고하였다. 이에 따라 레이건 행정부는 이듬해 모든 섬유의류 제품을 포함한 MFA 연장 협상을 벌인 데 이어 중국, 홍콩, 대만, 한국 등 미국시장에 수출하는 주요 개발도상국들과 수입제한적인 양자 간 협정을 체결하도록 하였다.[66)]

레이건 행정부는 1985~1989년 기간 중 전체 섬유의류 수입의 3/4 이상을 차지하는 400여 개 품목군의 수입을 쿼터로 제한할 것을 요구하였다. 1960년대부터 1980년대까지 미국의 섬유의류 수입규제 대상국이던 일본을 비롯해 홍콩, 한국, 싱가포르는 이후 기술발전을 통해 수출품목을 고급화하였지만, 미국의 주요 면화 생산 주들은 여전히 보호 혜택을 기대하고 있었다. 미국은 거의 80%에 가까운 섬유 의류 품목을 MFA가 종료된 2004년 12월 31일까지 30년 이상 쿼터로 보호하였다.

미국이 현재도 쿼터뿐만 아니라 개발도상국의 의류에 대한 고율 관세를 유지하는 것은 개발도상국들의 발전 기회를 박탈하는 것이라는 비난을 받고 있다. 서아프리카 등 최빈개도국들은 "미국의 수입규제로 인한 경제침체와 파국적인 영향 때문에 희망이 없어지고 있다"고 비난하지만 보호주의적 섬유정책을 유지하고 있다. 이것은 미국 국내적으로도 비용 요인이다. 미국무역위원회(U.S. International Trade Commission: USITC)에 따르면 미국의 섬유의류 보호비용은 연간 130억 달러에 달한다.[67)] 이 비용은 소득 대부분을 의류 구입에 지출하는 가난한 미국인들로부터 조달하고 있다.

조지 W. 부시 행정부는 2001년 말 테러와의 전쟁에서 중요한 동맹국인 파키스탄을 지원하기 위해 파키스탄산 섬유의류 수입품의 관세를 대폭 인하할 계획이었다. 그러나 미국 섬유업계와 의회 내 지지 세력들은 "파키스탄 저가상품 수입으로 인한 경쟁 심화로 미국 내 고용을 위협할 수 있다"며 그 계획을 좌절시켰다.

섬유로비 덕분에 해고 노동자들도 상대적으로 특혜를 받고 있다. 2001년 이후 해고된 260만 명의 제조업 실직자들은 대부분 무역조정지원(Trade Adjustment Assistance)을 못 받고 있지만, 해고된 섬유 근로자들은 혜택을 받고 있다.[68)]

---

66) Greg Rushford, ibid.
67) Daniel J. Ikenson, "Risky Textiles Policies", The Washington Times, Nov. 16, 2003. 자세한 내용은 http://www.cato.org/pub_display.php?pub_id=3313 참조.
68) Daniel J. Ikenson, ibid.

## 2. 미국 면화산업의 로비조직 현황

미국의 면화업계는 어느 산업보다 막강한 로비력을 가진 것으로 평가된다. 오랜 전통을 가진 다양한 로비단체가 활동하고 있을 뿐만 아니라 이해관계가 다른 생산, 가공, 유통, 제조 및 유관업계가 하나의 정치조직으로 통합 로비를 하기 때문이다.

주요 면화 생산지인 노스캐롤라이나, 사우스캐롤라이나, 캘리포니아, 텍사스, 조지아 등 17개 주 면화업계는 행정부 및 의회를 대상으로 강력한 로비를 하고 있으며, 이들의 이익을 대변하는 상·하원 의원 등 정치인들이 포진하고 있다. 특히 이 지역 출신 가운데 유력 정치인들이 많아 이들을 중심으로 면화 수출을 확대하고 수입을 억제하는 정책들이 입안되고 있다. 대부분의 산업계는 통상정책의 결정과정에서 매우 조직적으로 영향력을 행사하기 위해 다양한 협회를 조직하고 있다.[69]

미국 섬유업계는 제2차 세계대전 이후 세계 교역의 자유화에도 불구하고 여전히 높은 관세 등을 통해 보호를 받아왔다. 1974년부터 2004년까지는 MFA를 통해 섬유 및 의류제품이 쿼터보호를 받았고, 1994년 북미자유무역협정(North American Free Trade Agreement: NAFTA) 발효 후에도 원사기준 적용으로 보호를 받고 있다.

이 같은 보호가 가능했던 이유는 미국 면화 산업과 노동자의 입장을 대변해 줄 정치인과 지도자들이 있었기 때문이다. 1966년 사우스캐롤라이나 상원 의원으로 당선되어 2005년 퇴임 때까지 사우스캐롤라이나 섬유 산업의 강력한 지지자가 되어 준 어니스트 홀링스(Ernest Hollings)[70]와 사우스캐롤라이나 출신으로 미 섬유 산

---

69) 일반적으로 생산자그룹(협회 등)은 소비자그룹보다 잘 조직화되어 있고, 정치적 영향력도 강하다. 현재 미국에 업종 또는 직종을 대표하는 약 7,800개 이상의 협회가 있으며, 대부분 의회 및 행정부 로비를 위해 워싱턴 D.C.에 사무실을 두고 직접 로비를 하거나 로비스트, 홍보회사 또는 변호사 등을 통해 직·간접인 로비활동을 하고 있다. National Trade and Professional Associations Directory에 따르면 2009년 말 현재 7,800개 이상 협회 및 단체(trade and Professional Organizations)가 있으며, 활동 인원만 20,363명에 달한다(https://www.columbiabooks.com/ProductDetail/the−20−0−5/National_Trade_and_Professional_Associations_Directory).

70) 1922년 사우스캐롤라이나 출생으로 주 하원의원, 주지사 등을 거쳐 1966년부터 2005년까지 39년간 사우스캐롤라이나를 대표하는 상원의원으로 활동하였다. 최장수 상원의원 중 한 명으로 같은 주 출신인 공화당의 스몬드(James Strom Thurmond) 상원의원과 함께 2003년까지 36년간 사우스캐롤라이나의 이익을 위해 활발한 입법 활동을 벌였다. 그는 도쿄라운드(Tokyo Round)와 1980년대 우루과이라운드 협상에서 섬유를 예외로 하는 법안을 비롯해 섬유업계의 권익 보호에 앞장섰기 때문에 1995년 10월 월

업계를 대표하는 로저 밀리켄(Roger Milliken)[71] 등이 대표적인 인물들이다.

밀리켄은 1996년 대통령선거 기간 중 패트릭 부캐넌(Patrick J. Buchanan) 후보의 산업고문 3명 중 한 명이었으며, 2000년 대통령 선거에서 개혁당(Reform Party) 후보였던 부캐넌의 선거자금 상당부분을 모금하였다. 그는 지난 10년 동안 보수적인 정치인들과 Sharp Pencil PAC, Bob Barr Leadership Fund, Peace Through Strength PAC, Fund for America's Future, Freedom's Defense Fund 등 PAC에 수십만 달러의 정치자금을 기부하였다. 2008년 대통령선거 때는 캘리포니아 출신 하원 의원으로, 불법 이민을 반대하고 경제적 보호주의를 지지했던 대통령 예비후보 던칸 헌터(Duncan Hunter)[72] 의원을 도왔다.

하지만 로비 활동의 성과는 막강한 로비 조직에 의해 뒷받침되었다. 면화를 비롯해 미 섬유산업의 이익을 대변하며 행정부 및 의회를 대상으로 정책 건의와 조직적 로비 활동을 벌여 온 대표적인 이익집단들은 다음과 같다.

첫째, 미국섬유연합(American Textile Alliance: ATA)이다. 일찍부터 활동을 시작한 ATA는 섬유산업에 영향을 미치는 법규, 이슈 등에 대한 회원들의 이해증진과 상호협력 기회 제공 등이 설립 목적이다. ATA는 공동이익 제고 및 발전을 위해 통일된 목소리를 내었다. 알라배마섬유제조업협회(Alabama Textile Manufacturers Association), 미국면화하주협회(American Cotton Shippers Association: ACSA), 미국섬유제조업협회(American Fiber Manufacturers Association: AFMA), 미국양모산업협회(American Sheep Industry Association), 미국섬유기계협회(American Textile Machinery Association: ATMA), 미국섬유제조연구소(American Textile Manufacturers Institute: ATMI), 니트의류협회(Knitted Textile Association), 노스캐롤라이나섬유제조업협회(North Carolina Textile Manufacturers Association), 북부섬유협회(Northern Textile

---

스트리트저널은 그를 텍사스를 대표하는 상원이라고 말할 정도였다.
71) 1915년생으로 조부로부터 섬유회사를 물려받아 제품 혁신과 개발, 탁월한 고색서비스를 통해 세계 최대의 섬유회사인 Milliken & Co로 키웠다. 그는 사우스캐롤라이나에 거주하며 노동조합화에 강력히 반대하며 수년 동안 공화당에 수백만 불을 기부하는 등 다양한 정치활동을 벌였으며, 2000년 명예의 전당에 올랐다. 그는 수년 동안 공화당에 수백만 불을 기부하였으나, 자유무역정책을 추진한 공화당 의원들과 뜻이 맞지 않아 미국 노동자들을 보호하기 위해 조합에 가입하였으며, 1990년대에는 미국의 자부심("Made with Pride in the USA")이란 프로그램을 시작하였다.
72) 캘리포니아 출신 하원의원으로 108기 및 109기 하원 군사위원회 위원장을 역임하였고, 2008년도 대통령 예비후보로 나섰으나 지명을 받지 못했다.

Association: NTA), 사우스캐롤라이나제조연합(South Carolina Manufacturers Alliance), 섬유유통업협회(Textile Distributors Association, Inc.) 등이 회원사이다. 2000년 칼 스필하우스(Karl Spilhaus)에 이어 2002년 6월 전미면화협회(NCC)의 게이론 부커 (Gaylon B. Booker)가 ATA 회장으로 선출된 것은 면화업계와의 밀접한 관계를 말해준다. ATA는 적어도 2006년 3월까지의 활동기록이 있지만, 2009년 현재 활동을 중단한 상태이다.

둘째, ATMI로, 1949년 설립되어 활동하다가 2004년 해체되었다. 미국 섬유산업을 대표하는 전국 규모의 업종단체였던 ATMI는 미국면화제조업협회(American Cotton Manufacturers Association), 면화섬유연구소(Cotton Textile Institute) 등과 인수합병에 의해 탄생하였다. 1958년 전국섬유연합(National Federation of Textiles)이 ATMI를 흡수 합병하여 인조섬유와 실크의류 산업까지 포괄하였고, 1965년 의류직물마감재협회(Association of Finishers of Textile Fabrics), 1971년 전국양모제조업협회(National Association of Wool Manufacturers), 1989년 실연구소(Thread Institute)까지 통합하였다. 2004년 4월 12일자 Southern Textile News는 2004년 3월 이사회를 해체한 것으로 보도하였다.[73]

셋째, 미국방적협회(American Yarn Spinners Association: AYSA)로, 현재는 전국섬유단체연합(National Council of Textile Organizations: NCTO)의 일부가 되었다. AYSA는 100여 개 이상의 원사 가공업체로 구성된 전국적인 단체이다.

넷째, 미국 면화업계를 대표하는 전미면화협회(NCC)[74]이다. NCC는 면화 농민들이 자신의 면화 수요관리 방법의 일환으로 1938년 설립하였다. NCC는 면화와 면화 관련제품 소비를 촉진하고 생산업자, 방적업자, 창고업자, 유통업자, 면화씨(면실) 파쇄업자 등 면화 관련업계의 권익을 대변한다. 회원 단체는 각자의 이익 보호를 위해 결정에 대한 거부권을 가지며, 모든 결정은 2/3 찬성으로 통과된다. NCC는 원면, 면실, 면제품 등 미국의 면화산업이 국내외에서 효과적으로 수익을 창출할 수 있는 경쟁력을 갖추도록 하는 것이 목표이다.

NCC는 광고, 권익보호, 판촉, 입법, 법률문제, 조사연구 등 6개 산하 프로그램

---

73) http://www.nationaltextile.org/library/stn-atmi.htm.
74) www.cotton.org.

위원회(program committees)의 권고에 따라 매년 정책을 결정한다. 각 프로그램위원회 권고사항은 최종위원회 기능을 하는 35명으로 구성된 NCC 이사회에서 다듬어지고 승인되지만, 연차총회에서 대표자들의 투표로 확정된다. NCC는 세계경제 성장과 합성섬유 개발을 계기로 업계 최초로 단일품목에 특화된 조직이다.

다섯째, 면화를 포함한 미국 섬유업계를 대변하는 막강한 로비조직인 전국섬유 단체연합(NCTO)[75]이 있다. NCTO는 2004년 전 ATMI 회원들에 의해 설립되었으며, AYSA와 통합되었다. NCTO는 섬유, 직물, 공급, 원면 산업 이사회를 대표하는 4개 협의회로 구성되어 있으며, 섬유산업 관련 협회나 단체의 결집된 영향력을 활용하는 로비단체이다. NCTO는 면화 업체 및 단체를 포괄한다.

카스 존슨(Cass Johnson) NCTO 회장은 한ㆍ미 FTA와 관련해 2007년 6월 20일 USITC 청문회에서 "한ㆍ미 FTA는 인조섬유사, 직물, 니트직물, 양말, 스웨터, 셔츠, 바지 등 국내 산업에 실질적인 위협이고, 미국과 CAFTA(Central American Free Trade Agreement),[76] NAFTA 및 안데안(ANDEAN)[77] 지역과의 사업 및 통상교류에 심각한 피해를 줄 것"이라며 반대하였다. 또한 "중국에서 생산된 제품의 우회수출이나 불법 환적을 막기 위해 철저한 '원사기준'의 적용과 집행이 필요하며, 개성공단을 통한 역외가공제품의 수입을 허용해서는 안 된다"고 주장하였다.

그는 2008년 10월 24일 당시 오바마 대통령후보에게 이에 대한 입장을 묻는 질의 서한을 보내 FTA에서 원사기준을 지지하며, 미 국방부가 미국산 섬유만을 조달해야 한다는 베리 수정안(Berry Amendment)에 대한 지지 답변을 이끌어냈다.[78]

여섯째, 미국섬유협회(National Textile Association: NTA)[79]가 있다. 1854년에 설

---

75) www.ncto.org.

76) 미국과 중미공동시장(Central American Common Market: CACM) 5개국 간에 체결된 자유무역협정 (Dominican Republic—Central America Free Trade Agreement: CAFTA—DR)으로 2003년 1월 협상이 개시되어 2006년 3월 엘살바도르, 4월 니카라과와 온두라스, 5월 과테말라, 2007년 3월 도미니카공화국, 2009년 1월 코스타리카가 마지막으로 발효되었다.

77) 1969년 카르타헤나협정(Cartagena Agreement)과 1996년 안데안조약(Andean Pact)에 의해 시작된 경제블록으로, 칠레와 베네수엘라의 탈퇴로 현재 회원국은 볼리비아, 콜롬비아, 에콰도르, 페루 등 4개국이다.

78) 2008년 10월 24일자로 카스 존슨 회장 앞으로 보낸 회신에서 버락 오바마 후보는 미국산 수출품에 대한 해외시장 개방, 자유무역협정에서의 노동 및 환경표준 적용, 강력한 무역구제 시행, 중국의 통화조작 중단 등과 함께 원사기준과 베리 수정안에 대한 찬성 입장을 밝혔다.

79) www.nationaltextile.org.

〈표 1-19〉 미국 NCTO 회원 현황

| | |
|---|---|
| Alice Mfg. Company, Inc. | Leigh Fibers, Inc. |
| Allenberg Cotton Company | Lummus Corporation |
| American Cotton Shippers Assn. | McMurray Fabrics, Inc. |
| American Fiber Manufacturers Assn. | Michael S. Becker, Inc. |
| American Monforts | Mount Vernon Mills, Inc. |
| American Suessen Corporation | Murata Machinery USA, Inc. |
| American Truetzschler | Nan Ya Plastics Corp. America |
| Atkins Machinery, Inc | National Spinning Co., Inc. |
| Bedford Weaving, Inc. | Oerlikon Textile Inc. |
| Buckeye Technologies Inc. | Parkdale Mills, Inc. |
| Buhler Quality Yarns Corp. | Patrick Yarn Mills, Inc. |
| CALCOT | Pharr Yarns |
| Cargill Cotton | Plains Cotton Coop. Assoc. |
| CIT Commercial Services | Poole Company |
| Conitex Sonoco | Radicispandex Corporation |
| Consolidated Fibers | Rieter Inc. |
| Copland Industries, Inc. | RSM Company |
| Crystal Springs Print Works, Inc. | Schneider Mills |
| DAK Americas, LLC | Shuford Yarns LLC |
| Denim North America | Springs Global US, Inc. |
| Duke Energy | Staple Cotton Cooperative Assn. |
| Dunavant Enterprises, Inc. | Sunbury Textile Mills, Inc. |
| DuPont Protection Technologies | Swift Spinning |
| Duro Textile | Symtech USA |
| FC Stone/Globecot | T J Beall Company, Inc. |
| Frontier Spinning Mills | Tex－Mach, Inc. |
| Georgia Power Co. | Tintoria Piana U.S., Inc. |
| Glen Raven, Inc. | Tuscarora Yarns |
| Greenwood Mills, Inc. | Unifi, Inc. |
| GTP Greenville, Inc. | Van De Wiele－Iro, Inc. |
| Hanesbrands Inc. | Wachovia Corporation |
| Inman Mills | Wade Manufacturing Co. |
| INVISTA | Weil Brothers Cotton, Inc. |
| ITEMA America, Inc. | Wellstone Mills |
| KENTWOOL | Zagis USA, LLC |
| Kurt Salmon Associates | |

자료: NCTO 홈페이지(www.ncto.org).

립된 NTA는 미국 내 방적, 편물, 염색, 인쇄 및 최종가공업체들로 구성된 최고 최대의 단체이다. 매사추세츠 주 면직물협회로 출발했으나 남북전쟁을 계기로 1865년 뉴잉글랜드 면화제조업협회(New England Cotton Manufacturers' Association)로 재출범하였다. 초기 북부공장조직이었으나 남부 주들도 참여시켜 1906년 면화제조업협회(National Association of Cotton Manufacturers: NACM)로 변경하였다.

NACM은 설립 100주년인 1953년에 북부섬유협회(NTA)를 설립, 1956년까지 합동 총회를 개최하다 1991년 10월 30일 공식명칭을 NTA로 바꾸고, 회원도 섬유생산 관련 모든 업체로 확대하였다. NTA는 1990년대까지 양모제조업협의회(Wool Manufacturers Council), 펠트제조업협의회(Felt Manufacturers Council) 등 산하에 각종 협의회 및 업종단체를 두었다. 1966년 니트의류협회(KTA)가 뉴욕에서 창립되어 미국 내 니트 제조업자들의 최대 단체로 성장하였고, 2002년 북부섬유협회와 합병하여 미국섬유 협회(NTA)로 개칭하였다. 합병 당시 미국은 캐나다, 멕시코 등 4개국과 FTA를 체결하였지만 섬유 의류는 MFA에 의해 쿼터보호를 받았다. NTA는 2005년 수개월 간의 노력 끝에 국방부가 조달하는 섬유의류 제품 원산지를 미국산으로 제한하는 이른바 "베리 수정안"(Berry Amendment)[80] 통과를 위해 정부섬유위원회를 발족시켰다.

또한 1933년 설립된 ATMA와 2005년 9월 회원자격을 공유하기로 합의함으로써 활동 영역을 더욱 확대하였다. NTA는 2006년 미국의 15개국과 9개의 FTA 체결 및 추가 협상 진행, 섬유의류 쿼터 폐지 등 국제 통상환경의 변화에 대응하여 로비단체 역할뿐만 아니라, 회원서비스, 상품판매 촉진, 대 정부 역할을 강화하였다.

끝으로, 직접적인 로비활동을 하기보다 간접적으로 면화업계의 이익을 위해 활동하는 Cotton Incorporated[81]가 있다. 1970년 3만 개 이상의 미국 면화 재배업자, 수입업자 및 면제품 생산자들에 의해 설립된 민간단체로, 면화 바구미 및 합성 섬유와 경쟁하며 연구개발, 마케팅, 기술자문, TV광고 등 활동을 하고 있다. 이사회는 면화가 생산되는 각 주 생산업자 대표로 구성되며, 농무부(USDA)가 감독한다. 연간 매출액은 7,800만 달러 정도로 Celanese, DuPont, International Cotton Marketing 등과 경쟁하지만, 미국 전체 소매시장의 약 60%를 점유하고 있다.

1960년 NCC의 계열사인 면화생산자연구소(Cotton Producers Institute of the National Cotton Council: CPI)로 처음 설립되었으나, 자금 부족과 마케팅 역량 부족

---

80) The Berry Amendment(USC, Title 10, Section 2533a)는 미국 국방부(DOD)가 특히 식품, 의류, 직물, 특수금속 등 국방물자 조달 시 국내에서 제조, 생산되거나 국내에서 수확한 물품을 우대하도록 하고 있다. 미 의회는 전시 기간 중 국내 산업기반 보호를 위해 1941년 제5차 국방부 세출 보충법안(1941 Fifth Supplemental DOD Appropriations Act)의 일부로서 국내자원으로 제한하는 규정을 통과시켰다.
81) http://www.cottoninc.com.

등으로 NCC로부터 분리 독립하여 1971년부터 'Cotton Incorporated'란 명칭을 사용하였다. Cotton Inc.는 고객인 생산업자 — 면제 의류 및 제품 바이어, 공장 및 제조업자 포함 — 를 설득해 합성섬유 대신 혼합섬유로 의류를 제조하도록 하고, 패션과 시장조사를 실시하여 1960년대 후반 1970년대 초반에 어린이와 10대들인 베이비부머에 초점을 맞춘 면화제품 소비 확대전략을 추진하였다.

## 3. 미국 면화산업의 정치조직화와 로비활동 사례

### 가. NCC의 조직화과 로비활동 사례

NCC는 면화를 생산하는 17개 주의 면화 관련 7개 산업부문 관련업계가 수직적으로 통합된 단일 조직이다. NCC는 34만 명의 면화산업 종사자를 비롯해 기계류, 화학약품, 연료, 금융 등 유관산업 수백만 명의 이익을 대변하며, 면화 관련 모든 업계의 공동이익을 위해 하나로 조직화(United for Profits)한 것이다. NCC 운영자금은 대표들이 승인한 자금 조달계획에 따라 7개 부분에서 베일 또는 톤당 얼마씩 자발적 기부를 받고 있다.

NCC는 기술지도 및 연구, 면화 관련 국내외 경제분석 및 전망, IT 기술지원 및 사이트(www.cotton.org) 운영, 정보제공 및 홍보, 회원관리, 회의 및 여행지원, 통상진흥과 수출금융(CCI), 혁신적인 연구개발 촉진과 교육프로그램 지원(Cotton Foundation) 등 다양한 회원 서비스를 제공하고 있다.[82]

NCC는 ACP(American Cotton Producers), CCI 외에도 전국 17개 주 970개 방직공장을 대표하는 전국면방직협회(National Cotton Ginners Association), 300개 이상 면화 생산자들의 국제 판매조직인 Amcot, 미국면화하주협회(ACSA), Cotton Inc., 세계 면화산업 발전 정부자문기구인 국제면화자문위원회(International Cotton Advisory Committee: ICAC) 등 30여 개 단체, 기관, 연구소 등과 연계되어 있다.

NCC는 결속력 있는 의사결정, 두터운 인적 네트워크를 활용한 로비로 막강한 영향력을 행사하고 있다.[83] 일례로 NCC는 2002년 1월 농무부에 2002 수확재해지

---

82) http://www.cotton.org/about/benefits.cfm.

83) Helpman(1995)에 의하면 특정부문 소유권의 집중화 정도는 보호비율에 직접적인 영향을 미친다. 집중화 정도가 높을수록 더 높은 보호를 받게 된다. Helpman, Elhanan., "Politics and Trade Policy",

원 프로그램(2002 Crop Disaster Assistance Program)의 즉각적인 시행을 요구, 3월 16일부터 긴급지원 패키지자금에서 550만 달러를 집행하도록 하였다. 또한 당시 하원 농업위원회 콤베스트(Larry Combest)[84] 위원장과 상원 루거(Richard Lugar) 위원장에게 압력을 넣어 2000년 수준 이상의 지원 예산을 확보하도록 요구하였다.

NCC는 심지어 하원 세출위원회에 예산책정 우선순위를 제시하는 동시에 상·하 양원 예산위원회, 세출위원회 등에 연간 120억 달러의 예산 증액 배정을 요구하는 회장 명의의 서한을 보내 2001 회계연도에 55억 달러, 2002 회계연도에 73억 5천만 달러, 2003~2011 회계연도에 661억 5천만 달러의 추가 예산을 확보하였다.[85]

제임스 에철스(James Echols) NCC 회장과 로버트 맥렌던(Robert McLendon) NCC 집행위원장 등 지도부는 농업법 개정을 위한 청문회 등에도 적극 참여하여 입법 활동에 영향을 미쳤다. 2002년 9월 하원 면화지대 출신 의원들에게 농업관련 법안인 H.R. 2646[86]을 지지해야 할 논거 자료와 지지 요청 서한을 보냈으며, 실제 하원에서 10년간 면화산업을 우선 지원하고 주요 지원 프로그램이 보전 쪽으로 전환되지 않도록 하는 등 1,700억 달러 지원을 골자로 한 동 법안을 통과시켰다.

이를 위해 하원에서 면화지대 출신인 래리 콤베스트 농업위원장을 비롯해 찰스 스텐홈(Charles Stenholm),[87] 삭스비 챔블리스(Saxby Chambliss),[88] 리차드 폼보, 테리 에버렛(Terry Everett),[89] 프랭크 루카스(Frank Lucas),[90] 칼 둘리(Cal Dooley)[91] 의원 등이 활동하였다.

상원에서도 NCC가 요구한 우선순위를 반영한 관련 법안들이 통과되었다. 면화

---

*NBER Working Paper* 5309, Oct. 1995; Gawande, Kishore., And Pravin Krishna, "Lobbying Competition over US Trade Policy", National Bureau of Economic Research, May 2005.

84) 텍사스 출신 공화당 하원의원으로 하원 정보위원장(1995~1997)과, 농업위원장(1999~2003)을 거쳤다.
85) http://www.cotton.org.
86) Farm Security and Rural Investment Act of 2002.
87) 텍사스 출신 민주당 하원의원으로 민주당 내 가장 보수적인 Blue Dog 연합에 속해있다. 1979년부터 2005년까지 13선을 하였으며, 수년간 직접 면화농장을 경영하였다.
88) 조지아 주 출신 공화당 의원, 1995년부터 2003년까지 하원의원을 하다가 2003년부터 상원의원에 당선되어 110기 의회 농업위원회 랭킹멤버를 맡고 있다.
89) 앨라배마 출신으로 하원 내 가장 보수적인 인물 중 하나로 평가되었으며 1993~2009년간 의원활동을 하였다.
90) 오클라호마 출신 공화당 현직 하원의원으로 가족이 농장을 경영하고 있다. 1960년생으로 1994년에 당선된 이후 재선을 거듭하고 있으며, 현재 하원 농업위원회 랭킹멤버이다.
91) 캘리포니아 출신 민주당 하원의원으로 1991년부터 2005년까지 의원으로 있었다.

지대 출신인 테드 코크란(Thad Cochran)[92] 의원과 제시 헬름스(Jesse Helms)[93] 의원이 중추적인 역할을 하였고, 다수당 리더였던 톰 대슐(Tom Daschle)[94] 의원이 이를 도왔다. 블랑쉬 링컨(Blanche Lincoln),[95] 젤 밀러(Zell Miller),[96] 존 브룩스(John Breaux),[97] 메리 랜드류(Mary Landrieu),[98] 존 에드워즈(John Edwards),[99] 진 카나한(Jean Carnahan),[100] 어니스트 홀링스(Ernest Hollings)[101] 등도 면화 업계의 요구사항을 새로운 농업법에 관철시키는 데 앞장섰다. 특히 이들 법안에는 DP 등 1996 농업법(FAIR Act)의 핵심내용과 CCP 등 새 규정을 담고 있다.

2003년 의회 예산작업 기간 동안 NCC는 면화지대 의원과 긴밀히 협력해 농업법 상의 지출예산을 삭감하지 못하도록 요구하였고, 71개 다른 농업단체들이 서명한 서한을 보내 관철시켰다. NCC는 의회에서 농업 (세출)예산절차가 진행될 때 (1) 25명의 가족농장으로 하여금 현행 농업법은 유지되어야 한다는 서한을 면화지대 의원들에게 보내도록 하고, (2) 상원 및 하원 세출위원회 위원장들에게 현행 규정 개정에 반대할 것을 요구하는 서한을 34개 기관과 공동으로 보내는 등의 활동을 하였다. 또한 상원 세출예산안 검토 시 회원들에게 지역구 상원의원들과 접촉해 지출한도 감축이나 2002년 농업법의 면화관련 어떤 수정안도 반대할 것을 요구하였다.

NCC는 2005년 예산결의안에 지출한도 수정 및 DP 감축 움직임에 대해서는 다

---

92) 미시시피 출신 공화당 상원의원. 하원의원을 거쳐 1978년에 상원의원으로 당선된 이후 상원 농업위원장(2003~2005)과 세출위원장(2005~2007) 등을 역임한 중진의원이다.

93) 노스캐롤라이나 출신으로, 기자를 하다 1972년 상원의원으로 당선된 이후 외교관계위원회 위원장으로써 의회 내 가장 강력한 반공주의자로 통했으며, 자유주의자들의 주장에 반대해 "Senator No"로도 불렸던 보수적인 인물이다. 2002년 불출마 선언 후 공화당 대통령후보로 나섰던 밥 돌(Bob Dole) 상원의원 부인인 엘리자베스 돌(Elizabeth Dole) 의원에게 지역구를 물려주었다.

94) 사우스다코타 출신으로, 1978년 하원, 1986년 상원의원에 당선되었으며 끈질기고 인내심 있는 의회 지도자로 통했던 인물이다. 2008년 버락 오바마 대통령이 보건복지부장관(Secretary of Health and Human Services)에 지명하였으나 추징세금을 내지 않은 것으로 드러나 2009년 2월 3일 장관직을 자진 포기하였다.

95) 아칸소 출신 민주당 중진 상원의원. 하원을 거쳐 1998년 상원의원에 당선되었으며, 여성 최초로 상원 농업위원회 위원장을 맡았다.

96) 조지아 출신 민주당 상원의원. 하원의원을 거쳐 2000년부터 2005년까지 상원의원으로 활동하였다. 그는 민주당이면서도 2004년 대선 때 존 케리 대신 조지 W. 부시를 지지했던 공화당 성향의 인물이었다.

97) 루이지애나 출신 중도성향의 민주당 의원으로 하원의원(1972~1987)과 상원의원(1987~2005)을 역임하였다.

98) 루이지애나 출신 상원의원으로 상원에서 가장 보수적인 민주당 의원으로 평가된다.

99) 노스캐롤라이나 출신 상원의원으로 2004년, 2008년 대통령후보자로 출마하였다.

100) 미주리 출신 상원의원으로 보선에 당선되어 2001~2002년까지 활동하였다.

101) 사우스캐롤라이나 출신의 원로정치인으로 1966~2005년까지 상원의원으로 활동하였다.

른 유관조직들에게 연락해 하원 농업위원회가 현행 농업법 개정을 위한 모든 수정
안에 대해 반대할 것을 요구하여 수정안이 통과되지 못하도록 하였다.

　　NCC는 주와 카운티 전문가들과 협력해 허리케인으로 인한 피해 평가정보를 의
원들에게 미리 제공함으로써 부시 대통령이 145억 달러의 재난지원 패키지에 서명
하도록 로비하였다. NCC는 H2-A[102]나 농업근로자 프로그램의 개혁을 요구하는 등
여러 가지 정책연합 활동에도 참여하여 농업 관련 이슈에 대한 입지를 강화하였다.

　　NCC 회원들은 2005년에도 지역구 의원들에게 2002년 농업법을 지지하는 서명을
받아내 상·하 양원 예산위원회 위원장들에게 서한을 보내 예산 삭감규모가 30억
달러에 그치도록 하였다. NCC는 챔블리스 위장장이 리더십을 발휘하였다고 밝혔다.

　　또한 다른 품목이나 금융기관, 제조업계 단체들과 연대해 상원에서 찰스 그래슬
리(Charles Grassley)[103] 의원이 제안한 수정안을 거부하도록 하였다. 그러나 농산물
프로그램을 2011년까지 연장하지 않고 면화에 대한 Step 2 프로그램이 폐지되는
등 의회 로비는 큰 성과를 거두지 못하였다.[104]

　　NCC는 농업법의 지원프로그램을 유지하기 위해 수차례 행정부 관료, 의회 내
지인 및 지도자들을 만나 현행 농업법의 존속의 중요성을 전달하였다. 당시 NCC
회장이던 이스트랜드(Eastland)와 부회장 앨런 헬름스(Allen Helms) 등 지도부는 조
안스(Mike Johanns) 농무장관을 여러 차례 만나 이러한 메시지를 전달하였다. 아울
러 서부 테네시 주 면화 생산업자인 존 린다무드(John Lindamood)라는 회원을 통
해 같은 주 출신 상원 의원이자 다수당 리더인 빌 프리스트(Bill Frist),[105] 앤 에머
슨(Ann Emerson) 하원 의원 등에 의견을 전달하는 등 다각적으로 노력하였다.

---

102) 미국이 일시 또는 계절 농업근로자(temporary or seasonal agricultural workers)에게 발급하는 비자이다.
103) 아이오와 출신의 공화당 상원 중진의원. 미국 감사원(GAO)이 1999년부터 2005년까지 보조금 지급실
　　태를 조사한 결과 사망한지 3년 이상인 농민에게 40%, 7년 이상인 농민에게 19%가 지급된 것으로 판
　　명되자 당시 상원 금융위원회 위원이던 그래슬리 상원의원은 보조금 지급을 제한하는 내용의 수정안
　　을 제출하였다.
　　; http://seattletimes.nwsource.com/html/nationworld/2003803149_watch24.html.
　　; http://grassley.senate.gov/news/Article.cfm?customel_dataPageID_1502=9709.
104) 2002년 브라질이 WTO에 제소한 미국 면화보조금 분쟁에서 미국이 패소, WTO 분쟁패널에서 Step 2
　　등의 지원프로그램 철폐 요구를 무시할 수 없었기 때문이다. Step 2는 자국산 면화 수출업자와 자국산
　　면화를 구매한 자국 내 방적공장에 대해 보상금을 지불하는 자국산 우대 면화 보조금제도이다.
105) 테네시 주 출신으로 의사이자 사업가, 정치인으로 1995년부터 2007년까지 상원의원, 2003년부터 2007
　　년까지 다수당 리더(Majority Leader)를 지낸 인물로 2008년 대선 때 유력한 대통령후보로 거명되기
　　도 하였다.

2006년 부시 행정부가 2007년도 예산 편성 시 텍사스와 뉴멕시코 두 지역의 농무부 면화방적연구소를 폐쇄하고 농업연구청(Agricultural Research Services) 연구비를 삭감하려는 것에 대해 상원 및 하원 세출위원회 등을 대상으로 강력한 로비활동과 청문회 참석 등을 통해 농업 프로그램[106]의 존속 필요성을 역설하였다.

미 행정부가 2002년 농업법 만료에 따라 2008~2012년 농업법 초안을 발표하자 NCC 부회장인 래리 맥클렌던을 위원장으로 한 특별연구위원회에서 4개월간의 토의를 거쳐 마련한 권고안을 마크 키넘(Mark Keenum) 농무부 차관에게 제출하였다.

또한 NCC는 하원 농업소위원회가 면화 목표가격을 파운드당 72.40센트에서 68.61센트로 낮추자 초기 예산평가에 면화프로그램에 관한 일부 규정이 고려되지 않았다며 의회예산처(CBO)를 설득해 70센트로 재조정하는 힘을 보여주었다. NCC 관계자들은 의회 청문회 등에 참석하여 면화업계 입장을 적극 피력하여 하원에서 2007년 농업법(Farm, Nutrition and Bioenergy Act 2007)이 231대 191로 통과되는데 일조를 하였다. 동 법안에는 면화프로그램 개편 내용이 대거 포함되어 있다.

톰 하킨(Tom Harkin)[107] 상원 농업위원회 위원장이 2007년 9월초 발표한 신 농업법 초안에 대해서는 ACP 부회장인 척 콜리(Chuck Coley)와 NCC 임원들은 챔블리스 상원의원, 켄트 콘라드(Kent Conrad)[108] 의원을 만나 법안에 반영해야 할 면화업계 우선순위를 강조하였다. 이와 함께 다른 품목 단체들과 연합해 상원에 신 농업법의 조속한 통과를 촉구하는 서한을 보냈다. 이러한 면화업계 노력은 챔블리스를 비롯해 링컨, 콘라드, 하킨 등 의원들이 면화업계에 유리하게 패널 분위기를 유도하였고, 챔블리스와 링컨, 테드 코크란(Thad Cochran),[109] 린제이 그래햄(Lindsey Graham)[110] 의원 등은 면화업계 우선순위를 반영한 조항을 포함시키는데 앞장섰다.

---

106) 마케팅융자, CCP, DP 등 농업지원프로그램의 지속과 마케팅융자에 대한 제한 철폐, 보조금한도 추가 감축 반대 등을 내용으로 하고 있다.
107) 아이오와 출신의 민주당 상원의원으로 1984년 당선되었으며, 1992년 민주당 대통령 예비후보로 나서기도 하였다. 상원 보건교육노동위원장(Committee on Health, Education, Labor and Pensions)을 맡고 있다.
108) 1986년 노스다코다 출신 상원의원(민주)으로, 2010년 현재 상원 예산위원회 위원장을 맡았다.
109) 미시시피 출신의 공화당 상원의원으로, 2003~2005년까지 상원 농업위원회 위원장, 2005~2007년 세출위원회 위원장을 맡았었다.
110) 사우스캐롤라이나 출신의 공화당 상원의원이다.

**[그림 1-1] NCC 조직 구성도**

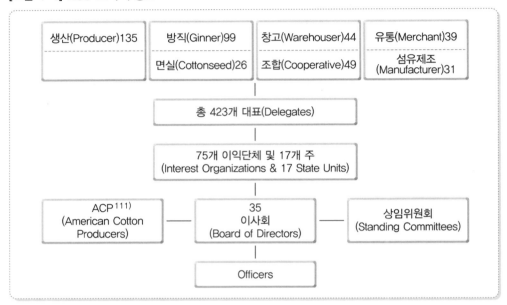

자료: NCC 홈페이지(www.cotton.org).

NCC는 의회의 농업법 검토 기간 중 의회 접촉창구, 농업법 내용, 토킹 포인트를 알려주는 별도 "농업법"(Farm Bill) 홈페이지를 개설하고, 보조금 지불한도 축소를 골자로 한 "그래슬리-도건 수정안"(Grassley Dorgan Amendment)[112] 반대를 포함해 어떤 불리한 수정안도 반대토록 하는 "행동지침(Action Alert)"을 게시했다.

NCC는 타 품목 조직들과 공동으로 면화지대 출신의원을 비롯해 민주당 대표인 라이드(Harry Reid)[113] 상원의원과 공화당 대표인 맥코넬(Mitch McConnell)[114]에게도

---

111) ACP(American Cotton Producers)는 면화 생산지대에서 선출한 면화생산 관련 24명의 지도자로 구성된다. ACP는 16개 주에서 뽑은 의장과 NCC이사회에서 선출한 5명의 회원, 그리고 NCC 대표들이 선출한 3개 지역 의장과 부의장으로 구성되며, 임기는 1년으로 NCC에서 대표 중에서 선임한다. 다른 부문과 달리 생산업자들은 NCC에서 전국을 대표하지 않는 대신, 강력한 주 및 지역조직에 의존한다. ACP는 NCC 내 생산자들의 이익을 옹호하고, 생산부분에 영향을 미치는 모든 사안에 대해 권고할 책임을 지닌다.

112) 공화당 찰스 그래슬리 상원의원과 민주당 바이런 도건(Byron Dorgan, ND) 상원의원이 공동 발의한 동 수정안은 지불한도를 25만 달러로 제한하는 등 불공평한 농업보조금 정책에 대한 개혁내용을 담고 있다.

113) 네바다 주 출신의 민주당 상원의원. 1986년 당선된 이후 5번의 원내총무, 2번의 원내대표를 거쳤으며, 현재 민주당 원내대표를 맡고 있다.

114) 켄터키 주 출신의 최장수 상원의원으로, 1984년 당선된 이후 제108기와 제109기 의회 원내총무, 제110기에 원내대표를 맡았으며, 현재 세출위원회, 농업위원회 위원이다.

〈표 1-20〉 NCC의 주요 이익단체(Interest Organizations) 현황[115]

| 생산단체(32) | 방적단체(12) | 조합(8) |
|---|---|---|
| · Agricultural Council of Arkansas<br>· Alabama Farmers Federation<br>· American Ag Movement of Tennessee<br>· Arizona Cotton Growers Assn.<br>· Arizona Farm Bureau Federation<br>· Arkansas Farm Bureau Federation<br>· Blackland Cotton & Grain Producers, Inc.<br>· California Farm Bureau Federation<br>· California State Grange<br>· Cotton Producers of Missouri<br>· Delta Council<br>· El Paso Valley Cotton Association<br>· Georgia Cotton Commission<br>· Georgia Farm Bureau Federation<br>· Kansas Cotton Association<br>· Louisiana Cotton and Grain<br>· Louisiana Farm Bureau Federation<br>· Mississippi Farm Bureau Federation<br>· Missouri Farm Bureau Federation<br>· New Mexico Farm & Livestock Bureau<br>· NM's Pecos Valley Farmers Assn.<br>· North Carolina Farm Bureau Federation<br>· Oklahoma Cotton Council<br>· SJV Quality Cotton Growers Assn.<br>· South Carolina Farm Bureau Fed.<br>· South Carolina Grange<br>· South Texas Cotton & Grain Assn.<br>· Southern Cotton Growers, Inc.<br>· Tennessee Farm Bureau Federation<br>· Texas Farm Bureau Federation<br>· Trans Pecos Cotton Association<br>· Virginia Farm Bureau Federation | · Arizona Cotton Ginners Assn.<br>· Arkansas Cotton Ginners Assn.<br>· California Assn. of Grower Gins<br>· California Cotton Ginners Assn.<br>· Louisiana Ginners Assn.<br>· Mississippi Cotton Ginners Assn.<br>· Missouri Cotton Ginners Assn.<br>· New Mexico Cotton Ginners Assn.<br>· Southeastern Cotton Ginners Assn.<br>· Southern Cotton Ginners Assn.<br>· Tennessee Cotton Ginners Assn.<br>· Texas Cotton Ginners' Assn. | · AMCOT<br>· Autauga Quality Cotton Association<br>· Beltwide Cotton Cooperative<br>· Calcot, Ltd.<br>· Cotton Growers Cooperative<br>· Plains Cotton Coop Association<br>· Staplcotn Coop Association<br>· Woods E. Eastland, President |
| | **창고업단체(4)** | **제조업단체(5)** |
| | · Arkansas Warehouse Association<br>· Cotton Growers Warehouse Association<br>· Cotton Warehouse Assn. of America<br>· Louisiana Independent Cotton Whse. | · Georgia Textile Manufac. Assn.<br>· Manufacture Alabama<br>· National Council of Textile Organizations<br>· North Carolina Manufacturers Assn.<br>· South Carolina Manufacturers Alliance |
| | **유통단체(2)** | **면실단체(2)** |
| | · American Cotton Shippers Association<br>· Texas Cotton Association | · Cottonseed and Feed Association<br>· National Cottonseed Products Assn. |

자료: NCC 홈페이지(www.cotton.org).

---

115) http://www.cotton.org/about/structure/org-chart.cfm.

2007년 농업법의 신속한 개정을 요청하는 서한을 보내 결국 상원은 NCC 요구를 대폭 반영한 법안을 12월에 79대 14로 통과시켰다.[116]

NCC 지도부와 직원들은 USTR, 농무부, 기타 농업관련 단체들과 긴밀히 협력하여 WTO DDA 협상에도 영향력을 행사하였다. 2006년 초 NCC 회장인 알렌 헬름스와 부회장인 존 푸초(Pucheu)는 행정부 관료를 만나 홍콩 각료회의 문안에 대한 관심사를 전달하였다. 면화에 대한 추가 논의에 앞서 농업협정에 진전이 있어야 하며, 면화를 별도 협상의제로 다루려는 어떤 시도도 반대한다는 것이다.

또한 다른 농산물 및 유제품 관련 단체와 연합해 DDA 협상에 대한 입장을 담은 서한을 부시 대통령을 비롯해 농무부, USTR 및 의원들에게 보냈다. 무역을 왜곡시키는 국내 지원을 감축하자는 미국 제안이 시장접근 확대와 미국 교역 상대국들에 의한 무역왜곡 관행 축소라는 목표와 부합해야 한다는 것이었다. 이러한 NCC의 메시지는 11개 미국 농산물 관련 단체를 대표하는 지도자 중의 한 명인 헬름스 회장에 의해 파스칼 라미(Pascal Lamy) WTO 사무총장에게도 전달되었다. NCC 지도부는 DDA 협상 진행 상황 파악과 각국 핵심대표들에게 미국 면화업계의 입장을 강조하기 위해 제네바에서 개최되는 여러 회의에도 참석하였다.

면화업계는 챔블리스 상원 농업위원장의 도움을 받아 의회에서 미국 협상 태도를 저해할 수 있는 시한을 두지 말 것을 요청하였고, 챔블리스 위원장은 "시장접근이란 가시적 성과가 없는 최종협정은 의회에서 통과시키지 않을 것"이라고 압박하였다.

## 나. 미국 면화업계 로비 의원 활동사례

2003년 조지아 주 상원의원으로 당선된 이후 미국 면화산업계 이익을 적극 대변하고 있는 공화당 삭스비 챔블리스 의원의 활동을 살펴보자. 그는 제110기 의회에서 상원 농업위원회 등 3개 상임위와 2개 특별위원회 활동을 하지만, 주로 면화업계의 이익을 대변하는 활동에 집중하고 있다. 그는 상·하원을 통틀어 면화업계로부터 가장 많은 정치기부금을 받고 있다.

그는 2009년 8월 31일 미국-브라질 간의 WTO 면화보조금 분쟁 중재 패널의

---

116) www.cotton.org.

판정에 대한 성명서에서 "패널보고서는 브라질과의 우호적인 해결을 어렵게 했을 뿐만 아니라 결정의 복잡성 때문에 DDA 협상을 더욱 혼란스럽게 할 것"이라고 비난하였다. 또한 "패널은 미국 의회와 행정부(농무부)가 이전에 수출신용과 면화 프로그램을 수정한 것을 도외시하였다"고 비난하였다.[117]

2008년 10월 NCC 미국 면화 생산자(ACP) 대표인 척 콜리는 새 법안을 발의해 면화 생산업자들에게 베일(bale)당 8달러를 추가 지원하도록 한 챔블리스 상원의원에게 미 면화업계 이익을 대변해 준 데 대한 감사 표시를 하였다.[118]

공화당이 다수당이던 2005년 농업위원회 위원장 챔블리스는 시라크 프랑스 대통령이 말리[119]에서 개최된 아프리카－프랑스 정상회담에서 DDA 협상에 걸림돌이 되고 있는 미국의 면화보조금 철폐를 요구하자, 2005년 12월 6일 "아프리카 빈곤의 망토 뒤에 숨어 미국의 4배나 되는 보조금을 주면서 농업보조금에 관해 미국에 강의하려는 시라크 대통령은 후안무치하다"며 비난하였다.[120] 또한 "WTO 회원국들이 면화 문제를 별도로 다루자는 어떤 시도도 지지하지 않을 것"이라고 주장하였다.

그는 면화산업계의 이익에 반하는 언론보도에도 장시간을 할애하여 반박하였다. 2007년 11월 워싱턴포스트 사설에서 "2002년 농업법의 면화 프로그램은 서아프리카 농민들에게 부정적인 영향을 주었을 뿐만 아니라 2만여 명의 면화 생산자들만 이롭게 하였다"는 지적에 대해 의회 발언을 통해 반박하였다.[121]

조지아 주 출신 중 가장 영향력 있는 인물로 평가되는 챔블리스 의원은 2007년 9월 부시 행정부 때 남부출신 공화·민주 양당 상원의원 9명과 공동으로 수잔 스왑 USTR 대표 앞으로 서한을 보내 "DDA 협상에서 면화를 다른 농산물과 분리하는 것은 의회의 지지를 받지 못할 것"이라며, 80% 이상 미국 면화 보조금의 감축 제안을 포함한 WTO DDA 협상에서의 어떤 협정도 반대한다고 밝혔다.[122]

---

117) NCC, "Sen. Chambliss Statement on WTO Decision Against U.S. Cotton"란 제목의 보도내용 참조. http://216.40.253.202/~usscanf/index.php?option=com_content&task=view&id=1944&Itemid=71.

118) NCC 보도자료, "NCC Applauds Cotton Program Implementation and Efforts by Senator Saxby Chambliss"(http://www.cotton.org/news/releases/2008/implementation.cfm).

119) 말리는 부르키나파소, 베냉, 차드와 함께 미국의 면화보조금 때문에 피해를 입고 있다며 보조금 철폐를 주장하고 있는 아프리카(WCA) 4개국 중 하나이다.

120) Forrest Laws Farm Press, "Chambliss blasts French president for cotton program criticism" (http://southeastfarmpress.com/mag/farming_chambliss_blasts_french/).

121) 챔블리스 상원의원의 홈페이지 참조. http://jcotsci.org/issues/2007/chamrebut.cfm.

그는 2005년 부시 대통령이 농업 예산을 삭감하려 하자 당시 상원 예산위원장인 공화당 주드 그레그(Jud Gregg) 의원을 찾아가 향후 5년간 농업예산의 삭감 규모를 44.9억 달러에서 28억 달러로 줄여달라고 설득하였다. 상원 예산위원회에서는 보조금 지원을 엄격히 하자고 제안한 그래슬리 의원과 맞서기도 하였다.[123] 1994년 하원의원 당선 후 4선을 거쳐 2003년 상원의원이 된 챔블리스는 지역유권자 대부분이 농민인 점을 감안해 농업 문제에 의정활동을 집중하며 영향력을 키워 왔다.

그는 이런 배경에 힘입어 2003년 1월부터 2009년 6월까지 7년 6개월간 모금액이 1,499만 9,540달러로 의원 중 가장 많았다. 기부액 가운데 농산물 생산가공업계와 농업관련 서비스업계로부터 각각 5.95%와 2.77% 등 농업관련 업계로부터 총 8.72%를 조달하였다. 면화 업계는 그에게 가장 많은 13만 1,300달러를 기부하였으며, 상위 10대 기부단체 중 농민단체에 의한 기부가 가장 많다.

두 번째로 많이 받은 노스캐롤라이나 주 출신 하원의원인 밥 에드리즈의 경우도 비슷하다. 주로 하원 농업위원회와 세입위원회에서 활동하는 에드리즈 의원은 농산물 생산가공 업계와 농업서비스 및 제품 업계로부터 각각 총기부액의 9.54%와 5.54% 등 전체의 15.1%를 농민 관련단체로부터 받았다. 이 외에도 캘리포니아 출신 하원의원으로 농업위원회에서 활동하는 짐 코스타(Jim Costa), 아칸소 주 출신 하원의원으로 세출위원회와 예산위원회에서 활동하는 로버트 베리(Robert Berry), 조지아 주 출신 하원의원으로 세출위원회에서 주로 활동하는 스탠포드 비숍(Stanford Bishop), 캔자스 주 출신 하원의원으로 주로 농업위원회에서 활동하는 제리 모란 등도 주로 농산물 생산가공업계나 농민단체들로부터 많은 기부를 받았다.

면화업계가 많이 기부한 상위 10명의 의원 대다수가 조지아, 캘리포니아, 텍사스, 노스캐롤라이나 등 이른바 면화지대 출신이거나 농업위원회를 주 무대로 활동하고 있어 면화업계의 집중 로비대상이 되고 있다.

미네소타 주 출신 하원의원인 콜린 피터슨(Collin Peterson)의 경우 일반적으로 의원들이 3개 이상 많게는 10여 개 상임위원회, 소위원회 또는 특별위원회 활동을

---

122) 로이터통신, "U.S. senators condemn cotton plan, threaten WTO deal"(2007. 9. 21).
    ; http://in.reuters.com/article/businessNews/idINIndia－29648220070921.
123) http://southwestfarmpress.com/news/050322－column－chambliss－balks.

〈표 1-21〉 면화업계의 10대 기부대상 의원 현황(2003. 1 ~ 2009. 6)

| 순위 | 수령자 | 의회 | 주(州) | 당선 | 정당 | 주요 상임위 | 총 모금액<br>(U$) | 면화업계<br>기부금액 |
|---|---|---|---|---|---|---|---|---|
| 1 | Saxby Chambliss | 상원 | 조지아 | 2003 | 공화 | 농업[1] | 14,999,540 | 131,300 |
| 2 | Bob Etheridge | 하원 | N.캐롤라이나 | 1997 | 민주 | 농업,세입 | 3,036,694 | 61,350 |
| 3 | Randy Neugebauer | 하원 | 텍사스 | 2003 | 공화 | 농업 | 5,256,230 | 50,700 |
| 4 | Jim Costa | 하원 | 캘리포니아 | 2005 | 민주 | 농업 | 3,651,851 | 47,000 |
| 5 | Robert Berry | 하원 | 아칸소 | 1997 | 민주 | 세출, 예산 | 3,417,616 | 42,700 |
| 6 | Sanford Bishop | 하원 | 조지아 | 1993 | 민주 | 세출 | 2,547,628 | 41,500 |
| 7 | Jerry Moran | 하원 | 캔자스 | 1997 | 공화 | 농업 | 3,426,446 | 37,064 |
| 8 | Blanche Lincoln | 상원 | 아칸소 | 1999 | 민주 | 농업, 재무 | 8,311,407 | 34,150 |
| 9 | James Marshall | 하원 | 조지아 | 2003 | 민주 | 농업 | 4,728,725 | 34,000 |
| 10 | Collin Peterson | 하원 | 미네소타 | 1991 | 민주 | 농업[2] | 2,518,830 | 34,000 |

주: 1) Senate Committee on Agriculture, Nutrition, and Forestry(S-CANF).
    2) 하원 농업위원회 1개만 활동하고 있다.
자료: Center for Responsive Politics.

하는 것과 달리 농업위원회 활동에만 전념하고 있다. 그가 받은 기부금도 농산물 생산가공, 농업서비스 및 제품, 유가공, 식품가공판매 업계로부터 각각 18.88%, 10.83%, 4.7%, 3.82% 등 무려 38.24%가 면화업계를 비롯한 농민 관련 단체들이다.

이들 의원들은 농업부문의 이익을 대변하는 의정 활동을 하고 이들로부터 정치 자금을 조달함으로써 정치적 상생관계를 맺고 있다. 이러한 사실은 면화를 비롯한 농업계로부터 집중 기부금을 받은 의원들의 농업법 투표성향을 통해 확인할 수 있다. 우선 제110기 하원 농업위원회 총 45명의 위원 중 20명이 면화지대(Cotton Belt) 출신이다. 특히 면화 업계로부터 기부금을 받은 상위 10명의 의원 중 5명이 캘리포니아, 노스캐롤라이나, 조지아, 텍사스 등 주요 면화지대 출신이다. 면화업계 의 주 로비 대상은 피터슨 위원장을 포함해 6명이나 되며, 모두 농업법에 찬성표 를 던졌다. 제110기 농업위원회 전체 위원 중 반대한 의원은 불과 3명으로, 농업 보조금 감축을 골자로 한 농업프로그램 개혁을 주장했던 공화당 출신의원들이다.

다음은 제110기 하원 농업위원회 소속 의원들이 제107기(2001. 1. 3~2003. 1. 3),

제108기(2003. 1. 3∼2005. 1. 3), 제109기(2005. 1. 3∼2007. 1. 3) 및 제110기(2007. 1.
3∼2009. 1. 3) 회기 중에 주요 농업법에 대한 의원별 투표 현황을 정리한 것이다.

〈표 1-22〉 제110기 하원 농업위원회 의원별 기부금 수령액(2003. 1 ∼ 2009. 6)과 투표현황

| 이 름 | 정당 | 지역구 | 찬성측 | 반대측 | H.R. 2646[1] | H.R. 2419[2] | H.R. 6124[3] | 비고 |
|---|---|---|---|---|---|---|---|---|
| Peterson(위원장) | D | MN − 7 | 776,929 | | Y | Y | Y | 면화[4] |
| Goodlatte (랭킹멤버) | R | VA − 6 | 670,559 | | Y | Y | Y | C/B[5] |
| Baca | D | CA − 43 | 170,025 | | Y | Y | Y | C/B |
| Barrow | D | GA − 12 | 302,600 | | − | Y | Y | C/B |
| Boswell | D | IA − 3 | 337,769 | | N | Y | Y | |
| Boustany | R | LA − 7 | 405,186 | | − | Y | Y | C/B |
| Boyda | D | KS − 2 | 78,118 | | − | Y | Y | |
| Cardoza | D | CA − 18 | 633,067 | | − | Y | Y | C/B |
| Conaway | R | TX − 11 | 405,819 | | − | Y | Y | C/B |
| Costa | D | CA − 20 | 716,887 | | − | Y | Y | C/B, 면화 |
| Cuellar | D | TX − 28 | 341,755 | | − | Y | Y | C/B |
| Davis | D | TN − 4 | 220,921 | | − | Y | Y | C/B |
| Donnelly | D | IN − 2 | 171,006 | | − | Y | Y | |
| Ellsworth | D | IN − 8 | 130,456 | | − | Y | Y | |
| Etheridge | D | NC − 2 | 528,116 | | Y | Y | Y | C/B, 면화 |
| Everett | R | AL − 2 | 209,893 | | Y | Y | Y | C/B |
| Fortenberry | R | NE − 1 | 207,343 | | − | Y | Y | |
| Foxx | R | NC − 5 | 216,240 | | − | N | N | C/B |
| Gillibrand | D | NY − 20 | 691,947 | | − | 기권 | Y | |
| Graves | R | MO − 6 | 451,608 | | Y | Y | Y | |
| Hayes | R | NC − 8 | 581,327 | 10,000 | Y | Y | Y | C/B |
| Herseth Sandlin | D | SD | 809,833 | | Y | Y | Y | |
| Holden | D | PA − 17 | 382,277 | | Y | Y | Y | |
| Johnson | R | IL − 15 | 105,179 | | Y | Y | Y | |
| Kagen | D | WI − 8 | 140,340 | | − | Y | Y | |
| King | R | IA − 5 | 276,784 | | − | Y | Y | |

| Kuhl | R | NY - 29 | 181,450 | | - | Y | Y | |
|---|---|---|---|---|---|---|---|---|
| Lampson | D | TX - 22 | 237,209 | Y | Y | Y | Y | C/B |
| Latta | R | OH - 5 | 65,150 | | - | Y | Y | |
| Lucas | R | OK - 3 | 447,219 | Y | Y | Y | Y | C/B |
| Mahoney | D | FL - 16 | 305,123 | | | Y | Y | |
| Marshall | D | GA - 8 | 405,100 | | - | Y | Y | C/B, 면화 |
| McIntyre | D | NC - 7 | 292,369 | Y | Y | Y | Y | |
| Moran | R | KS - 1 | 676,535 | Y | N | N | N | C/B, 면화 |
| Musgrave | R | CO - 4 | 405,045 | | | Y | Y | |
| Neugebauer | R | TX - 19 | 787,856 | | - | Y | Y | C/B, 면화 |
| Pomeroy | D | ND | 748,895 | Y | Y | Y | Y | |
| Rogers | R | AL - 3 | 409,927 | | - | Y | Y | C/B |
| Salazar | D | CO - 3 | 410,816 | | | Y | Y | |
| Schmidt | R | OH - 2 | 216,438 | | - | N | N | |
| Scott | D | GA - 13 | 420,922 | Y | Y | Y | Y | C/B |
| Smith | R | NE - 3 | 223,511 | | - | Y | Y | |
| Space | D | OH - 18 | 216,850 | | | Y | Y | |
| Walberg | R | MI - 7 | 116,024 | | - | Y | Y | |
| Walz | D | MN - 1 | 202,600 | | - | Y | Y | |

주: 1) H.R. 2646 - Farm Security and Rural Investment Act of 2002.(Public Law No: 107 - 171)
   2) To provide for the continuation of agricultural programs through fiscal year 2012, and for other purposes(약칭 Farm Bill Extension Act of 2007).
   3) H.R. 6124 - Food, Conservation, and Energy Act of 2008.
   4) '면화'는 2003. 1~2009. 6 기간 중 면화업계 기부금 상위 10명에 해당하는 하원의원.
   5) 'C/B'는 National Cotton Council이 Cotton Belt로 분류한 지역.
자료: http://maplight.org, www.govtrack.us 등 참조.

## 4. 미국의 농업로비 특징과 수혜그룹

2008년 농업법[124]은 미국 내에서 뿐만 아니라 WTO 등 국제사회에서 많은 논란을 불러 일으켰던 법안으로, 이에 대한 로비 사례는 많은 것을 시사한다. 미국 의회가 WTO 가이드라인을 거부하고 농업보조금 지급을 계속하기로 함에 따라 개도국과의 공정경쟁을 저해하고 WTO 면화보조금 분쟁에서 승소한 브라질로부터

---

124) The Food, Conservation, and Energy Act of 2008(P.L. 110 - 234, 122 Stat. 923, H.R. 2419).

무역보복을 당할 것[125]으로 예상되기 때문이다. 자유무역을 주창하는 미국 케이토 (CATO)연구소나 옥스팜 아메리카 등 NGO들도 이러한 미국의 태도를 비난하고 있다.

당초 동 법안은 과다한 예산 부담과 빈농들에 대한 부정적인 영향 등을 이유로 부시 대통령도 거부권을 행사하였지만, 농업계의 강력한 로비로 이를 무력화하고 의회에서 입법화된 것이다. AFBF, NCC 등 농산물 관련 단체뿐만 아니라 금융, 에너지, 창고업 등 무려 75개 단체가 동 법안 통과를 위해 로비 활동을 벌였다. 정부 예산활동 감시단체인 Citizens Against Government Waste가 유일하게 반대하였다. 농업관련 이익집단들이 한 목소리로 입법화 로비활동을 벌인 이유는 정부지원 혜택을 볼 수혜자들이기 때문이다. 동 법은 2002년 농업법의 연장 법안으로, 2012년까지 지출할 농업보조금 등 농업정책 예산 규모만 2,880억 달러에 달한다.

〈표 1-23〉 H.R. 6124(Food, Conservation, and Energy Act of 2008) 로비현황

| 찬성(75개 단체) | 반대(1개 단체) |
|---|---|
| • Advocacy for the Poor<br>• AgriBank, FCB<br>• America Public Power Association<br>• America's Second Harvest<br>• American Beekeeping Federation<br>• American Cotton Shippers Association<br>• American Farm Bureau Federation<br>• American Farmland Trust<br>• American Forest and Paper Association<br>• American Grassfed Association<br>• American Horse Council<br>• American Maritime Officers<br>• American Meat Goat Association<br>• American Sheep Industry Association<br>• American Soybean Association<br>• American Sugar Alliance<br>• American Sugarbeet Growers Association<br>• Animal Agriculture Alliance<br>• Associated Milk Producers, Inc<br>• California Farm Bureau Federation<br>• California School Employees Association | Citizens Against Government Waste |

---

125) 2002년 브라질의 제소로 시작된 미국과 브라질 간 WTO 면화보조금 분쟁에서 미국이 패소함에 따라 브라질은 무역보복 권한을 확보하게 되었다. 자세한 사항은 WTO 사례에서 후술하였다.

- Cape Cod Cranberry Growers Association
- Coalition on Human Needs
- Congressional Hunger Center
- Cotton Warehouse Association of America
- Crop Insurance Research Bureau
- Dairy Farmers of America
- Evangelical Lutheran Church in America—Washington State
- Farm Credit Council
- Farm Credit Services of America
- Foss
- Global Container Lines
- Independent Community Bankers of America
- Independent Insurance Agents & Brokers of America
- Iris house
- Kalamazoo Loaves and Fishes
- Land O'Lakes, Inc.
- Maersk Line, Limited
- Mary Lee Foundation
- Massachusetts Law Reform Institute
- McClendon Center
- Michigan Bean Shippers
- Migrant Legal Action Program
- National Association of Conservation Districts
- National Association of Counties
- National Association of Professional Insurance Agents
- National Association of Social Workers
- National Association of State Departments of Agriculture
- National Association of Wheat Growers
- National Barley Growers Association
- National Biodiesel Board
- National Conference of State Legislatures
- National Consumers League
- National Cooperative Grocers Association
- National Corn Growers Association
- National Cotton Council of America
- National Council of Farmer Cooperatives
- National Council of Textile Organizations
- National Farmers Union
- National Women's Law Center
- Rice Belt Warehouse Inc.
- Rural Community Insurance Services

- Salvation Army
- School Nutrition Association
- Sealift Inc
- Share Our Strength
- Southern Shrimp Alliance
- Specialty Crop Farm Bill Alliance
- Supervalu
- The Addiction Care Center of Albany
- The Association of Equipment Manufacturers
- U.S. Canola Association
- United Egg Producers
- USA Rice Federation
- Weyerhaeuser Company

자료: http://maplight.org, www.govtrack.us 등 참조하여 필자 작성.

　　실제 2008년 농업법 제9003조를 보면 고급 바이오연료 생산을 위한 실험용 바이오 정제공장 개발 및 건립 비용의 30%를 지원하고, 상업용 바이오연료 생산 공장 건립을 위해 2억 5,000만 달러를 대출하도록 하고 있다. 특히 바이오 정제공장 프로그램을 위해 CCC로부터 2009년 7,500만 달러, 2010년에 2억 4,500만 달러를 지출할 예정이었다.

　　또한 제9010조는 CCC가 생산자로부터 설탕을 매입해 바이오에너지 생산자에게 판매하도록 허용하였다. 미 농무부는 재생에너지 시스템과 에너지효율 향상을 위해 2008년 8월 27일 43개 주와 버진 아일랜드 소재 639개 농장 및 사업자를 3,500만 달러 수혜 대상으로 선정하였다. 또한 2009년 1월 19일 처음으로 상업용 셀룰로스 에탄올공장에 대한 대출보증조치를 발표하는 등 다양한 에너지 지원내용을 담았다. 미국의 보험증권 업계는 이 법안 통과를 위해 무려 928만 달러 이상을 기부하였고, 여성문제, 신용금융, 전기, 농산물 생산 및 가공, 은행대부 기관들도 대규모 정치자금 로비를 하였다(<표 1-24> 참조).

〈표 1-24〉 H.R. 6124 법안 통과지지 기부업계 현황(미화 10만 달러 이상)

| 순위 | 기부자 | 기부금액(U$) |
|---|---|---|
| 1 | Insurance companies, brokers & agents | 9,284,987 |
| 2 | Women's issues | 6,759,252 |
| 3 | Credit agencies & finance companies | 3,859,651 |
| 4 | Electric Power utilities | 3,858,057 |
| 5 | Crop production & basic processing | 3,061,375 |
| 6 | Banks & lending institutions | 2,936,846 |
| 7 | Forestry & Forest Products | 1,981,442 |
| 8 | Food stores | 1,687,600 |
| 9 | Livestock | 1,646,107 |
| 10 | Milk & dairy producers | 1,625,912 |
| 11 | Sugar cane & sugar beets | 1,553,051 |
| 12 | Merchant marine & longshoremen unions | 1,483,212 |
| 13 | Sea freight & passenger services | 1,268,145 |
| 14 | Energy production & distribution | 992,331 |
| 15 | Children's rights | 779,645 |
| 16 | Poultry & eggs | 676,382 |
| 17 | Other commodities(incl rice, peanuts, honey) | 606,448 |
| 18 | Welfare & Social Work | 602,855 |
| 19 | Textiles & fabrics | 547,635 |
| 20 | Health & welfare policy | 487,438 |
| 21 | Sea transport | 451,126 |
| 22 | Cotton | 448,088 |
| 23 | Churches, clergy & religious organizations | 417,944 |
| 24 | Construction equipment | 411,060 |
| 25 | Wheat, corn, soybeans and cash grain | 402,958 |
| 26 | Farm organizations & cooperatives | 392,842 |
| 27 | Fishing | 384,334 |
| 28 | Agriculture | 186,507 |
| 29 | Warehousing | 139,200 |
| 30 | Public official(elected or appointed) | 136,865 |
| 31 | Mental Health Services | 100,594 |

자료: http://maplight.org, www.govtrack.us 등 참조.

이익집단들의 로비력은 초당적인 농업개혁 법안도 무산시킬 정도이다. 대공황 때 입안되어 옥수수, 면화, 쌀, 밀 등 일부 소수 농민들에게 지급되고 있는 대규모 보조금 철폐를 위해 2007년 12월 11일 공화당 리차드 루거 상원의원, 민주당 프랭크 로텐버그(Frank Lautenburg) 상원의원이 공동 발의한 2007년 농업법 개정안 (S.AMDT.3711)이 상원에서 찬성 37표, 반대 58표로 부결된 것이 대표적인 예다.[126]

현행 농업 지원프로그램 개혁을 위해 제안한 초당적인 법안도 앨라배마, 아칸소, 조지아, 몬태나, 노스캐롤라이나 등 농축산물 생산지역 출신 의원들에 의해 부결된 것이다. 민주당과 공화당 공히 29명이 반대하였다.

면화 업계는 2003년부터 2009년 상반기까지 농업법 등 6개 법안과 관련해 168만 달러, 사탕수수와 사탕무 업계는 2개 법안에 938만 달러 이상을 로비자금으로 기부하였다. 농산물 생산가공업계는 13개 법안과 관련해 8년 6개월 동안 기부한 금액은 1,139만 1,842달러에 달했다. 농업로비의 결과는 정부지원 수혜와 맞물려 있다. 로비가 성공하면 누가 혜택을 보는지는 매우 중요하며, 많은 정치학자들은 농업로비를 이익집단 정치학의 대표적인 케이스로 보고 있다. 농업보조금 수혜자는 소수이며, 그들은 농업정책 토론회에 영향을 줄 수 있는 실질적인 소스를 제공한다. 반면에 대다수는 보조금 정책으로 손해를 보지만, 개인에 대한 보조금 효과가 상대적으로 적고 식품가격이나 세금에 포함되어 있어 행동의 필요성을 못 느끼기 때문이다.[127]

〈표 1-25〉 농산물 생산 및 가공업계 로비자금(2003. 1 ~ 2009. 6)    (단위: U$)

| 이익단체 종류 | 기부액 | 법안 수 |
|---|---|---|
| 면화 | 1,680,644 | 6 |
| 농산물 생산 및 가공 | 11,391,842 | 13 |
| 농업인(생산작물 종류 무관) | 0 | 1 |
| 기타 농산물(쌀, 땅콩, 꿀 포함) | 2,033,930 | 10 |
| 사탕수수 및 사탕무 | 9,384,931 | 2 |
| 과일야채류 | 3,179,625 | 8 |
| 밀, 옥수수, 대두 및 현금작물(cash grain) | 1,204,703 | 26 |

자료: MAPLight.org.

---

126) http://www.cato-at-liberty.org/2007/12/12/our-depressingly-bipartisan-farm-policy.

127) Reidl, Brian M., "Agricultural Lobby Wins Big in New Farm Bill", *The Heritage Foundation Backgrounder* No. 1534, April 9, 2002.

농업계는 2002년 농업법 로비로 향후 10년간 1,910억 달러로 늘어날 농업보조금의 최대 수혜자가 될 전망이다. 이로 인해 식품가격 인상분 2,710억 달러를 포함해 향후 10년간 미국인 가구당 평균 약 4,400달러의 비용을 부담해야 할 전망이다.[128]

그러나 문제는 보조금 외 가격보조 형태의 농민 지원이 정작 필요한 농민에게 돌아가지 않고 대규모 농장주가 수혜를 입고 있다. 농업보조금 수혜자의 2/3가 10%의 대규모 농장주이며, 그들 중 대다수는 연간소득 25만 달러 이상의 부자들이다. 또한 전체 미국 농민의 약 60%는 농업보조금 지원 혜택을 못 받고 있다.

〈표 1-26〉 1996 ~ 2000년간 의원 및 저명인사 농업보조금 수령실태  (단위: U$)

| 상원 및 하원 의원 | | | 기타 저명인사[2] | |
|---|---|---|---|---|
| Marion Berry(D-AK) | 하원 | 750,449 | David Rockfeller | 352,187 |
| Blanche Lincoln(D-AK) | 상원 | 351,085 | Ted Turner | 176,077 |
| Calvin Dooley(D-CA) | 하원 | 306,902 | Scottie Pippen | 131,575 |
| Tom Latham(R-IA) | 하원 | 286,862 | Sam Donaldson | 29,106 |
| Doug Ose(R-CA) | 하원 | 149,000 | Bob Dole | 18,550 |
| Charles Grassley(R-IA) | 상원 | 110,936 | Birch Bayh | 13,937 |
| Mike Dewine(R-OH) | 상원 | 50,000 | Benjamin Bradlee | 3,500 |
| Richard Luger(R-IN) | 상원 | 48,464 | John Ashcroft | 1,620 |
| Charles Stenholm(D-TX)[1] | 하원 | 39,298 | | |
| Bob Stump(R-AZ) | 하원 | 20,798 | | |
| Dennis Hastert(R-IL) | 하원 | 17,214 | | |
| Sam Brownback(R-KS) | 상원 | 16,913 | | |
| Phil Gramm(R-TX) | 상원 | 12,571 | | |
| Philip Crane(R-IL) | 하원 | 7,397 | | |
| 합계 | | 2,167,889 | 합계 | 726,552 |

주: 1) 부인 등 포함.
　　2) David Rockfeller는 체이스맨해턴은행 등을 소유한 록펠러 가문, 테드 터너는 CNN 창업자, 피펜은 유명 농구선수 출신, Sam Donaldson은 세계적인 언론인 출신, Birch Bayh는 전직 의원이자 1976년 대통령후보, Benjamin Bradlee는 저명한 언론인(WP) 출신, John Ashcroft는 조지 W. 부시 대통령 시절 검찰총장임.
자료: 헤리티지재단(Heritage Foundation).

---

128) ibid.

　　Reidl(2001)에 따르면 1999~2001년간 농민에게 지불된 직접보조금의 90% 이상은 5개 작물 — 밀, 옥수수, 면화, 대두, 쌀 — 생산자에게 돌아갔다. 농업로비는 정책 권고나 선거 입후보자에 대한 기부를 통해 농업법 토론회에 활발히 참여한다. 2001년 1월 5일 하원에서 압도적인 표차로 의결된 2002년 농업법에 따라 10년간 1,710억 달러를 PFC 확대, 새로운 CCP 지급 등 대규모 농장주에 보조금으로 지급되었다.

　　2002년 헤리티지재단 분석에 따르면 동 법안의 최대 승자는 AFBF 등 농업보조금 옹호단체들이지만, 그 중에는 상당수 의원들과 포춘지 500대 기업, 저명인사들이 포함되어 있다.[129] 1996년부터 2000년까지 이렇게 받은 농업보조금은 평균 4,675달러이며,[130] 이는 미국의 농업 로비가 단순히 대다수 농민들의 소득 증대보다 소수 대규모 기업농과 연계된 정치인 등 지도급 인사들의 이해관계와 맞물려 있다.

---

129) ibid.
130) ibid.

# 제2장

# 미국의 면화협상태도에 대한 사례분석

## 제1절 KORUS FTA 사례

### 1. 한-미 양국 간 섬유교역과 특징

미국은 세계 섬유 수입의 18.4%를 차지하는 수입국이며, 한국의 섬유교역 전체 무역흑자의 약 30%를 차지하는 아주 중요한 시장이다. 한국 입장에서는 중국, 인도 등 개도국의 추격과 섬유쿼터 폐지로 어려움을 겪고 있는 섬유산업이 재도약할 수 있는 기회라는 점에서 한·미 자유무역협정(Korea-U.S. Free Trade Agreement: KORUS FTA)은 중요한 전략이 될 수 있다.[1]

섬유 및 의류산업은 한국이 미국에 대해 무역수지 흑자를 기록하고 있는 대표적인 산업이다. 2005년 기준 한국의 대미 섬유 및 의류 수출은 23억 달러, 수입은 2억 달러로 약 21억 달러의 흑자를 기록하였다.

미국에 대한 한국의 섬유제품(의류포함) 수출은 2005년 말 기준 12.6억 달러로 전체 대미 섬유류 수출액의 54%를 차지하였다. 품목별로 보면 한국은 원사에서 직물, 섬유제품에 이르기까지 골고루 발달되어 있으며, 특히 직물, 의류가 경쟁력을 가지고 있다. 반면 미국은 우리나라에서 생산되지 않는 섬유류를 생산, 수출하고 있어 상호 보완관계라고 할 수 있다.[2]

---

1) FTA민간대책위원회, 「한미 FTA, 미래를 위한 선택」, 한국무역협회, 2006, pp. 110-117.

한·미 FTA 협상을 시작할 당시 섬유산업의 위상을 보면, 한국은 섬유산업의 생산 비중이 39조 원으로 제조업 생산의 약 5%, 고용은 29.5만 명(2004년)으로 제조업의 10.5%를 차지하고 있다. 또한 섬유산업은 전체 제조업체 수의 15.5%, 부가가치의 5.4%를 차지하는 등 아직까지 중추적인 역할을 담당하고 있으며, 고용유발효과와 산업연관효과도 커 국가경제 발전에 크게 기여하고 있다.[3] 섬유산업 전체로는 2005년 기준 수출 139억 달러, 수입 68억 달러로 약 71억 달러의 무역수지 흑자를 기록하였다. 시간당 인건비는 2004년 기준 약 7.18달러로 16달러 수준인 미국의 45% 수준이다.

〈표 2-1〉 한국의 대미 섬유산업 수출입 현황과 비중     (단위: 백만 U$, %)

| | 2001 | 2002 | 2003 | 2004 | 2005 |
|---|---|---|---|---|---|
| 대미 수출 | 3,259 (20.3) | 3,258 (20.8) | 2,968 (19.5) | 2,842 (18.7) | 2,327 (16.7) |
| 對세계 수출 | 16,081 (100) | 15,674 (100) | 15,253 (100) | 15,192 (100) | 13,946 (100) |
| 대미 수입 | 201 (4.1) | 204 (3.6) | 235 (4.0) | 230 (3.6) | 237 (3.5) |
| 對세계 수입 | 4,860 (100) | 5,688 (100) | 5,897 (100) | 6,359 (100) | 6,765 (100) |
| 대미 무역수지 | 3,058 (27.3) | 3,054 (30.6) | 2,733 (29.2) | 2,612 (29.6) | 2,090 (29.1) |
| 對세계 수지 | 11,221 (100) | 9,986 (100) | 9,356 (100) | 8,833 (100) | 7,181 (100) |

자료: 한국무역통계.

반면, 미국은 섬유산업 생산이 약 752억 달러로 제조업 생산의 약 1.7% 수준이지만, 2004년 기준으로 약 63.6만 명을 고용해 제조업 전체의 약 4.7%를 차지하는 중요한 산업이다. 그러나 미국의 섬유산업은 2005년 기준 수출 165억 달러, 수입 957억 달러로 무역수지 적자가 약 792억 달러에 달하는 대표적인 무역역조 산업의 하나이다.

---

2) FTA민간대책위원회, 상게서. pp. 110-117.
3) FTA민간대책위원회, 상게서. pp. 110-117.

한국의 대미 섬유 수출도 1989년 43억 달러에 이른 뒤 90년대 중반 이후 쿼터제 폐지와 중국의 추격 등으로 대미 시장점유율이 급속히 하락하고 있는 상황이었다.

**〈표 2-2〉 한·미 섬유류 교역 및 시장점유율 추이**                           (단위: 백만 U$, %)

| 구  분 | 1995 | 2000 | 2005 |
|---|---|---|---|
| 수    출 | 2,740 | 3,647 | 2,327 |
| 수    입 | 266 | 219 | 237 |
| 무역수지 | 2,474 | 3,428 | 2,090 |
| 미국시장 점유율 | 7.7 | 4.4 | 2.4 |

자료: 한국무역통계 및 美상무부 섬유국(OTEXA).

이후에도 이 같은 추세가 이어져 최근 미국 시장에서 한국산 섬유제품이 차지 하는 비중은 미미한 수준이다. 2009년 미국의 한국산 섬유제품 수입은 6억 달러, 의류는 3억 달러로 미국 전체 수입에서 차지하는 비중이 각각 1.5%, 1.1%에 불과 하다. 중국산 등 경쟁국에 의한 시장잠식으로 한국산 비중이 감소 추세다. 미국입 장에서 한국은 1990년에 전체 의류 수입의 13%를 차지하는 3대 의류 수출국이었 으나, 2009년에는 점유율이 불과 0.4%로 26위로 떨어졌다. 무엇보다 중국산 비중 이 13.7%에서 39.1%로 급증하였기 때문이다. 한국산 섬유제품 점유율도 1990년에 9.8%로 3위였으나, 2009년에는 7위(점유율 3.2%)로 하락하였다.

그러나 미국산 섬유 수입은 90년대 중반 이후 큰 변동 없이 2억 달러 수준을 유지하고 있다. 미국에서 주로 수입되는 품목은 원면, 화섬원료, 화섬 장섬유사 등 국내 생산이 거의 없거나 국내 제품과 차별화되는 고가의 원부자재가 주종을 차지 한다. 2009년의 경우 미국도 한국에 8천만 달러를 수출하는 데 그쳤다.[4] 특히 미 국은 섬유산업의 심각한 무역역조 지속과 중국을 비롯한 아시아제품의 수입 급증 으로 일부 섬유의류 제품에 대해 높은 수입관세를 유지해 왔다. 2005년 당시 미국 의 섬유류 평균 관세율은 약 8.9%지만 직물은 11%대, 의류는 15%대 등 15% 이 상 고관세 부과품목이 전체 섬유류의 약 13%(약 194개 품목)를 차지하였다.

---

4) Cooper, William H., Mark E. Manyin, Remy Jurenas, and Miclaela D. Platzer, "The Proposed U.S.-South Korea Free Trade Agreement(KORUS FTA): Provisions and Implications", *CRS Report for Congress* RL34330, Feb. 12, 2010, pp. 22-24.

미국은 또한 섬유 및 의류의 경우에도 HS 8단위 기준으로 총 1,493개 중 1,031개 품목에 대해 5% 이상의 관세율을 부과하였고, 이 가운데 546개 품목은 10% 이상이었다. 특히 2005년 기준으로 20% 이상 고관세를 부과하는 품목은 양모, 인조장섬유, 인조단섬유(이상 25%), 특수직물, 자수포(이상 20.2%), 의류 및 부속품(20.9~28.6%) 등 159개 품목에 달했다. 이런 상황 때문에 당시 미국 섬유업계는 한국과 FTA를 추진하는 것을 반대하는 분위기였다.

미국 섬유업계가 한국과의 FTA에 반대하는 이유는 크게 두 가지로 요약된다. 첫째, 대다수 미국 산업계는 반덤핑 규제가 외국의 불공정 무역관행에 대응할 수 있는 최선의 방법이자 안전망으로 간주하였다.[5] 강력한 무역 옹호론자를 포함한 미국 의원들은 반덤핑이라는 정책수단이 없는 개혁적 통상정책을 지지하지 않았다. 게다가 미국의 섬유산업은 FTA로 인해 특혜관세 혜택이 주어질 한국산 섬유 의류와 치열한 경쟁을 해야 하기 때문에 더욱 강력히 반대하였다. 한국의 섬유 의류는 미국과 통합되지 않으면서도 강력한 경쟁력을 갖추고 있다고 보기 때문이다.

둘째, 한·미 FTA는 관세장벽의 자유화에 따른 정치적 비용에 비해 경제적 이익이 크지 않기 때문에 무역자유화 논의 자체가 쉽지 않은 분위기였다. 노동, 환경, 인권문제를 포함시켜야 할지를 놓고 정치적 논란이 있었고, 다른 국가들과의 통상협상 모델로 삼을 수 있도록 이를 포함시켜야 한다고 주장하는 그룹도 있었다.

이런 국내 상황에서 대외협상에 나서는 협상자들이 국내 이해관계자들의 정치적 로비를 해결할 수 있는 방법은 크게 세 가지이다. 즉, (1) 민감한 품목이나 분야(sensitive product or sector)를 FTA 협상 대상에서 제외하거나, (2) 자유화에 앞서 장기간의 이행 기간(protracted transition period)을 확보하거나, (3) 불공정무역이나 수입급증을 제한할 수 있도록 높은 수준의 양국 간 콘텐츠 요건(high intraregional content requirements)을 포함시키는 등의 특별한 룰(rules)을 두는 방법이다.[6]

---

5) Inbom Choi and Jeffrey J. Schott, "Prospects for an FTA" in Free Trade Between Korea and the United States?, PIIE, 2001, p. 75-76. http://www.piie.com/publications/chapters_preview/326/6iie311x.pdf.

6) ibid.

## 2. 섬유협상의 쟁점과 경과

### 가. 한·미 FTA 섬유협상의 진행과정

2005년 2월 3일 이후 서울과 워싱턴을 번갈아가며 개최한 세 차례의 한·미 FTA 사전 실무점검회의와 다섯 차례의 통상장관회담, 공청회 등을 거쳤다. 2006년 2월 3일 당시 한국의 김현종 통상교섭본부장과 포트만(Portman) USTR 대표는 미국 워싱턴 미 상원 의사당에서 공동 기자회견을 통해 한·미 FTA를 추진하기로 발표하였다. 한·미 양국은 2006년 2월 3일 FTA 협상 개시를 공식 선언한 것이다.

한·미 양국은 그 후 2006년 3월과 4월 두 차례에 걸쳐 비공식 사전준비 협의를 개최하여 한·미 자유무역협정의 공식 영문 명칭을 'KORUS FTA'로 정하고 상품무역(자동차, 의약품/의료기기 작업반 포함), 무역구제, 농업, 서비스, 투자 등 모두 17개 협상분과 설치에 합의하는 등 본격적인 협상을 위한 사전작업을 하였다. 섬유도 17개 협상 분과 중의 하나로 들어갔다.

1차 협상은 2006년 6월 5일부터 9일까지 워싱턴 D.C에서 개최되었지만 사전탐색전 성격이 강했다. 양국은 앞으로 다룰 의제들의 경중을 따져 상대방과의 협상에서 어떤 전략으로 원하는 결과물을 도출할지 가늠해보는 자리였다. 1차 협상에서 한국은 총 22개 Chapter, 미국은 총 23개 Chapter로 구성된 협상안을 내놓았다. 한국은 농업, 섬유 관련사항을 '상품에 대한 내국민대우 및 시장접근' Chapter에 포함시키고 일시입국 Chapter는 별도로 규정하자는 입장이었다. 반면 미국은 '농업'과 '섬유' Chapter를 별도로 구성하고, 일시입국 Chapter는 포함시키지 않았다.[7] 양측이 제시한 초안은 협상력 제고를 위해 기존에 체결한 FTA 협정보다 더 보수적 또는 공세적으로 작성된 내용을 상당수 포함하고 있었다.

양국은 서로 협정문 초안에 대한 의견을 개진한 이후 주미대사관을 통해 2006년 8월 15일 제1차 관세 양허안을 상호 교환하였다. 미국과 교환한 한국 관세 양허안은 상품, 농산물, 섬유 등 11,261개 품목에 대한 관세철폐 계획을 포함하고 있었다.

---

7) 외교통상부 보도자료.

〈표 2-3〉 양측 협정문 초안 구성 비교

| 구 분 | 한국측 초안 | 미국측 초안 | 비 고 |
|---|---|---|---|
| 상품무역 분야 | 6개 Chapter (상품에 대한 내국민대우 및 시장접근, 원산지, 통관절차, 무역구제, SPS, TBT) | 8개 Chapter (상품에 대한 내국민대우 및 시장접근, 농업, 섬유, 원산지, 통관절차, 세이프가드, SPS, TBT) | 미측은 농업과 섬유를 별도 Chapter로 구성 |
| 서비스/ 투자 분야 | 6개 Chapter (투자, 국경 간 서비스무역, 일시입국, 금융서비스, 통신, 전자상거래) | 5개 Chapter (투자, 국경 간 서비스무역, 금융서비스, 통신, 전자상거래) | 미측은 일시입국 미포함 |
| 기타 분야 | 5개 Chapter(경쟁, 정부조달, 지재권, 노동, 환경) | | 동 일 |
| 일반 분야 | 5개 Chapter(정의, 투명성, 분쟁해결, 예외, 최종조항) | | 동 일 |

자료: 외교통상부.

한국 정부는 1차 관세 양허안에 쌀을 포함한 민감 품목에 대해서는 관세철폐 제외로 분류하였다.[8] 그러면서 8월 말까지 우리 관심품목에 대한 미국의 관세양허안 내용을 면밀히 분석하여 차기 협상에서 대응방안을 준비하였다. 2차 협상은 7월 1일부터 14일까지 서울에서 개최되어 관세 양허안 기본 틀에 대해 의견을 모았다.

3차 협상은 한국에서 당시 김종훈 한・미 FTA 협상 수석대표를 비롯하여 재경부, 외교통상부, 농림부, 산업자원부(현 통상산업부), 해양수산부, 보건복지부 등 26개 부처 및 13개 국책연구기관 등 218명이 참석하였다. 미국은 웬디 커틀러(Wendy Cutler) USTR 대표보(代表補)를 수석대표로 USTR, 국무부, 상무부, 농무부 등 20여 개 부처 약 100여 명이 협상단에 포함되었다. 양측 간에 17개 분과 및 2개 작업반에 대한 협상이 진행되었다. 특히 관세 양허안 협상에서 한국은 미국 양허안 내용의 개선을 강하게 요구하여 미국이 상품과 섬유 분야에서 일부 개선된 수정 양허안을 협상기간 중에 제시하는 성과를 거두었다.[9]

하지만 한국의 양허안 개선요구에 따라 미국이 제시한 수정 양허안도 전반적으로 기대 수준에는 미치지 못하였다.[10] 미국도 한국 농산물 양허안이 보수적으로 작

---

8) 외교통상부 보도자료.
9) 외교통상부 보도자료.
10) 외교통상부 보도자료.

성되었다며 국내 생산이 미미하거나 저(低)관세 품목과 같이 민감성이 낮은 품목들에 대한 우선적인 양허수준 개선을 요구하였다. 그러면서 섬유시장 개방에 따른 자국 업계 보호 장치로서 섬유 세이프가드의 도입과 우회수출 방지를 위한 관세당국 간의 협력을 요구하였다.

4차 협상은 같은 해 10월 23일부터 27일까지 5일간 한국 제주에서 개최되었다. 한국은 4차 협상에서 섬유 텍스트와 미국의 섬유양허 개선안을 교환하였다. 그러나 한국은 미국이 제시한 개선안이 여전히 실망스러운 수준임을 지적하며 수정 양허안을 제출해 줄 것을 미국에 강하게 요구하였다. 한국도 미국의 관심사항인 섬유 세이프가드, 우회방지 등을 감안한 텍스트를 미국에 전달하고, 세부 문안에 대해 협의하였다. 특히 한국은 섬유 원산지기준과 관련해 미국이 주장하는 원사기준의 완화를 지속적으로 요구하였지만 미국은 주장을 굽히지 않았다.

4차 협상에서도 양국은 합의점에 도달하지 못하고 섬유분과 협상은 12월 4일부터 8일까지 5일간 미국 몬태나에서 개최된 제5차 협상으로 넘어갔다.[11] 양국은 특히 원산지기준 등에서 합의점을 찾지 못했다. 이에 따라 12월 8일 워싱턴에서 차관 보급(산자부 차관보, USTR 섬유특별교섭관) 협의를 갖고, 섬유 분야에서 조속한 협상 진전이 필요하다는 인식 아래 향후 협상의 기본 틀을 마련하는 자리를 가졌다.

또한 양국은 협상 진전을 위해 해를 넘긴 2007년 1월 7일부터 8일까지 통상장관 회담에 이어 이틀간 하와이에서 양국 수석대표 간에 핵심쟁점 조율 작업에 들어가 상품, 금융 등 일부 분야에서 진전을 거두었지만, 섬유분과에 대해서는 구체적인 진전이 있었는지 알려지지 않았다. 어쨌든 미국은 이후 섬유분야 양허안에 대한 조정 작업에 들어갔지만 2007년 1월 15일부터 19일까지 개최된 6차 협상을 시작할 때까지 섬유 양허안 개선을 위한 검토 작업을 마무리하지 못한 것으로 알려졌다.

이에 따라 서울에서 개최된 6차 협상에서는 한국의 관심품목을 중심으로 양허수준 개선방안을 논의하였다. 한국은 양측 고위급 간에 합의된 양허안 개선을 미국에 요구하였다. 특히, 한국의 주요 관심품목에 대한 즉시 관세철폐를 요구하였다.

섬유 분과 6차 협상에서는 섬유 협정문 상 미국의 관심사항인 섬유 특별세이

---

11) 5차 협상에서 한국은 170여 명, 미국 측은 80여 명이 참여하였으며, 정부조달(12. 4, 제네바) 및 SPS (12. 19~20, 워싱턴) 분과는 각각 다른 장소에서 별도로 개최되었다.

[그림 2-1] 섬유 · 의류 제조공정별 원산지인정 방식[12]

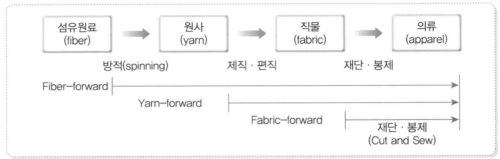

자료: 관계부처 합동 설명자료(2007).

프가드,[13] 우회방지에 대한 문안 협의를 진행하였고, 한국은 미국에 섬유 양허안 개선내용에 따라 미국의 관심사항에 대한 전향적인 검토가 가능하다는 점을 전달하였다.[14] 그렇지만 한국은 섬유 원산지기준과 관련해 미국이 주장하는 원사기준의 완화를 강하게 요구하였지만 합의에 이르지 못하였다.

제7차 공식협상은 2월 11일부터 14일까지 미국 워싱턴 D.C에서 속개되었다. 7차 협상에서 미국은 새롭게 수정된 양허안을 전달해 와 추가 논의가 이루어졌지만 이견을 좁히지 못하였다. 무엇보다 미국은 자국의 관심사항인 우회방지를 위해 통관협력의 강화가 필요하다고 주장하였다.[15] 7차 협상에도 합의점을 찾지 못하자 김현종 통상교섭본부장은 수잔 스왑 USTR 대표 등 미국 측 주요 인사와 협의를 위해 2007년 2월 26일부터 이틀간 미국에서 통상장관회담을 가진 데 이어 송민순 외교통상부 장관도 3월 16일 약 20분간 콘돌리자 라이스 미 국무장관과 전화 협의를 가졌다.[16]

그러나 협상 초기 쉽게 타결될 것으로 예상했던 섬유 문제는 8차 협상에서도 합의를 보지 못하였다. 양국은 서울에서 3월 8일부터 12일까지 개최된 강도 높은

---

12) 관계부처 합동, "한 · 미 FTA 상세 설명자료", 2007. 5, p. 37.
13) 관세감축 이행과정에서 세계시장의 급격한 변동이나 수입급증 때 관세인상을 허용하는 일종의 긴급수입제한조치로, 발동요건은 수입물량 기준과 수입가격 기준 두 가지가 있다.
14) 외교통상부 보도자료.
15) 외교통상부 보도자료.
16) 양측 장관과의 전화통화 내용은 주로 그간 개최된 6자회담 실무그룹회의 진행상황을 점검하고, 3월 19일부터 개최 예정인 제6차 6자회담 관련 대책에 관해 협의하였다.

〈표 2-4〉 한 · 미 FTA 협상 및 한국 측 비준일지

| 2006. 2. 2 | 한 · 미 FTA 공청회 | |
|---|---|---|
| 2005. 2. 3 | 한 · 미 FTA 추진발표(워싱턴 D.C.) | |
| 2006. 6. 5~9 | 제1차 공식협상 개최(워싱턴) | 양측 협정문안에 대한 입장 교환 |
| 2006. 6. 27 | 한 · 미 FTA 추진 관련 공청회 개최 | |
| 2006. 7. 10~14 | 제2차 공식협상 개최(서울) | 관세양허안 작성 기본틀 합의 |
| 2006. 9. 6~9 | 제3차 공식협상 개최(시애틀) | 미국측 수정양허안 제시(상품/섬유) |
| 2006. 10. 23~27 | 제4차 공식협상 개최(제주) | 한국측 섬유 text와 미측 섬유양허 개선안 교환 |
| 2006. 12. 4~8 | 제5차 공식협상 개최(몬타나) | 상품양허안, 원산지, 서비스, 금융, 지재권 등 진전 |
| 2007. 1. 7~8 | 고위급 협의(하와이) | 양측 통상장관 및 수석대표 간 주요쟁점 조율 |
| 2007. 1. 15~19 | 제6차 공식협상 개최(서울) | 수석대표 간 핵심쟁점 협의/상품, 금융 등 진전 |
| 2007. 2. 11~14 | 제7차 공식협상 개최(워싱턴) | 미국측 수정양허안 제시 및 우회방지대책 강조 |
| 2007. 3. 8~12 | 제8차 공식협상 개최(서울) | 양측 간 합의점을 찾지 못함 |
| 2007. 3. 19~22 | 고위급 협상 개최(워싱턴) | |
| 2007. 3. 26~4. 2 | 통상장관 회의 개최(서울) | |
| 2007. 4. 2 | 한 · 미 FTA 협상 타결 | |
| 2007. 5. 10 | 미국 신통상정책 합의 | |
| 2007. 5. 29~6. 6 | 법률 검토회의(워싱턴) | |
| 2007. 6. 21~22 | 추가 협의(서울) | |
| 2007. 6. 25~26 | 추가 협의 진행 및 타결(워싱턴) | |
| 2007. 6. 30 | 한 · 미 FTA 서명(워싱턴) | |
| 2007. 9. 7 | 한국, 한 · 미 FTA 비준동의안 국회 제출 | |
| 2007. 9. 20 | USITC, 한 · 미 FTA 평가 보고서 발표 | |
| 2008. 2. 13 | 한국, 외교통상위원회 상정(자동폐기) | |
| 2008. 7. 1 | 국무회의 재의결 후 비준안 국회 제출 | |
| 2008. 12. 18 | 외교통상위원장, 비준안 직권상정 | |
| 2009. 2. 25 | 한국, 외교통상위원회 법안심사소위 통과 | |
| 2009. 4. 21 | 한국, 외교통상위원회 통과 | |

자료: 외교통상부 등 자료를 필자가 종합.

마라톤협상에서 합의점을 찾고자 하였으나, 미국의 양허개선안 내용이 한국 기대에 못 미쳐 추가 개선을 요구하였다. 특히 미국이 제시한 섬유 품목별 원산지기준에 관한 쟁점은 합의를 보지 못하였다. 이에 양국은 고위급 회담과 통상장관 회담을 통해 이때까지 합의를 못한 핵심쟁점들을 놓고 고위급 협상을 진행하였다.

한·미 양국은 2007년 4월 2일 오후 김현종 통상교섭본부장과 카란 바티아 (Karan Bhatia) USTR 부대표 및 양측 대표단이 참여한 고위급 협상에서 2006년 2월에 개시한 한·미 FTA 협상을 마침내 최종 타결하였다.

섬유 분야에서 미국은 수입액 기준으로 61% 품목의 관세를 즉시 철폐하고 한국의 주력 수출품목에 대해 원사기준 적용을 예외로 하기로 하였다. 아울러 미국의 우려를 반영하여 우회수출 방지를 위한 양국 간 협력을 강화하기로 하였다. 그리고 공급이 부족하다고 인정되는 투입재에 대하여 발효일로부터 5년간 의류 및 직물 각 1억m²씩 원산지 예외쿼터(Tariff Preference Levels: TPLs)를 인정받을 수 있는 근거를 마련하였다.

미국이 마지막까지 양보하지 않았던 원사기준 적용과 관련해 린넨, 리오셀, 레이온, 여성 재킷, 남성셔츠 등을 적용 예외 품목으로 합의하였다.[17]

## 나. 주요 쟁점과 협상결과

앞에서 살펴 본 바와 같이 한·미 간 FTA 협상에서 섬유분과는 서로가 첨예하게 대립하며 막판까지 합의하지 못한 쟁점분야 중 하나였다. 한국 입장에서는 중국에 이어 두 번째로 큰 수출시장인 미국에 대한 시장접근을 확대하기 위해 광범위한 관세 조기철폐와 원산지기준의 완화 등이 필요하였다. 반면 미국은 반대로 자국의 면화 및 관련제품, 섬유·의류제품의 생산자 보호를 위해 원산지기준의 강화, 관세철폐 기간의 장기화와 함께 섬유 특별세이프가드와 같은 지속적인 보호 장치가 필요하였다. 뿐만 아니라 중국 등 저가제품이 특혜관세 혜택을 받아 무분별하게 수입될 수 있는 여지를 없애기 위해 우회방지규정 도입을 주장하였다.

섬유 문제가 마지막까지 핵심쟁점으로 남았던 이유는 다음 몇 가지로 요약될 수 있다. 첫째, 개방의 폭과 속도에 대한 이견이 있었다. 양측은 섬유류 전 품목을

---

17) 외교통상부 보도자료.

개방해야 한다는 데 대체로 의견 일치를 보았으나, 철폐기간에 대한 입장이 달랐다. 한국은 섬유제품이 미국시장에서 가능한 빨리 경쟁력을 회복하기 위해 최대한 관세 조기 철폐를 주장한 반면, 미국은 자국 산업이 관세철폐에 대응할 시간을 벌기 위해 중장기에 걸쳐 단계적인 철폐를 선호했던 것으로 알려졌다. 한국의 경우 2005년 MFA에 의한 쿼터제 폐지 이후 수출 감소 등으로 어려움을 겪고 있지만, 미국 입장에서는 상대적으로 경쟁력을 갖춘 한국의 섬유산업이 부담스러웠을 것으로 예상된다. 왜냐하면 미국의 면화 및 관련 산업의 경우 경쟁관계인 화학섬유(이하 '화섬')소재의 개발 및 사용 확대, 쿼터제 폐지, FTA 체결 등 개방화에 따라 면화지대를 중심으로 농장 및 공장의 폐업과 고용감소에 따른 국내 정치경제적인 압박을 무시할 수 없었기 때문이다.

둘째, 원산지기준의 강화 문제이다.[18] 원산지기준의 강화는 개방화의 명분을 지키면서도 이에 따른 피해를 줄일 수 있는 대안이다. 섬유류의 원산지기준에 대해 한국은 업계가 충족하기 쉬운 단일 실질변형기준[19]을 주장하였으나, 미국은 다른 FTA와 마찬가지로 엄격한 원사기준을 고수하였음을 앞에서도 보았다. 한국은 중국산 등 역외산 원부자재를 아웃소싱하여 제조·생산하는 경우라도 한국에서 주요 공정이 이루어졌다면 한국산으로 봐야 한다는 입장이었다. 한국은 중국 등에 비해 천연 섬유사 등의 생산단가가 높아 자체 공급이 부족하여 원사기준을 충족하기 어려운 현실적인 문제가 있었기 때문이다. 이런 상황에서 미국이 주장하는 원사기준은 수입억제를 위한 비관세장벽으로 작용하여 FTA에도 불구하고 역으로 교역이 위축될 우려가 있었다.

반대로 미국 입장에서는 원사기준을 내세워야 한국이 관세인하 또는 철폐로 가격이 싸진 자국산 원사를 더 많이 수입할 것이고, 그렇게 되면 원사기준 충족에도 문제가 없다고 주장하였다.

셋째, 특별세이프가드의 도입 문제였다. 미국은 섬유류 시장을 개방하면 한국

---

18) Krueger(1993)는 자유무역협정에 있어서 원산지기준(rules of origin)은 매우 중요한 기능이며, 무관세 대우 기준은 원산지기준의 효과를 결정함에 있어 매우 중요하다는 점을 강조하였다; Krueger, Anne O., ibid.

19) 제품생산의 주요 공정이 역내에서 이루어지면 FTA 특혜관세 혜택을 볼 수 있도록 하는 것을 말한다. 일례로 의류 제품의 경우 재단과 봉제와 같은 주요 공정이 역내(한·미 FTA의 경우 한국이나 미국)에서 제조되었다면 이 기준에 의할 경우 FTA 특혜관세 혜택을 받을 수 있다.

산 섬유제품 수입이 급증할 수 있다는 미국 섬유의류 업계의 우려를 불식시키기 위해서 특별세이프가드 도입이 필요하다는 입장이었다. 즉, 한국제품을 이미 경쟁자로 인식하고 있는 미국 입장에서 만일 한국 섬유제품이 면세로 미국 시장에 진입할 수 있는 혜택이 더해질 경우 미국 섬유산업에 위협적인 존재로 인식하기 때문이다.[20] 반면 한국은 산업화로 인한 고비용에도 불구하고, 미국시장에서 합성섬유(이하 '합섬')제품, 편직물, 특수직물 등에 비교적 높은 경쟁력을 유지하고 있어 느긋한 입장이다. 따라서 한국은 공산품인 섬유류에 대해 특별세이프가드 도입이 필요하지 않다는 입장이었던 것에 비해, 미국은 면화 및 섬유업계가 우려하는 민감품목으로 간주하였다.

넷째, 중국산 등의 우회수출 방지 규정에 관한 것이다. 한·미 간 FTA로 중국산 의류 등의 수입급증 우려에 따른 우회방지규정 도입 문제도 의견이 엇갈렸다. 저가 중국산 제품이 한국을 통해 대거 우회 수입될 것을 우려한 미국은 우회수출방지를 위해 수출국 정부와 생산업체의 의무를 강화하는 규정을 두자고 주장하였다. 결국 우회수출방지 문제는 미국의 요구에 따라 관세철폐로 인한 완충장치 및 시장개방에 대한 상징적인 안전장치로서 세이프가드 도입에 합의하였다.[21]

2006년 6월 5~9일 미국 워싱턴에서 제1차 공식 협상을 시작했던 한·미 양국은 2007년 4월 2일 한·미 FTA가 타결되기까지 모두 8차례의 공식협상과 수차례의 고위급 협상을 거쳐 2007년 6월 30일 자유무역협정에 공식 서명하였다. 양국은 섬유 전 품목에 대해 단계별로 관세를 철폐하기로 하되, 양측 모두 민감품목에 대해서는 단계적으로 관세를 철폐하는 절충점을 찾았다.

양국이 합의한 섬유의류 부문의 양허수준을 비교해 보면 미국은 한국산 섬유의류 수입의 52%(금액기준)의 관세를 즉시 철폐하고, 21%는 5년, 나머지 27%는 10년에 걸쳐 단계적으로 철폐하기로 하였다.[22] 반면 한국은 미국산 섬유의류 수출의 77%(금액기준)에 대한 관세를 즉시 철폐하고, 13%는 3년, 그리고 나머지 10%에

20) 브란다 제이콥, "한미FTA와 섬유산업: 파트너십을 위한 기회", 2006년 11월 27일(월) 산업연구원 주최 '한미 FTA 이후 한미 산업발전 전략' 세미나 자료.
21) 최낙균·이홍식 외, 「한·미 FTA 협상의 분야별 평가와 정책과제」, 대외경제정책연구원 경제·인문사회연구회 협동연구총서 07-08-01, 2007, pp. 127-135.
22) Cooper, William H., Mark E. Manyin, Remy Jurenas, and Miclaela D. Platzer, *op. cit.*, 2010, pp. 22-24.

〈표 2-5〉한 · 미 양국의 최종 양허안 비교23)                                    (단위: 백만 U$, %)

| | 한국 | | | | | 미국 | | | |
|---|---|---|---|---|---|---|---|---|---|
| | 품목수 | 비중 | 수입액 | 비중 | | 품목수 | 비중 | 수입액 | 비중 |
| 즉시 | 1,265 | 97.6 | 170 | 72 | 즉시 | 1,387 | 86.8 | 1,654 | 61.2 |
| 3년 | 7 | 0.5 | 32 | 13.4 | 3년 | – | – | – | – |
| 5년 | 24 | 1.9 | 34 | 14.6 | 5년 | 149 | 9.3 | 504 | 18.6 |
| 10년 | – | – | – | – | 10년 | 62 | 3.9 | 548 | 20.2 |
| 합계 | 1,296 | 100.0% | 236 | 100.0% | 합계 | 1,598 | 100.0% | 2,706 | 100.0% |

자료: 관계부처 합동 설명자료(2007).

대해서는 5년에 걸쳐 관세를 점진적으로 철폐하기로 하였다(<표 2-5> 참조).24)

현재 미국의 최혜국대우(Most favoured nation: MFN) 관세율은 섬유 7.9%(최대 34%), 의류 11.5%(최대 32%)로 각각 16.1%와 3.3%는 완전 자유화되어 있다. 이에 비해 한국의 평균관세율은 섬유 9.2%(최대 13%), 의류 12.6%(최대 13%)로 섬유만 0.3%가 자유화되어 있다.25) 한 · 미 FTA가 발효되면 미국은 한국산 수입이 가장 많은 의류제품의 73.1%, 기타 섬유제품의 96.0%를 즉시 개방하지만 화섬원사와 직물 등 섬유소재의 즉시 철폐 비율은 34.2%로 상대적으로 낮다.26)

품목별로 보면 의류는 화섬스웨터, 남 · 여 코트 및 재킷, 유아복, 넥타이 등 의류잡화, 섬유소재는 화섬원료, 화섬 단섬유, 견 · 모 · 마사, 견 · 모 · 마직물, 유리섬유 등의 시장이 즉시 개방된다. 기타 섬유제품으로 로프, 어망, 양탄자, 모포, 침구류, 가방, 신발 등 대부분 품목의 관세가 즉시 철폐되지만, 면사 · 면직물, 폴리에스터 장섬유 직물, 남성용 인조섬유셔츠 등은 10년에 걸쳐 점진적으로 관세가 인하된다. 또한 한국제품의 경쟁력 수준이 높아 대미 수출규모가 큰 편직물, 폴리에스터 타이어코드 직물, 남성용 면 셔츠 등은 5년 내에 관세가 점진적으로 철폐된다.

반면 한국은 수입액 기준으로 의류는 97%, 기타 섬유제품은 85.5%에 대해 관세

---

23) 관계부처 합동, 전게자료, p. 32.
24) 관계부처 합동, 전게서.
25) Cooper, William H., Mark E. Manyin, Remy Jurenas, and Miclaela D. Platzer, *op. cit.*, 2010, pp. 22-24.
26) 최낙균 · 이홍식 외, 전게논문, pp. 127-135.

가 즉시 철폐되고, 대미 수입비중이 높은 섬유소재는 61.9%만 즉시 개방된다. 품목
별로는 강력사 타이어코드 직물, 비스코스레이온 강력사, 유리섬유, 부직포, 화섬원
료 등의 관세가 매년 10~20% 인하되고, 천연섬유원료·사, 화섬 단섬유사·직물,
면·모·마직물, 편직물, 정장류를 제외한 모든 의류제품의 관세는 즉시 철폐된다.

한·미 FTA 협상에서 주목할 점은 바로 원산지기준(rule of origin)이다. 미국의
강력한 요구에 의해 섬유·의류 제품의 원산지 판정 방식은 원칙적으로 원사기준
을 적용하기로 한 것이다. 협상 초기 한국은 직물기준을 주장하였으나 국내 정치적
요인에 따른 미국의 강력한 반대가 있었기 때문이다. 결국 섬유의류 제품에 대한
원산지기준 문제는 미국의 요구대로 원칙적으로 원사기준을 수용하되, 일부 품목에
대해 원사기준 예외품목을 확보하는 수준에서 마무리되었다.

일례로 한·미 양국이 생산하지 않는 비스코스레이온과 아크릴은 제직기준을
따르고, 린넨직물, 여성재킷, 남성셔츠 등 원사기준 충족이 어려운 품목 중 일부는
실질변형기준을 충족하면 대미 수출이 가능하도록 하였다.[27] 또한 공급이 부족한
원료를 사용한 수출품에 대해서는 단일 실질변형기준을 적용하는 제도를 명시적으
로 도입하였다. 원료 공급이 부족하여 수출품이 원사기준을 충족하기 어려운 품목
에 대해서는 매년 직물과 의류 각각 1억 SME[28]에 한해 역외산 원료를 사용하더라
도 특혜관세 혜택을 부여(5년 이후 연장 가능)하는 원산지 예외쿼터(TPLs) 부여에 합
의하였다.[29] 미국 면화업계의 강력한 로비와 수입경쟁적인 섬유의류 업계의 의견이
양국 간 협상에서 원사기준의 관철과 관세철폐 기간의 연장, 일부 품목의 예외 인
정으로 대부분 반영되었다고 할 수 있다.

게다가 미국 면화 및 섬유업계의 우려를 불식시킬 수 있는 추가적인 조치도 미
국의 협상태도에 반영되어 관철되었다. 한·미 양국은 우회수출 방지를 위해 대미
수출품에 대한 한국 세관의 원산지 검증과 관련기업의 정보 제공에 합의하였다. 이
에 따라 우회수출 방지를 위해 사전고지 없는 공동실사, 원산지 간접검증 등을 상
호주의 원칙에 따라 도입하고 원산지 입증에 필요한 정보도 대미 수출품 생산 관

---

27) 원사기준 예외품목이 대미 수출에서 차지하는 비중은 2003~2005년간 대미 평균수출 기준으로 전체의
  5.02%에 이른다.
28) SME(Square Meter Equivalent)란 섬유·의류 제품의 계산단위를 제곱미터로 환산한 단위이다.
29) 최낙균·이홍식 외, 전게논문, pp. 127 – 142.

련기업에 한해 과도한 부담이 되지 않는 범위 내에서 매년 제공하기로 하였다.[30)]

양국은 또한 자국 산업에 심각한 피해를 줄 정도로 섬유 및 의류 수입이 급증할 경우 수입국이 추가 관세감축을 중단할 수 있는 섬유 특별세이프가드를 도입키로 하였다. 섬유 특별세이프가드는 한시적 제도로서 품목별 관세 철폐 후 10년간 발동이 가능하며, 발동기한을 2년간으로 하되 2년 추가 연장하여 최대 4년까지 가능하지만, 상대국에 대해 상응한 수준의 추가 양허를 통해 보상하도록 하였다.[31)]

## 3. 평가 및 전망

USITC는 KORUS FTA가 발효되면 무역전환효과에 힘입어 미국의 한국산 섬유수입은 17억 달러에서 18억 달러로, 의류 수입은 10억 달러에서 12억 달러로 증가할 것으로 추정하였다. 반면 한국에 대한 미국의 섬유 수출은 1.3억 달러에서 1.4억 달러, 의류 수출은 3,900만 달러에서 4,500만 달러 수준으로 증가하는 긍정적인 결과를 가져올 것으로 전망하였다.[32)] 미국 면화업계는 이전에 미국이 체결한 FTA와 마찬가지로 한·미 FTA 협상에서도 섬유의류에 대한 원사기준을 관철시켰기 때문에 '시장 확대'와 '보호(수입장벽)'이라는 두 가지 목표를 어느 정도 달성하였다고 할 수 있다.

미국 면화업계는 그동안 CAFTA, FTAA, 카리브해 국가 등과의 FTA에 찬성 입장을 보였다. 이를 통해 아시아산 수입 섬유의류와 경쟁할 수 있는 기반이 마련되고 미국산 면사 수요도 증가할 것이기 때문이다.[33)] 그러나 기타 지역과의 FTA에서는 보다 엄격한 원산지기준을 요구하고 있다. 즉, 어떤 협정도 반드시 면사 및 면제 섬유의류에 대한 NAFTA의 원산지기준보다 더 엄격한 조건을 제시해야 하며, 카리브해 및 ANDEAN 국가들과 기 체결된 특혜수준을 유지해야 한다는 것이다.

또한 자유무역협상 시 국내 농업보조금 문제를 다뤄서는 안 되며, 미 농산물의

---

30) 상계논문, pp. 127–142.

31) Cooper, William H., Mark E. Manyin, Remy Jurenas, and Miclaela D. Platzer, *op. cit.*, pp. 22–24.

32) ibid.

33) Bobby Greene(Chairman, National Cotton Council), "National Cotton Council Testimony on International Trade Policy Impact on U.S. Cotton Before the House Agriculture Committee", 2003: http://www.cotton.org/issues/2003/trade-testimony.cfm.

수입을 제한하지 않도록 효과적인 방안을 마련해야 한다는 것 등이다. 한국을 비롯한 아시아지역의 경우 미국 섬유산업과 보완관계라기보다 경쟁관계로 보고 정치적으로 큰 영향력을 가진 면화업계의 이해관계를 가능한 건드리지 말라는 것이다.

미국 내 섬유의류 제조업계는 자신들의 요구를 상당부분 관철시킨 한·미 FTA에 대해서도 불만이 많다. NTA 스필하우스 회장은 한·미 FTA 체결 발표 직후인 2007년 4월 19일 "미 의류 제조업계가 한국과의 FTA에서 기대할 이익은 없다. 한국과의 섬유의류 교역은 일방적이기 때문에 어떤 도움이 될지 모르겠다"고 말했다.[34] 왜냐하면 2006년 한국은 직물, 면제의류 등 고부가가치의 섬유의류 17억 달러를 미국에 수출한 반면, 미국은 면화, 화섬사 등 주로 원부자재 2억 8,700만 달러 어치를 수출하는 데 그쳤다는 것이다.

의회 내 섬유관련 연구협의회인 섬유 코커스(Congressional Textile Caucus)도 같은 입장이다.[35] 섬유 코커스는 한·미 FTA가 미국 섬유산업에 상대적으로 불리한 비호혜적 협정이라는 것이다. 이들은 관세 즉시철폐로 한국산 고급 섬유제품이 수입되면 미국 내 실업과 공장 휴·폐업이 증가할 것이라며 재협상을 요구하였다. 미국은 한국산 제품에 대해 민감품목의 60%는 즉시 철폐, 29%는 5년 내 철폐하도록 되어 있고, 10%만 10년 내 단계적으로 철폐하도록 한 것은 이전의 FTA와 상충되고 섬유 코커스 및 업계의 권고사항과도 배치된다고 밝혔다.

로비 활동을 통해 미 의회에 영향력을 행사하고 있는 NCTO도 반대하고 있다.[36] 카스 존슨 NCTO 회장은 한·미 FTA 타결 발표 직후인 2007년 6월 20일 USITC 주최로 개최된 청문회에서 "한국은 정부의 폭넓은 지원 아래 수직적으로 통합된 산업구조를 가지고 있으며, 지난 20년 이상 섬유의류의 주요 공급자로서 인조섬유제품 덤핑과 중국에서 생산된 제품의 우회수출로 실질적인 위협이 되어 왔다"고 주장하였다.[37] 특히 한국과의 FTA로 인해 CAFTA, NAFTA 및 ANDEAN

34) Karl Spilhaus. "NTA Sees Little Value to American Manufactures in Korea FTA", NTA(National Textile Association) 보도자료(2009.4.19): http://www.nationaltextile.org/news/2007 04 19 korea.htm.
35) 섬유코커스 공동의장인 John Spratt(민주, 사우스캐롤라이나)와 Howard Coble(공화, 노스캐롤라이나) 하원의원이 론 커크 USTR 대표에게 2010년 8월 2일자로 보낸 서신 참조.
36) NCTO는 미국 내 섬유, 직물, 공급(업자), 원면 산업을 각각 대표하는 4개의 협의회를 두고 있다.
37) Cass Johnson NCTO 회장이 "Potentional Economic Effects on the U.S. Textile Industry from the U.S. Korea Free Trade Agreement"란 제목으로 2007년 6월 20일 US ITC 청문회에 증언한 내용이다.

지역과의 무역에 악영향을 미칠 수 있고, 장기적인 개방스케줄의 도입과 불법 환적을 막기 위한 원사기준의 엄격한 적용이 필요하다고 밝혔다.[38] 그는 개성공단을 이용한 우회수출 가능성도 문제 삼았다.

섬유·의류 등 제조업계를 대표하는 미국제조업협회(American Manufacturing Trade Action Coalition: AMTAC)도 2007년 6월 27일 USITC에 제출한 의견서를 통해 "한·미 FTA가 미 섬유의류 산업기반에 심각한 타격을 주고, 중국이 불법 환적과 서류 위조 등을 통해 막대한 인센티브를 갖게 될 것"이라며 반대하였다.[39]

반면 미국의류신발협회(American Apparel & Footwear Association: AAFA)나 섬유의류수입업협회(U.S. Association of Importers of Textiles and Apparel: USA-ITA), 소비자단체들은 오히려 협정의 개방 내용이 미흡하다는 상반된 평가를 내렸다.[40]

그러나 미국의 섬유의류 제조업계의 반대가 한·미 FTA의 의회 비준에 큰 영향을 주지 않을 것으로 보인다. USTR은 한·미 FTA가 미국의 수출 확대와 고용 창출 등 국가이익에 도움이 될 것이라는 긍정적인 평가를 하고 있기 때문이다.

부시 행정부로부터 의회 비준이란 과제를 떠안은 오바마 행정부는 이번 자동차 등 추가협상의 타결로 이전보다 협정 비준과 이행법안 통과 여건이 좋아졌다고 볼 수 있다. 상원은 여전히 민주당이 장악하고 있지만, 하원은 2010년 11월 중간선거 이후 한·미 FTA에 우호적인 공화당이 의석수를 239석으로 늘려 다수당이 되었고, 최대 현안이던 자동차 시장개방 문제가 어느 정도 해결되었기 때문이다.[41]

FTA 이행법안은 하원 세입위원회와 상원 재무위원회를 거쳐 본 회의에서 비준을 받아야 한다.[42] 다행히 공화당 뵈이너 신임 하원의장과 멕코넬(Addison Mitchell

특히 존슨 NCTO 회장은 마치 한국이 1998년 이후 중국과 함께 정부에 의한 환율조작 국가이면서 중국산 제품의 주요 우회수출 중심국가, 속여 수출하는 국가로 진술하는 등 잘못된 시각을 보여주고 있다.

38) NCTO 회원사들은 CAFTA 지역에 미국산 면사를 소재로 한 대규모 스웨터 공장에 투자하고 있다.

39) Tantillo, "U.S.-Korea Free Trade Agreement: Potential Economy-wide and Selected Sectoral Effects". USITC 서면제출 보고서(2007. 7. 27).

40) Lamar, "Re: U.S. International Trade Commission Inv. No. TA-2104-24(May 7, 2007)-U.S.-Korea Free Trade Agreement," USITC 서면제출 보고서(2007. 6. 27); Jones의 서면제출 보고서.

41) 한국일보, 2010. 4. 23일자 인터넷기사. 2010. 11. 2일 중간선거 결과 민주당이 6석을 잃었지만 상원은 민주당이 53석으로 다수당을 지켰다.

42) 양 위원회 모두 대외무역과 관련한 관세 및 비관세장벽, 국세과세 업무를 담당하고 있다. 하지만 미국 헌법 제1조 7항에 따라 모든 세입관련 법안은 하원에서 발의되고, 상원은 다른 법안과 마찬가지로 하원이 발의한 법안의 수정안을 제시하거나 이에 동의할 수 있다(미국 헌법 제1조 7항: "All Bills for raising Revenueshall originate in the House of Representatives; but the Senate may propose or concur

McConnell, Jr.) 상원 원내대표를 비롯한 공화당 의원들은 FTA 비준에 적극적인 편이다.[43] 반면 민주당 의원들은 <표 2-6>에서 보듯 시장개방에 보수적인 편이다. 2007년부터 상원 민주당 원내대표를 맡았던 해리 리드(Harry Mason Reid) 의원의 경우 ANDEAN, 칠레, 싱가포르, 오만, 페루 등 미국과 체결한 모든 FTA에 반대하였다.

그러나 민주당 내 주로 남부 출신 중도 보수 성향의 의원모임으로, 친기업주의 성향인 블루독연합(Blue Dog Coalition),[44] 후생이나 분배보다 성장을 추구하는 중도주의 성향의 신민주연합(New Democrat Coalition: NDC)[45] 소속 의원들이 큰 힘이 될 수 있다.[46] 상원에도 NDC 소속 의원 약 15명이 활동하고 있다.[47]

따라서 한·미 FTA 이행법안의 성공적인 통과 여부는 오바마 대통령의 리더십과 상원 민주당 및 하원 공화당 지도부의 적극적인 지원, 중도주의 성향의 민주당 의원의 설득에 달려 있다. 2009년 11월 6일 민주당 애덤 스미스 코리아코커스 대표, 아이크 스켈턴 하원 군사위원장, 조지프 크롤리 신민주연합(NDC) 의장, 그리고 공화당 지도부와 FTA를 담당하는 하원 세입위원회 소속 의원 15명 등 의원 각 44명이 오바마 대통령에게 한·미 FTA의 비준을 요구하는 서한을 보낸 것은 의미가 있다. 이들은 "한·미 FTA는 양국 간 전략적 동맹 강화에 기여할 것"이라며 "FTA가 진전되지 못하면 미국의 경쟁력과 일자리에 미칠 잠재적 영향이 우려스럽다"고 밝혔다.[48] 2010년 3월 26일 천안함 사건 이후 한국을 '전략적 동맹국'으로서 적극 지원해야

---

with amendments as on other bills"). 통상관련 입법도 세금과 관련 있는 관세문제를 다루기 때문에 주무 상임위는 세입위원회가 맡으며, 실질적인 권한은 산하 무역소위원회가 가지고 있다고 할 수 있다. 상원 재무위원회 산하에도 국제무역소위원회(Subcommittee on International Trade Committee)가 있다.

43) 한국일보, 앞의 글.

44) 스테파니 샌들린(Stephanie Herseth Sandlin, SD) 의원과 배론 힐(Baron Hill, IN) 의원이 공동위원장으로 약 65명의 민주당 하원의원이 소속되어 있다. 1980년대에는 로널드 레이건 대통령의 감세정책을 지지하였다. "민주당 옷을 입은 공화당의원"(Republicans in Democrats Clothing)으로 불리기도 하지만 대체로 자유무역을 지지한다: http://www.house.gov/melancon/BlueDogs/index.html.

45) 1997년 하원 칼 둘리(Cal Dooley, CA), 짐 모란(Jim Moran, VA), 티모시 뢰머(Timothy J. Roemer, IN) 3명의 하원의원에 의해 출범, 2009년 7월 현재 78명의 민주당 의원이 소속되어 있으며, 빌 클린턴 대통령도 멤버였다: http://ndc.crowley.house.gov/.

46) 2009년 11월 6일 미국 민주, 공화당 의원 각 44명씩 하원의원 88명이 서명한 한미 FTA의 의회 비준 준비를 요구하는 서한을 버락 오바마 대통령에게 보냈다. 이 서한에는 신민주연합(NDC)의 조지프 크롤리(민주, 뉴욕) 의장을 비롯해 NDC 소속 의원 21명과 에릭 켄터 공화당 하원 원내 부대표 등 공화당 지도부, 하원 세입위원회 소속 의원 15명 등이 포함되어 있다: 연합뉴스 2009년 11월 7일자 인터넷기사.

47) 2000년 에반 베이(Evan Bayh, IN), 조 리버맨(Joe Lieberman) 등에 의해 시작되어 현재 존 케리(John Kerry, MA) 2004년 민주당 대통령후보 등 14명의 민주당 상원의원이 속해 있다.

48) 연합뉴스 2009년 11월 7일자 "미 하원의원 88명, 한미 FTA 비준준비 촉구" 기사.

하며, 한·EU FTA의 선 발효 시 미국의 수출시장 확대와 일자리 창출에 타격을 입을 수 있다는 미국 내 인식은 한·미 FTA 비준에 긍정적으로 작용할 전망이다.

**〈표 2-6〉 미국 상·하원의 통상관련 법안 찬반투표 현황**

| 구 분 | 하원 | | | 상원 | | | 비 고 (Roll Call #) |
|---|---|---|---|---|---|---|---|
| | 찬성 | 반대 | 불참 | 찬성 | 반대 | 불참 | |
| 1993 Fast Track | 295 | 126 | 13 | 76 | 16 | 8 | (H)247, (S)192 |
| NAFTA | 234 | 200 | 0 | 61 | 38 | 1 | (H)575, (S)395 |
| 세계무역기구(WTO): UR협정 | 288 | 146 | 0 | 76 | 24 | 0 | (H)507, (S)326 |
| 1998 Fast Track | 180 | 243 | 12 | N/A | | | (H)466, N/A |
| AGOA | 234 | 163 | 37 | 76 | 19 | 4 | (H)307, (S)353 |
| 중국 PNTR[49] | 237 | 197 | 1 | 83 | 15 | 2 | (H)228, (S)251 |
| 2000 WTO 미국승인 철회안[1] | 56 | 363 | 15 | N/A | | | (H)310, N/A |
| Andean TPA('01−02 Fast Track) | 215 | 212 | 7 | 64 | 34 | 2 | (H)370, (S)207 |
| 칠레 FTA | 270 | 156 | 8 | 65 | 32 | 3 | (H)436, (S)319 |
| 싱가포르 FTA | 272 | 155 | 7 | 66 | 32 | 2 | (H)432, (S)318 |
| 호주 FTA | 314 | 109 | 10 | 80 | 16 | 4 | (H)375, (S)156 |
| 모로코 FTA | 323 | 99 | 12 | 85 | 13 | 2 | (H)413, (S)159 |
| 2005 WTO 미국승인 철회안[2] | 86 | 338 | 9 | N/A | | | (H)239, N/A |
| DR−CAFTA | 217 | 215 | 2 | 55 | 45 | 0 | (H)443, (S)209 |
| 바레인 FTA | 327 | 95 | 10 | U.A(만장일치) | | | (H)616, 만장일치 |
| 오만 FTA | 221 | 205 | 7 | 60 | 34 | 6 | (H)392, (S)190 |
| 페루 FTA | 285 | 132 | 16 | 77 | 18 | 5 | (H)1060, (S)413 |

주: 1) H.J.Res.90.(Withdrawing the approval of the United States from the Agreement establishing the World Trade Organization).
  2) H.J.Res.27.(Withdrawing the approval of the United States from the Agreement establishing the World Trade Organization).
자료: 미국 하원(www.house.gov) 및 상원(www.senate.gov) 홈페이지.

---

49) 2000년 9월 19일 표결에 부쳐진 동 법안(U.S.−China Relations Act of 2000)의 공식명칭은 "To authorize extension of nondiscriminatory treatment (normal trade relations treatment) to the People's Republic of China, and to establish a framework for relations between the United States and the People's Republic of China."(H.R. 4444)이다.

### 제 2 절  WTO DDA 농업협상 사례

## 1. WTO DDA 농업협상의 경과

### 가. 개  관

우루과이 라운드(Uruguay Round: UR)에 이어 무역자유화를 목적으로 WTO DDA 협상이 2001년 11월 의욕적으로 출발하였으나 이렇다 할 진전이 없다. 미국과 EU를 중심으로 한 선진국과 개도국 간에 협상과제에 대한 입장과 시각이 다르고, 협상 과정에서 다양한 이해관계 그룹 간 조정이 안 되고 있기 때문이다.

특히 개도국들은 UR 협상 시 내세웠던 무역자유화가 가져올 경제적 이익이 구체적으로 실현되지 못한 데다 선진국 중심의 일방적인 논의에 끌려가지 않겠다는 입장도 DDA 협상에 부정적 영향을 미쳤다. 이 가운데 수출개도국인 브라질과 인도는 DDA 협상 시 주요 5개국에 포함되어 기본골격 타결에 중요한 역할을 하였다.[50]

WTO 농업협상은 UR 농업협정(UR Agreement on Agriculture: URAA) 제20조[51]를 근거로 2000년부터 추가적인 농산물교역 자유화를 위해 논의하고 있는 후속 협상이다. 2001년 11월 카타르 도하에서 개최된 제4차 각료회의에서 새로운 다자간 무역협상인 DDA가 출범하여 농업협상의 주요 쟁점에 대한 기본 방향과 협상 일정이 정해졌다.[52] 즉, 2002년 3월부터 협상을 개시하여 2003년 3월 31일까지 기본

---

50) 김재수, "DDA 기본골격에 대한 미국의 반응과 평가", 「농촌경제」 제27권 제4호(2004, 겨울), pp. 97-115.

51) Article 20 of the Agriculture Agreement: Continuation of the Reform Process
  Recognizing that the long-term objective of substantial progressive reductions in support and protection resulting in fundamental reform is an ongoing process, Members agree that negotiations for continuing the process will be initiated one year before the end of the implementation period, taking into account: (a) the experience to that date from implementing the reduction commitments; (b) the effects of the reduction commitments on world trade in agriculture; (c) non-trade concerns, special and differential treatment to developing-country Members, and the objective to establish a fair and market-oriented agricultural trading system, and the other objectives and concerns mentioned in the preamble to this Agreement; and (d) what further commitments are necessary to achieve the above mentioned long-term objectives.

52) 여기에서 결정된 기본원칙은 ① 공정하고 시장지향적인 무역체제 수립이라는 농업협상의 장기목표를 재확인, ② 시장접근의 실질적 개선, 수출보조의 점진적 폐지를 목표로 한 감축, 무역왜곡적인 국내보조의 실질적 감축, ③ 회원국 제안서 상의 비교역적 기능(Non-Trade Concerns: NTC) 고려, ④ 개발도상

골격이 될 세부지침(Modalities)[53]을 확정하고, 이에 근거해 각국이 구체적인 이행계획서(Country Schedule)를 2003년 9월 10일 제5차 각료회의 전까지 제출, 이를 바탕으로 2004년 말까지 관심품목별, 국가별로 협상을 진행하기로 하였다.

협상은 농산물 수출국인 미국과 케언스 그룹, 한국을 비롯한 수입국들의 모임이 대립하는 구도 속에 개도국들도 특혜 확대를 요구하며 독자적인 목소리를 냄으로써 3각 구도로 진행되었다.[54] 그러나 후속협상 과정에서 각국의 이익이 상충되고, 지난 UR 협상 결과에 대한 평가도 달라 당초 합의된 일정을 지키지 못하였다.

지지부진하던 농업협상은 2003년 2월 12일 WTO 농업위원회 특별회의 하빈슨(Stuart Harbinson)[55] 의장이 제시한 관세와 보조금 감축 등에 관한 모델리티 1차 초안을 중심으로 집중 협의를 하였으나 합의점을 찾지 못하였다. UR 농업협상보다 높은 수준의 감축 폭을 담고 있어 한국을 비롯한 수입국들이 반대하였으나, 미국과 케언스그룹 등 농산물 수출국들은 오히려 시장개방의 폭을 확대해야 한다고 주장하였다.[56] 이에 따라 같은 해 3월 18일 1차 초안보다 개도국 우대조치를 확대한 1차 초안 수정안을 제시하였지만 이견을 좁히지 못해 시한인 2003년 3월 말까지 모델리티를 수립하는 데 실패하였다.

미국과 EU는 8월 13일 칸쿤 각료회의를 앞두고 교착 상태에 빠진 DDA 농업협상의 돌파구 마련을 위해 모델리티에 대한 양국 입장을 절충한 공동제안서를 발표하였다. 8월 24일 WTO 일반이사회 의장인 카를로스 카스티요(Carlos Castillo)는 이 공동제안서를 기초로 UR 관세감축공식 적용, 특별품목 반영 등 개도국 주장을 일부 반영한 수정안을 발표하였다. 그러나 같은 해 9월 10일부터 14일까지 멕시코 칸쿤에서 개최된 제5차 WTO 각료회의에서도 합의에 이르지 못하였다. ACP(African, Caribbean, and Pacific Group) 그룹[57]이 어떠한 싱가포르 이슈[58]도 공식 협상의제로

---

국에 대한 우대조치를 협상의 원칙으로 추진한다는 것이다.

53) 어떤 일을 하는 방식이나 방법(ways or methods of doing something)을 말한다. 여기서는 WTO 회원국 정부가 관세 및 보조금 감축을 위한 것이다: 자세한 내용은 WTO 홈페이지 참조.

54) 임종수 외, "WTO/DDA 농업협상 모델리티 평가와 국내 대응 방향", 한국농촌경제연구원, 2003, pp. 4-22.

55) 1947년 영국 태생으로, 1983년 홍콩 공무원사무국 직원을 시작으로, 1994년부터 2001년까지 WTO 주재 홍콩 상임대표, 2001 WTO 일반이사회 의장을 거쳐 2002년부터 WTO 농업위원회 특별회의 의장을 맡았다.

56) 임종수 외, 상계논문, pp. 4-22.

논의할 수 없다는 강경 입장이 협상 결렬의 직접적인 원인이지만, 실제로는 농업분야 시장개방에 대한 선진국과 개도국 간의 입장 차이 때문이다.

실질적인 결렬 원인은 브라질과 인도 등 개도국 그룹(G-22)[59]이 국내보조 및 수출보조의 대폭적인 감축 및 철폐, 시장 접근기회 확대 등 선진국이 수용하기 어려운 요구를 했기 때문이다. 그러나 최대 쟁점은 아프리카 개도국들에게 중요한 이해관계가 걸린 면화보조금 문제였다.

면화 문제는 통상정책 개혁의 현안이자 국제경쟁력과 직결된 개발(Development)의 문제이다.[60] 카스티요 초안에는 서부아프리카 4개국(Cotton four, C4)의 보조금 감축과 보상 요구[61]가 의제에 포함되어 있으나, 이에 미온적인 미국 입장을 고려함에 따라 아프리카 회원국과 다른 개도국의 감정을 자극하는 결과를 초래하였다.

특히 국가 경제를 면화 생산 및 수출에 크게 의존하는 부르키나파소, 베냉, 차드, 말리 등 C4는 DDA 협상에서 "미국 등 면화 생산국의 보조금으로 인해 면화 국제가격이 폭락해 막대한 피해를 입고 있다"며, 이로 인한 연간 2.5억 달러의 손상에 대한 보상을 요구하였다.

이들 4개국은 2003년 9월 10일 멕시코 칸쿤에서 개최된 제5차 각료회의에서 면화 보조금 철폐와 선진국의 보조금정책으로 인한 손상 보상을 요구[62]하며, 이 문제를 공식의제로 채택하도록 하였다. ACP 그룹도 C4의 제안을 지지하였다.

그러나 미국은 면화문제를 별도의 공식의제로 하는 것을 강하게 반대하였다.[63]

---

57) 1975년 조지타운협정(Georgetown Agreement)에 의해 긴밀한 경제협력과 지속가능한 개발, 빈곤탈피를 목적으로 창립되었으며, 아프리카 48개국, 카리브해 16개국, 태평양지역 15개국 등 총 79개국으로 구성되어 있다. 이들은 또한 쿠바를 제외한 국가가 2000년 6월 베냉 코토누(Cotonou)에 서명한 Cotonou Agreement 회원국이기도 하다.

58) 1996년 싱가포르에서 개최된 제2차 WTO 각료회의에서 의제로 채택된 무역원활화, 정부조달 투명성, 투자정책, 경쟁정책 등 4개 분야를 말한다.

59) 개도국연합으로 아르헨티나, 볼리비아, 브라질, 칠레, 중국, 콜롬비아, 코스타리카, 쿠바, 에콰도르, 이집트, 엘살바도르, 과테말라, 인도, 멕시코, 나이지리아, 파키스탄, 파라과이, 페루, 필리핀, 남아공, 태국, 베네수엘라 등 20개국이다.

60) Anderson, Kym and Ernesto Valenzuela, "The World Trade Organization's Doha Cotton Initiative: A tale of Two Issues", *World Bank Policy research Working Paper* 3918, May 2006, pp. 1-9.

61) http://www.krei.re.kr/kor/info/world_view.php?paperno=WRD-00673&paperclass=3&division=1.

62) WT/MIN(03)/W/2; "Poverty Reduction: Sectoral Initiative in Favour of Cotton - Joint Proposal by Benin, Burkina Faso, Chad and Mali"(15 August 2003).

63) Hanrahan, Charles E., "The African Cotton Initiative and WTO Agriculture Negotiations", *CRS Report* RS21712, 2004 참조.

면화보조금 문제는 농업협상에서 다뤄야 하며, 이를 양보할 경우 다른 품목에도 악영향을 미칠 수 있다는 우려 때문이다. 수파차이(Supachai Panitchpakdi) WTO 사무국장은 면화보조금 철폐와 보상을 요구하는 C4의 제안을 놓고 주요 15개국 검토회의를 개최하였다. 미국은 물론 EU, 호주, 캐나다 등 많은 가맹국들도 이 제안의 문제점을 지적하며 반대함에 따라 수파차이 사무국장의 조정 노력은 실패하였다.

면화 문제로 아프리카 개도국들의 불만이 비등한 가운데 결국 회담 마지막 날인 9월 14일 아프리카의 보츠와나 대표가 "싱가포르 이슈에 대한 협상개시는 인정할 수 없다"고 발언, 협상 결렬의 결정적 계기가 되었다. 그동안 국제협상에서 목소리가 약했던 아프리카 개도국들이 인도·중국을 포함한 아시아 및 중남미 각국과 연대, EU와 일본 등이 7년 이상 노력한 싱가포르 이슈 채택을 저지한 것이다.

미국은 칸쿤 회의 결렬 이후 각료회의 초안을 기초로 재논의할 수 있다는 입장이었고 개도국들도 협상 재개를 희망하였다. 이에 따라 WTO는 2004년 3월부터 새 의장단을 구성하여 협상을 재개하였다. 미국의 대선과 EU 집행위원의 교체 등 주요국의 정치일정 때문에 2004년 7월 말까지 협상의 기본골격에 대한 타결이 필요하다는 공감대가 있었다. 특히 5월초 수출보조금 철폐에 대한 EU의 진전된 입장 제시가 협상 재개에 중요한 계기를 제공하였다.

4월 30일 런던에서 소규모 각료회의를 개최하였고, 이어서 5월 14일 OECD 비공식 각료회의(파리), 7월 8일 G−10[64] 각료회의(제네바), 7월 10~11일 NG−5[65] 각료회의(파리), 7월 11~13일 개도국 G−90[66] 각료회의를 잇달아 개최, 회의 결과를 바탕으로 7월 16일 일반이사회 오시마(Oshima) 의장이 1차 초안을 발표하였다. 이 초안은 주요 협상그룹 간의 치열한 논의를 거쳐 7월 27일 2차 초안이 발표되었고, 7월 30일 회원국 의견을 반영한 수정안을 제시하였다. 이 수정안은 주요국의 최종회의를 거쳐 8월 1일 도하의제 작업계획에 관한 일반이사회 결정문(text)을 147개국 합의(July 2004 package)로 채택하였다.[67]

---

64) 국내 농업보조금을 지급하는 순수입 선진국으로 불가리아, 아이슬란드, 이스라엘, 일본, 한국, 리히텐슈타인, 모리셔스, 노르웨이, 스위스, 대만 등 10개국이다.
65) Non−Group 5 countries의 약자로 미국, EU, 브라질, 인도, 호주 등 핵심 5개국을 지칭한다.
66) 최빈개도국(Least Developed Country: LDCs) 그룹이다.
67) 김재수, 전게논문, pp. 97−115: http://www.wto.org/english/tratop e/dda e/draft text gc dg 31july04 e.htm 참조.

**〈표 2-7〉 DDA 농업협상 주요 그룹 현황**

| 구 분 | 대상 국가 | 기본입장 | 비 고 |
|---|---|---|---|
| MF6 | 한국, EC, 일본, 스위스, 노르웨이, 모리셔스<br>※ MF: Multi-functionality(다원적 기능)<br>※ NTC: Non Trade Concerns(비교역적 관심사항) | -농산물 수입국 입장 대변 (농업의 NTC 주장)<br>·관세감축은 UR방식 선호 | 농업의 비교 역적 관심사 항에 대한 배려 주장 |
| G-5 | 미국, EC, 호주, 브라질, 인도 | | 농업협상 주요국 그룹 |
| G-10 | 한국, 일본, 스위스, 노르웨이, 대만, 이스라엘, 아이슬랜드, 리히텐슈타인, 모리셔스 | -농산물 수입국 입장 대변<br>·관세상한 설정 반대<br>·관세감축의 신축성 주장 | 수입국 그룹 |
| 케언즈 그룹 | 캐나다, 칠레, 브라질, 아르헨티나, 파라과이, 우루과이, 인도네시아, 필리핀, 태국, 호주, 뉴질랜드, 콜롬비아, 말레이시아, 남아공, 볼리비아, 코스타리카, 과테말라 | -농산물 수출국 입장 대변 | 수출국 그룹 |
| G-20<br>(G-22) | 아르헨티나, 브라질, 볼리비아, 중국, 칠레, 에콰도르, 과테말라, 인도, 멕시코, 파라과이, 필리핀, 남아공, 태국, 쿠바, 파키스탄, 베네수엘라, 이집트, 나이지리아, 인도네시아 등 | -개도국 입장 대변<br>·선진국의 국내보조 대폭 감축, 수출보조 철폐<br>·개도국 우대 강화 | 강경 개도국 그룹 |
| G-33 | 한국, 중국, 도미니카, 온두라스, 인도, 인도네시아, 자메이카, 케냐, 마다가스카르, 모리셔스, 몽골, 모잠비크, 나이지리아, 니카라과, 파키스탄, 파나마, 페루, 필리핀, 세네갈, 스리랑카, 터키, 우간다, 베네수엘라 등 | -개도국 입장 반영<br>·SP 품목 및 개도국 특별 긴급수입제한제도(SSM)에 중점 | 특별품목 그룹 |
| G-90 | ACP, LDC, 아프리카그룹 국가들로 구성 모리셔스, 남아공, 이집트 등 | -아프리카, 중남미, 아시아 일부 국가 포함 | |
| ACP 그룹 | 아프리카, 카리브해, 태평양지역 77개 국가 | -로메협약에 의해 EC와 특혜적 무역관계 국가 | |

자료: 농림부 자료 참조.

그러나 이후 농업협상이 다시 교착상태에 빠지자 팀 그로서(Tim Groser) 농업위원회 의장은 2005년 7월 28일 그동안의 진전사항과 평가를 담은 의장보고서 (Chairperson's report)[68]를 무역협상위원회(Trade Negotiations Committee: TNC)에 보

---

68) WTO. "Agriculture Negotiations: Status Report II-Looking Forward To The Hong Kong Ministerial". TN/AG/19, 1 August 2005.

[그림 2-2] DDA 협상의 역학구도[69]

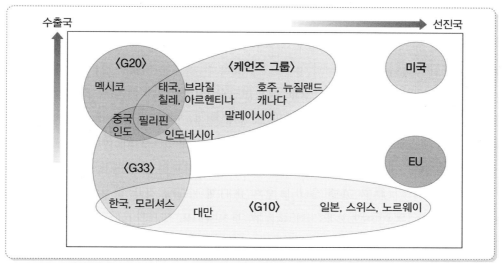

자료: 송주호(2008).

고하였다. 미국은 DDA 협상이 진전이 없자 2005년 10월 10일 모든 관세와 보조금을 2단계에 걸쳐 폐지하자는 포괄적인 농업협상을 제안하였다.

파스칼 라미 총장은 2005년 10월 13일 무역협상위원회(TNC) 회의에서 "미국의 발전된 제안으로 새로운 모멘텀을 얻었다"며 농업협상에서 개발 이슈가 중심이 되어야 한다고 말했다. '개발' 이슈와 관련해 미국, EU, 일본 등 국가들과 아프리카개발은행(African Development Bank), IMF, OECD, UNIDO, 세계은행 등 다자 차원의 기부 약속이 이어짐에 따라 아프리카 4개국은 획기적인 진전이라고 평가하였다. 반면, 우간다와 잠비아 같은 국가들은 면화를 재배하는 일부 국가에만 혜택이 돌아간다며 불만을 토로하였다.

며칠 뒤인 10월 28일 팔코너(Crawford Falconer) 의장은 제7차 면화 소위원회(Sub-Committee on Cotton) 회의에서 수출보조금 폐지 등 '무역'에서의 농업협상의 진전은 면화에도 영향을 줄 것이라고 보고하였다. 우선 국내보조와 관련하여 무역을 왜곡시키는 선진국들의 감축대상보조(Amber Box) 감축에 면화도 포함된다고 밝혔다. 그러나 시장접근에 대한 이견을 좁히지 못했다. 팔코너 의장은 농업협상에

---

69) 송주호, "DDA농업협상과 UR협상", 「세계농업」 제93호(2008년 5월), pp. 3-11.

면화 이슈 문제가 포함되어 있지만, 2004년 합의한 기본골격에 면화에 관한 추가적인 결과물이 필요하다고 밝혔다. C4는 모든 국가로부터 수입되는 면화 및 면화 관련제품의 쿼터를 없애고 무관세로 하겠다고 약속한 EU에 대해 서면으로 제출해 달라고 요구하였다.[70]

2005년 11월 10일 라미 사무총장은 런던과 제네바에서 현재의 상황과 홍콩회의 전망, 향후 가능한 조치 등에 대한 비공식 각료회의를 가졌으나 중재에 실패하였다.[71] 약 1주일 뒤인 11월 18일 개최된 제8차 면화 소위원회 회의에서 C4와 EU가 면화에 관한 새로운 수정 제안을 하였다. C4의 하나인 차드는 일주일 전 개최된 비공식 회의에서 (1) 2005년 말까지 면화에 대한 수출보조금 완전 폐지, (2) 2006년 말까지 무역왜곡 국내보조의 80% 감축과 이후 2년간 10%씩 2009년 1월 1일까지 완전 폐지, (3) 합의된 국내보조금만 존치, (4) 저개발국 면화 및 면화 관련제품에 대한 면세 및 쿼터폐지 등 시장접근의 실질적인 진전, (5) 국제가격 하락압력에 따른 긴급자금 지원, (6) 아프리카 면화부문에 대한 기술 및 금융지원 등을 요구하였다. 아울러 미국과 EU가 홍콩 각료회의에 더 많은 것을 내놓으라고 요구하였다.[72]

EU 역시 각국 대표들에게 농업협상보다 면화에 관해 의욕적이고 신속한 이행보장을 요구하며 자체적으로 이를 이행하겠다고 밝혔다. 카를로 트로얀(Carlo Trojan) EU 대표는 3가지 핵심 분야("pillars")에서 농업협상보다 면화에 더 많은 감축을 제안하며 "최종협상이 이행되는 날 모든 국가에 대한 관세, 쿼터 및 물량제한, 무역을 왜곡시키는 감축대상보조(Aggregate Measurement of Support: AMS),[73] 모든 수출보조금을 폐지할 의향이 있다"고 말했다.[74] 이와 관련, 브라질이 주도하는 G−20,[75] 쿠바, 아프리카 그룹은 C4의 제안을 전폭 지지하였다. 미국은 면화에 대한 결과물이 농업협상 결과보다 높은, '평균 이상'이어야 하지만 농업협상에서도 의미 있는 성과가 나와야 한다고 밝혔다.

---

70) http://www.wto.org/english/news_e/news05_e/cotton_28oct05_e.htm.
71) http://www.wto.org/english/news_e/news05_e/stat_lamy_nov05_e.htm.
72) http://www.wto.org/english/news_e/news05_e/cotton_18nov05_e.htm.
73) 각국의 국내농업보호 수준을 수량적으로 파악하기 위한 지표로 사용된다.
74) http://www.wto.org/english/news_e/news05_e/cotton_18nov05_e.htm.
75) 개도국그룹인 G−22로 경우에 따라 개도국 그룹을 G−20으로 표기하기도 한다.

같은 해 11월 28일 라미 사무총장은 10월 일반이사회, 9월과 10월의 무역협상
위원회 회의결과를 토대로 제6차 홍콩 각료회의 선언문 제1차 초안을 제시하였다.
동 초안은 면화 문제를 "야심차게, 빠르게, 구체적으로"("ambitiously, expeditiously
and specifically") 해결한다는 2004년 8월 1일 일반이사회 채택 합의문(July 2004
package)을 상기시키며, 면화 문제의 최우선 보장과 이를 위한 세부원칙을 재확인
하였다.[76] 또한 특화된 면화 지원을 확대하고, 생산성과 효율성 제고를 위한 C4의
노력을 환영한다는 내용도 포함하였다. 이 합의문 3항에 따르면 도하 각료선언문
45항에 제시된 2005년 1월 1일의 시한을 넘겨 제6차 각료회의까지 DDA 협상을
지속하고, 제6차 각료회의는 2005년 12월 홍콩에서 개최한다는 것이다.

홍콩 각료회의는 미국의 신속협상권한이 종료되는 2007년 이전에 협상을 마무
리하기 위해 핵심 이슈를 해결할 수 있는 마지막 기회였다. 라미 총장은 홍콩 각
료회의에 앞서 수일간 집중 협의한 결과를 토대로 2005년 12월 1일 홍콩 각료회
의 선언문 2차 초안을 배포, 12월 2일 일반이사회에서 각료회의에 제출할 각료선
언문 초안으로 채택하였다.[77]

2005년 12월 13~18일 개최된 홍콩 제6차 각료회의는 최빈개도국(LDCs) 지원,
농업 수출보조금 철폐 시한의 설정 등이 포함된 각료선언문을 채택하였다. 여러 차
례 협의와 수정을 거쳐 12월 7일 4차 초안이 발표되었고, 12월 18일 발표된 5차
초안은 최종적으로 제6차 각료회의 선언문으로 채택된 것이다. 이날 채택된 홍콩
각료회의 최종 수정안[78]은 최빈개도국 지원과 수출보조금 철폐시한에 대한 미국과
EU 등 회원국의 이견을 조정한 것이다.

면화 문제는 동 선언문 11항~12항에 규정하고 있다. 동 조항에는 면화 문제를
"야심차게, 빠르게, 구체적으로" 해결하기 위해 2004년 8월 1일 일반이사회 결정에
대한 회원국들의 위임사항을 재확인하고, 도하 선언문과 '2004년 7월 패키지'에 적
시한 면화의 시장접근, 국내보조, 수출경쟁 등 3가지 핵심 분야에 영향을 미치는

76) http://www.wto.org/english/tratop_e/dda_e/draft_text_gc_dg_31july04_e.htm#par1b.
77) 12월 7일 채택된 3차 초안의 주요 내용은 서비스관련 추가합의가 필요한 사항, TRIPs와 공중보건 관련
   사항 등이 포함되어 있지만 농업 및 NAMA 협상관련 세부원칙의 결정과 양허표 제출시한 등은 포함되
   지 않았다.
78) WT/MIN(05)/DEC(22 December 2005).

모든 무역왜곡정책을 농업협상에서 해결한다는 것이다.

선진국에 의한 모든 형태의 수출보조금을 2006년까지 철폐하고, 협정 발효시점부터 최빈개도국의 면화 수출에 대한 선진국의 관세 및 쿼터를 폐지한다는 것이다. 또한 무역을 왜곡시키는 면화 보조금을 일반적으로 합의한 공식 이상으로 감축하고 더 빨리 폐지하는 데 협상의 최우선 목표를 두어야 한다는 것이다.

그리고 면화의 개발원조와 관련, 2004년 8월 1일 일반이사회가 채택한 결정문 (WT/L/579) 1.b항[79] 이행을 위해 사무총장이 제시한 자문프레임워크 프로세스 (Consultative Framework Process)를 지지하며, 면화 생산의 효율성과 경쟁력 제고, 기술이전을 포함한 남남협력 지원을 촉구하였다.

홍콩회의 기간 중 주요 이슈는 (1) 최빈개도국 지원에 관한 개발, (2) 수출보조금 철폐시한, 수출신용, 식량원조 등 농업, (3) 관세인하 공식 등 비농산물 시장접근 등이었지만 선진국과 개도국 간, 미국과 EU 간 이견으로 진전을 보지 못하였다.[80]

농업 분야는 수출보조금 철폐 시한이 쟁점이었으나, EU의 '공동농업정책'(Common Agricultural Policy: CAP) 계획을 반영하여 수출보조금 철폐 시한을 2013년으로 합의하였다. 라미 총장은 2006년 2월 7일 TNC 회의에서 홍콩각료회의 선언문에서 밝힌 '세부일정표(very detailed timelines)'에 따라 연말까지 협상을 마무리하도록 요청하였다.[81] 각국 각료와 대표들은 2006년 6월 28일부터 7월 1일까지 제네바에 모여 세부원칙 합의를 위한 협상을 벌였다. 미국을 비롯한 핵심 6개국 장관들은 7월 23일 타결을 시도하였으나 실패함으로써 이후 협상이 중단되었다.[82]

핵심 국가들은 이후에도 여러 차례 절충에 나섰으나 현격한 견해 차이를 좁히지 못했다. 이에 따라 일반이사회는 라미 총장의 권고를 받아들여 2006년 7월 27일 협상 중단을 선언하였다. 아프리카연합(African Union) 의장인 Denis Sassou N'Guesso 콩고대통령은 2006년 10월 30일 G-6이 교착상태 타개에 나서 줄 것을 요구하였다. 라미 총장은 11월 16일 비공식 TNC 회의에서 협상 재개의 필요성을 강조하

---

79) 면화에 관해 규정하고 있다. 주요 내용은 일반이사회는 'Cotton Initiative'의 중요성, 특히 개발차원의 중요성을 재확인하고 무역과 개발의 상보성을 강조하고 있다.

80) 강문성, "WTO 홍콩각료회의의 주요 내용과 DDA 협상의 향후 전망", 「세계경제」 2006년 1월호, 대외경제정책연구원. pp. 19-28.

81) http://www.wto.org/english/news_e/news06_e/tnc_dg_stat_7feb06_e.htm.

82) http://www.wto.org/english/tratop_e/dda_e/modalities06_e.htm.

였고, 2007년 2월 7일 일반이사회 보고를 통해 협상 재개를 선언하였다.[83] 2007
년 1월 다보스 소규모 각료회의를 계기로 농업협상은 2월부터 회원국 전체의 공
식·비공식 협상과 주요국 중심의 소규모 그룹 협상이 진행되었고, 미국·EU·
브라질·인도 등 주요 4개국(G-4) 고위급 실무회의에서 협상의 실질적인 진전이
있었다.[84]

　그러나 핵심 쟁점인 고율관세 구간의 관세감축률과 민감품목의 개수 및 대우,
무역왜곡보조총액(Overall Trade Distorting Subsidies: OTDS) 감축 수준에 대해 미국
과 EU, 선진국과 개도국 간에 이견을 좁히지 못한 채 2007년 4월 11일~12일 인
도 뉴델리에서 개최된 G-6[85] 각료회의까지 이어졌다. 6월 중순 독일 포츠담에서
개최된 G-4 각료회의에서는 NAMA의 핵심 쟁점인 개도국의 관세감축 공식과 농
업분야의 OTDS 감축을 놓고 미국·EU와 브라질·인도 간 입장 차이를 좁히지
못하였다.

　2007년 7월 17일 팔코너 의장은 관세 및 모든 무역왜곡 보조금의 감축공식 관
련규정을 담은 45페이지짜리 세부 원칙안을 제시하였다. NAMA 협상 의장인 스티
펜슨(Don Stephenson)[86]과 조율을 거쳐 회람된 동 수정안은 WTO 회원국 정부의
입장을 반영한 것으로, 합의를 위해 집중 논의해야 할 내용들을 담고 있다.

　그러나 이 수정안도 회원국들의 합의를 이끌어내지 못하였다. 2008년 7월 21일
제네바에서 협상이 재개되었지만, 9일간 진행된 협상은 특별세이프가드 등에 대한
이견 때문에 결렬되었다. 협상 둘째 날인 7월 22일 수잔 스왑 USTR 대표는 미국
이 농업보조금 한도를 2006년 182억 달러에서 연간 150억 달러로 감축하겠다고
발표하였다. 미국과 EU는 전문직 노동자에 대한 임시취업 비자 수도 늘리겠다고
밝혔다.

　이에 따라 대부분 이슈가 합의되어 협상이 타결되는 듯 했지만, 중국과 인도 농
민들에 대한 특별보호, EU의 아프리카 및 카리브해 국가의 바나나 수입, 인도와

---

83) http://www.wto.org/english/news_e/news07_e/gc_dg_stat_7feb07_e.htm.
84) 서진교 외, "DDA 협상의 전개과정과 다자통상체제에 대한 시사점", 연구보고서 07-03, 대외경제정책
　　연구원. 2007, pp. 31-50.
85) G6는 G4에 일본과 호주가 추가된 것이다.
86) 스티펜슨 의장도 그의 세부원칙 수정안을 제시하였다.

중국의 관세 및 농업보조금 집착 등으로 인해 타결되지 못하였다. 미국, 인도, 중국 간 농업교역 이슈에 관한 시각차이 때문이었다.[87] 미국과 인도 간의 쟁점은 특별 세이프가드 메커니즘(special safeguard mechanism: SSM)[88]이었다.

팔코너 의장은 2008년 12월 6일 최종협상을 위한 청사진을 담은 세부원칙 수정안을 제시하였다. 이 수정안은 7월 21일부터 30일까지 제네바에서 각국 각료들이 농산물 및 비농산물에 대한 세부원칙 합의를 모색하였던 '2008년 7월 패키지'(July 2008 package) 회의 후속으로 9월부터 여러 차례 조율한 뒤에 나온 결과물이다. 그러나 대다수 합의했음에도 불구하고 몇 가지 이슈 때문에 최종 합의에 도달하지 못하였다.

협상 결렬 후 미국과 일부 EU 회원국들은 인도가 협상 실패의 원인이라고 비난하였지만, 인도는 100개국 이상 회원국들이 자국의 입장을 지지한다고 반박하였다.[89] 그러나 당시 EU 집행위원이던 맨델슨(Peter Mandelson)은 "인도와 중국 때문이 아니라 미 의회를 통과한 농업보조금 5개년 프로그램(농업법) 때문"이라고 말했다.[90]

협상 재개 노력은 이후에도 계속되었다. 룰라 다 실바(Luiz Inácio Lula da Silva) 브라질 대통령은 여러 국가 지도자들에게 협상 재개를 요구하였고, 파스칼 라미 사무총장은 인도를 방문하여 해법을 협의하였다. 2009년 런던에서 개최된 G20 정상회의에서도 DDA 협상을 마무리할 것을 권고하는 내용이 포함되었다. 2010년 3월 초 룰라 브라질 대통령은 미국 오바마 대통령과 양국 간 면화 보조금 분쟁을 조속히 마무리할 것을 요구하였다.[91] 2009년 4월 22일 팔코너 후임으로 WTO 농업협상 의장에 선출된 뉴질랜드 대사인 데이빗 워커(David Walker)는 농업협상을 다자

---

87) Schnepf, Randy, and Womach Jasper, "Potential Challenges to U.S. Farm Subsidies in the WTO", CRS Report RL33697, 26 April 2007. http://www.nationalaglawcenter.org/assets/crs/RL33697.pdf.

88) 개도국 정부가 가난한 농민보호를 위해 특정농산물의 수입이 급증하거나 가격이 폭락할 경우 특별관세를 부과할 수 있도록 한 조치를 말한다.

89) Wheatley, Jonathan, "Collapse of Doha forces acceptance of second best Collapse of Doha forces acceptance of second best", *Financial Times*, 11 August 2008.
http://www.ft.com/cms/s/0/2118beba−61bc−11dd−af94−000077b07658.html.

90) Alan, Beattie, and Frances William, "Doha trade talks collapse", *Financial Times*, 29 July 2008.
http://www.ft.com/cms/s/0/0638a320−5d8a−11dd−8129−000077b07658.html.

91) http://www.businessweek.com/news/2010−03−10/lula−asks−obama−to−quickly−end−cotton−fighting−update1−.html.

〈표 2-8〉 WTO DDA 농업협상 일지

| 일 자 | 협상 내용 | 비고 |
|---|---|---|
| 2001. 11. 9 | Doha 라운드 출범 | 도하(카타르) |
| 2003. 2. 12 | 하빈슨(Harbinson) 의장 초안 제시 | |
| 2003. 3. 18 | 1차 초안 수정안 제시 | |
| 2003. 9. 10 | 칸쿤 각료회의 결렬 | 5차, 칸쿤(멕시코) |
| 2004. 7. 13 | 협상의 기본골격 합의 | 제네바 |
| 2004. 7. 16 | 오시마(Oshima) 의장 1차 초안 발표 | 제네바 |
| 2004. 7. 30 | 오시마 의장 수정안 회원국에 제시 | 제네바 |
| 2004. 8. 1 | 세부원칙 기본골격 합의문 채택 | WTO 일반이사회 |
| 2005. 10. 10 | 미국, DDA 농업협상 재개 제안 | |
| 2005. 12. 13 | 협상타결 실패 및 라미총장 협상진전 위임<br>※ NAMA 스위스공식 합의 | 6차, 홍콩각료회의 |
| 2006. 7. 27 | 라미(Lamy)총장, 협상 일시중단 선언 | |
| 2007. 1. 31 | 라미총장, 협상재개 요구 | 제네바 |
| 2007. 7. 17 | 팔코너 의장, 세부원칙 초안 제시 | 제네바 |
| 2008. 2. 8<br> 5. 19<br> 7. 10 | 팔코너 의장 세부원칙 1차 수정안 제시<br>   〃     2차 수정안 제시<br>   〃     3차 수정안 제시 | 제네바 |
| 2008. 8. 11 | 팔코너 의장 "July 2008 package" 제안 | 제네바 |
| 2008. 12. 6 | 팔코너 의장 세부원칙 수정안 제안 | 제네바 |

자료: WTO와 미 농무부(USDA) 웹사이트를 참조하여 필자 작성.

프로세스로 복귀하는 등 협상을 촉진하기 위한 일정을 6월 18일 발표하였다. 2008~2009년 중 세계 금융위기로 세계경제가 어려움을 겪으면서 DDA 협상이 진전을 보지 못하고 있지만, 농업은 가장 중요하면서 논란이 많은 이슈로 남아 있다.

## 나. 쟁점: 왜 면화인가?

면화 문제는 DDA 협상에서 핵심이슈인 동시에 리트머스시험이다. 세계교역에서 면화는 매우 중요한 위치를 차지하기 때문이다. 개발도상국과 저개발국의 면화 생산 농장이 소규모이기 때문에 면화는 빈곤을 줄일 수 있는 작물인 동시에 전형적인 '개발' 의제 대상품목이다.[92] 세계 면화의 약 30%가 직물 공장에서 소비되기 전에 국경을 통과하며, 세계 면화의 대부분이 면, 직물 및 의류의 형태로 최종 소비자에게 도달하기 전 최소 한 번 이상 국경을 통과하기 때문이다.[93]

WTO 협상은 여러 가지 면에서 GATT 체제하의 다자간협상과는 다른 특징을 보이고 있다. 우선 우루과이 라운드, 케네디 라운드처럼 '라운드(round)'라는 용어 대신 '도하개발어젠다(DDA)'라는 용어를 사용한다. 가장 중요한 차이점은 협상에서의 관심이 과거 일본, EU, 미국과 같은 일부 주도적인 국가에서 개도국과 일부 최빈개도국으로 옮겨갔다는 점이다. 그 중심에는 면화보조금 문제가 있다.

DDA 협상에서도 미국과 EU와 같이 대규모 농업보조금을 지급하는 그룹, 브라질이 주도하는 대다수 개도국 그룹으로 이해관계가 갈라졌다. 브라질은 미국의 면화보조금과 EU의 설탕 수출보조금을 WTO에 제소하여 승소함으로써 국제적인 영향력과 리더십을 확보하였다. 특히 2002/3년 브라질이 미국을 상대로 WTO 분쟁해결절차에 착수하고 WTO 내 면화 소위원회가 발족된 이후 면화 문제는 DDA 무역자유화 협정의 핵심 의제로 부상하였다.[94]

'면화 이니셔티브'(Sectoral Initiative in Favour of Cotton)를 제기한 C4 주도의 최빈개도국 그룹은 DDA 협상을 부국의 농업보조금과 빈국의 농업 경제발전과 연계하도록 하였다. C4는 경제 규모가 미미하고 국제경제나 국제관계에서 특별한 영향력이 없음에도 불구하고, 그들의 주장[95]을 WTO 협상의 핵심 이슈에 포함시키는데 성공하였다.[96]

세계 수출액이 총 100억 달러도 안 되고 세계 농산물 수출에서 차지하는 비중

---

92) 세계 농업교역 자유화로 인한 세계후생에 미치는 효과에 대한 다양한 연구가 있으나, 추정치에 대한 편차가 너무 크고, 농업 자유화로 얼마나 많은 사람들이 빈곤에서 탈출할 것인가에 대한 추정치도 7,200만 명(Anderson et al., 2005)에서 4억 4,000만 명(Cline, 2004)까지 편차가 크다: 자세한 내용은 Nello, Susan Senior., "Winners and Losers from World Agricultural Trade Liberalisation", *EUI Working Papers*, RSCAS 2007/18, pp. 12－13 참조.

93) Meyer, Leslie and Stephen MacDonald, "Cotton: Background and Issues for Farm Legislation", CWS－0601－01, USDA, July 2001, p. 11.

94) Theme Group on: The Trade Governance Architecture－Developing Countries in Global Rule Making, "Lessons Learned from the Negotiations and Litigations on Cotton", Geneva Trade Development Forum Supported by NCCR Trade Regulation IP2's Discussion Paper Prepared by Philipp Stucki, Graduate Institute of International and Development Studies, Geneva.

95) 무역을 왜곡시키는 면화보조금의 점진적인 철폐와 보조금으로 인한 피해 보상을 주장하였다.

96) www.wto.org 참조.

도 미미한 면화가 전례 없는 관심을 끌 수 있었던 것은 그만한 이유가 있다. 첫째, 일부 가난한 나라 지도자들이 '면화 문제는 그들의 전체 국가이익에 중대한 문제이며, 대다수 국민들의 생존과 직결되는 문제'라는 점을 내세워 이슈화에 성공하였다. 면화는 C4 수출의 약 30%에 달하고 수백만 농민소득의 중요한 부분을 차지하기 때문에 정치적 수사 이상의 의미가 있다.

둘째, 면화보조금 정책은 소수 부국에 집중되어 있다. 개도국들은 국내보조금이 없는 대신 수입을 제한하기 때문에 보조금 문제는 개도국들로부터 폭넓은 지지를 받았다. EU도 최대보조금을 지급하지만 면화를 생산하는 그리스와 스페인의 생산량이 미미하기 때문에 보조금을 지급하면서 세계 면화시장에서 주도적인 역할을 하는 WTO 회원국은 미국이 유일하다. 스위스의 IDEAS나 옥스팜과 같은 NGO도 면화 문제를 국제 이슈화하는 데 중요한 역할을 하였다.

셋째, 면화는 여러 가지 면에서 고도로 "집중화"되어 있다. 생산 면에서 소수 몇 나라에 집중되어 있다. 2005/6년의 경우 전체 면화 생산의 약 50%가 중국과 미국에서 생산되었으며, 인도와 파키스탄을 포함할 경우 전체 생산의 2/3에 이른다. 면화 수출도 소수 몇 나라에 집중되어 있다. 의류 교역의 자유화로 면제의류 제조지역이 개도국으로 이전되면서 미국은 면화 생산량의 2/3를 수출하고 있다. 특히 세계 면화시장에서 미국이 차지하는 비중은 약 40%에 달한다.[97] 미국과 호주, 우즈베키스탄, 브라질 4개국에 의한 면화 수출이 전 세계 면화수출의 2/3를 차지한다. 여기에 서아프리카 4개국과 아시아 4개국을 포함하면 무려 4/5에 달한다.

문제는 이러한 생산 및 수출이 보조금과 관세에 의해 심각하게 왜곡되어 있고,[98] 많은 저소득 국가들의 외화획득이 면화에 과도하게 의존하고 있다. C4는 물론 우즈베키스탄의 경우 전체 상품수출 중 면화가 1/5 이상을 차지하며, 이 지역 여타 6개국도 면화의 수출비중이 5~12%를 달한다.

2002년의 경우 아프리카 및 중앙아시아 11개국 대다수가 1인당 1일 소득이 80

---

97) Summer, Daniel A., "Chapter 10 Reducing Cotton Subsidies: The DDA Cotton Initiative", *Agricultural Trade Reform and the Doha Development Agenda*, London: Palgrave Macmillan (co-published with the World Bank), 2004.

98) Anderson, Kym and Ernesto Valenzuela, "The World Trade Organization's Doha Cotton Initiative: A tale of Two Issues", *World Bank Policy research Working Paper* 3918, May 2006, pp. 1-9.

센트 이하로, 거의 면화 수출에 의존하고 있다. 이렇게 수출된 면화는 국제시장에
서 미국 등 높은 보조금 혜택을 받은 수출품과 직접 경쟁하고 있다.

　　Anderson & Valenzuela(2006)에 의하면 2001년을 기준으로 GTAP 모델을 이용
해 면화 보조금과 관세에 따른 국제적 비용을 추산한 결과, 보조금 및 관세 철폐
시 세계적으로 매년 2.83억 달러의 경제후생이 증가하고, 국제가격은 12.9% 오르는
것으로 나타났다. 특히 후생 증가분 가운데 매년 1.47억 달러가 C4, 1/5이 여타 서
부아프리카 국가에게 돌아가고, 미국의 면화 생산 및 수출은 25%, EU는 50%가 감
소할 것으로 분석되었다. 또한 이로 인해 C4의 수출비중이 12%에서 17% 증가하는
등 개도국의 수출비중이 52%에서 72%로 크게 확대되는 것으로 나타났다.

　　이러한 특성 때문에 칸쿤 각료회의의 합의 실패는 '면화 이니셔티브'를 해결하
지 못한 데도 일부 기인한다. 농업협상의 기본원칙을 정한 2004년 8월 WTO 이사
회 결정의 부속서 1(Annex 1)에서 면화 문제는 그 중요성을 인식하여 "야심차게,
빠르게, 구체적으로" 해결한다고 강조하고 있다. 핵심 내용은 두 가지이다. 첫째,
면화 보조금 감축은 별도 협상을 하지 않는 대신 전반적인 농업협상의 일부로 다
룬다는 것이다. 둘째, 농업협상의 일부로서 면화보조금 감축률에 대한 협상을 하지
만 감축률을 더 높게 하거나 특별규정을 둘 수 있다는 것이다. 면화 이슈를 최우
선적으로 다룰 농업위원회(Committee on Agriculture) 특별 세션과 같은 것이다.

　　세계 면화시장에 보조금이 어떤 영향을 주고 있는가의 문제는 그동안 많은 관
심을 불러 일으켰다. 브라질에 의해 제기된 미국 면화보조금에 관한 WTO 분쟁과
DDA '면화 이니셔티브' 때문이다. 연구자들은 부국들의 면화보조금 감축을 통해
서아프리카 국가들이 국제가격 인상에 따른 가격효과와 수출물량 증가효과를 볼
것으로 분석하였다. 그러나 면화보조금으로 인한 손상 추정규모는 연구자(기관)에
따라 2,000만 달러(Tokarick, 2003)에서 5억 달러 이상(ICAC, 2003)[99]까지 많은 차
이를 보였다. 이는 분석모델의 차이, 자료원, 기준년도, 사용한 탄력성 등이 다르기
때문이다. 보조금 지급에 따른 손상 규모는 추정 국제가격효과의 크기와 추정 최빈
개도국 공급반응 규모에 따라 달라질 수 있다.

---

99) ICAC(International Cotton Advisory Committee)는 면화 생산, 수출입, 소비에 관심을 가진 국가들의
　　정부 간 기구로 유엔에 자문 역할을 하고 있다.

**〈표 2-9〉 면화보조금으로 인한 수출수입 손상 추정액[100]**

| 연구자료 | 서아프리카 손상규모(U$ million) |
|---|---|
| Tokarick(2003) | 26 |
| FAO(2004) | 30 |
| Goreux(2004) | 37~254 |
| Reeves et al.(2001) | 76 |
| FAPRI(2002) | 90.37 |
| Gillson et al.(2004) | 93.8~354.6 |
| Sumner(2003) | 116 |
| Anderson and Valenzuela(2006) | 143 |
| ICAC(2002) | 274 |
| ICAC(2003) | 504 |

자료: Shepherd & Delpeuch(2007) 참조.

## 다. 면화 소위원회

WTO는 '7월 패키지'로 불리는 2004년 8월 1일 결정에 따라 농업협상의 특별의제로 면화 문제를 다룰 면화 소위원회[101]를 2004년 11월 19일 발족시켰다. C4는 2003년 4월 30일 당시 수파차이 WTO 사무총장에게 서신을 보내 2003년 6월 10일 Blaise Compaoré 부르키나파소 대통령이 TNC에 '면화 이니셔티브' 도입을 제안하여[102] 칸쿤 각료회의에서 공식 문서[103]로 채택되었다.

그러나 회원들 간에는 이를 특별한 과제로 다뤄야 할지 농업보조금과 국내보조 문제로 다뤄야 할지에 대한 생각과 보상 문제에 대한 의견이 달랐다. 농업위원회 특별회의인 면화 소위원회는 '2004년 7월 패키지' 결정에 따라 농업협상의 공식회의로서 모든 WTO 회원국과 옵저버 정부가 이 위원회에 참여할 수 있도록 하고, 회의 결과는 정기적으로 TNC와 일반이사회, 최고 의사결정 기관인 각료회의에 보고

---

100) Shepherd, Ben and Claire Delpeuch. "Subsidies and Regulatory Reform in West African Cotton: What are the Development Stakes?", *Policy Brief* GEMPB-2007-01, Groupe d'Economie Mondiale at Sciences-Po, March 2007.
101) WTO 공식사이트에서는 Cotton Sub-Committee로 표기하기도 한다.
102) 이 제안(TN/AG/GEN/4)은 농업위원회 특별회의에서 2003년 7월 1일, 18일 두 차례 논의되었다.
103) WT/MIN(03)/W/2와 WT/MIN(03)/W/2/Add.1.

하였다.

면화 소위원회는 '7월 패키지'에 따라 농업협상 내에서 "야심차게, 빠르게, 구체적으로" 면화 문제를 해결하되, 시장접근, 국내보조 및 수출경쟁 등 농업협상의 3대 핵심 분야에서 면화부문에 영향을 미치는 모든 무역왜곡 정책들을 다루도록 하였다. 당초 제안대로 '무역(trade)'과 '개발(development)' 2가지 가운데 '무역'은 무역장벽, 국내보조 및 수출보조금 협상에서 다루고, '개발'은 저개발국의 면화 생산자를 다각적으로 지원하는 문제를 다루도록 하였다.

면화 소위원회 신임의장을 맡은 팔코너는 2005년 9월 28일 회원국들에게 홍콩 각료회의에서 합의사항을 도출하려면 무역 분야에서 면화문제를 집중 논의해야 한다고 주장하였다.[104] 이집트, 베냉, 부르키나파소 등의 아프리카그룹과 잠비아를 위시한 저개발국 면화 생산자들의 사정이 더욱 악화되고 있으며, 아프리카그룹의 '4월 제안'[105]에 대한 타 회원국들의 반응이 미흡하다는 것이 불만이었다.

EU는 이에 대해 새로운 농업협상 이행일에 면화제품에 대한 관세와 쿼터 폐지, 면화 수출보조금의 철폐, 국내보조금의 실질적인 감축을 하겠다는 것을 재차 확인하였다. 그러나 미국은 의욕적인 농업협상 결과가 나오면 면화에도 도움이 되겠지만, 아프리카그룹이 요구한 긴급자금 조성에 대해서는 부정적인 입장을 보였다.[106]

아프리카그룹은 면화와 섬유제품을 포함한 면화 관련제품 교역의 급속한 개혁을 내용으로 한 2005년 4월 22일자 초안을 회원국에 회람하였고, 절차보다 실질적인 문제를 다루도록 하자는 동 제안을 많은 회원국들이 환영하였다. 그러나 미국을 비롯한 일부 국가들은 면화 부문의 개혁은 농업협상의 일부로 다룰 문제라는 입장을 보였다. 아프리카 국가들은 자신들의 제안이 논의되지 않음에 따라 2005년 6월 22일 면화 소위원회 회의에서 서면 답변을 요구하였다.

이에 대해 EU는 동 제안에 대한 입장을 이미 밝혔고 실행 준비가 되어 있으며, 미국도 최근 WTO 분쟁[107]에서 규정 위반으로 판정된 보조금의 철폐를 진행 중이

---

104) http://www.wto.org/english/news_e/news05_e/cotton_28sep05_e.htm.
105) WTO. "Proposed Elements Of Modalities In Connection With The Sectoral Initiative In Favour Of Cotton"(TN/AG/SCC/GEN/2), 22 April 2005.
106) http://www.wto.org/english/news_e/news05_e/cotton_28sep05_e.htm.
107) 브라질과의 면화보조금 분쟁을 말한다.

라고 밝혔다. 아프리카 국가들은 2005년 10월 28일 제7차 면화 소위원회 회의에서 "2004년 8월 1일 결정이 구체화되고 있다"며 '개발' 부문에서의 진전을 환영하였다.

2005년 11월 18일 제8차 면화 소위원회 회의에서 C4와 EU가 새로운 제안을 내놓았다.[108] 브라질을 주축으로 한 G-20 국가들과 쿠바, 아프리카 그룹들은 C4의 제안을 지지하였다. 미국도 면화에 대한 성과가 "평균 이상"[109]이어야 하지만, 의미 있는 결과가 나오려면 농업협상의 결과도 강력해야 한다고 밝혀 면화문제가 농업 협상의 하나로 다뤄야 한다는 입장을 유지하였다. 반면 EU는 농업협상보다 의욕적으로 면화에 대한 제안을 이행할 것을 요구하며, 협상을 통해서든 자발적으로든 이행할 의사가 있다고 밝혔다.

C4는 2006년 3월 2일 회의에서 무역을 왜곡시키는 감축대상보조에 대한 감축 및 완전철폐 제안[110]을 보다 분명히 하였다. 즉, 농업협상보다 면화에 대한 국내보조 감축수준을 더욱 확대하는 공식을 포함해야 한다는 것이다. 이러한 제안은 2006년 3월 27일 첫 번째 심층토론에서 아프리카그룹, EU, 쿠바, 브라질, 나이지리아 등 많은 국가들로부터 지지를 받았다.

EU는 무관세로 쿼터 제한 없이 허용하는 선진국들의 면화제품 수입을 최빈개도국은 물론 모든 개발도상국가로 확대할 것을 제안하였다. 최빈개도국에서 모든 개발도상국으로 확대된 것이다. 뿐만 아니라 홍콩 각료회의에서 무역을 왜곡시키는 모든 국내보조를 완전 철폐하겠다는 점을 재확인하였다.

그러나 미국은 면화 문제는 농업 세부원칙이 합의된 이후 논의되어야 하며, 전반적인 감축 수준에 대한 합의 없이 면화에 대한 감축수준을 정하기 어렵다는 것이다. 미국은 농업과 면화 간의 갭이 확대되는 이러한 방식에 반대 입장을 분명히 한 것이다. 면화 문제는 농업협상 결과의 일부로 해결할 수 있기 때문에 이러한 방식은 성공할 수 없다는 것이다. 이러한 입장 차이는 2006년 3월 28일 소위원회에서도 그대로 이어졌다.

2007년 3월 16일 파스칼 라미 사무총장은 DDA 협상에서 면화 문제에 돌파구

---

108) http://www.wto.org/english/news_e/news05_e/cotton_18nov05_e.htm.
109) 일반적인 농업협상에서의 수준을 말한다.
110) TN/AG/SCC/GEN/4.

마련이 필요하며, 개발원조에 대한 장애물을 제거하는 데 많은 노력이 필요하다고 지적하였다.[111] 그는 2008년 12월 2일 제네바 UNCTAD 회의 연설에서 "면화에 대한 보다 공정한 글로벌 교역시스템을 약속할 때가 왔다. 면화 이슈는 WTO 도하 라운드가 진정한 개발라운드가 되기 위한 리트머스시험"이라고 지적하였다.

## 2. 미국의 면화협상 태도와 로비

미국은 2002년 WTO 협상 초기 세계 농업교역의 개혁을 위한 야심찬 제안을 내놓았다.[112] 수출경쟁, 시장접근, 국내보조에 대한 미국의 일괄 제안은 농산물에 대한 무역장벽을 낮추고 거래를 확대하자는 것이었다.

당시 미국의 제안은 크게 2단계로 되어 있다. 1단계는 5년에 걸쳐 수출보조금을 폐지하고 세계적으로 관세와 무역을 왜곡시키는 국내보조를 낮춘 다음 2단계로 이러한 관세와 무역왜곡 국내보조를 완전 철폐하는 것이다.

첫째, 수출경쟁에 관한 것이다. 수출보조금의 경우 동일 비율로 5년에 걸쳐 폐지하자고 제안하였다. WTO 규정은 1986~1990년 기간 동안의 수출보조 활동을 근거로 품목별 수출보조금 및 수량 한도를 정하였다. EU는 광범위하게 수출보조금을 지급하고 있었는데, 2000년의 경우 20억 달러가 넘었다. 미국도 수출보조금을 지급하고 있지만 2천만 달러 정도였다. 미국은 또한 수출 농산물에 대한 생산, 유통, 가공을 독점적으로 허용하는 국영무역회사를 폐지하지고 제안하였다. 아울러 이들에 대한 특혜금융의 중단과 투명성 제고를 위한 노력을 WTO에 요청하였다. 농산물에 대한 수출세를 금지하되 개도국에 대해서만 예외적으로 인정하자는 것이다.

당시 WTO 규정은 큰 제한 없이 수출 농산물에 대한 수출세 부과가 허용되었다. 수출세는 세계적인 공급부족이나 기초농산물의 수출제한, 반가공 및 완제품 수출을 권장할 때 시장을 왜곡시킬 수 있기 때문이다.[113] 대신 수출신용, 수출보증 및 보험에 대한 특별규정의 제정을 제안하였다. WTO 규정은 다자규범과 합치되는 한 보조금 요소를 포함하는 수출신용 프로그램을 허용하기 때문에 미국 등 많은

---

111) http://www.wto.org/english/news_e/news07_e/cotton_16march07_e.htm.
112) http://www.fas.usda.gov/itp/wto/proposal.htm.
113) 미국은 법적으로 수출세 부과를 금지하고 있다.

국가들이 광범위하게 수출신용프로그램을 시행하고 있었다.

둘째, 관세 등 시장접근에 관한 제안이다. 미국은 모든 농업 관세 감축을 위해 저율 관세보다 고율 관세를 우선 감축하여 5년 후 개별관세율이 모두 25%를 초과하지 않도록 하는 스위스공식을 주장하였다. 특정일까지 모든 농산물의 관세를 철폐하는 협상을 시작하자는 것이다.[114] 미국은 모든 관세율쿼터(Tariff-Rate Quotas: TRQs)를 20% 확대하고, 쿼터 내 물량에 대해 5년에 걸쳐 관세를 철폐하여 농산물의 자의적인 수입제한을 없애자고 제안하였다. 당시 WTO 회원국들은 동 제도를 많이 활용하고 있었지만, 미국은 쇠고기, 유제품, 땅콩, 설탕, 담배, 면화에 대해서만 TRQ를 적용하고 있었다. 농산물에 대한 특별세이프가드도 없애자고 주장하였다.

셋째, 무역을 왜곡시키는 국내보조를 개혁하자는 것이다. 미국은 무역을 왜곡시키는 국내보조를 농산물 총 생산가치의 5%까지 감축하고, 완전철폐 시한을 정해 협상하자고 요구하였다. 그러자 전미면화협회(NCC)를 비롯한 섬유업계와 추가적인 시장개방에 반대하는 산업계가 상·하 의원들을 대상으로 로비활동을 벌였다. NCC, ACS, AFMA, ATMA 등 면화 관련 12개 단체는 하원 섬유코커스 하워드 코블(Howard Coble), 존 스프랫(John Spratt) 공동의장 앞으로 서한을 보내 "미국의 제안은 악화일로인 섬유산업을 더욱 악화시킬 것"이라고 주장하였다.[115]

이들의 주장에 따르면 미국의 섬유의류 산업은 1997년 이래 483,000개의 일자리가 감소하고, 연간 수출도 13% 줄었다는 것이다. 2002년에만 116개 공장이 문을 닫고 67,000명이 일자리를 잃었다며 관세 철폐를 포함한 교역자유화에 강력히 반대하였다. 미국의 2002년 제안은 EU, 일본, 브라질, 최빈개도국 등 이해관계가 다른 회원국들과의 견해 차이로 칸쿤 각료회의에서 합의점을 찾지 못하고 결렬되었다.

로버트 졸릭 무역대표는 칸쿤 각료회의 폐막 약 1주일 후인 2003년 9월 22일 파이낸셜 타임즈에 '미국은 의욕이 없는 나라들을 기다리지 않는다'라는 제하의 기고문에서 칸쿤 각료회의 결렬 원인을 경제적 실리보다 정치적인 개도국그룹, 특히 브라질과 인도의 주도적인 역할 때문이라고 비난하였다.[116] 그는 또한 WTO가 '무

---

114) 당시 미국의 평균 농산물 관세율은 12%에 불과했으나 세계 평균관세율은 62%에 달했다.
115) 2002년 12월 13일자 서한. http://www.sheepusa.org 참조.
116) http://www.krei.re.kr/kor/info/world_view.php?paperno=WRD-00682&paperclass=3&division=1.

역협상의 장'에서 '항의를 위한 정치포럼'으로 변질되었다고 비난하였다.

2004년 8월 DDA 농업협상은 세부원칙의 기본골격에 대한 합의문을 채택하였다. 미국을 비롯해 EU, 브라질, 인도 등 주요국의 역할이 컸다. 미국의 졸릭 USTR 대표는 연초부터 여러 나라를 순방하며 DDA 협상 타결의 중요성을 강조하였고, 회원국 통상장관에게 직접 서한을 보내 DDA 협상 타결의 필요성을 피력하였다. 동시에 주요국의 협상 담당자를 직접 만나 설득과 조정을 하는 등 노력하였다.

당시 부시 행정부는 이라크 전쟁에 대한 비판, 경기침체와 고용 저하, 무역적자 심화 등 어려운 경제문제를 풀기 위해 미국제품의 세계시장 진출 확대와 대선 이후의 통상정책 조정 가능성 등에 대비할 필요가 있었기 때문이다. 기본골격 합의 후 USTR은 해외시장의 관세감축과 쿼터 확대, 수출보조금 철폐, 국영무역제도에 대한 규제 강화 등으로 미국 농업의 경쟁력이 강화되고 미국 농산물의 수출도 늘어날 것으로 평가하였다.

이에 대한 미국 의회 내 민주, 공화 양당의 평가는 대조적이었다. 당시 상원 민주당 원내대표였던 톰 대슐 의원은 농업보조금의 감축 합의로 미국 농업과 농민에게 손해를 주었다고 비판하였고, 상원 재무위원회 간사였던 막스 보커스(Max Baucus) 의원도 부분적으로 비판적인 입장을 보였다. 하원 농업위원회 스텐홈(Charles Stenholm)[117] 의원은 면화문제를 농업협상의 전반적인 틀 속에 포함시키지 않고 별도로 다루는 것을 비난하였다. 면화 관련제품의 무관세화에 강력한 반대 입장을 피력하던 NCC도 같은 입장을 나타냈다. 이에 비해 상원 재무위원장이던 공화당 그래슬리 의원은 미국 농민에게 역사적인 기회를 제공하였다고 평가하였고, 하원 농업위원장이던 굿라테 의원도 전반적으로 미국의 이익에 부합한다는 입장을 나타냈다.

기본골격 합의 이후에도 DDA 농업협상은 진전을 보지 못했다. 미국은 2005년 10월 10일 교착상태에 빠진 협상 타개를 위해 세부원칙에 대한 새로운 제안을 내놓았다. 미국이 처음으로 국내보조와 시장접근에 대한 구체적인 안을 내놓음으로써 적어도 시장접근 분야에서 EU를 수세적인 입장으로 만들었다. 미국이 제안한 개혁

---

117) 텍사스 출신 민주당 하원의원으로 1978년 당선된 이후 6년간 하원 농업위원회 랭킹멤버로 활동한 민주당 내 가장 보수적인 인물 중 한 사람으로, Blue Dog Coalition 멤버이자 보수적인 남부 백인 민주당 하원의원들(속칭 'Boll Weevil') 리더로 활동하였다. 그는 텍사스에서 수년 동안 면화농장을 경영하였다.

안은 3단계로, 5년간 유예기간을 거쳐 5년간 무역왜곡 국내보조 및 관세의 실질적
인 감축, 그 이후 잔존 무역왜곡 국내조치와 관세를 5년 이상 완전 철폐하자는 것
이다. 그리고 모든 농산물에 대한 수출보조금을 철폐하고 수출신용보증 등에 대한
규칙을 제정하는 한편, 미국의 감축대상보조금을 1999~2001년을 기준으로 60%,
EU와 일본은 83% 수준까지 감축하자고 제안하였다.

또한 전체적인 무역왜곡보조 수준을 EU는 75%, 미국과 일본은 53% 수준까지
줄이고, 생산제한제도 하의 직접지불(Blue Box) 한도를 생산가치의 2.5%로 하자고
주장하였다. 최소허용보조(*de minimis*) 예외를 2.5%까지 낮추고, 감축의무가 없는
허용보조금에 대해 새로운 평화조항(peace clause)을 만들자고 제안하였다. 시장접
근과 관련하여 고율관세는 90%, 기타 관세는 55%~90%까지 감축하는 동시에 농
업관세율 최고한도를 75%로 정하고, 민감 품목도 1%로 제한하자고 주장하였다.[118]

같은 해 10월 27일 EU도 시장접근에 대한 새로운 제안과 함께 국내보조, 수출
경쟁, 지리적 표시(Geographical Indications: GIs)[119]에 관한 구체적인 제안을 내놓
았다. 그러나 G-20과 미국 수준에는 미치지 못하였고, 브라질, 태국, G-20 등 개
도국에 대한 유인이 없다는 비판을 받았다. 미국은 협상 초기 세계 농산물 시장을
적극 개방함으로서 미국 농산물의 수출을 늘리겠다는 공세적 전략을 구사하였다.

그러나 미국은 협상이 진행되면서 비슷한 입장인 EU가 시장개방에 보다 적극
적인 입장을 보이고, 브라질과 아프리카그룹 등이 파격적인 시장개방 요구를 함에
따라 반대로 수세적인 입장이 되었다. 자국의 농업보호 프로그램 확대와 관련하
여 '다른 나라가 농업보호 지원을 감축하면 미국도 삭감 하겠다'는 일종의 상호주
의 입장을 견지하였다. 면화 문제도 이러한 논리로 보호주의적 태도를 견지하고
있다.

---

118) Hanrahan, Charles E. and Randy Schnepf, "WTO Doha Round: The Agricultural Negotiations",
 *CRS Report* RL33144, 2007, pp. 10-19.
119) 특히 유럽은 널리 알려진 명성과 지역적 특성을 가진 농산물이나 그 가공품에 대해 지리적 표시를 지
 적재산권이라는 논리 아래 1889년 '파리협약', 1892년 '마드리드협약', 1958년 '리스본협약', 세계지적재
 산권기구(World Intellectual Property Organization: WIPO) 등을 통해 지리적 표시제에 대한 국가
 간 보호가 이루어졌다. EU는 이를 무역관련 지적재산권협정(Agreement on Trade-Related Aspects
 of Intellectual Property Rights: TRIPs) 제23조에 의한 와인과 주류까지 보호대상을 확대하자고 제안
 하였다.

2008년 래리 맥클렌딘 NCC 회장은 "미국의 국내 농업보조 프로그램의 상당한 감축제안은 시장접근에 있어서 실질적이고 상당한 소득이 있어야 수용할 수 있다"고 말했다.[120] 면화문제 해결에 전향적인 EU와 달리 미국은 농업협상의 틀 안에서만 가능하다는 입장을 고수하고 있다. 이러한 미국의 협상태도는 면화업계의 로비가 일정 수준 성공한 결과라고 할 수 있다.

C4가 제안한 '면화 이니셔티브' 문제를 논의한 면화 소위원회 회의내용을 WTO가 요약한 것에 의하면, 미국은 면화 협상의 결과가 평균 이상이어야 한다는 데 동의한다고 USTR은 밝히고 있지만 속내는 그렇지 않아 보인다. 미국 의회 의원들도 미국 협상대표들이 추가적인 국내보조금 감축에 강한 반대 입장을 보이고 있는 것에 대해 긍정적으로 평가하고 있기 때문이다.[121]

롭 포트만(Rob Portman) 미 통상대표는 2005년 9월 21일 미 상원 농업위원회 청문회에서 "2004년 7월 기본원칙에 있어 미국 목표는 (1) 시장접근 확대(특히 브라질, ASEAN, EU, 일본), (2) 수출보조금 철폐, (3) 각국의 무역왜곡 농업보조금의 감축이며, 다른 나라가 내놓아야 미국도 그만큼 내놓겠다"는 상호주의 입장을 견지하였다.

미 상원 농업위원회 챔블리스 위원장은 "농민들은 무역협정에 실망하고 있지만 2002년 농업법은 좋아한다"며 DDA 협상 방향에 부정적인 입장을 나타냈다. 그는 모든 관세, 보조금, 상품 및 서비스의 자유로운 흐름에 대한 장벽의 철폐를 요구한 부시대통령의 유엔 연설에 대해 "미국의 국내정치를 제대로 반영하지 못하고 있다"고 말했다. 챔블리스 위원장은 "농민에 대한 가시적인 이익이 없다면 홍콩에서의 협상결과를 수용하지 않겠다"며 잘못된 협상보다 차라리 협상을 하지 않는 것이 낫다("No deal is better than bad deal.")고 강조하였다.

굿라테 하원 농업위원회 위원장도 2005년 9월 21일 가진 기자회견에서 "제네바에서 차기 농업법안을 만들어서는 안 된다"고 지적하였다. DDA 농업협상 자체가

---

120) Cotton Nelson, "WTO Negotiations Could Undermine Farm Bill Efforts"(2008년 2월 29일자): 자세한 내용은 http://cotton.org/news/releases/2008/mcgin.cfm?renderforprint=1& 참조. NCC를 비롯한 41개 농업단체들은 2007년 7월에 부시 대통령과 USTR에 "수용 가능한 도하 텍스트(text)는 국내 규정의 동일한 적용과 시장접근의 확대가 있어야 한다."는 내용의 서한을 보내기도 하였다.

121) Fergusson, Ian F., "World Trade Organization Negotiations: The Doha Development Agenda", Congressional Research Service RL32060, Updated Jan. 18, 2008.

미국에 큰 도움이 되지 않을 것이란 믿음 때문이다.

미 상원 농업위원회 챔블리스 위원장의 요청에 따라 FAPRI[122]가 분석한 바에 따르면 2005년 미국의 제안이 이행될 경우 미국의 감축대상보조(AMS)가 191억 달러에서 76억 달러로 감소(60%)하고, 면화 등에 대한 융자비율도 11% 급감하며, CCP는 감축대상보조에서 직접지불로 전환되어야 하는 것으로 분석되었다.

세계적인 경제학자인 바그와티(Jagdish Bhagwati)와 파나가리야(Arvind Panagariya) 콜롬비아대 교수는 "2007년 독일 포츠담에서 개최된 G-4 회의 결렬 책임은 인도와 브라질에 있는 것이 아니라 오래전부터 세계 각국이 요구했던 미국과 EU가 농업보조금을 감축할 수 없기 때문"이라고 지적하였다.[123] 문제는 로비 때문에 USTR이 최대한으로 요구하고, 최소한으로 양보하려 한다는 것이다. 포츠담에서 G-4 회의가 진행되고 있을 때 미국 하원 농업위원회는 2002년 농업법의 보조금을 향후 5년간 지속하는 표결을 하였다며 미국의 협상 태도는 양보에 관한 한 '애처로운'(pathetic) 상황이라고 지적하였다.

인도네시아 마리 팡게추(Mari Pangestu) 통상장관도 WTO DDA 농업협상에서 "핵심국가들이 융통성을 보이지 않는다"며 미국을 포함한 주요 국가들의 태도를 비난하였다. 개방에 보수적인 미국의 태도는 WTO DDA 협상 기간 중 강력한 농업 로비그룹의 영향 때문이다.[124] 즉, 미국과 EU에 있어서 GDP 비중이 2%도 안 되는 농업분야 이해집단은 개방에 우호적인 비즈니스집단이 상대가 안 될 정도로 미국과 EU 대표들을 상대로 강력한 로비를 벌였다.

미국의 농업협상 대표인 조셉 글라우버(Joseph Glauber)가 2008년 12월 워싱턴 무역협회(WITA) 주최 토론회에서 "부시 행정부는 미국 농업 집단이나 미국 의회가

---

122) Food and Agricultural Policy Research Institute의 약자. FAPRI는 미 의회의 승인을 받아 1984년에 설립된 연구기관으로 아이오와 주립대와 미주리대학에 연구센터를 두고 있으며, 매년 미국의 농업부분과 세계농산물시장의 전망치를 내놓고 있다.

123) 두 학자는 칸쿤과 홍콩 각료회의도 '실패'라고 잘못 규정하고 있다며, 일부 개도국이 강력히 반대했던 경쟁정책과 투자가 '싱가포르 이슈'에 포함되었으나, 당시 EU 집행위원이던 파스칼 라미가 포기했고, EU에 이어 미국과 일본이 관세나 장벽 없이 최빈개도국 제품을 수출할 수 있도록 허용한 홍콩 각료회의는 상당히 성공적이었다고 평가하였다(http://www.voxeu.org/index.php?q=node/371).

124) 유럽의 정부관계 로펌인 Alber & Geiger 설립자인 Andreas Geiger가 미국 의회 전문지 The Hill지에 2008년 9월 24일자로 기고한 글(A View from Europe: WTO - World Talk Organization) 참조. http://www.hillpundit.com/business-a-lobbying/3744-a-view-from-europe-wto--world-talk-organization.

반대하는 협상에 동의하지 않을 것"이라고 말했다.[125]

## 3. 미국 면화를 둘러싼 국제분쟁 사례[126]

미국의 면화보조금과 관련한 국제분쟁은 브라질이 WTO 분쟁해결기구(Dispute Settlement Body: DSB)에 제소한 것이 유일하다. 브라질은 2002년 미국의 면화보조금이 WTO "평화조항(Peace Clause)"[127]을 위반하였고, 브라질 면화산업에 "심각한 손상(serious prejudice)"을 입혔다며 WTO 분쟁해결기구에 제소(DS267)[128]하였다. 앞에서 살펴보았듯이 면화는 미국 농업의 핵심 산업인 동시에 WTO DDA 농업협상에서 최대 쟁점 중 하나로서 선진국과 개도국, 생산국과 수입국 간에 첨예한 이해관계가 걸린 품목이다.

그러나 미국은 이 문제를 WTO 농업협상을 통해 포괄적인 합의를 도출하자는 입장이었지만, DDA 농업협상이 교착상태에 빠지면서 브라질이 이 문제를 제소함으로써 첫 WTO 분쟁사례로 공론화되었다. 이 사건에서 USTR 법률고문이 미국측을 대표하였고, 브라질은 이 사건 준비 및 대응을 위해 미국 로펌(Sidley and Austin)과 저명한 농업경제학자(Dan Sumner)[129] 및 미국 전문가를 고용하였다.[130]

미국의 면화보조금 프로그램으로 자국산 면화 수출에 어려움을 겪어왔던 브라질은 2002년 9월 27일 미국 정부가 미국의 면화(Upland cotton)[131] 생산자, 사용자 및 수출자에게 제공하는 금지보조금 및 조치가능 보조금과 관련해 미국과 협의를 요청하였다.[132] 브라질은 마케팅융자 프로그램(MLP), Step 2, PFC, MLA, DP,

125) Inside U.S. Trade 2008년 12월 5일자 기사 "U.S. Ag Negotiator Takes Cautious Stance on Doha Round Ministrial" 참조.
126) 성영화·박명섭, "미국－브라질 WTO 면화보조금 분쟁에 관한 사례연구", 「통상법률」 통권 92호, 2010, pp. 81－119.
127) WTO 농업협정(AA) 13조의 통칭으로, 회원국의 국내 농업보조 및 수출보조금에 대해 합의된 감축 약속과 보조금 상한액을 지키면 상계관세 등의 보복조치를 취할 수 없고, WTO 제소로부터 면책되도록 하고 있다.
128) WTO, "United States‐Subsidies on Upland Cotton: Request for Consultations by Brazil", WT/DS267/1, G/L/571, G/SCM/D49/1, G/AG/GEN/54, 3 October 2002.
129) Sumner 교수는 미국 농무부 수석경제학자이자 전 차관으로, 아이오와 대학의 Babcock 교수의 도움을 받았다.
130) http://www.cotton.org/news/meetings/2004bw/lange－bwc.cfm.
131) 학명이 'Gossypium hirsutum'으로 면사의 길이가 1～1.25인치 크기이며, 미국 전체 면화 생산량의 약 97%를 차지한다.

CCP, 작물보험(crop insurance payments), 면실금(cottonseed payments),[133] 수출신용보증 및 ETI Act of 2000[134]이란 법률 등에 대해 문제를 제기하였다.

브라질은 이러한 조치들이 WTO "보조금 및 상계조치에 관한 협정"(이하 SCM협정) 제5(c)조, 제6.3(b), (c) 및 (d)조, 제3.1(a)조 및 (b)조 및 제3.2조, WTO "농업협정" 제3.3조, 제7.1조, 제8조, 제9.1조 및 제10.1조, 1994 GATT협정 제Ⅲ:4조를 위반하였다고 주장하였다.

브라질의 제소 건에 대해 2002년 10월 짐바브웨(9일), 인도(11일), 아르헨티나와 캐나다(14일)가 각각 제3자 협의 참여를 요청하였고, 미국은 이 가운데 아르헨티나와 인도의 요청을 수용하겠다고 분쟁해결기구에 통보하였다. 2003년 2월 6일 브라질은 미국과 세 차례에 걸친 협의에서 만족스러운 결과를 얻지 못하자 패널 설치를 요구하였지만 미국이 거절[135]함에 따라 분쟁해결기구는 2월 19일 회의에서 패널 설치를 연기하였다. 그러자 브라질은 분쟁해결기구에 재차 패널 설치를 요구, 3월 18일 회의에서 패널을 설치하기로 결정하였다.[136]

그러나 패널이 설치되지 않자 같은 해 5월 9일 브라질은 WTO 사무총장에게 패널 설치를 다시 요청, 19일 마침내 패널을 구성하였다. 같은 해 11월 17일 패널 의장은 DSB에 동 사안이 복잡해 법정시한인 6개월 이내[137] 심리를 마무리하기 어렵다며 2004년 5월에 패널 최종보고서를 낼 수 있을 것이라고 통지하였다.[138]

패널은 4월 26일 비공개로 중간 보고서를 양국에 보내 검토하도록 하는 한편 서면답변서를 제출하도록 하였다. 이러한 과정을 거쳐 예상보다 늦은 6월 18일 당사국인 브라질과 미국에 최종보고서가 비공개로 배포되었고, 동 보고서는 번역작업을 거쳐 9월 8일에서야 회원국에 공개되었다.[139]

---

132) WT/DS267/1, G/L/571, G/SCM/D49/1, G/AG/GEN/54(2002. 10. 3).
133) 면화씨(綿實)에 대한 보조금을 말한다.
134) 공식명칭은 'FSC Repeal and Extraterritorial Income Exclusion Act of 2000'(Public Law 106-519)이다.
135) WT/DS267/7; CRS Report RL32571 참조.
136) WT/DS267/15; CRS Report RL32571 참조.
137) 분쟁해결양해각서(Understanding on Rules and Procedures governing the Settlement of Disputes) 제22.6조.
138) WT/DS267/16; 일단 패널이 구성되면 청문회 개최, 증언 청취 등을 거쳐 당사자에 대한 최종보고서가 발행되기까지 통상 6개월의 기간이 소요된다.
139) WT/DS267/R(2004. 9. 8).

패널은 이 보고서에서 (1) 미국의 3가지 수출신용보증 프로그램은 '평화조항'의 적용을 받지 않는 금지보조금으로 WTO 규정위반이며, (2) 면화에 기타 여러 가지 금지보조금을 제공하고, (3) 미국의 면화 지원프로그램은 국제가격을 하락시켜 브라질의 국익에 "심각한 손상"을 초래하였다고 판정하였다. 미국은 같은 해 10월 18일 패널에 의한 WTO 법규의 적용 및 해석에 문제가 있다며 상소할 뜻을 밝혔다.[140]

WTO 상소[141]기구(Appellate Body: AB)는 12월 16일 이 사안의 여러 가지 복잡한 이슈와 통·번역, 휴일 등으로 인해 법정 시한인 12월 17일까지 맞추기는 어려워 이듬해인 2005년 3월 3일까지 회원국들에게 회람하도록 하겠다고 통보하였다. 상소기구가 이 날 회원국들에게 회람한 보고서는 패널보고서의 판정내용을 대부분 지지하는 것으로써 금지보조금은 2005년 7월 1일까지, 조치가능보조금으로 인한 손상요인은 9월 21일까지 폐지하도록 시한을 정하였다.

WTO 분쟁해결 패널과 상소기구에서 확인된 핵심 내용들을 보면, (1) 미국의 국내 면화보조금은 1992년 기준 WTO의 이행수준을 초과하는 것으로, 지금까지 실질적인 문제 제기에 대한 방패막이로 활용해 온 이른바 "평화조항" 적용대상이 아니며, (2) 미국의 농업지원프로그램에 의한 2가지 직불(直拂) 형태 즉, 1996년 농업법[142]에 의한 생산유연화계약(PFC) 지불과 2002년 농업법[143]에 의한 직불금(DP)은 전적으로 별개의 소득지원으로써 WTO 예외조건을 충족하지 못하고, (3) Step 2 프로그램에 의한 지불은 금지보조금이며, (4) 미국 수출신용보증은 사실상의 수출보조금에 해당할 뿐만 아니라, (5) "시장가격에 따라"(contingent on market prices) 지원하는 미국 국내 지원조치들에 따른 면화의 과잉생산은 국제가격을 하락시켜 결과적으로 브라질의 관련 산업에 "심각한 손상"을 초래하였다는 것이다.[144]

---

140) WT/DS267/17(2004. 10. 18).

141) 외교통상부 등 정부기관은 '상소'라는 용어를, 일부 학계는 '항소' 또는 '상고'라는 용어로 혼용하는 등 통일되어 있지 않아 여기서는 정부가 사용하는 '상소'라는 용어를 사용하였다.

142) 정식 명칭은 'Federal Agricultural Improvement and Reform(FAIR) Act(H.R. 2854)'로, 1996년 3월 28일 클린턴 대통령이 서명함으로써 같은 해 4월 1일 발효되었다(P.L. 104-127).

143) 1996년 농업법에서 상품에 대한 지원권한(Title I, Agricultural Market Transition Act(AMTA))이 2002년으로 종료됨에 따라 입안된 것으로, 이 법안의 공식 명칭은 the Farm Security and Rural Investment Act of 2002(P.L. 107-171)이며, 2002년 5월 13일 발효되었다.

144) Schnepf, Randty, "Brazil's WTO Case Against the U.S. Cotton Program", CRS Report RL32571,

미국은 WTO의 이러한 결정에 따라 몇 가지 면화프로그램을 바꾸었지만, 미흡하다고 판단한 브라질은 2006년 8월 WTO 결정에 대한 미국의 완전한 이행여부를 검토하는 이행패널 설치를 요구하였다. 2007년 12월 동 패널은 미국이 WTO 권고를 충분히 이행하지 않았다고 판정하였고, 2008년 6월 상소 패널에서도 확인하였다.

이에 따라 브라질은 2009년 3월 3일 제네바에서 개최된 분쟁해결기구 회의에서 미국에 대해 3가지 항목에 걸쳐 총 25억 달러의 보복조치를 내릴 권리가 있다고 주장하였다. 즉, 브라질은 미국에 대해 Step 2 프로그램과 같은 금지보조금과 관련해 연간 12억 달러, 사실상의 금지보조금에 해당하는 지원프로그램과 관련해 연간 10억 달러 등 총 25억 달러의 보복조치를 취할 수 있다는 것이다.

브라질은 금지보조금에 대한 대응조치의 일환으로 '해당상품(면화) 이외의 부문 — 예를 들어 지적재산권, 서비스 등 — 에 대한 교차보복조치'(cross-retaliation) 권한[145]을 행사하고자 하였고, 미국이 이에 반발하며 중재패널 설치를 요구함에 따라 이에 대한 검토를 위해 2008년 10월 중재패널이 설치되었다.

브라질의 대응보복조치에 대한 중재패널의 검토보고서는 당초 60일 이내 마무리될 예정이었으나, 사안의 복잡성 때문에 결정이 늦어졌다. 이에 따라 WTO 분쟁해결기구는 거의 1년만인 2009년 8월 31일 브라질이 미국에 대해 연간 총 2억 9,470만 달러의 대응조치(보복)를 할 수 있다는 결정을 내렸다.[146]

이번 사건과 별도로 캐나다[147]와 브라질[148]은 "2007년 미국이 생산유연화계약

---

2009; Schnepf, Randy, "Brazil's WTO Case Against the U.S. Cotton Program: A Brief Overview", CRS Report RL22187, 2009. 이 건과 관련한 공식 WTO 문서는 http://doconline.wto.org/에서 검색할 수 있다.

145) WTO 설립협정 부속서 2(Annex 2), 분쟁해결에 관한 규칙 및 절차에 관한 양해각서(Understanding on Rules and Procedures Governing the Settlement of Dispute)의 Article 22.3 (a)-(g)에 규정하고 있다.

146) 미국-브라질 면화 분쟁 건에 대한 WTO 중재패널 보고서(Recourse to Article 22.6 Arbitration Report, WT/DS267/ARB/2)는 미국이 자국 면화농민들에게 지원하는 금지보조금과 허용보조금 2가지를 검토하였다. 금지보조금인 GSM 102와 관련 1억 4,740만 달러(2006 FY), 허용보조금과 관련 1억 4,730만 달러 등 모두 2억 9,470만 달러로, 당초 브라질이 주장한 25억 달러의 12%에 불과하여 브라질로서는 불만족스러운 결과라 할 수 있다(http://www.wto.org/english/tratop_e/dispu_e/cases_e/ds267_e.htm).

147) WT/DS357/1. 캐나다는 2007년 1월 8일 미국에 대해 3가지 항목에 대해 협의를 요청하였다. 즉, ① 미국의 수출신용보증 프로그램은 금지보조금에 해당하며, ② 미국은 이행수준을 초과하여 AMS 지원을 하고 있다는 것, ③ 미국 옥수수업체들에게 제공하는 지원프로그램은 1996~2006년 기간 중 캐나

(PFC)과 직불금(DP)을 허용보조금(green box)으로 잘못 통보하였다"며 미국을 WTO 분쟁해결기구에 추가 제소하였고 호주, 아르헨티나, EU, 과테말라, 니카라과, 태국, 우루과이 등이 분쟁해결양해각서 제4.11조에 의거 제3자 참여를 요청하였다.

특히 이번 미국－브라질 간의 면화분쟁 사례는 통상 WTO 분쟁해결 절차가 1년 이내, 상소할 경우에도 15개월 안에 마무리[149]되는데 비해 2002년 9월 27일 미국이 면화 프로그램에 대한 협의를 요청한 이래 2009년 8월 31일 중재판정이 나기까지 무려 7년이란 장기간이 소요되었다.[150]

이 사건은 브라질의 협의 요청 이후 패널, 상소기구 패널, 이행패널, 보복조치 승인 요구 및 중재 등 국제적으로 합의된 WTO의 분쟁해결절차 거의 모두를 거친 매우 드문 경우이다. 특히 이 분쟁 건은 GATT의 문제점으로 지적됐던 실효성 있는 이행 강제력 확보 문제가 WTO 체제에서 어느 정도 가능할지 가늠해 볼 수 있는 시금석이 될 수 있다. 그리고 많은 국가들로부터 국제적인 비난을 받아왔던 미국 면화보조금 문제를 WTO 분쟁사례로 처음 다루었다는 것 또한 의미가 있다. 특히 이 결과는 그동안 면화보조금의 감축 또는 철폐에 대한 미국의 반대로 교착상태에 빠져 있는 WTO DDA 농업협상에도 상당한 영향을 줄 것으로 예상된다.

---

다의 이익에 심각한 손상을 초래하고 있다며 SCM협정 제5(c)조, 제6.3(c)조를 위반하였다고 주장하였다. 이 건은 WT/DS365/1과 동일 패널로 설치되어 진행 중이나 아직 진전이 없는 상태이다.

148) WT/DS365/1. 브라질은 2007년 6월 11일 미국에 대해 2가지 문제로 협의를 요청하였다. 즉, 브라질은 미국의 수출신용보증 프로그램은 금지보조금이며, 미국은 이행수준을 초과해 AMS 지원을 하고 있다는 것이다. 현재 이 건은 2007년 12월 17일 패널이 구성되었으나 보고서는 아직 배포되지 않았다.

149) WTO 홈페이지 참조(http://www.wto.org/english/thewto_e/whatis_e/tif_e/disp1_e.htm).

150) 쟁점의 복잡성과 판정결과가 미칠 막대한 영향 때문에 패널 설치에서부터 결정까지만 18개월이 소요되었다.

제 **3** 장

# 결 론

## 제1절 결론 및 시사점

### 1. 결 론

원하는 협상결과를 얻기 위해서는 이를 관철시킬 수 있는 협상력을 길러야 한다. Cohen(1991)은 '거미줄 같이 얽혀 있는 긴장 속에서 행동을 유발하도록 정보와 힘을 사용하는 것'을 "협상(negotiation)"이라고 정의[1]하였고, Martin(1992)은 '상대방의 반대에도 불구하고 자신의 의지를 관철시키는 능력'을 "힘(power)"으로 정의하였다.[2] 따라서 협상력은 '상대방으로 하여금 행동을 유발하도록 정보와 힘을 사용하여 자신의 의지를 관철시키는 역량'이라고 할 수 있다. 특히 한국과 같이 대외의존도가 높고 개방형 선진통상국가 실현이란 국가 목표를 달성하기 위해 수많은 의제들을 놓고 협상테이블을 마주앉아야 하는 입장에서 협상력은 매우 중요하다.

이기는 협상전략을 수립하기 위해 협상력의 가장 중요한 원천인 정확한 정보가 필요하다. IPE나 OEP적 관점에서 보면 필요한 정보는 경제적 요인, 정치적 요인 및 국제경제적 요인까지 포함한다. 실업(또는 실업률), 산업동향(가동률, 생산량, 출하량), 총량경제지표(GDP, 경제성장률, 무역수지 등) 등 경제적인 정보뿐만 아니라 대통

---

1) 허브 코헨, 「협상」, 열린세상, 1996; 전성철·최철규(2009)는 「협상의 10계명」(웅진윙스, 서울)에서 단순히 '사람을 움직이는 기술'이라고 설명하기도 하였다.
2) Martin, Roderic., *Bargaining Power*, Clarendon Press Oxpord, 1992. p. 4.

령과 의원 선거, 집권여당의 성격, 의회 다수당의 성향, 산업 및 고용의 크기, 지리적 집중도 등 정치적 요인도 중요한 요인들이다. 특히 FTA 등 국가 간의 협상은 협상 결과가 상대국에 미칠 영향, 협상 결과에 압력을 미치려는 압력집단 유무 등도 파악해야 할 중요한 정보들이다.

그러나 이것만으로는 강력한 협상력을 갖추기에 불충분하다. 앞서 본고에서 NCC의 활동 및 로비, 면화업계 로비 현황과 의원 활동, 한·미 FTA 사례, WTO DDA 농업협상 사례에서 보았듯이 정부의 협상태도 결정에 중요한 역할을 하는 이익집단의 로비정보를 반드시 확인할 필요가 있다. 로비 대상 의원들의 출신지역과 성향, 활동 내용도 고려해야 할 사항이다.

한·미 FTA 협상과 WTO DDA 농업(면화)협상에서 GDP와 고용 비율이 높지 않은 자국의 면화산업 "보호"에 미국이 집착하는 이유와 배경이 무엇인가를 분석하면서 미국의 산업로비가 미국의 통상정책 또는 통상협상 태도에 어떻게 투영되는지 살펴본 것은 매우 의미 있는 작업이었다. 적어도 GDP 비중, 고용자 수, 산업집중도 등 경제적 요인에 '로비'라는 정치적 과정이 미국의 통상정책 결정에 매우 중요한 역할을 한다는 사실을 확인하였기 때문이다.

첫째, 정치적으로 조직화 정도가 강하고 광범위 할수록 정부의 통상정책과 대외 협상태도에 대한 로비의 영향력이 크다. 미국의 면화산업처럼 일반적으로 이해관계를 달리하는 원자재 공급 및 수요업체, 유통업체, 유관업체가 정치적으로 하나로 조직화되어 있기 때문에 반대 로비 없이 강력한 영향력을 행사할 수 있다.

로비와 정책결정에 관한 가장 대표적인 이론인 G-H 1994 모델을 통해 수입수요탄력성, 수입의존도와 함께 산업의 정치적 조직화 여부 등의 변수들이 보호수준의 차이를 결정한다는 점을 확인하였다. 즉, 산업별 이익집단과 정부 간의 게임에 의해 결정되는 산업별 보호수준은 그 산업의 정치조직화 여부, 수입의존도, 수입수요탄력성에 의해 영향을 받는다.

수입 수요가 비탄력적일수록, 그리고 수입의존도가 낮을수록, 보호에 의한 전체 경제의 후생손실이 상대적으로 낮고 해당산업 특수요소(specific factor) 보유자의 이득이 커져 정치적 조직화의 유인이 크고 보호수준도 높아진다. 특히 G-H 1994 모델은 미국의 면화산업처럼 특정부문의 모든 회사가 정부에 기부할 때 마치 하나의 개체처럼 행동한다는 점에서 "정치적으로 완전히 조직화"되어 있다고 가정한다. NCC로 대표되는 미국 면화산업이 G-H 1994 모델에서 가정한 '정치적으로 완전히 조직화'된 전형적인 경우의 하나라는 점에서 분석의 적정성을 제공하였다.

둘째, 로비의 영향력은 집중화의 정도에 의해서도 결정된다. Gawande(2005)가 1991∼2000년간 미국의 품목별 허핀달지수를 분석한 것을 보면 면화가 0.355로 농산물 가운데 집중도가 가장 높아 미국 면화산업의 높은 집중도와 시장지배력, 느슨한 경쟁관계를 확인할 수 있다. 특히 농업기술의 발달과 기계화의 급진전으로 생산성이 높고 기계화된 소수 대규모 면화농장으로 산업구조가 재편되면서 집중도가 더욱 높아졌다. 더욱이 미국의 면화산업계는 원자재인 면화에서부터 섬유의류, 유통, 비료 농기계 등 유관산업계까지 하나의 정치적 연합체로 조직화되어 허핀달지수가 거의 1에 가깝기 때문에 그만큼 강력한 로비력으로 작용하고 있는 것이다.

셋째, 정치적인 정부는 조직화된 이익집단이 선호하는 통상정책으로 경도될 가능성이 높다. G-H 1994와 달리 G-H 1995a 모델을 통해 이익집단과 국내정치인과의 전략적 상호작용뿐만 아니라 국제무대에서의 정부 간 전략적인 상호작용까지 고려한 상태에서 일국의 정치 환경이 타국의 정책결과에 어떻게 작용하는지, 그리고 정치인에 대한 국내 정치적 압력이 해외 상대방과의 관계를 어떻게 규정(결정)하는지를 함께 검토하였다. 이에 따르면 비협력적인 무역전쟁 하에서 정치적으로 동기화된 정부는 조직화된 이익집단이 선호하는 통상정책으로 경도되며, 수출입에 있어서 일국 이익집단의 관심사항에 대한 정부의 민감도가 증가할수록 해외 상대방의 희생 대가로 해당국의 조직화된 요소 보유자들의 이익이 증가한다.

이는 국내 정치 환경 즉, 이익집단의 이해관계가 실업, 안보 등의 이유로 첨예한지 아닌지, 유권자가 많은지 아닌지, 지역적으로 집중되어 있는지 분산되어 있는지 등이 국가 간의 전략적 상호작용에 중요한 국내정치적 요인으로 작용함을 의미한다. 특히 미국의 면화산업처럼 정치적으로 조직화되어 있는 산업의 경우 FTA, DDA 농업협상 등에서 이들이 의도하는 방향으로 통상협상 태도가 경도될 수 있다.

넷째, 정부의 대외협상 태도는 표준이론과 달리 국가이익보다 자신의 정치적 목적에 부합하도록 결정될 수 있다. 로비그룹이 자신의 정치적 목적에 부합하도록 결정하는 정치인들에게 정책과 연계된 선거기부 제안을 하고, 일국의 정책태도는 이익집단들의 상대적인 정치파워와 정부의 평균적 유권자에 대한 관심도를 반영한다.

FTA를 고려하는 정부는 이에 반대하는 이해관계자들을 달래기 위해 양허기간을 길게 하거나 해당부문이나 품목을 협상대상에서 제외하려 하지만, 이에 반발하는 상대방과의 협상 균형은 각 정부의 정치적 파워를 반영하는 것이자 협상과정에서의 주고받기이다. 합의된 협정은 협상 상황에서 양국 정부가 느낀 정치적 압력을 반영한다. 협상에서의 예외는 수출국의 시장접근에 따른 정치적 이익과 치열해질 수입경쟁으로 예상되는 수입국의 정치적 손실의 가중합이 부(−)일 때 용인된다.

또한 일국의 이익과 다른 나라의 손실에 대한 가중치는 양국 정부의 협상력을 반영한다. 미국의 NCC의 사례처럼 상대국의 쟁점분야 이해관계집단이 어느 정도 정치조직화되어 있느냐 하는 것도 중요한 기준이 될 수 있다. 전체 가치사슬(value chain)이 하나의 로비조직으로 통합되어 있느냐, 몇 개로 나누어져 있느냐에 따라 협상전략을 달리해야 한다.

끝으로 패자의 역설(Loser's paradox)과 셸링의 추론(Schelling conjecture)의 현실화 가능성이다. 정부 정책은 로비지출로 지대(rent)를 만드는 압력집단에 의해 영향을 받으며, 성장산업인 경우 진입으로 지대가 소멸되나 사양산업은 지대가 지나치게 높지 않는 한 매몰비용이 진입을 어렵게 한다. 이러한 지대의 비대칭적 활용가능성은 패자가 더 열심히 로비를 함으로써 정부 정책이 패자를 선택하는 것이 아니라, 패자가 정부 정책을 선택한다. 또한 미국의 경우 헌법 상 의회가 조약·협정의 비준 권한을 갖기 때문에 의회의 협상 가이드라인이나 정치적 입장이 협상 당사자에게 중요한 제약요인이 될 수 있다.

최근 통상정책은 이러한 이유 때문에 반드시 사회적 총 후생을 극대화할 필요가 없는 정치과정의 결과로 보는 것이 일반적이다. 일국의 이익집단의 이해관계 로비가 통상정책, 특히 대외협상태도에 어떻게 영향을 주는가를 안다는 것은 대외협상전략 수립에 매우 중요하다.

미국에서 대외협상태도 결정에 중요한 통상정책에 대한 관심은 상대적으로 교육, 환경, 이민, 사회보장, 테러리즘 등에 비해 현저성이 낮아 후보자의 입장을 아는 유권자가 드물고, 설령 안다하더라도 투표로 연결되는 경우가 적다(Guisinger, 2007). 통상정책이나 통상 이슈에 대한 유권자들의 무관심은 역설적으로 정부(후보자)가 유권자보다 로비나 로비스트에 의해 더 많은 영향을 받을 수 있음을 의미한다. 미국 기업이나 단체가 자신들의 이해관계를 관철시키는 방법은 PAC 기부금, 소프트머니, 로비를 통해 입법과정에 간접적으로 영향력을 행사하거나, 정책결과에 영향을 주기 위해 행정부나 관료를 상대로 직접 로비를 하는 것이다.

## 2. 시 사 점

따라서 미국의 산업로비, 특히 면화산업의 로비사례 연구를 통해 협상전략 수립 시 얻을 수 있는 시사점은 다음 몇 가지로 요약될 수 있다.

일국의 통상정책을 결정하거나 자유무역협정 등 양자 또는 다자간협상 시 첫째, 경제적 요인과 함께 반드시 정치적 요인을 비중 있게 분석하여야 한다. 대통령과 의원선거 유무, 집권여당의 성격, 의회 및 의원의 성향 등 정치적 요인을 고려하였다 하더라도 산업 및 고용의 크기, 지리적 집중도를 정치적 요인으로 고려하지 않았다. 미국 면화산업의 막강한 로비력의 원천 가운데 가장 두드러진 특징은 정치적 조직화다. 미국의 면화산업은 NCC를 중심으로 면화 생산업자뿐만 아니라 이해관계가 다른 방직·방적업자, 창고업자, 면화씨 파쇄업자, 유통업자, 심지어 농기계, 비료 등 간접적인 유관업체까지 하나의 정치적 연합체로 조직화되어 막강한 정치적 파워를 행사한다. '정치적으로 조직화된 이익집단'인 NCC 등의 의도가 미국과의 FTA, WTO DDA 농업협상 등에서 미국의 통상협상 태도에 상당한 영향을 주고 있다. 정치적으로 조직화된 산업과 그렇지 않은 산업분야에 대한 협상전략이 달라야 한다.

둘째, 상대국의 부문별 집중화 정도를 분석할 필요가 있다. 산업이 집중화될수록 시장지배력과 정치적 파워가 강해지기 때문이다. 1991~2000년간 미국 면화의 허핀달지수가 0.355로 농산물 가운데 가장 높을 뿐만 아니라, 캘리포니아, 텍사스, 조지아 등 17개 면화지대에 집중되어 있는 것도 강력한 정치적 파워요인이 되고 있다.

협상전략 수립을 위해 산업구조 분석 및 특징을 도출함에 있어 교역동향, 경쟁력 비교, 유망품목 우선순위 선정 등과 같이 단순히 경제적 측면만을 고려할 것이 아니라 상대국의 내부협상 환경, 즉 집중화 정도를 함께 분석해야 해당산업 및 품목의 민감도와 협상력을 측정해 볼 수 있다.

셋째, 산업별 수입 대비 생산비중이다. 일국의 GDP 및 고용에서 차지하는 비중이 낮은 산업도 수입대비 국내 생산비중이 높으면 정치적 영향력은 클 수 있다. 국가경제 기여도가 낮은 산업은 협상전략 중요도에서 후순위이고 정치적 영향력도 낮을 것으로 보는 것은 잘못이다. 특정부문의 정치력은 수입대비 국내 생산비율을 반영하기 때문이다.

앞서 보았듯이 미국 면화는 수입 대비 국내 생산비중이 절대적이다. 미국의 국내 면화 생산량은 내수에 충당하고도 남아 연간 생산량의 50% 이상을 수출한다. 미국은 면화 생산농장과 이해관계를 달리할 수 있는 다운스트림 업체나 유통업체 및 기타 유관업체까지 한 목소리를 내기 때문에 반대 로비를 할 이익집단이 거의 없다. 게다가 소비자단체나 자유무역을 선호하는 NGO들의 목소리도 가장 민감한 실업문제 때문에 크지 않은 편이다. 수입실적이 없다는 것은 경쟁력이나 수입장벽이 높다는 의미 외에도 정치적 영향력과 보호수준이 높다는 의미로 해석되어야 한다.

넷째, 특정부문의 선거기부와 정치인들의 활동성향도 중요하다. 정부는 협상에서 국가이익의 극대화를 추구하겠지만, 협상결과가 자신에게 가져다 줄 정치적 득실도 중요한 고려요소이다. 정치인들의 정책 성향은 "Protection for Sale"과 유사하기 때문에 로비자금은 주로 현역의원들에게 제공된다. 로비의 영향력은 정치과정에서의 대의권으로 나타나기 때문에 이익집단이 얼마나 정치적 압력을 행사할 수 있는지는 매우 중요한 고려 요소이다.

일국의 정책이나 통상협상 태도는 이익집단들의 상대적인 정치파워와 평균적 유권자들에 대한 정부의 관심도를 반영한다. 미국 정부는 다양한 면화 프로그램에 따라 생산보조금을 지원하고, 면화업계는 선거기부를 함으로써 면화산업계와 정부의 총 후생을 키우는 것도 같은 맥락에서 이해될 수 있다.

해당산업에 대한 상대국의 협상태도는 이익단체뿐만 아니라 산업계 ― 로비스트 ― 정치인(의회, 행정부)으로 이어지는 정경네트워크와 이들의 이익을 대변하는 의회 및 행정부 내 핵심인물들의 성향 및 활동에 따라 영향을 받는다. 또한 성장산업보다 취약산업이 더 열심히 로비를 하기 때문에 정부가 해당산업을 더욱 적극 지원하는 이른바 '패자의 역설'이 존재하는지도 검토대상이다.

마지막으로, 국내적으로 회피가능한 정치적 비용의 존재 여부이다. 미국의 면화산업과 같이 정치적으로 조직화되어 있고, 국내생산 비중이 높으며, 현역의원에 대한 선거기부를 통해 의사표시로 막강한 정치적 파워를 가진 경우 수입경쟁관계에 있는 이익집단의 격렬한 반대나 정치적으로 민감한 부문의 타격을 고려해 협상대상에서 제외하거나 점진적 무역자유화를 선택하기 때문에 양보를 얻어내기 어렵다.

협상은 '주고받기'지만 협상 상대방을 선정하거나 주고받을 품목 선정 시 기준을 삼을 '민감성지표'를 개발, 사용하는 전략이 필요하다. 협상의 균형은 협상 당사자들이 협상력을 매개로 각각의 내부 및 외부협상 조건 아래서 만들어낼 수 있는 최적의 정치·경제적 조합이기 때문이다.

한국은 FTA 대상국이 선정되면 외교통상부를 중심으로 유관부처 및 기관 담당자들로 협상단을 구성하기 때문에 처음부터 협상전문가들로 구성된 미국 USTR과 같이 사전에 충분한 협상전략이나 협상기법이 축적되어 있지 않은 실정이다. 대부분 기초적인 민간 또는 산·관·학 공공연구를 거쳐 공식적으로 협상이 개시되면 분과별 전문가자문단 구성, 업계·단체·협회의견 수렴을 위한 공청회 개최, 대외경제장관회의 개최 등을 통해 협상방향과 전략을 수립하지만, 핵심은 관심사항과 민감성을 최대한 반영하는 데 초점을 맞추고 있다.

이를 뒷받침해주는 국내 연구나 정부의 협상전략도 대부분 산업구조 및 경쟁력 비교, 시장접근, 교역현황, 투자보호, 경제적 기대효과 등 주로 경제적 측면에 집중되어 있다. 하지만 상대국의 통상정책이나 협상태도 결정요인에 대한 사전연구가 뒷받침되는 경우가 드물다. 일국의 협상력은 곧 국가 이익의 확보 역량이기 때문에 협상력 제고를 위해 '정치적 요인'을 포함한 정부, 연구기관, 산업계 간의 충분한 사전 정보공유와 유기적인 역할 분담이 요구되고 있다.

국책연구기관을 비롯한 학계는 주요 상대국에 대한 보다 세분화된 산업별 종합연구 지원이 필요하다. 경제학적인 시각에서의 산업구조 연구와 함께 국내외 정치적 이해관계, 정치적 조직화 여부, 이해관계집단의 유무와 역할, 행정부와 의회 관계, 산·관·학 간의 이해관계 등 OEP적 관점에서 다양한 국가별, 산업별 연구가 많은 도움이 될 것이다.

이번 연구결과는 산업계에도 어느 정도 활용할 여지가 있을 것으로 보인다. 세계화의 급진전과 글로벌 아웃소싱의 확대 등으로 인수합병, 전략적 제휴, 투자, 국제적 분업 등 글로벌 경영전략 수립을 위해 고려해야 할 사항이 많아지고 있기 때문이다. 국제적인 INGO(International Non-Governmental Organization), 공정무역과 기업의 사회적책임(CSR), 협력대상기업에 대한 정치경제적 정보 등도 새롭게 검토해야 할 사항들이다. 따라서 사전에 단순히 해당국가 또는 기업 정보에 국한하지 않고 "정치적" 요소를 감안한 보다 복합적인 경영환경을 살펴볼 필요가 있다.

따라서 상대 기업의 재무구조, 제품경쟁력, CEO 역량, 시장점유율 등 경제적인 지표 분석에서 더 나아가 상대 기업의 보이지 않은 기업 경영환경을 좌우하는 정치경제적 요인까지 고려하는 전략적 경영영역으로 확대해 나갈 수 있을 것이다.

## 제2절 연구의 한계 및 과제

### 1. 연구의 한계

본고에서 분석의 주요 논거로 사용한 G-H 모델은 로비가 통상정책 및 대외협상태도에 어떻게 영향을 미치는지를 잘 설명하였지만, 소국경제나 정치적으로 완전히 조직화되어 있다(1994, 1995a)거나, 정부가 협정과 관련된 정치적 비용에 대한 보상으로 직접적 이전지출을 제안할 수 없다(1995b)고 가정한 것은 비현실적이다.

또한 Putnam(1988)의 양면게임이론을 포함한 G-H 모델(1994, 1995a, 1995b, 1997, 2002) 분석만으로는 산업로비가 구체적으로 어떤 과정을 통해 정책결정이나 협상태도에 영향을 주는지, 로비력의 실증적인 평가기준은 무엇이어야 하는지에 대해서는 별도로 다루지 않았다.

Grossman & Helpman의 지적대로 산업별 보호요인에 대한 계량경제학적 연구가 많지만, 이에 의한 예측이 얼마나 실증적으로 증명될 수 있을지 평가하기 어렵고, 수입수요와 수출공급 탄력성에 대한 최근 연구가 없어 참고할 자료가 많지 않았다. 이에 따라 미국 면화산업 로비와 대외통상정책(FTA, DDA 등), 미국의 면화산업 로비와 한·미 FTA 섬유분과 협상 영향에 관한 계량분석을 시도하지 못했다.

또한 지금까지 한국은 여러 가지 통상협상, 평화협상, SOFA, 남북한 군비통제,

쌀 협상, 마늘 협상, 한일어업협정 등 국제협상에 관한 분석은 있으나 이에 로비에 의한 통상협상태도 결정요인에 대한 연구는 거의 없어 비교연구가 어려웠다.

더욱이 동시다발적인 FTA 협상을 하면서도 대표적인 분석이론인 G-H 모델을 이용한 정치경제학적 연구가 많지 않고, 그 마저도 한국 입장에서 국내협상 문제를 다루었을 뿐 협상 상대국가의 국내협상 문제를 살펴봄으로써 한국의 협상전략을 한 단계 업그레이드할 수 있는 선행연구가 없는 것이 아쉬운 점이었다.

## 2. 향후 연구과제

향후 다양한 국제협상에서 원하는 성과를 얻기 위한 전략수립을 위해서는 국가별 연구에서 나아가 정치·경제학적 측면에서 상대국의 산업별 연구가 폭넓게 진행되어 국가적으로 축적할 필요가 있다. 우선 다양한 채널을 통해 관련정보 입수가 가능한 미국이나 EU와 같은 선진통상국가들과의 협상전략 수립을 위해 지속적인 정보입수 및 축적이 관건이며, 미국식 로비제도를 검토하고 있는 것으로 알려진 EU에 대한 산업로비 연구도 중요한 과제로 남는다.

또한 로비의 존재유무를 정치적 기부뿐만 아니라 이른바 회전문인사와 같은 인적관계와의 상관관계 유무, 연구자마다 다른 로비력의 평가기준, 협정·조약 비준제도와 통상협상의 관계, 특정산업에 이해관계를 가진 정치적 거물과 산업로비, 이익집단의 정치조직화 유인, 정치조직화의 계량화 등도 중요한 학문적 연구과제가 될 수 있다. 외국의 산업로비가 자국의 산업 및 통상정책에 어떤 영향을 주는지, 양자협상에서 양국의 반대 또는 이해관계집단 간 유대가 가능한지 등에 관한 선행연구도 거의 없는 편이다.

대표적인 이론인 G-H 모델이 미국의 면화산업뿐만 아니라 다른 산업들에 대해서도 현실적 설명력을 갖는지, 로비가 어떤 경로와 방법을 통해 정책결정과정에 영향을 주게 되는지 등에 대한 동태적 모델의 개발은 연구과제로 남겨두고자 한다. 그리고 통상협정 또는 통상조약에 반영되어 있는 정책들이 협정(또는 조약) 협상시 정부가 직면한 압력을 반영하는지 여부, 반영한다면 어떤 압력이 어떤 과정이나 상호작용을 거쳐 반영되는지에 대한 실증연구도 여전히 과제라고 할 수 있다.

[저자 약력]

성 영 화(成暎和)

10년 이상의 경제지 기자를 거쳐, 한국무역협회에서 해외진출컨설팅센터장, 국제무역
연구원 연구위원, FTA활용지원단장 등 주로 경제통상 분야에서 활동하였다.

지난 2003년 미국 최대 싱크탱크인 브루킹스연구소 방문연구원을 계기로 로비 등 미
국의 작동방식에 관심을 갖고 본격적으로 연구하기 시작해 대통령 직속 한미FTA체결지
원위원회 수석전문관, 워싱턴지부장 겸 현지법인장, 미주실장 등 미국 관련 주요 직책을
거치면서 오랫동안 미국에 관한 비즈니스 실무와 학문적 연구를 계속하고 있다.

성균관대학교 대학원에서 '미국의 산업로비에 의한 통상협정태도 결정과 대외협상전략
수립연구'로 박사학위를 받았으며, 주요 학술지 및 언론 기고, 대학출강 등 활발한 활동을
하고 있다. 세계인명사전인 Marquis Who's Who in the World에도 이름이 올라 있다.

## 미국의 정책결정과 로비

2017년 11월 15일 초판 인쇄
2017년 11월 20일 초판 발행

| | | |
|---|---|---|
| 저 자 | 성 영 화 | |
| 발 행 인 | 배 효 선 | |

발행처 도서출판 **法 文 社**

주 소  10881 경기도 파주시 회동길 37-29
등 록  1957년 12월 12일 / 제2-76호 (윤)
전 화  (031)955-6500~6  FAX (031)955-6525
E-mail  (영업) bms@bobmunsa.co.kr
　　　　(편집) edit66@bobmunsa.co.kr
홈페이지  http://www.bobmunsa.co.kr
조 판  법 문 사 전 산 실

정가 35,000원　　　ISBN 978-89-18-03254-2